普通高等教育旅游与饭店管理专业系列教材

旅游规划学

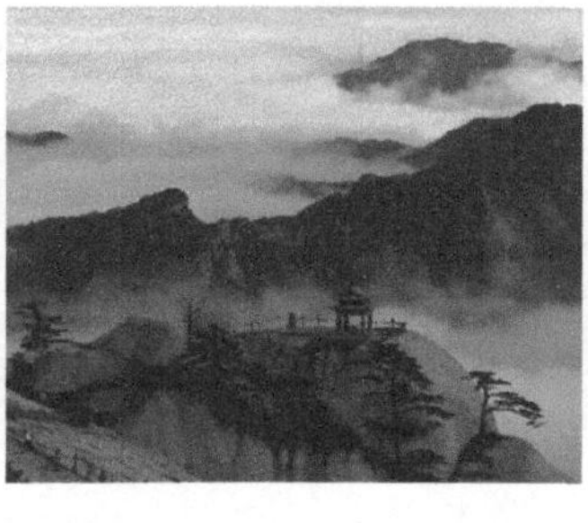

王磊　安蕾　编著

西安交通大学出版社
XI'AN JIAOTONG UNIVERSITY PRESS

内容简介

“旅游规划”是高等院校城乡规划专业普遍开设的专业选修课。本教材从搭建旅游规划学基本内容与实践应用体系的角度展开编写，旨在形成对旅游规划的系统认识，突出适用城乡规划专业的特点，呼应旅游发展变化对旅游规划编制的实际需要。本教材内容涵盖了旅游、旅游产业与旅游规划各自的概念、发展历史和相互关系；旅游规划的基础理论和技术方法；旅游规划编制涉及的主要基础内容；旅游规划主要类型的编制要求、成果构成，以及新的发展动态等。本教材广泛借鉴了各方已有成果，整体框架清晰，内容全面翔实，具有较好的知识系统性与实操指导性。本教材的使用对象以城乡规划专业本科生为主，也可作为规划专业研究生、旅游规划技术人员及旅游相关从业人员等的参考书。

图书在版编目(CIP)数据

旅游规划学 / 王磊，安蕾编著. — 西安 ：西安交通大学出版社，2023.8

ISBN 978-7-5693-2765-6

Ⅰ. ①旅… Ⅱ. ①王… ②安… Ⅲ. ①旅游规划—教材 Ⅳ. ①F590.1

中国版本图书馆 CIP 数据核字(2022)第 159017 号

书　　名 旅游规划学
LüYou GuiHuaXue
编　　著 王　磊　安　蕾
责任编辑 郭　剑　王建洪
责任校对 史菲菲
封面设计 任加盟

出版发行 西安交通大学出版社
(西安市兴庆南路 1 号　邮政编码 710048)
网　　址 http://www.xjtupress.com
电　　话 (029)82668357　82667874(市场营销中心)
(029)82668315(总编办)
传　　真 (029)82668280
印　　刷 西安日报社印务中心

开　　本 787mm×1092mm　1/16　**印张** 14.875　**字数** 371 千字
版次印次 2023 年 8 月第 1 版　2023 年 8 月第 1 次印刷
书　　号 ISBN 978-7-5693-2765-6
定　　价 49.80 元

如发现印装质量问题，请与本社市场营销中心联系。
订购热线：(029)82665248　(029)82667874
投稿热线：(029)82665379
读者信箱：xj_rwjg@126.com

前言

1. 编写背景与意义

伴随着中国经济规模水平的持续提升，国际化、科技进步、认知创新的日益发展，与之相应，中国经济结构和消费结构正在步入转型升级的高质量发展阶段。一个显著的标志，就是第三产业在不断壮大和优化，文化与旅游业全面兴起，旅游日益成为中国百姓常态化的消费需求。

由于旅游业涉及诸多领域，关联带动性强，所以从国家到地方层面，都在积极发展布局，将其作为战略性、支柱性、综合性产业，旅游亦成为从城镇到乡村，从规划到建设都予以关注的重点领域。

目前我国旅游规划行业领域，仅靠旅游管理类专业人才是难以满足旅游规划需求的，实践证明，很大程度上需依靠地理类、园林景观类、建筑设计类、城乡规划类专业人才参与其中。

旅游发展问题既是一个产业问题，也是一个空间问题，更是一个系统综合的问题。旅游必须借力规划学、城乡规划学才能融入未来的国土空间规划，这一认识已得到广泛认可。

不论是从旅游发展的需要来说，还是从用地及空间规划角度，从国家、区域、城镇、乡村发展日益与旅游功能结合的需求来看，对熟悉旅游，系统了解各类旅游规划基础知识和编制技能的城乡规划专业人才的需求都十分迫切。而编写体系完整，内容实用，针对城乡规划专业学生学习需要的《旅游规划学》教材就成了一项重要工作，也成了专业教师有效开设旅游规划课程，系统培养城乡规划专业学生认知和进入旅游规划领域的基本前提。

2. 编写视角及目的

本书跳出固有的从旅游专业看旅游规划的视角，转向从城乡规划专业视角看旅游规划。本书从学科专业融合的角度、旅游产业经济活动和空间规划结合的角度、城乡规划专业教育与培养扩展的角度，取舍和凝练内容，顺应社会发展及旅游规划人才市场需求，满足城乡规划专业对旅游规划领域的教学实际需要，让学生在不用专门学习旅游经济管理专业关于旅游历史、旅游资源、旅游市场、旅游文化等相关课程的情况下，通过一门课即可对旅游规划有一个基本的全面认识，形成一套较为完整的旅游规划知识体系及编制指引，为旅游规划学有效融入城乡规划学专业教育注入新的源流活水。

3. 编写特色

一是突出理论性与实践性，指导性和自我学习的结合。本书将理论阐释与实际应用对应，力求将具体规划类型的内容介绍与规划实践做法联系，并结合教学经验与规划实践理解，呈现各旅游规划类型的编制内容要点和主体要求。同时，本书紧跟变化，吸纳新知，对于全域旅游、智慧旅游、国家公园等旅游新事物均有所介绍，以拓宽学生视野，顺应时代发展需要。

二是通过思考与练习题等形式，让学生在课下能带着问题，通过一定的实践体验训练，增进对基本旅游规划技能（如资料收集与问题分析、实地调查、项目团队合作、空间布局设计等）的深入理解。

三是对常见的专题类旅游规划（度假区旅游规划、风景名胜区规划、乡村规划、生态旅游规划等）进行了较为全面的介绍。

4. 编写说明

全书由西安工业大学王磊、安蕾共同编写，王磊负责全书内容框架的搭建，并负责第 1～4、6～7、9～10 章内容的编写，安蕾对本书编写提出了宝贵建议并具体承担了第 5、8、11 章内容的编写，以及整体校稿排版工作。田帅、任晓静、田洋等人参与了部分章节的前期资料收集整理工作，张雨靖、郭要强、赵灿等人参与了书稿中一些图表的绘制工作。

本教材的出版得到了西安建筑科技大学吕仁义教授、陕西省旅游设计院总规划师崔宁、高级工程师郑凯、长安大学井晓鹏副教授等人士热心的指导，编写期间也得到了河南理工大学职晓晓、河南科技大学尹得举、青岛科技大学岳艳等老师热心的帮助，在此一并对他们表示衷心的感谢。

本书历经一年谋划，三年艰辛编撰，虽多次调整优化，充实内容，但仍存有不足之处，恳请各位读者提出宝贵意见，以待后续修订完善。

编著者

2022 年 8 月于西安

目录

第 1 章　旅游与旅游产业 …………………………………………… (001)

1.1　旅游史及现代旅游产业发展 …………………………………… (001)

1.2　旅游、旅游者、旅游业 ………………………………………… (003)

第 2 章　旅游规划概述 …………………………………………… (007)

2.1　旅游规划发展回顾 ……………………………………………… (007)

2.2　旅游规划的概念内涵 …………………………………………… (014)

2.3　旅游规划的作用与任务 ………………………………………… (016)

2.4　旅游规划层级与类型 …………………………………………… (018)

2.5　旅游规划编制基本工作流程 …………………………………… (020)

第 3 章　旅游规划学理论基础与方法、技术 ……………………… (023)

3.1　旅游规划学所属的学科谱系 …………………………………… (024)

3.2　旅游系统论 ……………………………………………………… (025)

3.3　旅游可持续发展与生态学理论 ………………………………… (031)

3.4　旅游地理学与规划学理论 ……………………………………… (033)

3.5　旅游经济学与市场学理论 ……………………………………… (037)

3.6　旅游社会学与旅游心理学、行为学理论 ……………………… (044)

3.7　旅游文化学与旅游策划学理论 ………………………………… (048)

3.8　旅游规划方法与技术 …………………………………………… (050)

3.9　旅游规划相关法律法规、规范标准 …………………………… (052)

第 4 章　旅游资源认知与调查评价 …………………………… (055)

4.1　旅游资源的基本概念 …………………………… (055)
4.2　旅游资源的基本特性 …………………………… (057)
4.3　旅游资源的分类 …………………………… (058)
4.4　旅游资源的调查 …………………………… (060)
4.5　旅游资源的评价 …………………………… (068)

第 5 章　旅游市场与营销 …………………………… (072)

5.1　旅游市场的概念与内涵 …………………………… (072)
5.2　旅游市场细分 …………………………… (074)
5.3　国际国内旅游市场概况 …………………………… (076)
5.4　旅游市场调查分析与预测 …………………………… (084)
5.5　旅游市场的营销 …………………………… (093)

第 6 章　旅游的主题定位与旅游形象 …………………………… (100)

6.1　旅游的主题定位 …………………………… (100)
6.2　旅游形象的设计与塑造 …………………………… (104)

第 7 章　旅游空间结构与布局 …………………………… (110)

7.1　旅游空间结构 …………………………… (110)
7.2　旅游发展空间布局 …………………………… (113)
7.3　中、微观旅游空间布局 …………………………… (118)
7.4　旅游线路空间布局 …………………………… (119)

第 8 章　旅游规划常见的专项内容 …………………………… (123)

8.1　旅游资源开发与保护 …………………………… (123)
8.2　旅游环境保护与旅游容量 …………………………… (130)
8.3　旅游项目策划与旅游产品规划、旅游商品开发 …………………………… (135)
8.4　旅游绿地与景观系统规划 …………………………… (147)
8.5　旅游(道路)交通规划 …………………………… (149)

8.6　旅游基础工程规划 …………………………………………………………… (150)
8.7　旅游服务设施规划与保障规划 …………………………………………… (156)
第9章　旅游规划的编制及成果 ……………………………………………… (162)
9.1　旅游发展规划 ……………………………………………………………… (163)
9.2　旅游总体规划 ……………………………………………………………… (168)
9.3　旅游详细规划 ……………………………………………………………… (169)
9.4　旅游景点设计 ……………………………………………………………… (175)
9.5　专题类旅游规划 …………………………………………………………… (177)
9.6　旅游概念规划 ……………………………………………………………… (201)
第10章　全域旅游和智慧旅游 ………………………………………………… (206)
10.1　全域旅游的提出与实践 …………………………………………………… (206)
10.2　未来旅游发展的一个方向——智慧旅游 ………………………………… (213)
第11章　旅游规划图件绘制 …………………………………………………… (220)
参考文献 ……………………………………………………………………… (226)

第1章 旅游与旅游产业

内容提要

本章属于背景知识版块，主要介绍从古代旅行到旅游，再到现代旅游业发展的相关内容，重点是建立对旅游、旅游者、旅游业等相关概念的认识和理解，难点是理解旅行和旅游之间，旅游与休闲、游憩之间的区别和关联，思考如何认定旅游者等。

随着经济全球化和世界经济一体化的深入发展，加之科技进步和理念认知创新，人们可自由支配收入的大幅度增加，以及休闲时间的增多，全球旅游业保持了高速稳定的增长态势，世界已经进入“旅游时代”。

对中国而言，旅游消费将成为一种刚需，旅游形式也已由观光旅游向休闲旅游、度假旅游、体验旅游、定制与自主旅游等转变，中国正在进入旅游高质量发展和旅游消费需求转型增长的全新时期。

1.1 旅游史及现代旅游产业发展

人类与生俱来就有着不断拓展或转换生活空间的要求，这是人类存在和发展的历史基本特征，而旅游就是拓展或转换生活空间在一定时代的表达方式，是人类社会发展到一定阶段的产物。

1.1.1 旅行之于旅游

1. 字面解读

从字面解释来看，旅游含有“旅行”和“游览”两层意思，“既旅且游”，是以游览为目的的旅行。旅，离家在外，出外旅行之意；游，自由、从容地出游、游览、游历与交往。可以说，旅行是旅游出现的发端和载体，旅游则是旅行发展进程中伴随“游”的目的性逐渐独立出来的分异。

在国外，“travel”即“旅行”一词早在欧洲中世纪就已经出现了。据考证，“travel”是由“travail”转换过来的，其原意是阵痛、艰苦、困难和危险，这恰好符合古代由于交通、社会治安等恶劣条件使旅游者所产生的畏惧心理。

2. 发展渊源

旅行作为一种人类有意识的行为活动，究竟产生于何时，如何产生，尚存异议。综括各方代表性看法，主要有以下三种观点：迁徙发端旅行说，商贸演进促成旅行说，形成产业现象旅行说。

梳理相关阐述,从中可以看到对旅行的关注点包括:人因某种活动导致常驻空间位置发生大的变化和转移;空间行为活动的目的或原因;旅行活动物质条件的支撑;旅行活动是作为社会经济产业现象属性出现的。

1.1.2 旅行与旅游的关联

在现代汉语中,“旅行”和“旅游”二词可以大体相通。但旅游是有动机内涵的,是旅行和游览的统一体(目的指向性较为明确),而旅行仅仅是一个为完成某个动机(多样性)的一般空间流动过程。从“旅游是满足人们寻求单一性和多样性之间的配合(平衡)的理想的方式”这一命题出发,任何时期的旅行者都免不了有意无意间对自然界和名胜古迹做出审美判断,都会在旅途中或多或少寻求释放心情的机会,在跋涉旅行中沿途游览一番。所以,人们往往很难明确地将旅游和旅行这两者严格区分开来。而旅行与旅游这种关联统一性、交织性的存在,也就从理论和实际操作上很难明确中外旅行演化为旅游的具体时间点了。

从历史演进过程来看,旅游可视作旅行发展到一定阶段而分化、派生出来的以游赏游览为目的的一种专项旅行行为。

1.1.3 中外旅游史简介

从目前对旅游史的划分可以看出,核心划分依据围绕着两个参照点:一是以旅游与旅行行为的分离为划分参照;二是以旅游行为发展成为一定社会需求,进而形成旅游产业为划分参照。旅游发展史呈现为旅行到旅游再到旅游产业的基本发展演化脉络。

在西方,普遍认为“工业革命之前不存在旅游”,依据的理由主要有四点:一是工业革命之前缺乏近代意义上的以休闲、消遣、度假为主要目的的旅游活动;二是工业革命之前未出现旅游中介机构如旅行社以及其他为游客服务的人员(如导游);三是工业革命之前旅游业未成为独立的经济行业;四是旅游(tourism)一词直到19世纪初工业革命即将完成之时才出现。在一定程度上,这四条理由可作为(西方认知下)划分世界古代与近代旅游史的分期依据。

结合相关认识,世界旅游历史大致可分为古代旅行和旅游(公元前至18世纪初期)、近代旅游(18世纪中叶至19世纪中叶)和现代旅游(二战后至今)三个时期。

作为世界上早期繁荣的文明古国,中国古代的旅游史有着自己的特点。中国古代的旅游史大体可以分成两个时期,即(上古)神话传说时期和(夏商周至明清)信史时期。虽然古代人民因各种原因所作的旅行和现代意义的旅游有本质的区别,但它仍揭开了中华民族旅游历史的扉页,并出现了诸如帝王巡游、官吏宦游、经商旅行、文人游学、专业旅行、宗教云游、节庆聚游等多样类型。

旅游作为现代产业的雏形,我国可从1923年陈光甫先生在上海商业储蓄银行设立的旅行部算起(1927年该部独立并更名为中国旅行社)。

1949年成立的厦门华侨服务社,是新中国的第一家旅行社。1978年,中国旅游业开始起步。1985年,确定了旅游业在国民经济中的产业地位。20世纪90年代中后期至21世纪初,我国旅游基本形成了较为完整的产业体系,之后开始由国民经济重要新兴产业逐渐向战略性主导产业发展。2018年,我国组建文化和旅游部,标志着旅游发展步入融合创新发展阶段。

1.1.4 现代旅游产业简述

1. 现代旅游业的出现和发展

19世纪中叶，世界上第一家旅行社——托马斯·库克旅行社的出现，标志着旅游作为行业的开始，也标志着真正意义上的旅游活动的开始。

现代旅游是旅游发展史中的一个时期概念，是指第二次世界大战结束以后，特别是20世纪60年代以来，迅速普及于世界各地的社会化旅游活动。与之相对应，现代旅游产业得以不断成长，日益成为各国经济产业构成中拥有巨大影响力的产业类别。

2. 现代旅游业得以发展的支撑要素

纵观现代旅游业的迅速发展历史，其背后透射出许多不能忽视的支撑要素和条件，这些要素和条件共同成为推动全球旅游业发展的重要基础，具体如下：

①相对和平稳定的国际环境和经济逐步全球化。

②全球经济的持续发展和日益密切的国际交往。

③旅游产业自身拥有显著经济拉动效应，同时旅游产业发展相对其他产业门槛较低。

④交通、通信、互联网等相关科学技术的飞速发展。

⑤伴随城市化、工业化进程的推动，各类基础设施不断完善。

⑥工作时长普遍缩短，同时延长公共假期、带薪假期在全球更大范围内得到逐步推行。

⑦人口的增长，人均收入和受教育水平的提升，旅游意识的不断增强，使得旅游产业拥有巨大的市场需求。

⑧各国政府对于旅游业采取普遍支持的态度和鼓励的政策措施；旅游相关服务企业及社会相关各层面的宣传、投资不断扩大，旅游设施不断完善，旅游产品服务的开拓创新，质量不断提升。

⑨有关旅游、旅游产业、旅游规划与管理等相关领域的研究认识不断深入，给予了旅游持续发展所需的正确的思想理论方法指引和智力支持。

⑩相关国际旅游组织的有力推动和引导，使旅游影响力和吸引力不断扩大。

1.2 旅游、旅游者、旅游业

1.2.1 旅游与休闲、游憩

1. 何谓旅游？

“何谓旅游”是旅游学科研究及学习旅游规划首要明确的问题，最基础的概念是研究的起点，也是最直接的研究对象。

由于旅游自身内涵及外延丰富，目前关于旅游的定义呈现多义性。旅游定义涉及的关键词语主要包括：非定居、现象、关系、非惯常环境、异地、余闲、自由时间、闲暇时间、目的、不获取报酬、需要、满足、行为、心理快感、愉悦、审美过程、自娱过程、消费属性、短暂经历、短暂生活方式、短暂生存状态、休闲体验、异化体验、游憩活动等。

旅游科学专家国际联合会给出的旅游定义是：“由人们向既非永久定居地亦非工作地旅行

并在该处逗留所引起的相互关系和现象的总和。”

联合国世界旅游组织大会将旅游定义为：“一种到惯常环境之外的地方旅行、停留期在一个特定时间之内，且旅行的主要目的不是通过从事某项活动从被访问地获取报酬的活动。”

通过梳理分析国内外学者和机构对旅游本质、旅游内涵与外延、旅游定义表述方式的各种分歧和交融点，旅游可基本确立五个方面的共识：一是旅游是指人的活动，而不是这一活动所引发的社会经济现象总和。二是旅游的本质应该由其概念性定义而非技术性定义所界定。三是旅游的本质由“余暇＋异地＋休闲体验”三者共同决定，缺一不可。旅游定义的表述应该反映这三个本质性特征。四是旅游是一种异地休闲活动，也是出于休闲目的的旅行活动。休闲和旅行的外延范畴都大于旅游。五是现有旅游数据来自扩大化的统计口径。狭义旅游定义不会贬损旅游产业和旅游学科地位，相反，它能起正面作用。

旅游是人类社会发展到一定阶段所出现的一种自发性特定行为与现象。综合上述关于旅游的研究成果，本书给出如下定义：

旅游广义的理解（从群体角度阐释旅游的特征性、外在关联性和衍生的经济产业属性）：非定居者以愉悦自我身心需要为目的，由此形成特殊的消费群体，在空闲时间至异地旅行居留、游赏体验而引起的与其经历过程相关的一切现象和关系总和。

旅游狭义的理解（从旅游个体共性角度阐释旅游的本质性）：仅指非定居者以（游览体验等）愉悦自我身心需要为目的，利用一定空闲时间至异地旅行和暂时居留所产生的经历过程及行为本身。

人们在对旅游本质和范畴的理解上之所以容易出现分歧，除了主观动机、定义方式和学科背景等原因之外，还有一个重要原因，就是人们有意无意之间混淆了旅游与旅行、休闲和游憩这些近似但有区别词语的关系，所以有必要对它们进行梳理，否则仍将影响旅游内涵与外延共识的达成。

2. 游憩

游憩是与旅游相关性很强的一个概念，一般是指在空余时段以放松身心恢复体力和精力为特征而进行的短暂、频发、随机或习惯性活动。

recreation（中文译为游憩）源自拉丁文的 recreatio，意味恢复（restoration）、复原（recovery），亦指工作之余，借游憩活动来摆脱工作的疲乏、单调和压力，使人恢复活力，或再造（re-create）活力。

根据大多数文献所提供的线索，将“游憩”对应于“recreation”，应是源于《雅典宪章》的中译。之所以弃“娱乐”而选择“游憩”这个词语，译者的考虑应是认为“游憩”比“娱乐”更能贴切《雅典宪章》中城市基本功能的含义，它与“工作”“居住”“交通”一起被列为城市的四项功能。所以，尤其在城市研究、旅游研究领域里，“recreation”总是被称作“游憩”。

国内外学界对游憩的认识还有很多，但不管怎样理解，游憩基本都发生在闲暇时间，达成精神和体力上的恢复，只是在活动范围上有所不同。

3. 休闲

休闲（leisure）是另一个与旅游相关性很强的概念，一般是指在闲暇可自由支配时间根据自身意愿和爱好兴趣自由选择所进行的各种放松身心的活动方式。

尽管定义方式不同，但大家普遍认为休闲至少包含“时间、活动、心态”三重含义（即闲暇时间、休闲活动、悠闲心态），分歧只在第四重含义的理解上（有些认为是特征，有些认为是功能或制度）。因此，“休闲”一词从活动层面理解，既包括闲暇时间，也包括人们在闲暇时间所做的任何令人感到放松的、愉悦的活动，不论是在本地还是在异地。

正如学者陆林所言：以“效率”为标志，以“利润”为导向的合理化，正使休闲游憩变得高度的非人化、异己化，在效率左右下休闲、游憩与工作将变得没有任何区别，这样带来的直接后果不是精神的愉悦，反而是身心的损害。

4. 旅游、游憩、休闲三者的内在关系与差异

从现象学观点来看，如果把休闲、游憩抑或旅游作为一种“意识对象”，其必然存在于特定的“场”或“视阈”之中。因此，所谓的时间、空间、活动方式必然作为“时间视阈”、“空间视阈”以及“意义网络”而与休闲行为、游憩行为抑或旅游行为构成不可分割的整体，并且对休闲、游憩、旅游的性质产生决定性的影响力。这也是众多关于休闲、游憩和旅游的概念辨析多从时间、空间、活动方式等向度上进行界定的原因所在。

相关几个概念之间的内涵与外延关系，可以用图 1－1 来表示。

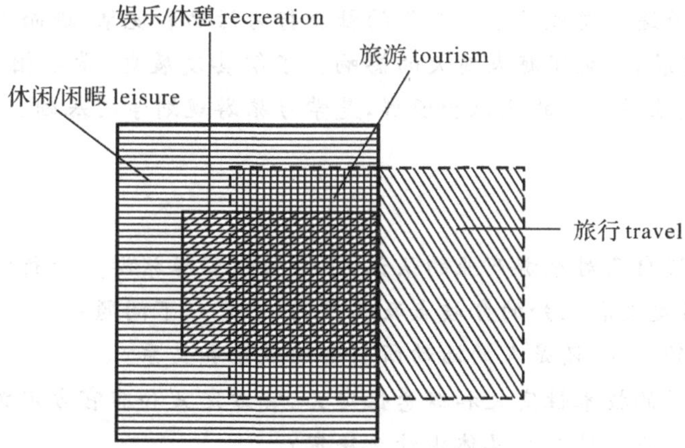

图 1－1 旅游与休闲、旅行和游憩的关系

1.2.2 旅游者(游客)、旅游业与旅游经济

1963 年在罗马举行的联合国旅行和旅游会议首次通过了国际旅游者的定义，即旅游者是到一个国家逗留至少 24 小时的游客，其目的是为了休闲或商务。

广义“旅游者”与“居民”相对，狭义“旅游者”与其他目的“旅行者”相对。

旅行者，作为到访者或访客(visitor)，是因为其他事务性需要而外出旅行的人，即使办事之余发生了伴随性或继发性旅游行为，准确来说，相对那些完全没有旅游的也只能称他们为“准旅游者”。一般访客、旅行者，他们并无实质性旅游行为，但实际中因为不好区分，往往被旅游部门人为地视为其有与旅游者相类似的消费行为，所以一并被统计在旅游数据中。

产业是具有某种同类属性的经济活动的集合体。行业则是具有高度相似性和竞争性的企业群体。某一产业是其所属相关行业的总和。

旅游业，国际上称为旅游产业，是指凭借旅游资源和设施，专门或者主要从事招徕、接待游客，为其提供包括交通、游览、住宿、餐饮、购物、文娱等诸多服务环节的综合性产业。

旅游经济是以旅游活动为前提，以商品经济为基础，依托现代科学技术，反映旅游活动过程中，旅游者和旅游经营者之间，按照各种利益而发生经济交往所表现出来的各种经济活动和经济关系的总和。

旅游产业是作为经济活动分工、行业门类构成而提出的，而旅游经济是针对旅游活动衍生出来的经济属性而言的，两者密切联系。

发展完备的旅游业会形成功能完整的旅游产业链。旅游产业链就是为了获得经济、社会、生态效益，旅游产业内部不同企业承担不同的价值创造职能，共同向消费者提供产品和服务时形成的分工合作关系。

旅游业能够快速发展，日益受到各方重视，与旅游产业本身产生的强大作用密不可分。这种作用影响具体体现在：形象展示传播效应、产业关联效应和经济的推进作用、投资和消费拉动效应、生态效应、资源价值提升效应、文化交流互促效应等。

本章小结

从旅行开始，旅游逐渐发展成了大众化的社会行为活动和现象，进而促进了现代旅游产业经济的诞生和快速发展，产生了越来越大的影响。了解其发展史，学习相关概念和关联知识，增进对旅游、旅游者、旅游产业的认识和理解，是学习旅游规划学的基础。

思考题

1. 通过学习，谈谈自己对旅游产业的认识，思考如何保障旅游产业科学有序的发展。

2. 梳理关于旅游定义和认知的分歧点及其原因，思考以下问题：

(1)旅游是指人的活动，还是人的活动所引发的现象和关系？

(2)如何看待旅游的技术性定义和概念性定义、官方定义和非官方定义？

(3)旅游的本质到底是什么？具体由什么决定？

(4)如何看待旅游、游憩、休闲、旅行之间的关系？

3. 结合教材，并搜集相关资料，分组讨论分析推动现代旅游产业快速发展的主要原因。

第2章 旅游规划概述

内容提要

本章主要介绍了旅游规划出现的背景以及发展历程，旅游规划的作用和任务、研究对象，旅游规划的层级和类型，旅游规划编制基本工作流程等内容。本章学习的重点是建立对旅游规划的概念、重要性以及规划对象的认识和理解，了解国内旅游规划实践中的基本工作程序；难点是理解不同空间尺度层级旅游规划特征、侧重点的差异对比。

2.1 旅游规划发展回顾

2.1.1 旅游规划出现的背景

旅游规划的出现，是与现代旅游业相伴相生的。随着旅游影响力及现代旅游产业逐渐壮大到一定程度，需求与问题认识逐渐累积，人们开始聚焦需要形成系统性、专业性的应对部署时，规划就成了一个有效手段，相应的旅游规划就顺其自然地出现了。

2.1.2 国内外旅游规划的发展回顾与阶段划分

1. 国外旅游规划发展

(1)初始阶段。旅游规划最早起源于20世纪30年代中期的英国、法国和爱尔兰等国，最初旅游规划只是为一些旅游项目或设施做市场评估和场地设计，如饭店、旅馆等。

1959年夏威夷州规划是旅游规划第一次进入区域规划当中，旅游规划成果从具体内容到基本体系已经接近于现代旅游规划，因而被视为现代旅游规划编制的标志和先驱。

(2)过渡和推广阶段。20世纪60年代后，法国、英国相继出现了正式的旅游规划。1963年，联合国世界旅游大会强调了旅游规划的重大意义。随后，马来西亚、斐济、波利尼西亚、加拿大、澳大利亚、美国及加勒比海地区均兴起了旅游规划。20世纪60年代中期至70年代初，旅游规划在欧洲进一步发展，同时扩展到北美，并逐渐向亚洲和非洲扩散。

20世纪70年代起，旅游需要规划的观念，开始为许多国家及国际组织所认同和重视，如欧洲经济共同体(European Economic Community，EEC)，联合国开发计划署(United Nations Development Programme，UNDP)等。世界旅游组织、联合国开发计划署、世界银行等国际组织积极推动并参与了菲律宾、斯里兰卡、尼泊尔、肯尼亚等国的旅游规划编制工作。

20世纪70年代后，旅游业的发展推动了旅游规划研究的深入，一个显著特点就是开始出现比较系统的旅游规划著作。作为成型阶段的标志，美国学者冈恩(Gunn)于1979年出版了他早期旅游规划思想体系的总结著作《旅游规划》。

(3)快速发展阶段。进入20世纪80年代后，旅游规划传播到了许多欠发达国家和地区，同时也在发达国家进一步普及和深化。20世纪80年代是旅游规划研究的大发展时期，学术界基本达成共识：旅游规划是一门综合性极强的交叉学科，任何其他学科的规划，包括城市规划和建筑规划都不能替代它。20世纪80年代，总体规划达到了鼎盛时期，但却缺少对目的地需求的考虑。大量政府和发展机构除了关注旅游的经济作用，开始考虑到环境、社会和文化问题。更多的国家开始采用全面和综合的规划，希望通过控制旅游的发展去减轻不可预测的社会经济和环境影响，避免潜在问题的发生。与此同时，战略规划从商业领域转入地区和城市规划。社区旅游也成为研究的主题。随着娱乐休闲度假旅游呈上升势态，相关度假规划研究也受到重视。

(4)深入发展阶段。20世纪90年代，计算机技术和信息系统为旅游规划提供了新的工具，全球化使旅游市场更具竞争性和多元化，更多政府意识到旅游规划的重要性。

这一时期的网络、合作、伙伴和参与等相关理论的发展也推动了旅游规划理论和实践的发展，可持续发展成为制定旅游政策和规划新的概念。1993年，世界旅游组织提出了旅游可持续指导方针。

20世纪90年代以来，生态旅游规划理念也渗透到各种旅游规划之中，逐渐发展成为旅游规划的主流和方向之一。另外，国外学术界对旅游开发所产生的各种旅游效应也十分关注，从社会学、人类学等方面研究旅游发展问题的学者也越来越多。

当代的旅游规划不仅需要考虑到市场、资源的限制，国家政治、经济和社会文化的情况，社区参与和利益相关者等，还要考虑规划的实施和可持续资源的有效利用，同时在旅游规划中要强调公平、有效、平衡、和谐、负责任、可适性、全面发展以及经济、文化完整性等原则。旅游规划进入了不断丰富完善和扩展的阶段。

2. 旅游规划在中国的发展

我国以发展旅游为目的的旅游规划起始于20世纪70年代末至80年代初。1979年9月，国家旅游总局讨论的《关于1980年至1985年旅游事业发展规划(草案)》成为我国最早的旅游业规划。同年，中国科学院地理研究所组建旅游地理学科组，并开始涉足旅游规划研究。1982年由北京旅游学会主持召开的慕田峪长城开发规划研讨会是国内首次涉及景区开发规划的专家会议。

1984年，《经济地理》上刊登了一篇张克东先生翻译的《旅游业规划》，这是我国最早以旅游规划为题的论文。

(1)中国旅游规划发展阶段的时期划分。依据已有资料，结合不同时期旅游规划发展变化，旅游规划时期可划分为以下几个阶段：

①资源导向型旅游规划时期(20世纪70年代末至80年代初)。资源导向型旅游规划时期是以旅游资源分类分级、旅游资源评价以及旅游地域分析为基础，确定旅游开发方向、配套设施建设的阶段。风景名胜区、森林公园等规划的出现，标志着旅游规划进入资源导向阶段，也被看作是我国旅游规划的起步时期。这一时期，旅游资源分类、评价和开发利用成为旅游规划的主体内容，有什么样的旅游资源就开发相应的旅游产品，旅游资源开发近乎等同于旅游开发，旅游资源开发规划成了旅游规划的代名词。

当时最为重要的旅游规划工作是郭来喜等人1984年完成的我国学术界第一个严格意义上的旅游规划课题——华北海滨风景区昌黎段开发研究(即中国黄金海岸的旅游规划与开发研究),这项课题的完成是旅游规划资源基础论的重要成果。

此阶段处于传统的山水和文化观光时期,规划主要挖掘自然和人文旅游资源,吸引更多游客,追求数量型增长。规划研究也多体现在旅游资源研究方面。

②市场导向型旅游规划时期(20世纪80年代中后期至90年代初)。市场导向型旅游规划时期是以资源和市场为基础,以旅游者需求为核心的发展阶段。

1986年,我国旅游业正式确立为产业部门,标志着旅游规划开始进入市场导向阶段。旅游市场分析、旅游产品可行性论证、旅游市场细分和旅游业营销规划开始成为旅游规划的主要内容,旅游规划文本中市场部分篇幅增大,学术界有关旅游市场研究的文献明显增多。多样的市场研究方法也应用到旅游规划中,如利用SWOT分析模型对旅游企业和旅游目的地进行环境分析,利用波特竞争优势理论进行旅游目的地之间的竞争分析,利用多矩阵对旅游产品进行分析,利用旅游市场调查对旅游市场进行细分,利用时间趋势外推法等预测客源市场规模等。20世纪90年代后,各级政府纷纷将旅游作为龙头(或支柱)产业,与此同时,各类主题园、旅游度假区、出境旅游等新事物出现,旅游规划出现了以资源为基础、以市场为导向,国际国内旅游并重的局面。旅游资源不再是发展旅游的唯一寄托,在旅游区位和客源市场条件优越的地方建设人造景观得到认可,20世纪90年代深圳"锦绣中华"主题公园的成功建设和运作,更是推动了市场机制下旅游规划理论研究的发展。

1992年,国家层面首次提出了"社会主义市场经济体制",为市场经济体制的建立吹响了进军号。从旅游业来看,当年国家旅游局联合其他部门,首次举办了国家旅游年活动,这是首次以国家为名义的市场促销活动,开了我国旅游界之先河。这也是一个标志,反映了政府主导旅游市场开发的意识开始成熟,也表明了市场导向的正式形成。

③形象导向型旅游规划时期(20世纪90年代中后期)。形象导向型旅游规划时期是以形象为核心,围绕旅游目的地形象定位而进行的规划阶段(其本质上仍属于市场导向的延伸)。20世纪90年代中后期市场导向型旅游规划对旅游市场分析与旅游资源评价还没有实现很好的整合,一些旅游规划实质仍然是就资源论资源,缺乏对旅游资源的市场价值评估,市场分析和资源分析以及资源的市场分析和旅游产品开发相脱节。这时期我国学术界开始将企业形象识别系统(CIS)导入旅游地的开发与规划,李蕾蕾的《旅游地形象策划:理论与实务》构筑了"旅游地形象系统设计模式(TDIS)"的理论框架,对我国旅游形象研究产生了重大的影响。旅游形象的研究改变了过去旅游研究模式,使得旅游规划研究进入了一个新的领域。此阶段的旅游规划注重对旅游地地脉、文脉及市场感应的分析,强调突出旅游地的理念识别系统、视觉识别系统和行为识别系统。旅游规划中提出的一系列旅游地宣传口号、视觉形象设计以及管理、居民、服务和游客形象的树立,促进了旅游地自身建设和对外宣传促销。

④可持续导向型旅游规划时期(20世纪90年代后期至21世纪初期)。可持续导向型旅游规划时期以旅游地的可持续发展为核心,强调经济效益、社会效益和生态效益三大效益。随着1990年全球可持续发展大会通过的《旅游业可持续发展行动战略》的发布,旅游业迅猛发展带来的旅游开发建设性破坏和旅游对环境的负面影响日益受到重视,"生态旅游""绿色旅游"成为潮流,全球开始倡导生态保护,因此可持续发展的旅游规划应运而生。

2003 年，十六届三中全会提出了科学发展观理念，要求推进各项事业的改革和发展，旅游规划可持续性更加受到重视。可持续导向型旅游规划强调供需系统与环境之间的互动，旅游规划的对象是由自然生态系统、社会系统和经济系统构成的复合系统，核心是对旅游地的自然生态系统和社会文化生态系统的保护，目标是追求经济、社会和生态综合效益，实现旅游业可持续发展。

⑤产品导向型旅游规划时期(21 世纪初期至 2011 年前后)。1998 年，范业正在其博士论文中首次提出"以产品为中心的旅游规划思想和方法"。吴必虎在 2001 年出版的《区域旅游规划原理》中提出旅游产品昂谱分析法。国家旅游局在 2001 年出台的国家"十五"旅游规划中突出了旅游产品体系建设。这些都显示出旅游界对旅游产品开发的重视，旅游规划迎来了产品导向型时代。

中国第一部山水实景演出《印象·刘三姐》创造了一个全新的演出形式，并获得巨大成功，成为中国人独创的自然与人文旅游相结合的优秀旅游项目产品类型。2004 年，《郑州宣言》提出"打造红色旅游品牌、推动红色旅游大潮"的口号，正式拉开了我国红色旅游产品和红色旅游规划的大幕。2004 年 12 月，中共中央办公厅、国务院办公厅印发《2004—2010 年全国红色旅游发展规划纲要》。国家旅游局宣布启动"红色旅游工程"，宣布把 2005 年定位为"红色旅游年"。2006 年，国家旅游局将当年的中国旅游主题定位为"中国乡村旅游年"，之后乡村旅游研究风起云涌。旅游规划迎来了红色旅游、乡村旅游产品发展高潮，旅游规划向着更加专项化和主题化的方向发展。

此外，故宫文创产品快速发展、持续火爆，以及网红打卡产品、夜旅游产品和虚拟旅游、旅游 IP 产品等新类型的不断出现，更是有力助推了旅游产品的市场号召力，成为旅游规划无法回避的热点。随着大众旅游时代的来临，旅游产品已从最初的 1.0 观光型发展到 2.0 休闲型产品，再发展到现阶段所热捧的 3.0 度假型产品。伴随着大众对旅游文化内涵个性化的需求以及国际旅游巨头入驻中国的挑战，中国的旅游产品必将全面升级到以"文科融合、业态整合、产品复合"三大特征为核心的"4.0 时代"。这些都成了旅游规划体现产品导向的有力助推和发展要求。

⑥全面创新变革、质量导向型时期(2011 年前后至今)。随着旅游快速发展和旅游市场需求推动，地方政府、旅游企业实践探索，国家层面旅游政策战略适时引导，旅游业和旅游规划发展迎来更大发展机遇和挑战。智慧旅游、旅游+、三产融合、旅游特色小镇、田园综合体、旅游扶贫、旅游电商、全域旅游、国家公园、文旅融合、旅游供给侧改革、旅游升级转型等旅游新理念、新形态、新战略不断涌现，旅游规划类型、样态、内涵不断丰富，加之全新国土空间规划体系的逐步建立，旅游规划迎来了全面创新变革、质量导向型发展时期，加快推进了旅游规划的理念创新、理论创新、体系创新、技术方法创新、产品业态创新、发展模式创新等一系列创新变革，提升了旅游规划质量和实践指导价值。其代表性事件节点如下：

2011 年，国家旅游局明确了旅游业发展战略目标，推动智慧旅游发展。这说明了技术性发展变化因素对旅游和旅游规划的影响已形成共识，并引起积极关注。

2015 年，国家旅游局下发了《关于开展"国家全域旅游示范区"创建工作的通知》；2018 年国务院发布的《关于促进全域旅游发展的指导意见》更是标志着全域旅游正式上升为国家战略。从旅游景区走向旅游目的地、走向旅游区域化，其对旅游规划体系和旅游规划编制提出了全新要求。

为增强和彰显文化自信，统筹文化事业、文化产业发展和旅游资源开发，提高国家文化软实力和中华文化影响力，推动文化事业、文化产业和旅游业融合发展，2018 年文化部、国家旅游局职责实施整合，组建了文化和旅游部，统筹规划文化事业、文化产业、旅游业发展。自此文旅融合成为新时期旅游规划编制内容必须关注和落实的重点。

此后文化和旅游部《关于提升假日及高峰期旅游供给品质的指导意见》(文旅资源发〔2018〕100 号)指出，要准确把握假日及高峰期旅游集中消费规律，有效加强调控引导，推进优质供给、弹性供给、有效供给，切实提升旅游资源开发、产品建设和服务管理水平，持续推动我国旅游高质量发展，更好地满足人民群众日益增长的对旅游美好生活的需要。由此旅游高质量发展，以人民为中心，满足人民对美好生活需要的要求成了未来时期旅游规划的努力方向和工作基础。

2015 年《生态文明体制改革总体方案》提出构建“以空间规划为基础，以用途管制为主要手段的国土空间开发保护制度”，构建“以空间治理和空间结构优化为主要内容，全国统一、相互衔接、分级管理的空间规划体系”。2018 年自然资源部的组建以及 2019 年《关于建立国土空间规划体系并监督实施的若干意见》的颁布，标志着我国的空间规划迈入新时代。旅游规划作为对特定区域旅游资源开发的整体部署，具有很强的空间融合性特征，且与国土空间规划紧密关联，其未来发展也必将受到国土空间规划的变革带动。

各旅游规划时期的划分，只是一种认识事物发展的角度和方法，严格意义上并没有非常清晰的界限，甚至各时期间会有一定的重叠过渡，其目的在于厘清和强调各时期旅游规划重心的转移、呈现的特点、关注的研究范围和分析方法的变化，以便综合把握我国旅游规划发展的变化历程和基本走向。

(2)国家级旅游发展规划的历程。1985 年底，国务院常务会议决定把旅游业纳入我国国民经济和社会发展计划，确定了旅游业在国民经济中的产业地位。

根据旅游产业发展特征，第十个五年计划之前，中国旅游发展规划可以划分成三个阶段：事业型发展规划阶段(“六五”规划、“七五”规划)、事业向产业过渡型规划阶段(“八五”规划)、产业型发展规划阶段(“九五”规划、“十五”规划)。

根据旅游规划指导思想，中国旅游发展规划可划分为四个类型：创汇导向型规划(“六五”“七五”规划)、资源导向型规划(“八五”规划)、市场导向型规划(“九五”规划)和产品导向型规划(“十五”规划)。

1991 年 7 月《中国旅游业发展十年规划和第八个五年计划》编制完成，该规划是改革开放后国家层面第一个比较系统的“旅游产业发展规划”。

2001 年，国家旅游局编制完成了《中国旅游业发展“十五”计划和 2015 年、2020 年远景目标纲要》，并先后正式出版了中、英文版。“十五”规划是第一个在研究的基础上编制的规划，是第一次旅游专家全面参与的国家级旅游规划，具有很强的综合性、科学性和专业性。

“十五”期间，国家旅游局已经高度重视旅游产业发展规划的编制，并相继出台了《旅游发展规划管理办法》《旅游规划设计单位资质认定暂行办法》《旅游规划通则》等，这些规定和标准标志着中国旅游规划开始走上规范化、标准化的轨道。

“十一五”开始，国家旅游发展规划推动产业优化、创新变革的特点更加突出。规划提出的主要任务有：全面发展国内旅游，积极发展入境旅游，规范发展出境旅游。合理开发和保护旅游资源，改善基础设施，推进重点旅游区、旅游线路建设，规范旅游市场秩序。继续发展观光旅游，开发休闲度假以及科普、农业、工业、海洋等专题旅游，完善自助游服务体系。继续推进红色旅游。加快旅游企业整合重组。鼓励开发特色旅游商品。

“十二五”规划指出，要积极推动旅游产业的产业化、市场化、国际化和现代化发展。发展方向强调提升旅游要素发展的产业化水平；提高旅游资源的市场化配置程度；加紧旅游发展模式的现代化改造；加快旅游产业空间布局的国际化进程。发展目标主要是旅游业要初步建成为国民经济的战略性支柱产业和人民群众更加满意的现代服务业。我国旅游业在世界旅游业格局中占据更重要的地位，在国际旅游事务中的影响力进一步提高。

“十三五”规划指出，全面建成小康社会对旅游业发展提出了更高要求，为旅游业发展提供了重大机遇，我国旅游业将迎来新一轮黄金发展期。我国旅游业将呈现出以下五大发展趋势：一是消费大众化，二是需求品质化，三是发展全域化，四是产业现代化，五是竞争国际化。同时提出以转型升级、提质增效为主题，以推动全域旅游发展为主线，加快推进供给侧结构性改革，努力建成全面小康型旅游大国，将旅游业培育成经济转型升级重要推动力、生态文明建设重要引领产业、展示国家综合实力的重要载体、打赢脱贫攻坚战的重要生力军。

“十四五”规划指出，要推动文化和旅游融合发展。坚持以文塑旅、以旅彰文，打造独具魅力的中华文化旅游体验。深入发展大众旅游、智慧旅游，创新旅游产品体系，改善旅游消费体验。加强区域旅游品牌和服务整合，建设一批富有文化底蕴的世界级旅游景区和度假区，打造一批文化特色鲜明的国家级旅游休闲城市和街区。推进红色旅游、文化遗产旅游、旅游演艺等创新发展，提升度假休闲、乡村旅游等服务品质，完善邮轮游艇、低空旅游等发展政策。健全旅游基础设施和集散体系，推进旅游厕所革命，强化智慧景区建设。建立旅游服务质量评价体系，规范在线旅游经营服务。

可以说，我国旅游业正是在国家层面旅游发展规划，以及其他各层级类型旅游规划的引导助力下，逐渐实现了从旅游资源大国到旅游业大国，再向旅游强国的一步步迈进。

2.1.3 国内旅游规划人才培养、规划机构状况及专业人员特征

旅游规划的发展依赖于旅游规划专业教育及相关人才的培养，依赖于规划领域拥有足够数量和满足发展需要的专业技术人员，这是推动旅游业健康持续发展和旅游规划研究不断发展的基础性要求。

1. 国内旅游规划人才培养情况

国内旅游界的人才培育目前主要来源于旅游管理专业的人才培育。2017 年全国开设旅游管理类本科专业（包括旅游管理、酒店管理和会展经济与管理等 3 个专业）的普通高等院校 608 所，开设旅游管理类高职专业（包括旅游管理、导游、旅行社经营管理、景区开发与管理、酒店管理、休闲服务与管理和会展策划与管理等 7 个专业）的院校 1086 所，开设旅游相关专业（主要包括高星级饭店运营与管理、旅游服务与管理、旅游外语、导游服务、会展服务与管理等 5 个专业）的中等职业学校 947 所（数据来源：国家旅游局网站 2017 年全国旅游教育培训统计）。可见，旅游管理专业人才培养的数量和规模是比较大的，但此类院校旅游人才培养偏向的是旅游管理、旅游经济及旅游服务，旅游规划教育与技术性人才培养关注远远不够，难以满足社会需求，成了一块短板，实际中往往依赖于城乡规划、建筑学、园林景观、地理学等其他专业人才填充补位。但这些专业人才又缺乏对旅游，特别是旅游规划的系统深入学习（通常只是

开设一门旅游规划方面的课程)，所以又成了一个新的薄弱点。旅游规划人才培养供给与需求的差距和矛盾成了长期存在的问题，需要各方予以关注和解决。

2. 国内旅游规划机构及其背景构成

旅游规划机构是从事旅游规划的专业机构，通过各类规范性旅游规划编制、决策咨询、项目策划等服务，为提升各类旅游景区景点质量，促进地域旅游发展做出了巨大贡献。

2002 年，国家旅游局根据《旅游规划设计单位资质认定暂行办法》公布了第一批拥有资质的旅游规划机构，首次审批通过的有中国城市规划设计研究院旅游规划研究中心、中国科学院地理科学与资源研究所、北京清华城市规划设计研究所、广西旅游规划设计院、广东省旅游发展研究中心、四川省旅游规划设计所、上海同济城市规划设计研究院风景科学研究所、上海科学院旅游研究中心、中山大学旅游发展与规划研究中心 9 家甲级旅游规划设计单位。当时作为一种新兴事物，旅游规划机构发展在全国范围内存在起步不同步、空间分布不均衡、实力参差不齐的问题，这对后来国内旅游规划格局的构成也产生了较大影响。2013 年颁布的《中华人民共和国旅游法》明确规定旅游业的发展必须先进行合理的旅游规划，这为旅游规划机构的进一步发展壮大创造了更为有利的条件。

经国家旅游局分批公告，至 2017 年，全国共有甲级旅游规划资质单位 100 家、乙级旅游规划资质单位 270 家，以及大量丙级旅游规划资质单位(由于丙级旅游规划机构由各省旅游规划机构资质认定，不具有全国性特征)。近 400 家甲、乙级旅游规划设计单位主要集中在环渤海、长三角、珠三角和西南地区，西北、华中和东北地区数量较少。此外，相关旅游规划机构的背景差异较大，构成较为多元，涉及领域也较为广泛。主要包括以下类型：

(1)规划勘察设计单位。其旅游规划业务主要依托于一些规划研究院、设计院等单位(一般具有甲级城乡规划资质)，这些单位的主业是城乡规划、林业规划等，具有勘察设计各领域的规划设计资质。

(2)科研院校系列单位。其主要包括高校旅游规划研究中心，以及社科院、中科院等下设的旅游研究中心。部分省市社科院地理研究所也都下设旅游规划单位。

(3)行业主管部门下设的旅游规划设计单位。这一类单位在全国来讲比较普遍，主要包括国家旅游局、地方旅游局等下设的旅游规划设计研究院所。如作为国家旅游局直属的专业研究机构，中国旅游研究院于 2008 年在京挂牌成立，2015 年，经中央编办批准，加挂“国家旅游局数据中心”，2017 年被科技部列为中央级科研事业单位。此外，行业主管部门下设的旅游规划设计单位还包括发改委、文化文保系统等下属的事业单位。

(4)民营专业旅游规划公司。其是指以旅游规划为主业或始业的私营企业，这些企业市场化程度较高，逐渐发展成为“人脉关系＋市场运作”的专业旅游规划公司。随着旅游市场的开放性不断提高，这类企业在行业中所占的比重会越来越高，也会是未来整个旅游规划行业的一种发展趋势。

(5)其他类型。不属于上述几种类型的旅游规划设计单位可归为其他类型，它们主要指一些园林工程公司、标识设计公司、投资咨询公司、广告策划公司、文化传播公司等。这类单位的主业不是旅游规划，但是它们大多会涉及旅游规划的一部分，或者和旅游规划有着千丝万缕的联系，此类型单位旅游规划资质一般都不高，多是乙级及以下。其存在对丰富整个旅游规划行业有着不可或缺的作用，它们虽然不是市场竞争的主力，却对整个市场起到了很好的补充作用。

因受行政划分格局等的影响，旅游规划机构分属于不同部门，如有隶属旅游部门的，有隶属城市规划系统的、风景园林系统的、院校系统的、科研系统的以及文化文保系统的，而隶属旅游部门的只有少数。就单一规划机构来看，隶属不同部门的旅游规划机构，由于受自身专业背景的影响，形成了规划方向的不同侧重。

一般来讲，城市规划单位编制的旅游规划比较侧重基础设施建设，在土地利用、设施配套、空间布局等方面设计比较规范；风景园林部门编制的旅游规划重在景观特色，对园林景观的构思和环境绿化的考虑较周全，景点设计有独到之处；地学和环境专业的科研教学单位编制的旅游规划，侧重于旅游业发展的资源基础，在自然资源的调查、评价、利用和保护方面较为细致；文化、文物单位编制的旅游规划，在历史人文资源评价和保护方面比较专业。

与国民经济和社会发展的总体规划水平及城市规划、国土规划、园林规划等其他专业规划水平相比，我国旅游规划界存在三个特点：一是起步晚，二是底子薄，三是发展快。具体表现为：规划人员少，规划队伍小，专业结构分散，组织结构松散；规划水平、规划程度不均衡，区域差异、地区差异明显；规划理论、规划方法的研究基础弱；规划管理基础薄，旅游行业管理部门对旅游规划的指导、调控功能还没有充分发挥。旅游规划工作发展势头迅猛，但离成熟、规范、稳健发展的要求还有较大的差距。

3. 旅游规划界从业群体特征

随着旅游规划队伍不断扩大，人员素质明显提高，多学科、跨专业的复合型规划力量正在成长。从全国来看，旅游规划机构包含了旅游经济、园林建筑、工程建设、历史文化、管理营销等各方面的专业人才。这正是旅游业具有高开放程度和高市场化程度的反映。相关行业、各方面人才都致力于旅游业发展，无疑对提高产业素质是十分有利的。

从旅游规划人员具体专业结构背景的特征来看，基本是以地学和工程类专业为基础，以地理学者和城市规划专家为主体，以旅游经济学、历史学、社会学、文学、艺术等各方面的专业人才共同参与为特色。从规划机构人员组织结构看，核心紧密型和松散协作型并存，且以后者为主体，形成跨学科、跨专业、跨部门的大联合。从实践效果看，这种组织结构机制灵活，运作高效。总体上，我国旅游规划队伍已初步形成了多学科、跨专业、跨部门的复合型技术力量群体。

2.2 旅游规划的概念内涵

2.2.1 旅游规划的研究对象

简要来说，与旅游相关的旅游行为、活动、现象及其发生主体、发生客体、发生环境与发生影响均为旅游的研究对象。

旅游规划因规划的属性，既有综合性又有所侧重，由此成为旅游(学科)研究的一个主要分支。

直观来看，旅游规划研究的对象内容会有很多，范围也很广，一般来说包括了旅游资源、旅游环境、建筑设施及景观、游客、旅游市场、旅游项目产品、旅游形象、旅游产业及发展要素、旅游目的地、景区景点，城市乡村等地域空间，以及旅游政策、理论、文化体现等诸多方面。

微观上,我们研究的是旅游主体的旅游空间行为、产生过程及其衍生现象,以及对于空间相互作用的影响及其关联。出发点在于旅游的需求与影响分析评判预测,落脚点在于空间资源及空间服务要素与项目产品配置、吸引力的规划安排。其核心关注在于:旅游空间功能及旅游产品、服务等与旅游行为全过程相匹配。

宏观上,我们关注的是对旅游需求所产生的旅游产业及其供给整体要素的空间配置、发展思路的宏观引导协调、给出统筹安排组织优化。出发点在于促进旅游产业的形成兴起和有序健康持续发展,落脚点在于旅游产业要素质量效益、供给体系有效搭建及空间布局的合理规划安排。其核心关注在于:旅游产业要素构成与空间布局组织优化及其关系。

正如国内外许多学者认同旅游系统是旅游规划研究对象的观点,本书也赞同旅游规划的研究对象是(有一定地域空间指向性的)旅游系统整体,认为其核心是围绕游客需求与行为活动,针对旅游(目的地)空间体系与(产业经济)供给体系运转搭建而成的统筹协调的系统。其宏观上具有地域空间规划+产业规划特点,微观上具有空间功能性+经济性双重属性。

2.2.2 旅游规划的基本概念

旅游规划的基本概念主要从三个方面加以介绍,包括专业领域的概念认识(来源包括国内外学者、规划设计专业机构)、法定概念认识(法律规范及权威管理部门),以及本书的归纳性认识,从而形成对旅游规划的多元理解和思考。

1. 专业领域的概念认识

国外学者方面,代表性的人物如Getz认为旅游规划是“在调查研究与评价的基础上寻求旅游业对人类福利及环境质量最优贡献的过程”。Murph认为旅游规划是“预测和调节系统内的变化,以促进有秩序地开发,从而扩大开发过程社会、经济与环境效益”。Gunn认为旅游规划是对旅游制定的规划行动和方案,以实现四个旅游发展目标:提高游客满意度;提高经济效益,改善企业状况;可持续地利用资源;社区与地区的整合。

国内学者方面,不同时期认识有所差异。如吴人韦认为“旅游规划是为实现既定的旅游发展目标而预先谋划的行动布置,也是不断将人类价值付诸行动的实践过程”。马勇、李玺认为旅游规划是一种经济技术行为,即“运用适当的经济、技术资源,特别是智力资源,以使旅游资源产生经济、社会和生态效益的过程”。陆林认为旅游规划是“为了促进和保障旅游业可持续发展,对旅游相关要素进行全面系统谋划的一种新兴的,多学科融合的应用型技术”。周作明、卢玉萍认为“旅游规划是为实现旅游业高效率发展目标而对旅游资源与相应社会资源进行最优配置,并对旅游产业系统进行架构筹划的过程,以求在整个旅游市场体系中实现主体利益最大化和持续发展的目的”。龙江智、朱鹤认为旅游规划实质上是一种旅游经济规划,遵循商业逻辑,是旅游供给系统的谋划。旅游规划属于产业专项规划的范畴,又具有明显的空间融合性特点。

在规划设计专业机构方面,有机构认为旅游规划是指在旅游地资源属性、特色和旅游地发展规律的现实基础上,基于满足旅游者旅游体验的精神和文化的本质需求,以及当地居民、旅游开发商、当地政府等相关利益主体的需要,形成一定的价值评判,由此确定旅游发展的目标规范,并研究其实现途径的动态过程。

2. 法定概念认识

旅游法第十八条明确了旅游发展规划应当包括旅游业发展的总体要求和发展目标,旅游资源保护和利用的要求和措施,以及旅游产品开发、旅游服务质量提升、旅游文化建设、旅游形象推广、旅游基础设施和公共服务设施建设的要求和促进措施等内容。

《旅游发展规划管理办法》明确了旅游发展规划是根据旅游业的历史、现状和市场要素的变化所制定的目标体系，以及为实现目标体系在特定的发展条件下对旅游发展的要素所做的安排。

《旅游规划通则》定义旅游区规划是指为了保护、开发、利用和经营管理旅游区，使其发挥多种功能和作用而进行的各项旅游要素的统筹部署和具体安排。

3. 本书的归纳性认识

从方法角度看，旅游规划是一种经济技术行为，即运用适当的经济、技术资源特别是智力资源，使旅游资源、市场机会等转化为旅游地域空间与旅游项目产品，产生空间吸引力及经济效益、社会效益和生态效益的过程，是一个地域综合体内旅游的发展目标和(空间)实现方式的整体部署过程。

从产业发展和政策的角度看，旅游规划指对一定区域范围内的旅游业在未来若干年内开发和建设的总的部署及规划，对旅游资源、设施与服务以及其他相关资源的合理配置与利用，协调好该地区旅游业的发展与经济、社会和环境之间的关系，以实现旅游业经济、社会和环境的效益最大化的过程。旅游规划要处理好两种关系：开发商—政府—社区；资源—产品—市场。

从研究对象和系统的角度看，旅游规划是一个预测和调节旅游系统空间变化，不断优化系统内外运行关系，以期实现系统效益最优，促进旅游系统与经济、社会和环境协调发展目标的过程。

2.2.3 旅游规划与其他规划的关系

旅游属综合性、关联性极强的产业类型，所以使得旅游规划必须与其他规划保持统筹协调。旅游规划涉及与国民社会经济发展规划、国土空间规划(包括区域规划、城乡规划等)、国家公园规划、历史文化名城名村保护规划、文物保护规划、风景名胜区规划、水利风景名胜区规划、森林公园规划、地质公园规划、各类城市公园规划、自然保护区规划、产业规划等诸多规划。

旅游系统的边缘组合特点及其结构有序性、功能协调性、各方发展目的性之间的矛盾，客观上规定了旅游规划的整合属性。

总之，旅游规划与这些规划相互之间既有区别又有关联，有些甚至在内容上有所交叉重叠，同时也相互依赖、相互作用、相互促进，并需要有效衔接，有效整合协调，才能发挥各自应有的作用和价值。

2.3 旅游规划的作用与任务

美国旅游规划学者冈恩曾经指出：“规划作为对未来的预测，处理可预见的事件，是唯一能使旅游业获得好处的方法。”

2.3.1 旅游规划的基本作用

旅游规划通过确定发展目标，提高吸引力，综合平衡旅游体系、支持体系和保障体系等的关系，拓展旅游内容的广度与深度，优化旅游产品的结构，保护旅游赖以发展的生态环境和旅游资源，保证了旅游地获得良好的效益并能促进地方社会经济文化的发展。旅游规划的作用还体现在以下方面：

(1)提高旅游资源吸引力，优化旅游要素配置的必要手段。

(2)形成良好旅游景区、旅游目的地、旅游市场供需的有效途径。

(3)促进旅游业经济、社会、生态三效益协调发展的重要保证。

(4)推动旅游业持续发展的有力措施。

(5)引导地域旅游协同发展共识的系统谋划。

2.3.2 旅游规划的现实任务

旅游的发展始终伴随旅游系统整体结构与功能的演变。旅游规划的总任务，是整体改善旅游发展的结构有序性、功能协调性、发展和目的性之间的关系。

旅游规划是为实现既定的旅游发展目标而预先谋划的行动部署，也是一个不断将人类价值付诸行动的实践过程。

对于我国的旅游规划而言，当前任务主要包括：紧跟旅游发展趋势，合理优化配置旅游资源和产业发展要素；不断提高旅游发展的质量，推进文旅融合和旅游创新，提升国际竞争力；促进各方协作和各类规划协同。同时，顺应国土空间规划等发展变革，落实国家、地方层面旅游发展政策导向，回应旅游市场发展需要，促进旅游产业健康发展，辅助决策，形成整体科学谋划，满足百姓和社会各方对更高质量旅游的需要。

与此同时，政府需要通过规划手段，合理调动社会经济系统中已有支持力量，或组建新的支持力量，发挥各自作用；指导和强化上述各方面的协同关系，降低成本，减缓矛盾，缩小规划预期和社会实际预期之间的差距；在保持和增加未来旅游发展机会的条件下，切实保障旅游业可持续发展。

2.3.3 旅游规划自身的发展使命

(1)促使旅游系统的进化因素占据主导地位。旅游系统的进化即旅游现象的内部关系由简单到复杂、由低级向高级的上升性演化。它主要有两大标志：首先，旅游系统的发展方向与人类社会的价值指向日趋一致；其次，旅游系统内部的结构组织性、功能整合性日渐提高。旅游系统内部要素的结构整合与功能协同，是事关旅游系统的生存与进化的首要内因。

(2)引导旅游系统的发展和控制规避风险。规避旅游系统的整体发展风险，是保障旅游系统可持续发展的必要条件。为了规避发展风险，旅游系统内各种因素的随机性关系，需要发展成为依存性关系。旅游现象由此从自然化走向了目的性行为，旅游系统目的性行为的最重要标志在于其反馈路径，即旅游规划实施于旅游系统后，其内部运行信息和相关的外部干扰信息会再输送回来，并对再实施产生影响。

(3)确保旅游系统符合目的和规律的发展。旅游系统的动态发展是一种系统状态向另一种系统状态的过渡。其中，无规划的旅游系统从功能耦合网的稳态开始，标志着旅游系统的成形。如果这一耦合网能在旅游系统发展中进一步自我更新，形成新的耦合网，那么这个旅游系统会自动发展下去。现实中绝大多数的旅游系统均频频出现不同程度的内部稳态失调现象。旅游规划必须在遵循旅游系统自身规律的前提下，通过预先或及时的扩展、修复、调节旅游系统的耦合结构，来维持旅游系统持续发展所必需的内部稳定性、环境变化适应性和发展方向的合目的性，即确保旅游系统符合目的、规律、可持续的发展。

此外，还应包括构建更为清晰、完整、科学的旅游规划体系，实现旅游规划自我理论性、技术性变革和科学性、实践有效性不断提升的发展使命。

2.4 旅游规划层级与类型

不同阶段、不同空间尺度、不同目的需求的旅游发展使得对应的旅游规划内容有所不同，在研究和实践层面也就自然地出现了不同层级和类型的旅游规划，进而形成了旅游规划体系。以下是综合国内已有划分共识和实际操作情况，对我国现有旅游规划层级和类型的基本划分。

2.4.1 旅游规划的层级划分

层级划分属于纵向划分，不同的划分角度、划分依据，将形成不同的划分结果。

1. 行政层级划分

旅游规划按行政层级可划分为：国家级旅游规划、省级（自治区、直辖市）旅游规划、地县（市）级旅游规划、乡镇级旅游规划、乡村级旅游规划。例如，《“十三五”旅游业发展规划》《2016—2020年全国红色旅游发展规划纲要》《乐山市旅游发展总体规划》《郫都区旅游发展总体规划》《汕尾海丰县黄羌镇旅游发展总体规划(2017—2035)》《陡岗镇袁湖村乡村旅游总体规划(2015—2020)》。

2. 空间尺度层级划分

(1)区域级旅游规划。这一层级规划的空间对象是旅游区域，偏宏观尺度。旅游区域就是在一定范围内，依据自然地域、历史联系和一定的经济、社会条件，根据旅游业发展需要，经过开发建设整合，形成的有一定特点的旅游地域空间。它包括国土空间、省域空间、市域空间、县域空间、地理或经济区域、流域、城市群、地域文化圈带以及跨区域地区。例如，《长江三峡区域旅游发展总体规划》(项目时间为2002—2003年，是我国第一个由国家组织的跨区域旅游规划)，《扬子江城市群旅游发展规划(2018—2035年)》等。

(2)旅游地级旅游规划。这一层级规划的空间对象主要是旅游地，偏中观尺度。旅游地级比区域级低一层次，尺度范围也要小很多，其特点是：旅游资源分布集中，其空间是开展旅游活动的主要地域空间；有一定的旅游经济结构和规模；有一定的空间尺度，由若干旅游区或旅游景区构成。

简单而言，旅游地的内涵和外延较大，它可以泛指一切提供和开展旅游行为的地方，包含了旅游目的地、旅游接待地、旅游过境地、旅游临时停留地等概念。其中，旅游目的地在专业领域一般是指一个地域的概念，是包含一个或者多个旅游区、点的地区，对旅游者来说能够形成明确的消费目标指向；旅游接待地则更多是在旅游功能的层面上对一个地域功能的概念探讨，如一个核心旅游区旁边，有一个集约化的接待服务区，就可以被称为旅游接待地。对于以上概念，目前并没有明确统一的学术界定。《西峡县老界岭国家级旅游度假区总体规划及重要节点修建性详细规划》、《大华山省级风景名胜区总体规划(2018—2035年)》、福州市《长乐滨海旅游带总体规划》等都是旅游地级旅游规划。

(3)景区景点级旅游规划。这一层级规划的空间对象是各类景区景点，偏微观尺度。景区是指直接开展旅游活动及相关服务的地块空间，有着较完善的旅游配套及服务设施，用地属性以旅游功能为主，用地界限与管理经营权属清晰、明确、固定。景点是最小的旅游空间单位，往往从属于景区，也有独立存在的景点，但规模一般都很小。景点级规划往往以旅游景区修建性详细规划的形式出现。例如，《岢岚县宋家沟旅游景区总体规划》《剑门蜀道风景名胜区广元段详细规划》等都属于景区景点级旅游规划。

不同空间尺度层级的旅游规划分析比较见表2-1。

表2-1 不同空间尺度层级旅游规划构成的分析比较

比较	区域级旅游规划	旅游地级旅游规划	景区景点级旅游规划
空间范围	区域级＞旅游地级＞景区景点级		
规划任务	从宏观上强调旅游业发展的战略、目标、规模和趋势把握等；调查区域主要旅游资源分布与旅游市场态势，分析发展问题；形成区域旅游业发展定位、发展重点和整体格局；布置重大旅游项目、工程，确定区域旅游总体发展时序与构建保障体系等	中观层面确定发展定位，发展策略，主题形象；确定地域优势旅游资源与客源市场构成、旅游集散地、旅游中心城镇；构建地域旅游空间线路与景区景点体系；形成不同功能旅游区域。布局区内主要旅游发展项目、设施，构建主打旅游产业方向及旅游产品支撑体系等	微观层面深挖旅游资源价值，细化旅游功能、品牌、形象定位；布局地块空间与土地利用、旅游项目与设施等；详细规定建设用地的各项指标要求、建设时序和规划实施内容安排、投资与效益产出估算等
基本特征	体现宏观性、综合性，突出产业经济发展的特征； 注重统筹性、竞合性的特征；识别最有潜力旅游地，核心发展极、带、片；突出战略性、指导性的特征； 具有长期性，具有法律效力和行政政策性的特征	具有战略决策和实施操作相结合的特征； 开发管理及规划技术结合的特征； 综合性和指导性的特征； 具有近中期的特征； 突出地方性和各方参与协调性的特征	具有规划设计与指导落地建设相联系的特征； 具有明确规划约束的特征； 具有偏短期性和较强可塑性的特征； 具有规划、工程、市场经济性与运管融合的特征； 具有多方参与性的特征

3. 规划效力层级划分

旅游规划按照规划效力可分为法定规划和非法定规划两大类。其中，和旅游相关的常见的法定规划有：旅游发展总体规划、旅游区规划（包括旅游区总体规划、旅游控制性和修建性详细规划）、风景名胜区规划等，如《青海省“十三五”旅游业发展规划》《大理州“十三五”旅游发展总体规划》《习水县旅游发展总体规划（修编）》《陈炉古镇旅游总体规划》《川陕苏区王坪旅游区总体规划》《淀山湖国家级旅游度假区规划设计》《西岭雪山风景名胜区控制性详细规划》《西充县百科有机园旅游景区修建性详细规划》《贵阳香纸沟金孔雀温泉旅游度假景区详细规划》。常见的非法定规划有：各类旅游概念规划、旅游策划，各类专题旅游规划，一些特殊的、新兴的与旅游密切的规划类型（如景区提升创建规划、旅游扶贫规划）等，如《镇雄县以古镇小米多村乡村旅游概念性规划》《婺源县全域旅游发展总体规划》《宜昌市鸦鹊岭镇全域旅游规划》《云南省户外运动旅游专项规划》《无锡市城乡旅游交通专项规划》《野人谷旅游环境提升规划》《青木川古镇创建国家5A级旅游景区提升规划》。

按规划的权威和效力等级，各类规划的关系可概括为：法定规划高于非法定规划，国家级规划高于地方级规划，综合类规划高于专项类规划，上级规划高于下级规划。

2.4.2 旅游规划的类型划分

规划类型属于横向划分。不同地方、不同情况、不同规划侧重要求以及不同的编制组织机构和专业背景，使得旅游规划呈现出不同的类型和形式。

1. 按规划对象地域特征、功能属性划分

按规划对象地域特征、功能属性，旅游规划可划分为常见地域型、特定地域型旅游规划。前者如城镇旅游规划、乡村旅游规划、度假区旅游规划、传统景区景点旅游规划等；后者如风景道旅游规划、沿江河湖海旅游规划、农业公园旅游规划、自驾旅游营地规划、核心景区规划等。

2. 按旅游规划内容侧重划分

按旅游规划内容侧重，可将其划分为综合型、专项型、专题型旅游规划。

旅游发展规划、旅游总体规划等均属于综合型旅游规划，综合型旅游规划是地域旅游发展和旅游活动开展整体需要的全面性规划。

旅游交通、旅游形象策划与市场营销、旅游产品体系规划等属于专项型旅游规划，其侧重旅游活动或旅游业发展的某一具体功能需求展开。

红色旅游、生态旅游、工业旅游、文化与创意旅游等属于专题型旅游规划，其侧重某一指定旅游资源、旅游市场细分需求展开。

2.5 旅游规划编制基本工作流程

旅游规划同其他规划类型编制工作相似，目前已形成一定的工作流程和步骤。总结学习旅游规划工作程序，熟悉相应工作环节和基本要求、工作规律，对于旅游规划编制工作的顺利进行，对于保障旅游规划编制工作的规范性和有序性，对于从事旅游规划业务职业工作实践都是十分有益和必需的。一般来说，各类旅游规划编制包括以下工作阶段和流程内容。

1. 任务确定阶段

委托方发布招标信息，通过招投标（通常有公开招标、邀请招标、直接委托等形式）确定编制单位，然后制订项目计划并签订旅游规划编制合同（委托方应制订项目任务计划书，明确规划意图和时限、成果等要求）。

2. 前期准备阶段

与甲方接洽，成立相应工作机构，建立沟通工作机制，进行实地初步调查与旅游规划相关基础资料、问题、信息、各方建议要求的收集、征询与整理工作，包括政策法规研究、旅游资源调查、旅游市场现状情况调查、规划区旅游业发展情况调查、存在问题调查等。

3. 规划编制阶段

撰写规划文本、说明书和附件的草案及方案草图，根据需要组织开展有针对性的进一步深入调查分析和专题研究，经修改补充完善，形成初期、中期和终期不同阶段的方案成果。

4. 征求意见阶段

一般对规划成果初稿、中期完善稿需进行集中座谈讨论或汇报反馈，征询相关各方建议意见，对方案进行进一步调整修改，统一共识。

5. 评审审批阶段

召开专家评审会，汇报阐述规划重点要点和思路框架，讲明关键性问题，对规划成果进行技术性把关，提出结论性评审意见、修改意见；规划编制单位据此对规划成果进行最终完善修订，修改定稿后即由委托方按照审批程序，报有关政府部门机构进行最后的审查、审批。

6. 后期服务阶段

双方根据规划项目编制合同的约定，确定是否开展后续规划实施的技术性服务和规划设计建设的衔接配合工作，以及相关工作服务内容、时限和开展要求等。

旅游规划编制操作思路性程序可参见图 2－1，相关工作流程和内容要点可参见图 2－2。

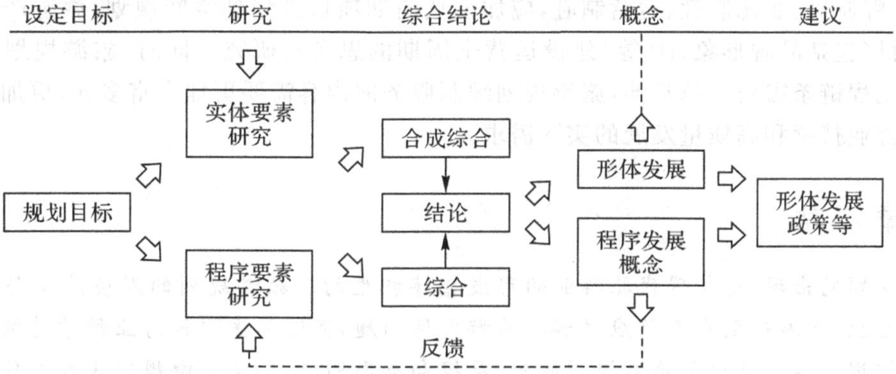

图 2－1　旅游规划编制（思路）程序

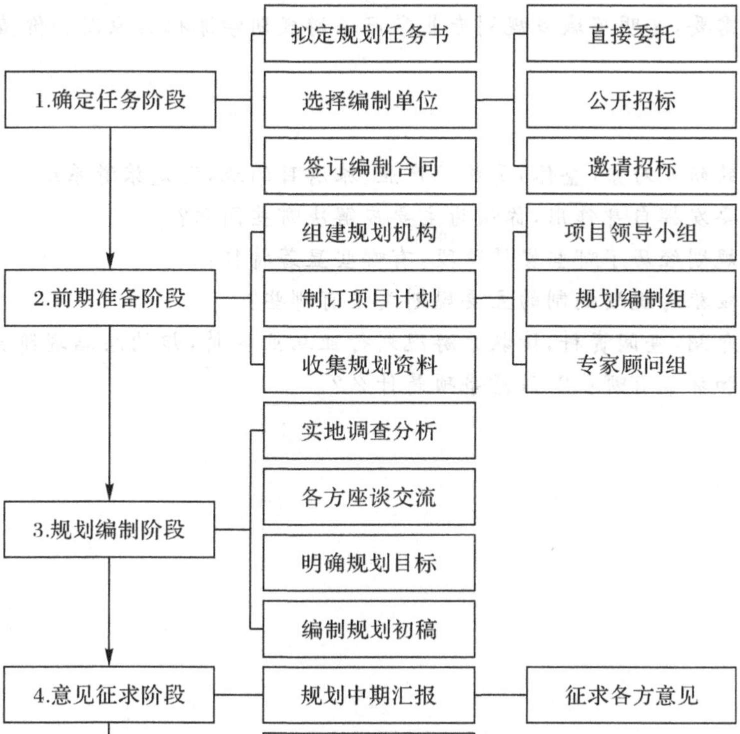

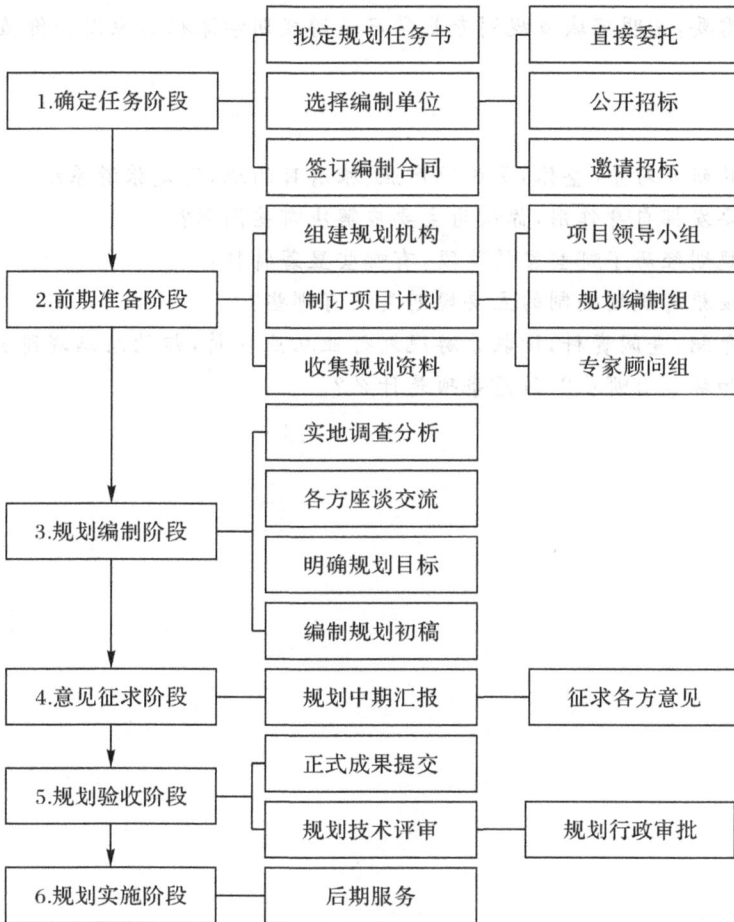

图 2－2　旅游规划编制工作基本流程示意图

此外，为适应旅游市场的激烈竞争和应对来自旅游规划项目落地、建设运营盈利生存压力的挑战，现实中旅游市场及委托方对旅游规划设计机构及其编制旅游规划服务内容提出了更高的要求，需要引起行业与专业领域的积极关注。

中国旅游规划机构的未来走向，应该是依靠定位制胜、落地制胜、实战制胜、人才制胜、案例制胜、品牌制胜、业态制胜、运营制胜，应加强从前期项目策划到空间规划、旅游产品体系设计再到项目(包括品牌形象、IP 等)建设运营全周期的思考与研究。同时，旅游规划编制服务的构成和流程链条需要变革延伸，旅游规划编制服务的内容需要更加丰富多元，更加贴近市场变化和旅游业持续和高质量发展的实际需求。

本章小结

旅游规划的出现，是与现代旅游业的形成相伴相生的。旅游规划的发展演变与旅游发展的需求相适应，旅游规划在有效应对解决旅游发展问题，促进和保障旅游业科学持续发展中有着重要的作用。多角度理解旅游规划概念、层级和类型划分，知晓旅游规划基本工作流程是形成旅游规划初步认识的基础。了解国内旅游规划人才供需、专业人员特征、规划机构的实际情况和规划市场的需要，是明确城乡规划专业学习旅游规划学课程的原因和价值所在。

思考题

1. 旅游规划的研究对象(整体)是旅游产业、旅游目的地，还是旅游系统？

2. 旅游规划要发挥自身作用，你认为主要应解决哪些问题？

3. 我国旅游规划经历了哪些发展阶段，有哪些显著特征？

4. 我国现阶段旅游规划编制的主要规划类型有哪些？

5. 结合课本介绍，查阅资料，请教旅游规划行业从业人员，归纳总结现阶段旅游规划编制的基本工作流程和环节有哪些？注意事项是什么？

第3章 旅游规划学理论基础与方法、技术

内容提要

本章通过介绍旅游规划学发展所依托的学科背景明确了旅游规划应学习哪些关联学科及自身所属学科的基础理论，主要涉及旅游系统理论、旅游可持续发展与生态学理论等，同时对旅游规划所涉及的方法与技术、作为规划指导依据的相关法律法规及技术文件进行了介绍。

本章学习的重点是认识和掌握旅游系统、生态旅游、旅游区位、旅游地生命周期、旅游供需、旅游竞争力、旅游动机与消费行为、旅游公众参与等理论概念内涵及其指导规划实践的作用；难点是理解旅游系统的构成及其规划指导作用，以及旅游规划与旅游策划的区别等。

旅游产业发展日益显现出重要的经济价值和社会价值，引发了人们对旅游及旅游规划发展研究的不断深入。旅游的关联性很强，旅游业是伴随社会其他产业发展而发展兴起的产业。相应地，旅游规划理论构建也是在借鉴相关学科领域理论成果的基础上，针对旅游业持续发展与旅游空间布局的关系、旅游与空间要素科学配置、旅游系统空间和功能有效运行优化等实际问题的研讨中发展起来的，并以此逐渐形成了旅游规划学理论基础。

旅游学的研究视角可分为规范研究和实证研究两大类，前者主要研究“应然问题”，也就是应当如何的问题，这类研究主要属于应用旅游学的范畴；而后者主要研究“实然问题”，也就是现实生活实际是如何的问题，即描述、解释和揭示一些旅游现象的成因和演变规律。这对旅游规划学理论及实践应用研究同样是适用的。

旅游规划能否独立存在与持续发展，以旅游规划学身份真正成为旅游科学重要的分支领域，成为旅游学、规划学的交叉学科方向，就需要不断满足旅游发展的实际需要，解决其发展中面临的各种实际空间问题，这在很大程度上取决于能否有促使旅游规划认知不断深入完善，提升其科学性、指导性、有用性的一系列相关理论作为支撑。

旅游规划学作为一门年轻的学科，目前还未形成完整的理论体系。国外对旅游规划的研究以 20 世纪 70、80 年代出版的冈恩的《旅游规划》、皮尔斯的《旅游开发》为标志，仅仅经历了四十余年的发展历程。国内对旅游规划的研究起步稍晚些，旅游规划方面的专著大多出现在 20 世纪末、21 世纪初，发展的时间更短一些，其中学者吴必虎的《区域旅游规划原理》(2001)是早期具有代表性的系统总结性著作。

3.1 旅游规划学所属的学科谱系

学科是科学知识体系的分类,不同学科就是不同的科学知识体系。一般认为,构成一门独立学科须满足三个基本条件:一是应有独特的、不可替代的研究对象或研究领域;二是应有特有的概念、原理、命题、规律等所构成的严密的逻辑化的理论体系(知识体系);三是应有一定的学科知识产生方式和研究范式,即方法论。

德国学者葛里克斯曼的《一般旅游论》从旅游现象的发生渊源、基础、性质和社会影响等深层次的关系中进行探索,指出旅游研究包括旅游现象的基础、发生的原因、运行的手段、性质及其社会影响等问题的研究,是范围非常广泛的领域,需要从不同学科去研究,而不是只从经济学的角度去考察。

旅游活动和旅游业的开放性、社会性和综合性使旅游学具有多学科、跨学科、交叉性和多维度等特点,从而形成了与自然科学、社会科学和人文学科的相互交叉渗透融合。

通过国内学者搭建的旅游学科体系构建泛系分析模式图(见图 3-1),可以增进对旅游学科这些特点的认识。

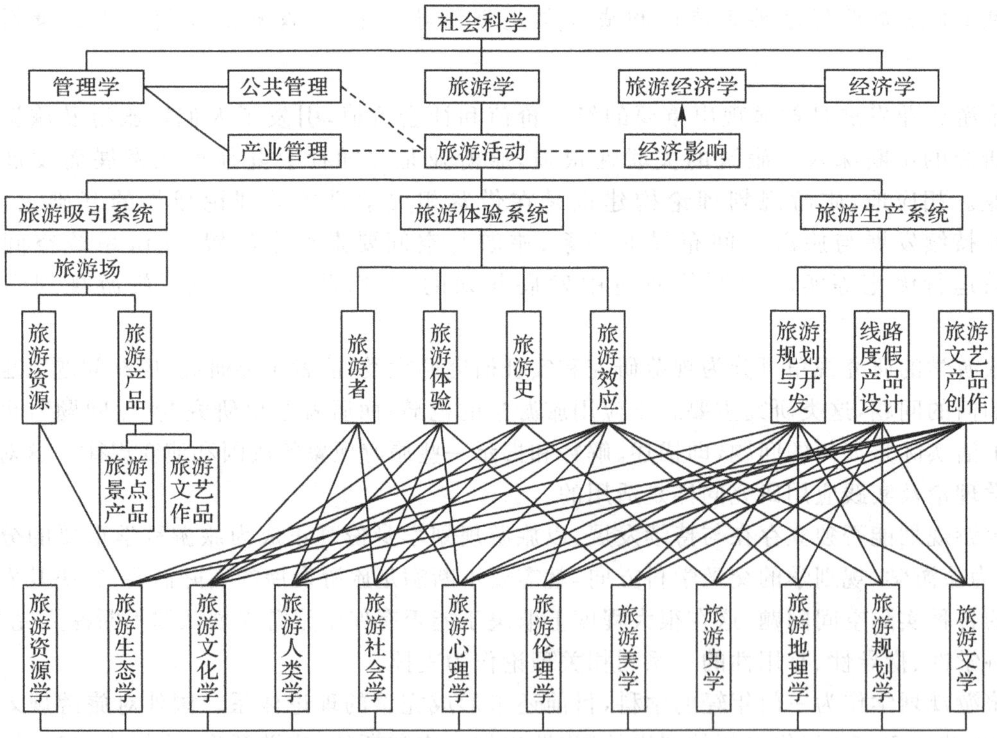

图 3-1 旅游学科体系构建泛系分析模式图

正是在这样的发展背景下,旅游学不断向其他学科领域拓展,吸取养分,这也使得旅游学与规划学日益交叉融合,从而形成了旅游学和规划学共同影响作用下的一个重要研究分支领域——旅游规划学。旅游规划学在整个旅游学科谱系中的位置与其他分支的关系,由谱系结构图(见图 3-2)可加以直观了解。

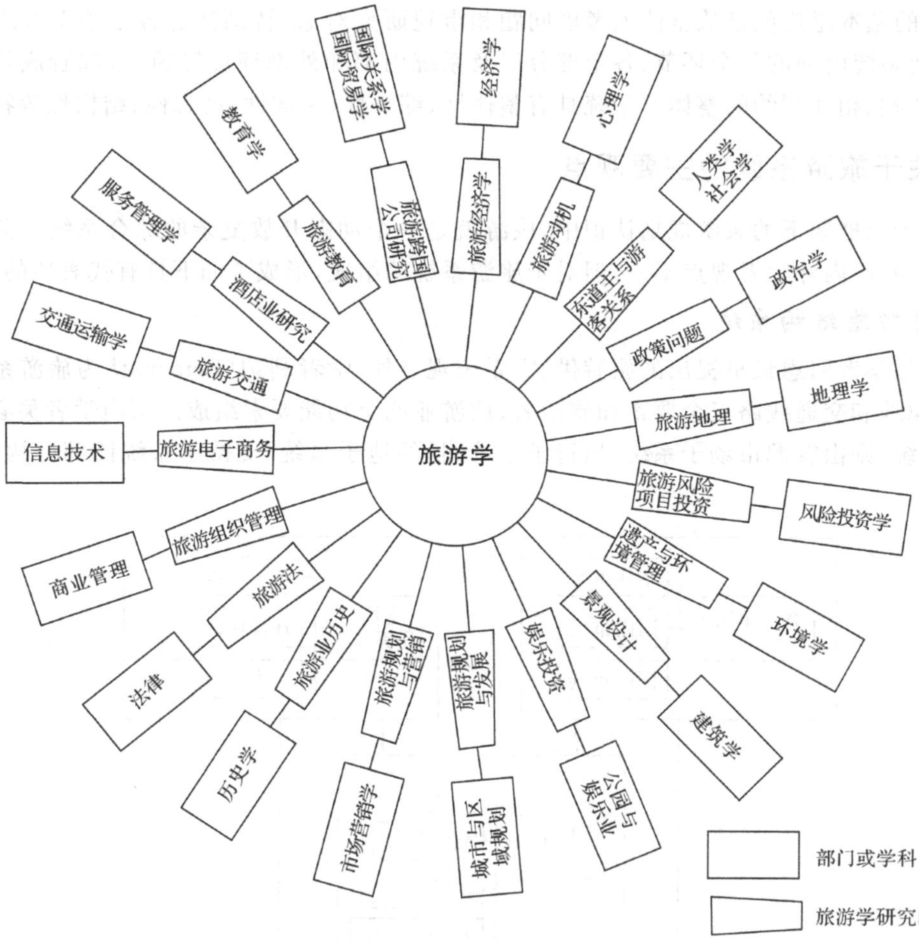

图 3－2　旅游学科谱系框图

从主要作用效果来说，旅游规划学在某种意义上是旅游学其他各分支领域的理论成果。但旅游规划学也有着自身的特点，它主要是依托旅游管理学和城乡规划学等学科发展形成的研究分支。同时旅游规划学也带有综合性学科特色，既与旅游经济学、旅游社会学、旅游资源学、旅游文化学、旅游心理学等旅游分支密切相关，还与建筑学、规划学、地理学、园林景观学、生态学、系统学、发展学、区位学、市场学、美学等多种学科有着边缘与交叉关系。旅游规划学自身理论就建立在多学科边缘与交叉的相关理论基础之上，借用“他山之石”逐渐形成了作用于自身的学科理论体系。

3.2　旅游系统论

3.2.1　系统及其构成

系统一词，来源于古希腊语，是由部分组成整体的意思。系统论认为，系统是由相互联系的各个部分和要素组成的，它是具有一定的结构和功能的有机体。构成整体的各个局部称为子系统，子系统之下还有更低一级的子系统，最低级的子系统为组成系统的各要素。

系统论的基本思想就是从整体上考虑问题和审视研究对象，特别注意各个子系统之间的有机联系，把系统内部的各个环节、各个部分以及系统内部和外部环境等因素，都看成是相互联系、相互影响、相互制约的整体。系统具有整体性、综合性、层次性、动态性、结构性等特征。

3.2.2 关于旅游系统的主要观点

在系统理论框架下的旅游规划认识中，旅游就是一个动态开放复杂的综合系统。关于旅游系统的内涵，国内外学者观点不一，但对于旅游系统的组成，形成了如下具有代表性的看法。

1. 旅游功能结构系统

除了国外学者冈恩最早提出的旅游供、需系统观点外，学者利珀(Leiper)认为旅游系统由目的地、客源地和交通线路三个要素和旅游者、旅游业两个功能要素组成。国内学者吴必虎提出的旅游系统，则由客源市场子系统、出行子系统、目的地子系统、支持子系统四部分构成(见图 3-3)。

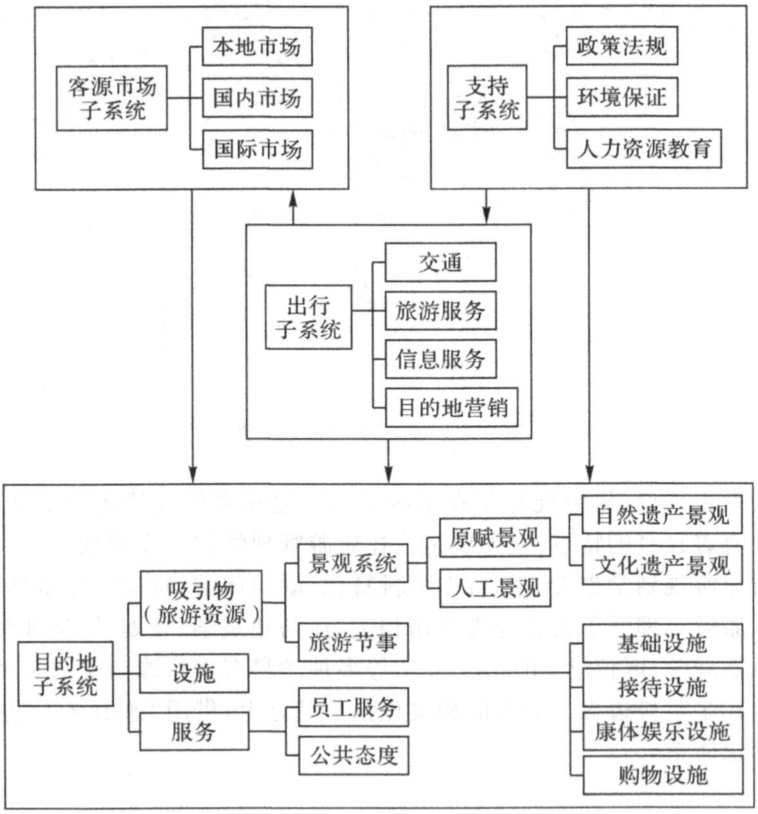

图 3-3 游憩系统(旅游系统)

吴晋峰、段骅基于旅游活动构成特征将旅游系统定义为：旅游系统是由客源地、目的地和媒介三部分组成的有特定结构和功能的旅游活动系统，是自然-经济-社会复杂系统的子系统。杨新军、窦文章认为旅游功能系统(见图 3-4)正是联结与解释旅游供给和旅游需求之间的桥梁和纽带，其能够解释旅游活动空间相互作用的过程。

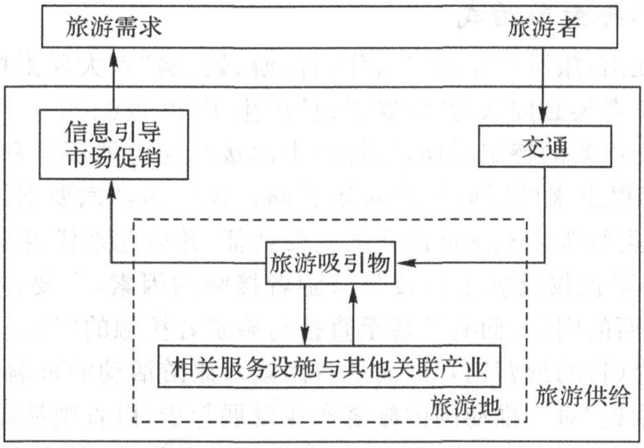

图 3－4　旅游功能系统运行图

2. 旅游地域空间(实体)系统

关于旅游空间系统,冈恩提出了目的地地带的概念,指出目的地地带由吸引物组团、服务社区、对外通道和区内连接通道等部分组成。

旅游业是一个与空间紧密相连的产业。李雪、李善同指出,旅游地域系统是一定地域空间上旅游系统的表现形式,是由相互关联、相互作用的若干部分构成一定地域空间上的有机整体,包括自然、社会、经济等众多因素,既是一个要素综合体,又是一个地域综合体,具有发生、发展的演化过程,它体现了系统结构与功能相互关系及其本质属性。

在宏观层次上,旅游地域系统空间结构主要反映各要素系统内部及系统之间的相互作用关系,其中,要素系统内部表现出空间作用和秩序层次,要素系统之间反映相互作用关系。微观层次上,旅游地域空间系统主要是从旅游目的地地域内部要素空间相互关系与组织形式出发,对旅游地域系统进行研究。

3. 旅游经济系统

多数学者更多地将旅游作为一个产业来研究,因此最关心它的经济效益。所以,旅游经济系统成为旅游系统中最主要的一种形态之一。米尔和毛利森认为旅游系统由市场、旅行、目的地和市场营销四个主要部分组成,由旅游需求、旅游购买、旅游营销和抵达市场等行为将四个组成部分连接为整体。国内学者长安的观点与之相似,他认为旅游经济系统主要由旅游市场、旅游目的地和出行系统构成。旅游市场进一步可划分为本地市场、国内市场、国际市场。目的地主要由旅游吸引物、旅游设施和服务构成。出行系统包括交通、旅行服务、信息服务和目的地营销等。旅游经济系统中最主要的关系是供需矛盾问题,即大众对旅游的需求和旅游产品的开发经营供给。

4. 旅游系统的其他构成子系统

旅游系统的其他构成子系统有:①旅游文化系统。其主要由客源地文化和目的地文化构成。目的地文化包括物质形态的和非物质形态的。旅游文化系统中的客源地文化通常只具有非物质形态,它是以游客为载体,在目的地与当地文化中产生影响。②旅游管理系统。其是组织和管理旅游经济系统和文化系统的关键,是旅游系统中的支持系统。旅游管理系统可进一步划分为设施系统(旅游管理机构)和制度系统(政策、法规),其功能主要由政府及旅游管理部门承担和完成。

5. 旅游系统基本要素的构成

国内旅游部门曾提出,旅游产业由"吃、住、行、游、娱、购"六大要素构成,这成为影响和使用最为广泛的认识。学者吴必虎认为"六要素说"产生于 20 世纪 80 年代中国实行计划经济、面向接待海外入境观光旅游的特定时期,是针对中国接待能力的不足和面向入境团队客人的需求,从政府供给角度提出来的行政管理对策思路。他认为,"六要素说"是指用"吃、住、行、游、娱、购"旅游者的六类行为来概括旅游业的主要特征,并以此来代表旅游业和旅游研究的主要矛盾。实际上,六要素仅仅反映了直接与旅游者接触的因素,主要包括旅行服务和接待服务、游览和娱乐服务方面的因素,而有些甚至直接与旅游者接触的因素,也未能完全概括,如旅游者阅读或观看的媒介(目的地营销)等,而这些因素对旅游活动的影响有时是不可忽视的。

客观地讲,"六要素说"对于推动国内旅游产业发展起步,以直观易懂的通俗性文字向大众阐释和普及旅游业的基本构成和特点,发挥了积极的历史作用,具有自身鲜明的时代发展特色,但其理论与实践层面还存在着一些局限性和需要完善的地方。

梳理以上认识可以看出,旅游系统是由众多构成要素作用交织在一起形成的多维度复杂关系网络系统,由于观察的角度不同,其层次及功能结构很难被厘清,也不能较好地反映旅游系统应有的全貌。

3.2.3 旅游系统体系的构建

面对旅游和旅游规划的发展变化,我们需要探索和构建层级更为完整、构成更为清晰、操作更为实用的旅游系统体系。

1. 基本原则

(1)功能导向原则:系统因其功能显示出其存在的意义价值,所以构成要素上,应以系统功能形成为出发点,进行划分和选取。

(2)层级性原则:旅游是一个多层级系统,整个系统由诸多子系统构成,各子系统之下还会有更低一级的子系统。

(3)全流程原则:在系统作用关系上,以游客旅游活动产生到完成过程为出发点,进行分解和传递。

(4)要素、功能与结构适应原则:在系统体系搭建上,应以空间结构与功能结构、构成要素相适应的思路进行建构,保证其合理性。

(5)衔接融合原则:与已有认识相衔接,同时进行吸收整合,理清关系,融入新认知。

2. 构建思路

旅游系统不是完全抽象的存在,其对应于一定的时、空、人、事、物组合关系。

旅游系统产生、运行、存在的源头是游客,核心是围绕游客发生的各类真实自主的旅游活动行为(行为活动是游客旅游动机、消费需求的最终呈现结果,最为客观),所以旅游系统的搭建必须以之为基础起点,应有独立的游客行为活动子系统。

旅游系统得以持续运行的又一主线是旅游供给的形成和旅游产业的生成推动。所以,旅游供给系统、旅游经济系统也应成为旅游系统的重要子系统。此外,两者需要通过一定的旅游联系系统,围绕游客旅游行为系统变化特征,以目的地引力空间系统为载体,借助旅游支撑系统的保障作用,实现市场供需关系及产业经济发展,满足和引导游客的需要,从而最终完成旅游系统的整体运行。

3. 基本结构——“四性两线七大子系统”

本书全新构建的旅游系统体系可概括为“四性两线七大子系统”。四性着重体现旅游系统体系的行为活动性、作用传导性、空间指向性、经济性特征；两线是指系统运行分别从游客主体出发的需求-行为线和从企业主体出发的市场供给-经济线展开彼此联络；七大基础子系统包括旅游需求系统、旅游供给系统、(游客)旅游行为活动系统、旅游联系系统、目的地空间系统、旅游经济系统、旅游支持系统七个部分，在其下方还有进一步的细分子系统，直至其构成要素。旅游系统构成与运行模型如图 3－5 所示。

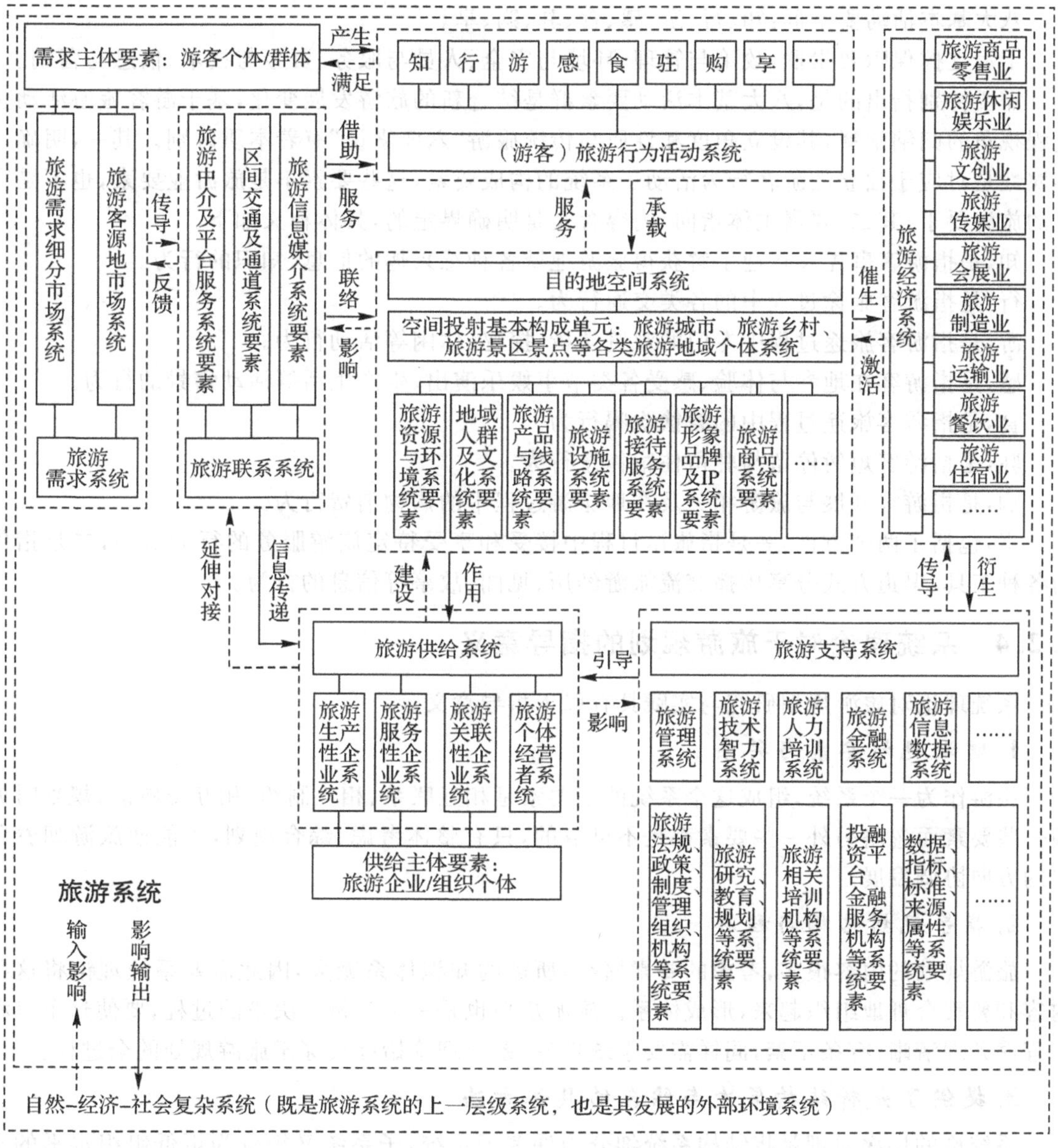

图例说明：虚线框标识系统及某一子系统的基本构成范围；无箭头线段表示系统与其构成子系统或构成主体要素的从属关系；有箭头线段表示系统构成之间运行作用走向与功能。

图 3－5 旅游系统构成与运行模型

4.“34810”旅游系统核心要素群

如仅从旅游系统底层的构成要素角度认识来看,旅游系统核心要素构成庞杂,数量巨大,难以一一呈现。从旅游规划编制学习的角度来看,可择其要者把握,本书将其凝练简化为“34810”旅游系统核心要素群,具体如下。

三大基础条件要素群:地域发展背景(自然、社会、经济条件与政策)、旅游资源、旅游市场需求。

四大核心发展要素群:发展战略、空间布局(空间用地与线路、各类设施)、项目产品吸引物、品牌与形象IP。

八大基本活动要素群:知、行、游、感、食、驻、购、享。

十大支撑保障要素群:政策与管理、环境与安全、人员与服务、资金与技术、信息与营销。

需要特别指出的是,八大基本活动要素群是结合新的旅游发展变化,基于游客旅游活动全过程视角的归纳阐释,其设立角度和性质与传统旅游“六要素说”有着本质区别。其一,明确了其属性是对应于独立的游客行为活动子系统的构成要素,这些要素不是旅游业要素,也不是宽泛的旅游要素;其二,要素主体指向、内容含义是明确界定的,具体释义如下。

知,是指游客事先及在地了解获得旅游地域各种感兴趣的信息、知识的行为。

行,是指游客旅途过程中的各类交通行为。

游,是指游客旅途过程中专门的观览赏析、探秘、休闲等活动行为。

感,是指游客在地参与体验、感受各类节事娱乐演出、生产生活等活动情景的行为。

食,是指游客旅途过程中的餐饮吃喝行为。

驻,是指游客短暂停留与驻留住宿休息行为。

购,是指游客开展与旅游相关及在地旅游过程中的购物消费行为。

享,包括了两个方面,一是指旅途过程中接受和享受特定旅游服务的行为活动;二是指借助各种工具、渠道方式分享传播交流旅游经历、见闻、故事等信息的行为。

3.2.4 系统理论对于旅游规划的指导意义

系统理论对旅游规划研究与实践具有以下指导意义。

1. 明晰规划要素与关系

旅游作为一个系统,组成这个系统的诸要素是相互联系、相互制约、相互影响的,规划时偏颇一些要素而忽略另外一些要素都是不可取的,只有整体考虑、综合规划,才能使旅游朝着预定的方向协调发展。

2. 指导规划结构与程序

旅游规划的内容很多,考虑的要素繁杂,所需的知识体系庞大,因此需要系统理论将这些内容和要素合理地组织起来,形成体系。旅游规划也是一个分析和决策的过程,要使这个过程和程序条理清晰,有条不紊,同样需要系统理论,系统理论始终贯穿于旅游规划的全过程。

3. 提供了分析结构层次与综合的具体方法

系统论的层次原理是将结构系统细分为许多子系统,子系统又细分为更低组织水平的子系统,这样一层一层地分析下去,最终落实到组成的要素。系统论的综合原理与层次原理相反,首先是要素的综合,然后由低组织水平的若干子系统向高组织水平的子系统逐步综合,最后形成整个系统的整体规划。

4. 指导旅游规划编制与实施反馈

系统论认为，将输出变为输入的行为就是反馈，反馈可以使系统得到改进和发展的助力。旅游规划编制的最初成果，有可能对某些问题考虑不周、分析不力，所以需通过征求意见和召开评审会，获得修改意见和建议要求的反馈，从而提高规划的质量水平。而旅游规划在实施时，同样也会发现不少由规划引发的问题，而且随着时间的推移，地域旅游将发展到一个新阶段，出现旅游新现象、新需求和新变化，这些都是对原有旅游规划实施的反馈，从而在客观上形成对旅游规划进行修订或重新编制的需要。

3.3 旅游可持续发展与生态学理论

3.3.1 可持续发展理论与可持续旅游发展

1. 可持续发展理论的提出与内涵

可持续发展理论的研究始于 20 世纪 80 年代初，但直到 1987 年，世界环境与发展委员会出版了《我们共同的未来》(*Our Common Future*)一书后，才在世界各国掀起了可持续发展的浪潮。世界环境与发展委员会认为：可持续发展就是要把发展与环境结合起来，使我们取得的经济发展既满足我们当代人的需要，又不危害未来子孙后代满足他们自己需要的能力。

可持续发展理论的含义深刻，内容丰富，是对人类与环境系统关系变化的一种规范。其有两个最基本的要点：一是强调人类追求健康而富有生产成果的生活权利应当是坚持与自然相和谐方式的统一；二是强调当代人在创造与追求当今发展与消费的时候，应承认并努力做到自己的机会和后代人的机会平等，不能剥夺后代人发展与消费的机会。因而在可持续发展理论的演变过程中，有四条基本原则应当贯彻始终：一是整体规划和决策思想；二是强调保护生态环境的重要性；三是强调保护人类遗产和生物多样性的必要性；四是发展的同时要保证目前生产率能持续到将来很长一段时间，这也是可持续发展的核心和立足点。可持续发展思想的诞生，标志着人类在理解环境承载力和优先发展之间关系方面发生了观念上的根本变化，使其成为当代发展主体理念思想之一。

2. 可持续旅游发展的概念、目标与原则

旅游业发展对人类文化、自然遗产和良好生态环境的依赖与产生的巨大影响，都表明旅游业应作为可持续发展理念践行的重要领域，可持续发展思想应在旅游领域得到延伸和体现。

可持续旅游发展的定义是比较丰富的。世界旅游组织认为，可持续旅游有旅游者和旅游地居民两大基本利益主体，既包括“今天的”需求，还关注未来发展机会。旅游业可持续发展可以认为是对各种旅游资源环境的管理和指导，以使人们保持地域文化完整性、基本的生态过程，保护生物的多样性和生命维持系统，同时满足旅游经济、社会发展协调和审美的多重需要。

1990 年全球可持续发展大会旅游组行动策划委员会通过的《旅游业可持续发展行动战略》，将可持续发展的指导思想引入旅游业，并提出了旅游业可持续发展的目标：①增进人们对旅游所产生的环境效应与经济效应的理解，强化其生态意识。②促进旅游的公平发展。③改善旅游接待地的生活质量。④为旅游者提供高质量的旅游经历。⑤保护未来旅游开发赖以生存的环境质量。

1995年,联合国教科文组织、环境计划署和世界旅游组织共同组织的“可持续旅游发展世界会议”通过了《可持续旅游发展宪章》和《可持续旅游发展行动计划》,正式确立了可持续发展思想在旅游资源保护、开发和规划中的地位,明确规定了旅游规划中要执行的行动。会议还通过了18条可持续旅游发展原则,可归纳为:旅游发展应与生态环境承受能力匹配;应协调当地经济发展状况;尊重当地道德规范;自然、旅游和文化共为人类生存环境整体;政府机构与非官方的环境保护组织应共同担负旅游发展责任;应加强旅游开发可行性研究;应拟定旅游管理框架和行业规则,实现地区旅游可持续发展等。

可持续发展理论对旅游开发和规划有着重要的指导意义,核心是要求促进旅游发展转变消耗性旅游开发,要始终坚持兼顾“效率”和“公平”的可持续旅游价值取向,实现旅游发展要同步重视对生态、环境、资源和文化的保护,以维持旅游长久的生命力。

3.3.2 生态学与生态旅游

1. 生态学应用领域

生态学一词最早由生物学家提出。生态理论最初的研究对象是自然界的生态系统。很多人(包括生态学家)逐渐意识到仅研究自然界的生态系统是不够的,因为任何一个生态系统都不同程度地受到人类的干扰,尤其是污染,使得系统的协调受到严重的威胁和破坏。生态的失调反过来又造成巨大的经济损失,对人类生存形成威胁,于是环境生态学、人类生态学、生态经济学、社会生态学、景观生态学、旅游生态学等细分领域应运而生。它们所追求的乃是生态效益、经济效益和社会效益的协调统一,研究对象是建立在更广领域的生态系统之上。

2. 生态旅游的出现及定义

旅游发展,既是一项经济产业,又是一项社会文化事业,同时它又不可避免地涉及自然界中的生态环境系统,因此生态理论成果对旅游及旅游规划发展自然产生了较大影响,并引发了生态旅游和旅游生态学研究的兴起。

生态旅游一词发轫于20世纪80年代,1980年莫林(Moulin)在霍金斯(Hawkins)等人编著的《旅游规划与开发问题》一书中发表了《有当地人和当地组织参与的生态旅游和文化旅游规划》一文。此外,世界自然保护联盟的特别顾问,墨西哥学者谢贝洛斯·拉斯卡瑞(Ceballos Lascurain)1983年在其文献中正式提出生态旅游这一术语,他本人也给出了第一个生态旅游的概念:生态旅游作为常规旅游的一种特殊形式,旅游者在欣赏和游览古今文化遗产的同时,置身于相对古朴、原始的自然区域,研究、欣赏和品味自然风光、野生动植物和当地文化遗产。世界自然保护联盟将生态旅游定义为“具有保护自然环境和维护当地人民生活双重责任的旅游活动”。2002年,国际生态旅游年大会发布的《魁北克宣言》进一步强调了生态旅游的五条标准,即以自然为依托的产品、影响最小化管理、环境教育、为保护事业做贡献、为当地社会做贡献。生态旅游发展到今天,由于所强调的角度和重点不同存在各种各样的定义,其内涵也超越了单纯的自然旅游。

由于生态旅游既要满足游客对回归自然的需要又要保护好自然,因而它不是一般的自然旅游,而是一种可持续地关注地方文化的自然旅游,是自然旅游和可持续旅游的交集。

综上,生态旅游的构成要素具有四个方面的性质,即基于自然的、持续管理的、支持保护的和环境教育的。其特点是指在相对原始(原生态),未受外界干扰影响的自然区域内进行旅游活动的旅游形式。其目的是出于旅游资源环境保护和环境质量追求而提出的,是人类重返自然,回归自然和谐,进行自我旅游行为约束、环境生态教育,以及尊重当地文化与居民权益的一种责任反映。其影响是推动了相关的研究,即旅游生态学的发展。

3. 旅游生态学对旅游规划的指导

旅游生态学,或者称游憩生态学,是一门新的学科研究分支。其介于旅游学和生态学之间,研究的是旅游与生态相互作用的、复杂的旅游生态系统。

旅游生态学的研究内容包括:游客行为对生态的影响;生态系统对旅游活动的反应;如何保护生态环境;经济分析;如何建立生态旅游区;规划、设计和管理生态旅游区等。旅游生态学研究旅游与生态之间更为具体、细节的内容,相关成果对旅游规划的指导作用十分显著。

在旅游生态学指导下的旅游规划,基于生态环境保护规划考虑,提出划分保护对象的空间范围,即划定保护区,进行有选择的旅游开发,这些实践推动形成了(旅游)生态区划的概念。国外旅游生态区划有特殊区、敏感区、关键区等(控制分区)划分方式,我国有核心区、缓冲区、实验区等划分方式。

旅游生态学还要求旅游规划应注意景观视觉的保护,指出建筑与环境相和谐是景观视觉保护的根本目标。

此外,在旅游生态学研究中还出现了生态足迹的概念。生态足迹是指在一定时空范围内,与旅游活动有关的各种资源消耗和废弃物吸收所必需的生物生产土地面积。它是把旅游过程中旅游者消耗的各种资源和产生的废弃物吸收化解,用容易感知、量化的土地空间面积多少来进行表述,这种面积标准是全球统一的、没有区域特性的,具有可比较性。

3.4 旅游地理学与规划学理论

3.4.1 地域分异规律和劳动地域分工

地理学认为地域性实际上就是同质性和异质性的问题,地域分异规律和劳动地域分工探讨的就是地域空间的差异性,而空间的差异性正是产生旅游流的根本原因,因此地域性成为旅游活动现象中最基本的特征之一。

1. 地域分异规律

(1)地域分异。地域分异一般指自然地理综合体及其各组成成分按地理坐标确定的方向发生有规律变化和更替的现象。广义的地域分异还应包括人文社会要素的地域变化。

影响地域分异的基本因素:一是地带性因素,即地球表面太阳辐射的纬度分带性(纬度地带性因素);二是非地带性因素,即地球内能(非纬度地带性因素)。自然地理环境在两种基本地域分异因素的共同作用下所产生的新的地域分异因素被称为派生性分异因素。

(2)地域分异规律。地域分异规律是空间地理规律,是自然地理学基本理论问题之一。其是指自然地理综合体及其各组成成分的特征在某个确定方向上保持相对一致性或相似性,而在另一确定方向上表现出差异性,因而发生更替的规律。

(3)地域分异规律分类。地域分异规律可分为两类,即纬度地带性规律和非纬度地带性规律两类,简称为地带性规律和非地带性规律。地域分异规律也可分为三类,即地带性规律、非地带性规律和地方性规律。地域分异规律还可分为五类,即地带性、非地带性、派生性、地方性和局地分异规律。

2. 劳动地域分工

劳动地域分工是区域地理学的基本理论问题之一,是社会分工的空间表现,是社会生产力发展的结果和区域内外诸因素共同作用的产物。

劳动地域分工最重要的特征是生产地与消费地分离,进而推动地区之间产品的交换和贸易。其出现的客观基础是生产的地区差异,表现在两方面:一是生产物的地区差异,二是反映在经济效果上的生产地区差异。追求更大经济利益是地域分工的根本动力。

劳动地域分工一般会经历由简单到复杂、由低级向高级的进程。其发展的结果将使区域生产专门化和生产区域化,即"各个地区专门生产某种产品,有时是某一类产品甚至是产品的某一部分";反过来,地区专业化生产部门的建立和发展,又是地域分工进一步发展的必要基础,两者互为因果,互相促进。

一个地区参与劳动地域分工的程度可按参加区际交换的产品占本区域该产品总量的比重来表示,区际交换产品占本区域该产品总量的比重愈大,说明该种生产参加劳动地域分工的程度愈高;反之,则愈低。

关于制约地域分工的因素,可分为区内因素和区际因素两类。前者包括自然条件和自然资源、生产力发展水平、原有的分工基础等,后者包括区际产品需要量、交通运输条件及物价、利润、税收等。

3. 地域分异规律和劳动地域分工理论在旅游规划中的指导意义

(1)寻求地域优势和凸显地域特色。一个地区要成功地发展旅游,必须从发展旅游的基础——旅游资源出发,探求其与众不同的方面,即优势和特色。只有突出地域优势特色,才能有足够吸引力吸引更多旅游者,从而创造更佳效益。同时,从旅游环境设施建设和旅游服务出发,创造特色,一方面使地方的旅游资源更具可游性,另一方面可以弥补旅游资源在某些方面的不足。

(2)指导开展旅游区划。旅游区划是在深入了解某一地域旅游资源空间分布特点规律和旅游业、旅游市场地域分工基础上做出的旅游空间属性特征划分。其既有利于发现汇集当地旅游特色,也有利于重点分类开发和针对性管理。

区划的依据就是运用地域分异规律和劳动地域分工理论思想,寻求旅游资源与旅游发展具有相对一致性的区域,区别有差异性的区域。

(3)协调实施功能分区。分区有两种趋势,一是自然分区,即在旅游地发展过程中,某些地段逐渐用于某种专门用途;另一种是控制分区,即在法律或其他条件约束下,旅游地的土地用于某种固定用途。旅游规划是在已有的自然分区基础上,促使旅游地形成合理的控制分区。

(4)辅助制定发展战略。旅游发展战略制定需要综合分析旅游资源的分布构成、区位条件、区域产业发展基础等因素,而这些因素分析很大程度上就是考虑影响它们的地域分异现象和旅游产业地域分工,即考虑一个地区特有、与众不同、具有比较优势的方面。

3.4.2 区位论理论

1. 区位与区位论

区位是指由经纬线构成的网格系统中的某个位置，即自然地理位置；作为相对的术语，是指就其他位置来说所限定的位置。区位的主要含义是指某事物占据的空间场所，具有位置、分布、属性特征、布局关系、组织等多方面意义。因此，区位往往成为自然地理位置、经济地理位置和交通地理位置等事物所含空间要素信息在空间地域上有机结合的具体表现。

区位论是用于说明和探讨地理空间对各种经济活动分布和区位的影响，研究生产力空间组织的一种学说，或者说是关于人类活动空间分布和空间组织优化的理论，特别是表现在对经济活动的空间关注上。区位理论在研究事物空间组织上有三个层次：一是广域角度的某一作用体系的空间格局；二是作用体系集聚单元的区位选择；三是组成集聚单元的基本要素的场所选择。

区位论来源于实践，又指导于实践。区位论现在主要应用于城乡土地利用、厂址选择、商业服务业网点设置、城市体系、交通网络问题、经济区划、区域或城市的区位优势分析等。

由于旅游涉及因素很多，旅游活动是在空间上的活动，所以必定要有空间布局和空间组织优化，必定要用区位论来指导。

2. 旅游区位论和旅游区位

区位理论在旅游和旅游规划领域的研究推进，逐渐发展形成了旅游区位理论概念。

旅游区位论是研究旅游客源地、目的地和旅游交通的空间格局，旅游地域组织空间形式相互关系及旅游场所位置与旅游经济效益关联性的理论。

旅游区位则是指旅游目的地(或景区)在与其客源地相互作用中的相对位置、交通通达性及其在所在区域旅游整体空间格局中的位置、空间影响性和地位意义。

旅游区位可以看成一个旅游地对其周围客源地的吸引和影响，也可以看成客源地对周围旅游点的选择性与相对偏好定位。

处于不同旅游区位上的旅游目的地，其旅游区位要素上的差异，决定了该旅游目的地在一定地域范围内整体旅游发展格局中的先天优劣。

3. 区位理论对旅游规划的指导意义

区位论中区位优势理论思想对旅游开发与规划布局具有积极意义，具体表现在以下几个方面：

(1)寻求区位优势对旅游规划十分重要。区位因子有自然、资源、交通、市场、人力、文化、经济、社会等。寻求区位优势，就是分析各个区位的因子优势和整体优势。区位优势具体分为：有形区位优势和无形区位优势；绝对区位优势和相对区位优势；局部区位优势和全局区位优势；空间区位优势和时间区位优势。

(2)区位条件决定了区域旅游的可进入性和门槛游客量。

(3)有利于宏观旅游业布局和旅游场所微观选址布局。区位优势理论要求旅游规划以方便游客、为游客服务、利于保护旅游资源、提高土地利用效率等为原则，进行旅游设施场所选址和旅游产业布局。资源价值高、区位条件好、区域经济背景好的地区，将成为旅游开发的理想优先地区。

3.4.3 区域空间组织理论

区域空间组织理论是规划学重要的理论基础之一，在区域旅游规划方面也有着较大影响。区域空间组织理论可从空间、时间和动因三个维度加以了解。

空间秩序维度：产生影响的指导理论有增长极理论、中心地理论、核心-边缘理论、距离衰减原理、梯度理论、点-轴开发理论等。

时间序列维度：产生影响的包括旅游地生命周期理论和可持续发展理论等。

动因机制维度：产生影响的有劳动地域分工、社会经济文化差异理论及发展水平不同、供需变化理论等。

下面对空间秩序维度相关理论进行简要介绍。

1. 增长极理论

增长极最初是一经济空间概念，是指围绕主导工业部门而组织的一组具有活力的高度联合的工业，进而演化为经济空间＋地理空间的概念组合，发展出增长极理论。增长极理论通过解释说明地区发展过程，增长的不均匀性，说明区域发展应重点培育发展优势地区，从重点开发、层次开发最终推进到区域整体开发和发展。

受地域旅游资源富集程度高低、等级影响力高低和区位优劣等诸多因素影响，加上城市经济社会文化发展水平整体较高的原因，中心城市往往会在区域旅游中发挥重要作用，极易形成旅游增长极。

2. 梯度理论

梯度是指事物的空间分布或影响在一定方向上呈现有规律的递增或递减现象。

经济学、生产布局学经常用梯度描述地区间的发展不平衡问题。旅游发展的梯度是指旅游经济发展水平在空间上呈现递增或递减现象，往往表现为由中心城市或重点旅游地向周围呈递减分布，即旅游目的地核心区以至中心旅游景区其对周边辐射带动及空间影响力一定程度上符合梯度分布规律。

3. 中心地学说

中心地学说是研究城镇区位的一种理论，其主要论点是立足于城市服务职能，将城镇作为一个具有带动和辐射作用的整体系统加以研究，认为城镇是人类社会经济活动在空间的投影，是区域的核心，形成于一定数量的生产聚集的基础上。理想状态下城镇应建立在乡村的中心区域，起着带动和辐射乡村的作用。其中心地位依赖于收集输送地方产品并向周围乡村人口提供所需货物和服务而存在。

中心地学说对旅游规划的意义在于指导区域旅游中心地的选择。区域旅游中心地是对区域旅游发展具有带动和辐射作用的区域，是外来旅游人流集中扩散的接待服务枢纽。旅游中心地的确立可以是自然自发出现的，也可以是人为有意识推动形成的。旅游中心地应该从旅游市场需求和供给、资源质量和分布、交通构成等方面进行综合的考察和研究，从而获得有实践和发展意义的结论。

4. 距离衰减法则

距离衰减法则认为，地理现象之间是相互作用的，作用力随距离的增加而减小。在旅游规划中，距离衰减法则体现为：游客出游距离衰减，旅游目的地的市场引力距离衰减。具体表现为随着旅游目的地与客源之间距离增加，到访和接待的游客便会减少，到访期望会降低。

依据距离衰减法则，旅游规划需测定旅游目的地与旅游客源地、旅游客源中心到旅游景区（景点）的距离，将之选择在合理的旅游距离之内，确定最佳旅游游程、选择建设最佳距离的旅游景区、测算可能的旅游空间流量等。

游客（出游）经济距离是指旅游者从客源地到目的地往返旅行时间和交通费用的综合。游客出游的时间距离是指旅游者从客源地到目的地往返的旅行交通时间。

3.5 旅游经济学与市场学理论

3.5.1 旅游经济学及其研究范畴

旅游经济学是研究旅游活动及其发展规律的一门新兴的综合性经济科学。它和农业经济学、工业经济学、商业经济学等一样，是研究国民经济中某一部门的经济学科。区别于旅游饭店管理学等以旅游业中某一具体业务作为研究对象，旅游经济学是从整个旅游经济活动全过程进行研究的。

旅游经济学，简而言之，是研究旅游者在空间的移动而引起的旅游客源地、旅游目的地和旅游连接体三者之间的经济现象、经济关系、经济规律。旅游经济学研究的主要范畴有：旅游经济活动在国民经济中的地位、作用以及它同国民经济各部门的相互关系；旅游供求规律；旅游资源和服务设施的开发、建设、利用、保护、改造的经济原则以及贯彻这些原则的具体措施；旅游业的经营管理原则和措施；旅游服务、旅游市场、旅游商品的特点、方式及发展途径；旅游经济在国内国际的前景和方向预测等。

在中国，旅游经济学以政治经济学作为理论基础，具体研究旅游经济中各种经济关系及其特殊规律，研究内容主要包括：旅游业的产生和发展及其性质、特点；旅游业在国民经济中的地位和作用；旅游业与国民经济其他部门的关系以及旅游业内部各企业之间的经济关系；旅游者的需求及旅游消费构成，旅游收入的分配与再分配；旅游市场的供求关系与旅游价格政策；旅游业的经营管理体制；旅游业的宏观经济效益与微观经济效益；旅游企业的经营管理；旅游业的发展道路等。

了解和运用旅游经济学的原理、方法和新的研究成果，可以使旅游规划立足旅游经济和旅游市场规律，面向旅游消费，合理开发旅游资源，不断优化旅游产业结构，提升旅游投资经营管理策略，体现旅游规划与旅游产业经济的紧密性，体现规划的经济性和市场性。

3.5.2 相关概念和理论

1. 旅游供给与旅游需求

从旅游经济学意义上讲，旅游供需关系是旅游经济活动中最基本的一对关系和基本矛盾。旅游供给是在相对独立的旅游地域内，在一定时期以一定价格向旅游市场提供的各种旅游产品（服务）的数量。旅游供给从其作用来分，可分为基础供给和辅助供给两大类。基础供给指直接满足旅游需求而提供的物质条件和服务，包括旅游吸引物、各类旅游设施、旅游服务（劳务）等。辅助供给则是指为基本旅游供给开展所提供的外围基础设施和服务保障等。

旅游需求就是具有一定支付能力和闲暇时间的人们在一定地域时间内，愿意按照一定价格购买某一旅游产品（经历）的数量规模与质量层次要求等。

2. 旅游业的影响力及影响力系数

产业影响力，反映某一产业的最终产品的变动对整个国民经济的总产出的变动的影响能力。如某产业的影响力为 n，这意味着该产业每增加一单位最终产品（增加值），将会推动国民经济增加 n 个单位的总产出。

影响力的相对水平用影响力系数来表示。影响力系数是产业的影响力与国民经济各产业影响力的平均水平之比。影响力系数大于或小于 1，说明该产业的影响力在全部产业中居平均水平以上或以下。

3. 旅游产业关联效应

产业关联是指国民经济各部门在社会再生产过程中所形成的直接和间接的相互依存、相互制约的经济联系。产业关联效应指的是一个产业的生产、产值、技术等方面的变化引起它的前向关联关系和后向关联关系对其他产业部门产生直接和间接的影响。产业关联效应可以分为前向关联效应、后向关联效应、旁侧关联效应（见表 3－1）。

表 3－1　产业关联效应分类及释义

序号	产业关联效应分类	释义
1	后向关联效应	后向关联效应是指某产业通过自身的需求而与其他产业产生的相互关联关系，即一产业在其生产过程中需要从其他产业获得投入所形成的对其他产业的依赖关系。它反映了对象产业与上游相关产业的关系
2	前向关联效应	前向关联效应是后向关联效应的对称，也称为前向连带效应，即移入产业的活动能通过削减下游产业的投入成本而促进下游产业的发展，或客观上造成产业间结构失衡而使其某些瓶颈问题的解决有利可图，从而为新的工业活动的兴起创造基础，为更大范围的经济活动提供可能。简单来说就是指一个产业在生产、产值、技术等方面的变化引起其前向关联部门在这些方面的变化或导致新技术的出现、新产业部门的创建等
3	旁侧关联效应	旁侧关联效应是指移入产业的发展会引起它周围的一系列变化

总之，产业的关联带动作用是产业转移的重要功能，将在很大程度上促进移入区域整个经济的发展。

旅游业的前向关联反映旅游业与下游产业的关联关系和旅游业自身的产出结构，即旅游产品分配给其他产业部门作为中间投入或最终使用的数量关系。

旅游业的后向关联效应反映了旅游业与上游相关产业的关系，即旅游业在生产经营过程中，从其他产业和本产业内部购进的中间产品以及使用生产要素所支付的费用结构。

有研究表明，我国旅游业属于典型的最终需求型产业，旅游业消耗其他相关产业部门的产品或原材料的程度较大，对于带动其他相关产业的发展，推动经济增长具有显著的作用。我国旅游业的后向关联度较强，前向关联度较弱，对国民经济相关产业部门具有较强的依赖性。

4. 旅游乘数效应

乘数是指经济活动中某一变量变化引起其他经济量的变化量与原变量的变化值的比率。乘数的计算公式：乘数＝因变量变动量/自变量变动量，如：乘数＝总收入增加10%/劳动力投入增加5%＝2。

马西森和沃尔在1982年提出旅游乘数的概念：旅游乘数是这样一个数值，最初旅游消费和其相乘后能在一定时期内产生总收入效应。英国萨瑞大学的阿切尔(Archer)认为，旅游乘数是旅游花费在经济系统中导致的直接、间接和诱导性变化与最初的直接变化本身的比率。

赵黎明和黄安民给出了旅游乘数的完整定义：旅游乘数是用以测定单位旅游消费对旅游接待地区各种经济现象的影响程度的系数。旅游乘数效应的机理框架如图3-6所示。

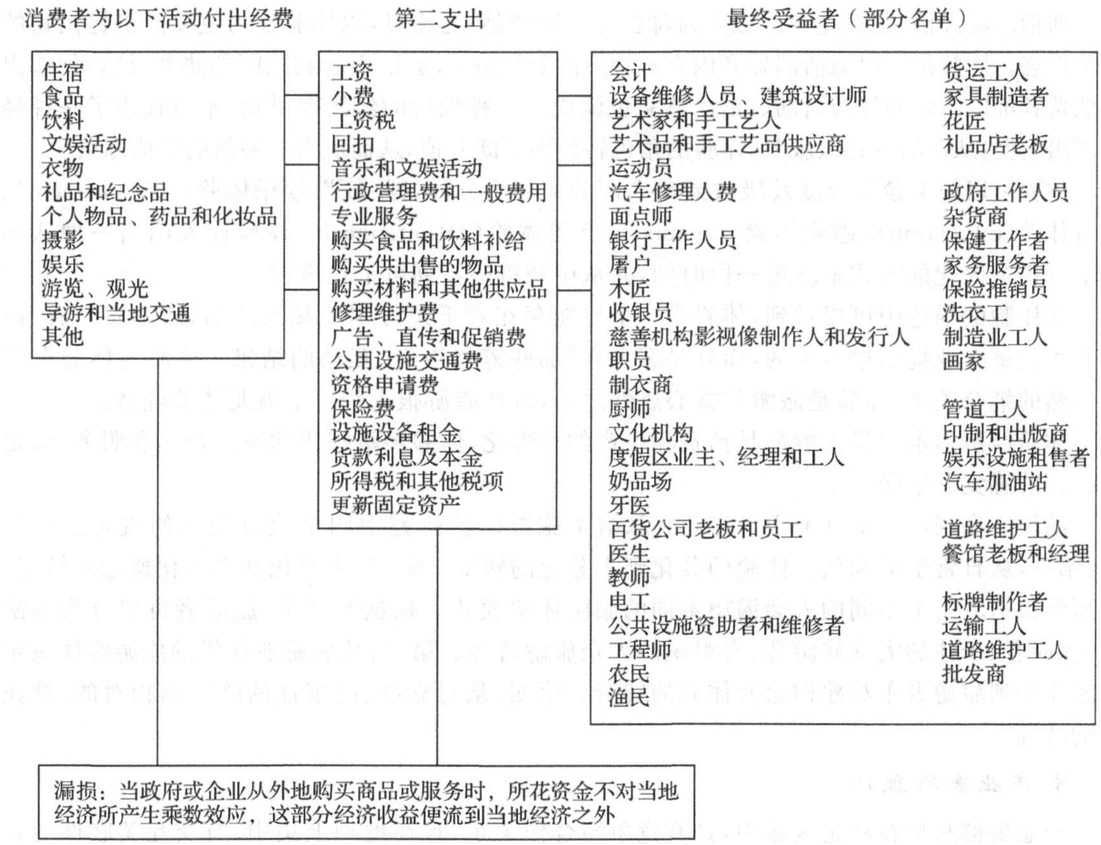

图3-6　旅游乘数效应的机理框架

5. 边际效用递减规律

边际效用递减规律是指在一定时间内，在其他商品的消费数量保持不变的条件下，随着消费者消费某种商品数量的增加，消费者从该商品连续增加的每一消费单位中得到的效用增量即边际效用是递减的。

6. 旅游投资门槛

由于存在着旅游目的地区位优劣差异，故会产生等量投入不能获得等量利润的现象。在这种情况下，旅游企业会增加处于优势区位旅游目的地的投资规模，减少劣势区位旅游目的地投资，以实现利润最大化目标。所以对劣势区位旅游目的地进行投资时，要考虑门槛问题。

旅游投资门槛问题，是指旅游目的地的企业实现经济规模所需的最小接待量的人口地理空间，也就是旅游目的地企业最低限度地利用人口的地理范围。如果旅游目的地实际吸引范围小于门槛范围，那么在这个旅游目的地建立旅游企业是不经济的；反之大于门槛范围，相对就是经济的。辐射作用范围与门槛范围差别的形成，关键性因素是其市场吸引力大小上的差异。

7. 体验经济理论

所谓体验经济，就是企业以服务为舞台，商品（产品）为道具，以体验作为主要经济提供物的经济形态。体验是用以激活消费者内在心理空间的积极主动性，引起胸臆间的热烈反响，创造出让消费者难以忘怀的经历活动。由此体验也就成为一种独特的经济提供物，本身代表了一种经济产出类型，从产品、商品、服务、体验的角色转换中不断升值，从而成为一种新的价值源泉。

体验可以根据参与程度及吸收或浸入而分成四个方面，即“4E”：娱乐体验（entertainment）、教育体验（education）、逃避体验（escapist）、审美体验（estheticism）。体验让人们用一种从本质上说很个人化的方式来度过一段时间，并从中获得一系列可记忆事件。

从体验的描述中可以看到，体验是一个可能存在着千差万别的私人产品，从本质上看，体验并不仅是企业提供给客人的，而且是客人与“那些筹划事件”互动的结果。旅游与体验存在着天然的耦合关系，体验是旅游的核心属性之一，现代旅游很大程度上就是体验经济。

体验经济追求的最大特征是消费和生产的个性化，体验经济提供的不是产品和服务，而是“快乐”的感觉和感受。

纳坦·乌列（Natan Uriely）系统地总结了旅游体验研究中四个值得关注的概念上的发展：第一，从日常生活和旅游体验的分化到去分化的转变。第二，由泛化到多元化概念的转变。类型学预示着每个不同的人会渴望不同的旅游体验模式。根据类型学，旅游者可以分为漫游者、探险者、个体的大众旅游者、有组织的大众旅游者等。第三，从旅游业提供的旅游客体决定旅游体验到旅游者主观建构旅游体验的转变。第四，从对立的、决定性的陈述到相对的、补充性的解说。

8. 产业集群理论

产业集群是指在特定区域中，具有竞争与合作关系，且在地理上集中，有交互关联性的企业、专业化供应商、服务供应商、金融机构、相关产业的厂商及其他机构等组成的（空间-产业）群体。

产业集群超越了一般产业范围，从整体出发挖掘区域的竞争优势，形成了特定地理范围内多个产业相互融合、众多类型机构相互联结的共生体。其可以带来外部经济，包括外部规模经济和外部范围经济。产业集群具有核心竞争力、创新的活力、良好的产业氛围，是其他区域最难以模仿的。

从旅游规划的角度看，发展旅游产业集群，营造区域旅游创新环境，构筑区域旅游特色，是实现旅游业持久竞争力的有效手段和重要保障。

3.5.3 旅游市场学概况

1. 市场与旅游市场的初步认识

市场是联系销售方和购买商品方的中间过程。对市场的含义一般有如下三种观点：

传统经济学观点认为市场是指买卖双方交换产品所有权和使用权的场所，或者说是产品或劳务实际发生转换的地方。

现代经济学观点认为市场是指买者和卖者之间对一个特定产品交易和处理的关系网络。

卖方的观点认为市场是指产品实际的和潜在的购买者，购买者可能是已经发生的实际购买者，也可能是需要诱发的购买者，他们可能存在于一个场所，也可能分散在不同的其他区域场所。

旅游市场一般来说是从第三种观点出发，按旅游者产生的地域(旅游客源地)分类，如美洲市场、欧洲市场、中国市场；也可以超越地理的界限，指各种类型的旅游者，如青年市场、老年市场、学生市场等。

旅游市场研究对于旅游规划具有重要意义。在自由竞争的市场经济条件下，旅游业已由卖方市场转为买方市场。不是生产供给了什么，市场就得买什么，而是市场需要什么，就提供什么，这也是我们国家提出“供给侧改革”的目的。旅游市场和需求的重要性，要求旅游规划重视旅游市场导向，必须把旅游市场需求作为规划的出发点之一，将不同地域、不同类型游客群体的需求和爱好反映到旅游产品、商品、服务、体验等供给上来，通过旅游规划提供旅游(市场)吸引力。

2. 旅游市场学理论对旅游规划的指导意义

对旅游市场和旅游营销策略的研究是旅游市场学的核心任务。旅游市场学研究和关注的具体内容包括旅游市场营销的产生与发展，旅游市场营销战略及环境分析，旅游者消费行为分析，旅游市场调查和预测，旅游市场细分与目标市场选择，旅游市场定位策略、市场营销组合，旅游产品策略、价格策略，旅游销售渠道策略、促销策略，旅游市场营销组织、计划、实施与控制等。

旅游市场学理论对旅游规划的作用主要涉及以下三个方面。

(1)探索细分旅游市场，制定市场发展战略。旅游目的地需要根据旅游市场的研究与反馈，结合自身旅游资源条件构成，划分旅游市场覆盖范围，细分旅游市场需求，从而制定切实可行、有针对性的旅游发展策略和定位。

(2)旅游项目及产品策划设计。以市场为导向，推出地域代表性与核心旅游项目产品，是旅游市场营销的一个重要思路和依托基础。所以了解旅游目的地的市场优势产品在同类旅游产品中的地位和知名度，选择知名度高、吸引力强的优势项目产品类型作为代表性与核心产品来开发和规划，对旅游规划可操作性和作用价值具有重要意义。寻求“代表性与核心旅游项目产品”，一是从地域差异性出发，从已有自然和文化旅游资源中挖掘产生；二是可根据区位特点，社会经济发展水平人为创造旅游“创新项目产品”；三是可针对旅游细分市场人群特点和需求开发打造。不同的人群要有不同的旅游项目产品相对应。如不同人群的特点：老年人喜静，年轻人好动；收入多的消费高，收入少的消费低；有喜好新奇的，有喜欢归属感的；有身体状况好的，有身体状况欠佳的；有本国人，也有外国人，这些都需在旅游规划中加以考虑，好的旅游项目既是吸引人的因素，也是旅游市场营销的基础。

(3)基础设施规划与建设。旅游基础设施的规划配建与旅游者构成有着广泛联系,体现了旅游市场上不同的消费层级和消费需求。对于高收入旅游人群,可能更倾向于入住高档酒店、乘坐飞机、邮轮,购买奢侈品,进行高尔夫球等高层次娱乐;中等收入或低收入的旅游人群,住宿可能更多要求的是经济型和特色性,乘坐火车、汽车,进行一般性、体验性娱乐消费等,这些信息均需要从市场调查中获取。

旅游规划需要以市场为导向,但不能迁就某些低俗、违法的不良旅游嗜好需求。旅游规划必须努力使旅游项目产品规划朝着遵循社会道德、理性消费、有益身心健康、增进文化内涵、塑造精神和传递正确价值的方向发展。

3.5.4 旅游市场学相关概念和理论介绍

1. 旅游地生命周期

旅游地生命周期理论是描述旅游地系统动态演化的基础理论。到目前为止,被公认并广泛应用的旅游地生命周期理论是1980年由加拿大学者巴特勒(Butler)提出的。在《旅游地生命周期概述》一文中,巴特勒借用产品生命周期模式来描述旅游地的演进过程,并提出旅游地的演化要经过6个阶段:探索阶段、参与(起步)阶段、发展阶段、巩固(稳固)阶段、成熟阶段、衰落或复苏阶段。

(1)探索阶段。此阶段是旅游地发展的初始阶段,其特点为零星的旅游者做无规律的旅行游览,旅游地也没有特别的设施为旅游者服务,旅游地的自然和社会环境未因旅游而发生变化。

(2)参与(起步)阶段。随着旅游者的增多,旅游变得有规律,当地居民开始向游客提供一些设施和服务,许多投资开始进入,一些设施准备或开始兴建。

(3)发展阶段。较固定的旅游市场地区已经出现,旅游者人次增长很快,外来投资骤增,本地居民简陋的设施逐渐被大规模的、现代化的设施所取代,大量的广告和宣传吸引人们来此旅游,旅游地自然面貌改变显著。这时旅游地的发展比较混乱,各项法规制度还很不完善。

(4)巩固(稳固)阶段。旅游业经营和系列设施已确定下来,当地经济严重依赖旅游业,旅游者增长率相对下降,旅游地有了界限分明的功能分区,旅游设施可能不敷需要,各项法规制度逐渐建立起来。

(5)成熟阶段。游客增长相当缓慢,游客量达到最大,旅游地形象已基本建立起来,其社会、经济和环境问题已经突出,且此时竞争者已经出现。

(6)衰落或复苏阶段。旅游者的兴趣发生转移或者因竞争者的更强吸引力,旅游者人次逐渐减少,此时就处于衰落阶段了;如果旅游地增加了新的具有吸引力的旅游资源和旅游项目,也可能再次使游客量增加,进入复苏阶段。进入复苏阶段的旅游地又开始新的循环,重复上述几个阶段。

巴特勒的旅游地生命周期理论主要可概括为四个方面的内容:第一是旅游地的时空变化形态,包括游客接待量时间上的"S"形变化和旅游要素由核心到外围的扩散;第二是旅游地演化路径出现六个阶段性的特征变化;第三是影响旅游地演化的基本要素;第四是旅游地演化的方向,即旅游发展必然伴随吸引力的下降,人为的管理可实现复兴或者延长生命周期。

客观地说,旅游地生命周期曲线某种程度上只能是一条基于诸多假设下的理想化的曲线,仍存在许多逻辑上和实践验证上的不足。但是,旅游地生命周期理论体现出的旅游地的循环发展思想对旅游地、产品开发和规划还是具有重要指导意义的。

一个旅游地如果处在巩固阶段及以前的阶段,其开发重点应放在旅游资源的开发、设施的建设和宣传促销上;如果处在成熟阶段及以后的阶段,其开发重点应放在开发新的旅游资源、增加新的具有吸引力的旅游项目上,做好旅游宣传促销,促使旅游地复苏。

2. 竞争力理论

竞争力是企业能力的重要体现。企业能力的概念,最早出现在菲利普·萨尔尼科(Philip Selznic)1957 年的论述中,他认为,能够使一个组织比其他组织做得更好的特殊物质就是企业的能力或特殊能力。

竞争力是指一国或一公司在市场上均衡地生产出比其他竞争对手更多财富的能力,使资产和生产过程结合起来。

联合国贸易和发展会议认为企业竞争力可从几个角度来考察:可被定义为单独企业在可持续基础上保持或提高其市场份额的能力;也可被定义为企业降低成本或提供物美价廉产品的能力;还可是来源于利润率的竞争力。

判断核心竞争力有如下一些标准:一是核心竞争力必须为市场所认可;二是核心竞争力必须给客户带来特别利益;三是核心竞争力应当是异质的、难以替代的,必须具有较强的延展性,必须是竞争对手难以模仿的。

核心竞争力的本质来源是企业的创造性工作,企业可持续性的竞争优势是由企业长期运行中将具有战略价值的资源和能力进行综合、升华而形成的。其构成包括四个方面的内容:一是知识与技能体系;二是管理体制;三是实物系统;四是价值观。

同时,企业核心竞争力的竞争会在四个层面上展开,具体内容见表 3-2。

表 3-2　层次竞争理论构成

竞争层面	竞争领域	竞争目标
第一层次	获取和开发构成核心竞争力的技术和能力的竞争	目标在于获取和开发构成核心竞争力所需的技术、人才、结盟伙伴和知识产权等方面
第二层次	技术和能力的整合的竞争	目标在于将获取和开发的能力与技术整合成核心竞争力,是对企业内部能力、技术的调整和组合的过程
第三层次	核心产品市场占有率的竞争	表现在由核心竞争力而产生出来的核心产品的竞争,核心产品可以是实体性的中间产品,对无形产品如服务而言也可以是核心平台
第四层次	最终产品市场占有率的竞争	通常意义上的竞争,是企业核心竞争力强弱的最终结果

竞争力理论强化了旅游规划的市场观、产品观和竞争观,为增强区域及景区景点旅游开发的生存力和可持续发展力给出了良好借鉴,使旅游竞争力分析成了旅游规划新的组成部分;同时也促进了我们对区域旅游协作、地域旅游合作与彼此竞争关系的辩证思考。

3.6 旅游社会学与旅游心理学、行为学理论

3.6.1 旅游社会学理论

1. 旅游社会学的研究内容及对旅游规划的意义

社会学对旅游的研究始于20世纪30年代的德国。20世纪60年代，德国学者凯尔·拜尔出版了第一部旅游社会学的著作，至20世纪90年代，随着社会学与旅游学的进一步交叉，旅游社会学的学科地位得以确立并取得重要发展。

旅游社会学研究旅游者的社会属性，研究旅游者之间的关系、旅游者与接待地的社会关系，研究旅游与宗教、道德、伦理、语言、文化传统、治安、保健的关系及其社会影响的理论和衡量模式。旅游社会学研究是把旅游现象放在更广阔的社会背景下和更为一般的社会关系、社会互动过程中来考察的。旅游社会学研究对于旅游规划而言，有着重要的启示意义。首先，社会学中的调查研究方法可为旅游规划调查所借鉴。其次，任何单一强调旅游经济效应的规划都是不可取的，任何超越经济发展能力、超越生态环境容量、破坏文化传统的旅游规划都将可能导致地域社会失衡、运行失调。

旅游规划应以人为本，明确旅游各方的理性选择，预测规划实施影响。如果旅游不能作为人与人、社会群体与社会群体之间需求、价值交换的基础，它就不能达到自身目的，而且有可能引起种种病态社会现象和问题。

2. 旅游社区与公众参与理论

旅游规划特别需要借助旅游社会学的理论，深入地调查、研究旅游发展与社区区民的关系，研究旅游发展对社区社会发展的影响，同时在旅游规划中强调社区居民利益，从而使旅游产业与旅游社区社会经济、文化、环境协调发展，进而使旅游成为当地生活的一部分，形成旅游自我发展的生命力。

社区作为一个地域社会的基本构成单位之一，普遍认为其是包括一定数量的人口、地域范围、设施规模、一定特征的文化价值认同和文化维系力，拥有一定类型的组织、居民之间有共同或相近的意识和利益、有着较密切社会交往的聚居的地域社会关系群体。

对于旅游规划与旅游开发而言，必须关注和推进旅游社区和公众参与工作。伴随旅游开发的深入，社区居民对当地旅游资源价值的认识愈加深刻，对旅游业的自我参与意识会愈发强烈，同时对旅游收益分配也寄予了极大希望。但早期旅游规划更多侧重于旅游资源、旅游产品开发，旅游用地空间规划，注重游客与旅游市场需求、生态环境与社会宏观条件分析，对社区中的人缺乏应有的关注，如社区中的人的利益诉求和发展愿望没有得到聆听，旅游发展中产生的消极影响使社区中的人成为主要承担者。因此，如果旅游发展与社区发展的矛盾冲突不能很好地解决，旅游可持续发展必定难以实现。

正因如此，社区参与旅游开发和旅游规划的重要性越来越受到重视。一个代表性的节点，是1997年世界旅游组织、世界旅游理事会与地球理事会联合制定并颁发的《关于旅游业的21世纪议程》。议程强调为所有人提供获得经济开发机会和环境保护平等机会的重要性，倡导将居民作为关怀的对象，并将社区，特别是本地人社区所关注的问题体现在规划过程之中，使他

们更有效地参与可持续发展。

关于社区和公众参与的理论，代表性的有戴维多夫(Davidoff)和瑞纳(Reiner)的"规划的选择理论"。该理论从多元主义出发来建构规划中公众参与的理论基础，说明了规划的终极目标应当是扩展选择和增加选择的机会，不能以规划师的选择代替社会大众的选择。此外，还有利益主体理论。弗里曼(Freeman)对某一组织的利益主体所下的定义是"可以影响该组织目标的实现或受该目标影响的任何组织或个体"。所以，旅游规划师应认真审视旅游发展体系中主要利益主体之间的关系，包括政府与居民之间、政府与旅游企业之间、居民与旅游企业之间、游客与旅游企业之间和游客与居民之间的关系。

关于公众参与的发展演变阶段，国内学者胡志毅胡、张兆干通过分析社区参与旅游发展的阶段性特征，将其划为个别参与、组织参与、大众参与和全面参与四个阶段。

关于公众参与的内容，综合已有认识，主要体现在旅游的发展决策、参与旅游收益分配、创造就业和参与景区(环境)的共同管理提升和保护等几个方面。

对于实现社区和公众参与的方法措施，一般应包括：通过培训教育，提高当地民众整体规划认知，以及自我组织参与的意识和能力；提供当地民众参与旅游发展和规划决策的机会和渠道，建立科学有效的参与咨询机制；加强各利益主体之间的沟通、协调和合作；旅游开发优先给予当地民众就业机会，有切实的发展利益分配共享机制或补偿机制等。

3.6.2 旅游心理学理论

德国葛留克斯曼1935年首次运用心理学理论研究旅游动机，开启了旅游心理学的端绪，而美国爱德华·J. 梅奥(Edward J. Mayo)和兰斯·P. 贾维斯(Lance P. Jarvis)1981年推出的第一部旅游心理学专著，宣告了旅游心理学的确立。

(1)旅游心理学研究什么？旅游心理学是探索研究旅游现象的一个重要学科领域，简单说就是运用心理学等学科的基本理论，结合现代旅游的发展实践，研究旅游者的心理活动和旅游行为规律的科学。

旅游心理学研究涉及旅游者(消费)心理、旅游服务心理、旅游管理心理和旅游地居民心理等，特别是研究旅游心理和外显行为的规律，研究旅游者的旅游知觉、动机、人格，研究旅游者的态度、情绪和情感，研究旅游审美心理……这些都对旅游规划具有理论意义。

(2)旅游心理现象指什么？旅游心理现象包括指向旅游及其要素的旅游者的旅游心理和其他人的旅游心理。旅游者的旅游心理包括静态心理要素和动态心理过程。前者如旅游者的旅游知觉、旅游情感、旅游需要与动机、旅游兴趣与态度等；后者如旅游者的旅游交通心理、旅游饮食心理、旅游住宿心理、游览心理、旅游购物心理、旅游审美心理、旅游投诉心理等。旅游者心理是旅游心理学的重中之重。

(3)研究旅游心理对旅游规划的意义。旅游规划必须以旅游者的需要为前提，以能否满足旅游者的需要作为制定旅游规划方案的重要依据。

成功的旅游景区与项目产品在软硬件建设上都十分注重旅游者的心理因素，使旅游者在旅游活动中得到最大满足。如现代化的旅游交通工具、设施是在完全考虑到旅游者安全、便捷和舒适的心理需要基础上改进和发展的；现代旅游饭店以为给旅游者创造方便、舒适、恬静、特色的旅居环境为出发点，在设施、服务安排上充分考虑旅游者的生理需要、心理需要，以及当代社会发展背景下人们形成的消费心理特点，以求提升吸引力。

在旅游规划中，规划者应依据旅游者的心理特点，充分考虑旅游者的兴趣爱好、知觉与视觉特点、审美习惯，进而选择旅游风景点设计、旅游产品策划与旅游项目安排，论证其空间布局、功能、产品、形象等内容的科学性和实用性。

(4)旅游消费心理活动分类。对于旅游消费者心理过程而言，其心理活动一般分为三大类，包括认识活动、情绪活动和意志活动。认识过程指旅游者获得各种知识和经验所表现出来的心理活动过程，是旅游者购买行为形成的前提，是其他消费心理活动的基础。旅游者以旅游产品是否符合自己的需要为标准产生的内心体验就是旅游消费心理的情感过程，通常会有三类情绪：积极的、消极的、复合情感(矛盾)。意志过程是旅游者在旅游消费活动过程中表现出来的自觉地调节、支配自身活动，排除各种干扰因素的影响，从而实现既定的旅游目的的心理活动过程。意志过程的特点：一是有明确的旅游消费目的；二是能排除干扰因素。

(5)旅游动机。这是进行旅游市场细分、旅游产品设计和营销等多方面都需考虑的问题。

旅游动机，简单而言就是促发一个人有意于旅游及确定到何处去、做何种旅游的内在心理动因，是人们发生旅游需求的内在驱动力。关于旅游动机的分类，包括审美、度假休息、运动康体、文化体验、娱乐、好奇探索、求知、社会交往、宗教信仰等。关于旅游动机的不同分类见表 3-3。

表 3-3　关于旅游动机的不同分类

日本学者田中喜一对旅游动机的分类			美国学者麦金托什对旅游动机的分类		
1	心理动机	思乡心、交友心、信仰心	1	身体健康的动机	休息、运动、游戏、治疗等
2	精神动机	知识需要、见闻需要、欢乐需要	2	文化的动机	艺术、风俗、语言、宗教
3	身体动机	治疗需要、修养需要、运动需要	3	实际的动机	结识新朋友，走亲访友，避开日常工作及家庭、邻居
4	经济动机	购物目的、商业目的	4	地位和声望的动机	引人注意、受人赞赏等

3.6.3　旅游行为学理论

行为是在外部刺激的影响下，经由内在经验的折射而产生的反应活动。空间行为是与利用场所有关的人类知觉、选择、行为，其包括五个环节：对象环境、知觉、认知、地理优选和空间活动。

那什么是旅游者空间行为呢？广义的旅游者空间行为是指与旅游目的地特定空间有关的旅游者知觉、决策选择行为表现、旅行活动行为规律及旅行体验行为评估，即包括旅游者动机行为、决策选择行为、旅行行为及体验行为四个过程。狭义的旅游者空间行为仅指旅行(空间)行为的地域移动的游览过程。

学习旅游空间行为研究的相关内容可帮助规划者了解不同尺度旅游流动的时空分布，以及旅游消费者空间行为构成、影响因素、发生规律特点等，从而为诸如旅游空间布局、旅游线路设计、旅游交通组织、旅游空间服务设施配置、标识系统建设等提供依据。

对于旅游者行为的研究，除了以上旅游空间行为研究外，还涉及旅游者的消费行为(模式)

研究。关于旅游消费行为的构成，一般认为旅游者为了旅游而进行的消费，以及在旅途中和在旅游目的地的全部开销行为，都属于旅游消费行为的范畴。旅游消费具体涉及旅游前、旅游中和旅游后三个阶段，消费范畴包括购买的专用于旅游的耐用消费品、旅途中使用的易耗品、与旅游相关的各类服务（如餐饮、住宿、交通、门票、观演和体验活动付费等），以及因旅游经历而购买的各种纪念品、礼品等旅游商品。旅游消费行为模式是指旅游者的消费行为构成与规律，不同消费行为模式在旅游消费模式中的应用如表 3-4 所示。这些消费模式在旅游消费模式研究中的转化应用，有助于了解个体消费心理因素和环境设施要素的影响，以及旅游消费过程中需求的识别、信息的搜寻、方案的选择、消费的决定等行为特征，这些信息对旅游产品设计、旅游服务、市场推销等方面都是十分有用的。

表 3-4 不同消费行为模式在旅游消费模式中的应用

不同消费行为模式背景下的旅游消费模式	对旅游规划的启示与意义评价
1. 马歇尔经济计算消费模式下的旅游消费模式： 旅游消费模型 旅游主体需求 ┐ 旅游产品满足需求 ┘→ 旅游诱因 → 旅游消费决策	启示：旅游的需求很重要。 评价：揭示了旅游消费的经济决策过程，未考虑非经济因素，如消费动机差异等
2. 巴甫洛夫刺激-反应消费模式下的旅游消费模式： 旅游消费模式 旅游诱因 → 旅游行为反应 → 旅游消费强化（→ 旅游诱因） 旅游主体需求（内因）┐ 旅游产品满足需求（外因）┘→ 旅游诱因	启示：市场调查、产品设计十分重要。 评价：揭示了旅游消费的心理机制和消费行为的规律，尚未全面涉及旅游消费活动，如旅游成本等
3. 恩格尔(Engel)、布莱克威尔(Blackwell)和柯雷特(Kollat)决策程序消费模式（EBK 模式）下的旅游消费模式：确认旅游问题—收集旅游信息—选择旅游消费—做出购买旅游产品决策—购后评价旅游消费	启示：提供足够旅游信息，形成宣传产品优势。 评价：揭示旅游消费决策过程，强调旅游信息重要性，未考虑旅游者决策能力差异和社会文化环境等
4. 维布雷的社会心理消费模式下的旅游消费模式：社会文化-旅游行为规范-旅游主体文化-旅游消费行为	启示：应分析社会文化和旅游主体文化。 评价：揭示了社会文化环境的重要影响，未充分考虑经济等因素
5. 塔尔德和科特·莱文等消费行为函数模式下的旅游消费模式： ☆塔尔德模式 $C=f(\mathrm{D},\mathrm{Cr})$； C：旅游消费行为；D：旅游希望；Cr：信仰 ☆科特·莱文模式 $C=f(P,S,E)$； P：消费者个人特点；S：社会因素；E：环境因素	启示：应分析旅游主体个人特点和社会环境因素。 评价：旅游消费行为可定量测评，重视旅游主体个人特点与社会环境因素，但把握各因素之间的关系相当困难
6. 多数人公认的基本消费模式下的旅游消费模式：旅游消费外部刺激（旅游促销等）—旅游主体黑箱（个人特征、决策过程等）—旅游消费反应（选择旅游的产品、时间、数量等）	启示：应加强旅游促销，提供多元化优质产品。 评价：考虑旅游消费内、外因较多，强调内因起决定作用，但对旅游主体的黑箱研究困难

3.7 旅游文化学与旅游策划学理论

3.7.1 文化与旅游

文化是旅游的灵魂,旅游是文化的重要载体。文化之于旅游发展以及旅游规划编制的影响越来越受到关注。

旅游文化学属于区域文化和旅游的交叉学科,重点反映的是地域范围内与旅游活动密切相关的文化类型和文化事象。1984 年版《中国大百科全书》中就出现了“旅游文化”词条,认为旅游与文化有密不可分的关系,旅游本身就是一种大规模的文化交流,从原始文化到现代文化都可以成为吸引游客的因素。但不同学者对旅游文化概念认识的角度、广度和深度有所不同,有的将旅游文化看作成一个狭义的“文化类型”,有的将旅游文化看成是旅游过程创造的观念及其表征的文化,有的突出旅游文化涉及的范畴构成板块。

1990 年在北京召开了国内首届旅游文化学术研讨会;1998 年出现了国内第一本系统审视旅游文化现象和概念的著作——《现代旅游文化学》。

旅游文化是在旅游范畴内的文化,应与旅游有关,能为旅游所用。在旅游系统中存在、发生、沉淀、衍生的文化,都应属于旅游文化范畴,并且旅游文化如同旅游,具有包容性、扩展性,可随着旅游认知的变化和旅游业的发展而扩展变化。

旅游与文化各自客观存在,是一种相互交叉、相互渗透的关系,文化性不是旅游的唯一性质。同时,旅游文化是从文化整体分离出来的一种文化类型,两者又有包含与被包含的关系。

3.7.2 旅游文化与文化旅游

马波在《现代旅游文化学》中明确指出,“旅游文化与文化旅游是两个截然不同的概念,不能混淆,旅游文化属于文化的范畴,是文化的一个门类。文化旅游属于运动的范畴,是旅游的一种类型。”

综合各方认识,对于旅游文化而言,其核心在文化,主要侧重在旅游过程、旅游活动开展中涉及、关联、创造、衍生所呈现的文化现象和内容形式,是文化学研究领域中的一个特定分支方向,更多是体现文化性,如旅游游记、旅游诗词、旅游绘画摄影作品、因旅游需要开发创造的特色实景演出演艺文化形式等。

而对于文化旅游,其核心在于旅游,从需求主体旅游者角度看,主要是描述旅游者通过旅游活动,主观感知和了解旅游所在地域各类文化资源和文化环境氛围等内容。从旅游景区景点等旅游开发经营者供给主体角度看,文化旅游是一类细分旅游市场类型,对应文化旅游吸引物、文化旅游项目产品或文化体验服务,其是旅游消费和文化消费相结合的一种旅游需求-供给类型,更多体现的是经济性。这和旅游文化有着明显不同,但旅游文化研究必然关注和涉及文化旅游内容,而旅游文化研究认识反过来可为文化旅游所用,扩展其思路。

旅游文化研究主要涉及旅游文化的形成、概念、特点、内容构成、存在方式、获取途径、发现和开发利用、文化影响、与文化旅游的关联、对于旅游发展的意义、作用价值等。

了解旅游文化和文化旅游相关知识内容对于旅游规划学而言,有助于更加深入地认识规划地域的文脉,发掘、保护、传承、利用文化旅游资源,传播发扬地域文化,开发文化旅游产品,提升旅游景区及目的地内涵品质，推动旅游文化创意产业，从而对文化兴旅、文旅融合都会产生积极深远的影响。

3.7.3　旅游策划的出现与认知

20世纪90年代中期，国内许多旅游投资项目遭受挫折，人们逐渐意识到旅游规划的局限性，为谋求旅游发展的新路径，旅游策划逐渐浮出水面。1996年陈传康、王新军《神仙世界与泰山文化旅游城的形象策划》一文在《旅游学刊》发表。2000年，国内第一部旅游策划教材，沈祖祥、张帆编著的《旅游策划学》一书正式推出。

2005年，一场具有标志性的大型公益活动"中国旅游策划万里行"正式启动，并发表了中国第一个旅游策划宣言——《武冈宣言》。宣言指出，中国正在实现向世界旅游强国的历史性跨越，旅游经济正在成为公认的注意力经济、形象力经济和创造力经济，创意、策划、营销、品牌等成为我国旅游业新的关键词。旅游策划与旅游规划的有机结合已成为我国旅游业发展的核心问题。该宣言标志着中国旅游策划进入了新的发展时期，2005年成为旅游策划元年。

旅游策划从无到有，发展迅速，"先策划后规划"逐渐形成一种旅游发展理念，成为助推旅游发展和完善旅游规划认知思想和方法体系的重要来源之一。

旅游策划的概念多样。如学者杨振之指出旅游策划是一个科学的、完整的、理性的体系，讲究的是程序，追求的目标是解决旅游业的实际问题。杨振之对旅游策划的定义为：旅游策划是通过整合各种资源，利用系统的分析方法和手段，通过对变化无穷的旅游市场和各种相关要素的把握，设计出能解决实际问题的、具有科学的系统分析和论证的可行性方案和计划，并使之达到最优化，使效益和价值达到最大化的过程。沈祖祥、张帆将旅游策划的概念定义为旅游策划者为实现旅游组织的目标，运用策划学原理和方法，把旅游现象置于广阔的策划背景中进行分析研究，系统性、前瞻性、创造性地提出解决方案的一种旅游问题解决方法。

总体来说，旅游策划是针对旅游决策活动、开发建设活动或运营管理活动的一种前导程序和总体构想。旅游策划不仅是一个过程，亦是一种思维、思想，一种发现创造、一种理想，更是一种方法系统。总之，不能简单地将旅游策划等同于旅游决策、旅游点子、旅游创意。本书认为旅游策划重点关注旅游项目吸引核和盈利模式问题，其依托创造性思维，整合旅游资源，最终实现资源、产品、宣传营销、环境、交通、运营、管理服务等要素与市场的优化拟合。

目前旅游策划领域主要的研究方向包括：旅游品牌形象与营销策划、旅游项目与产品策划、旅游目的地策划、旅游开发策划、旅游节庆与活动策划、旅游媒体策划、各类旅游形式策划、其他策划（如旅游策划教育、主题与创意策划、会展和解说系统策划等）。

关于旅游策划与旅游规划的关系，学界普遍认为旅游策划是近期的、具体的、商业化、可营利的，能在较短的时间内推动实施的可行性方案；旅游规划则是长期的、全面的、宏观的、前瞻性的整体性方案与发展战略，旅游规划相比于旅游策划更讲究整体的协调发展和综合效益。尽管二者在性质上存在较大的区别，但彼此却相互依存、相互支撑，且旅游规划在范畴上包含了旅游策划。

关于旅游策划与旅游规划的各自特点，可归纳如下：策划重"谋"、重"魂"，规划重"法"（规则）、重"形"（布局）；策划重"创意、引力、价值"，规划重"优化、合理、权益"；策划重在解决"做什么""为何做"问题，目标导向为主，规划重在解决"有什么""怎么做""最终的结果是什么"问题，问题导向与目标导向兼顾。总之，策划之于规划，在于策划引领，规划护航；同时，要创意策划，科学规划。

3.8 旅游规划方法与技术

3.8.1 旅游规划方法构成

方法是关于认识世界和改造世界的目的方向、途径、策略手段、工具及其操作程序的选择系统。旅游规划方法是实现旅游规划目标成果而选择的途径、采取的策略、确定的程序和使用的工具及技术的综合。

旅游规划作为一项复杂的技术与公共服务性活动，不仅采用了大量社会科学方法，也运用了自然科学技术方法来认识、分析和解决规划中的问题。旅游规划方法体系既应包括传统的方法，也应包括现代创新性的方法；既应包括定量与定性的方法，也包括静态的和动态的方法；既应包括理论研究性与实践应用性方法，也应包括技术性与思维性的方法等。

从操作层面来看，旅游规划方法主要由方法路线、战略方法、规划程序和技术方法四个不同层次的规划方法组成。①方法路线即方向和策略的综合，是最上面、最概括的一个层次，是根据规划目的、原则所确定的规划指导思想来决定规划方法的总体取向。②战略方法就是根据规划的性质特征和具体要求，确定规划的重点、要点和难点，决定问题的轻重缓急、对策措施和技术力量的部署。③规划程序则是规划时间过程的框架，即对一系列工作步骤的组织安排采取的方法。④技术方法是应用于旅游规划实践中最为具体的方法及技术，是旅游规划的实用工具，如数学方法、调查方法、社会学方法、网络与信息技术等。

3.8.2 旅游规划方法分类

旅游规划方法基本可分为调查与评价方法、分析及决策方法、预测方法、交流方法、评审方法等。

旅游规划常见的调查方法有资料调查法、实地调查法、各种访谈调查、问卷调查法、体验法等。此外，遥感、GIS 和无人机航拍、在线地图、全景地图等技术作为先进的调查方法，也被引入旅游规划调查之中。评价方法涉及旅游资源评价、客源市场评价、旅游地吸引力评价、旅游形象评价、旅游产品评价等诸多方面。常见的评价方法包括主观评价法、指标模型评价法、综合评价、专项和单项评价法、绩效评价等定性、定量或综合评价方法。

关于分析及决策方法，目前使用最多的是比较法、联动分析法、问题导向法、目标导向法、SWOT 分析方法、旅游地生命周期分析方法、雷达图分析法、空间分析技术、规划辅助决策专家系统等。此外，层次分析法作为一种定性与定量分析相结合的多目标决策分析方法，也被引入旅游规划之中。

市场需求分析、环境容量与旅游容量等测算，则往往涉及预测方法，常见的可以采用德尔菲法、时间序列法、建模综合分析等方法。

交流方法一般可分为正式交流方法和非正式交流方法。正式交流方法包括各方座谈会、专题讨论会等会商方式。非正式交流方法也越来越重要，如随机走访、网络媒体留言、讨论互动等，并在不断发展创新。

3.8.3　技术与旅游

关于技术，世界知识产权组织在《供发展中国家使用的许可证贸易手册》中这样定义："技术是制造一种产品的系统知识，所采用的一种工艺或提供的一项服务，不论这种知识是否反映在一项发明、一项外形设计、一项实用新型或者一种植物新品种，或者反映在技术情报或技能中，或者反映在专家为设计、安装、开办或维修一个工厂或为管理一个工商业企业或其活动而提供的服务或协助等方面。"

由于旅游规划长期缺少统一的信息管理系统，使得其信息更新与产品升级变得相对困难，难以适应时空动态变化的发展需求。对于未来旅游规划的发展，如何实现概念创意、空间实体与科学实证的有机融合，是旅游规划需要思考的创新性问题。由此，旅游信息化与信息科技化技术方法研究成为非常重要的领域。

3.8.4　旅游规划信息化技术

在此以3S技术的智能化旅游规划信息系统为例，基于3S技术的智能化旅游规划信息系统包括数据采集与存储层、数据分析与共享层、应用服务层三个主要部分(见图3-7)。

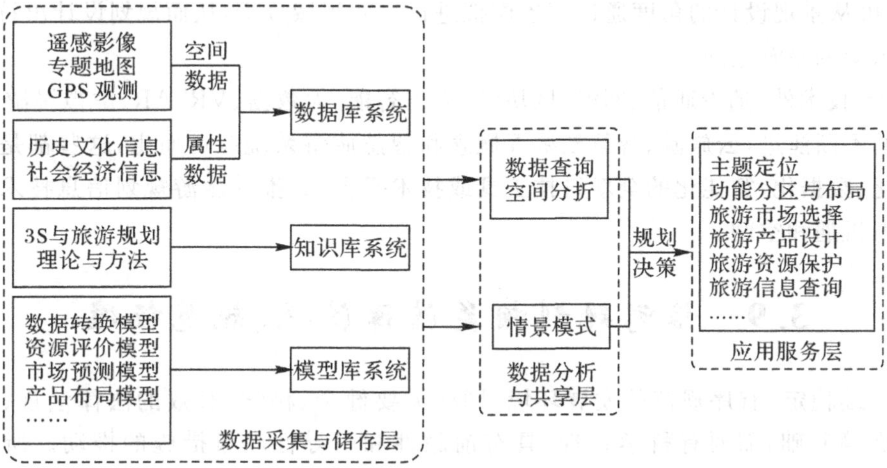

图3-7　基于3S技术的智能化旅游规划信息系统

3S技术是地理信息系统(GIS)、遥感(RS)和全球定位系统(GPS)的统称，是空间技术、传感器技术、卫星定位与导航技术和计算机技术、通信技术相结合，多学科高度集成的，对空间信息进行采集、处理、管理、分析、表达、传播和应用的现代信息技术。3S智能化是以GIS的空间分析作为核心，在3S系统中应用人工智能技术，建立智能化时空数据处理和分析模型，在人工智能理论支持下对3S技术在旅游规划中应用的时空信息进行处理和分析，其规划应用示意参考图3-8。

在实际应用方面，目前已有很多规划设计单位采用遥感影像(地图)尤其是真彩色数字影像作为规划底图，将所有的规划要素以符号和属性注记的形式直接覆盖于实地空间影像之上，从而使得规划意图表达与实际空间对应关系更加直观。在此基础上，规划设计单位可进一步

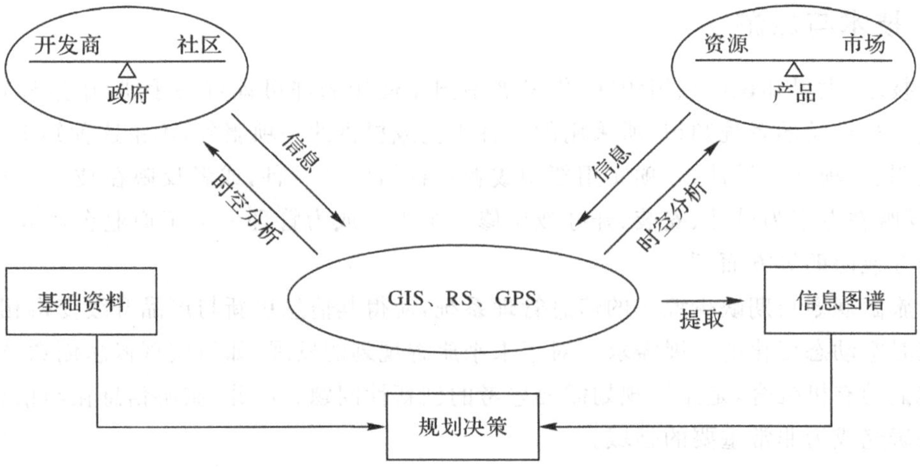

图 3-8　3S技术在旅游规划中的应用

结合GIS软件本身具有的制图功能和强大建模功能，以实现规划要素直观的动态图文显示与时空模拟，且提供了比普通地图更为丰富和灵活的空间数据表现方式，如虚拟现实的三维景观。同时，可从景观设计的角度通过情景模拟进行空间视域分析，从而规划设计出符合地域特征与视觉感受的旅游空间。

除了3S技术外，随着通信、网络、区块链、人工智能、大数据、VR、AR、虚拟漫游、360度实景等技术的不断演进，云旅游、智慧旅游等概念和智慧旅游系统应运而生，这些都是旅游系统高度信息化、数据化、智能化的全新科技工具或技术平台，为推动旅游规划信息技术变革带来了新的发展机遇和空间。

3.9　旅游规划相关法律法规、规范标准

旅游持续稳定、有序规范的发展环境，同样需要健全、科学、有效的法律法规、技术规范标准作为保障基础，需要有科学合理、具有前瞻性和引导性政策措施的推动。所以，了解、认识与旅游相关的法律法规、技术规范标准体系，了解有关旅游的政策动态对把握旅游发展趋势，推动旅游规划从编制、审批到实施全流程的法制化、规范化、科学化是非常有意义和必要的。

旅游和旅游规划发展中形成的许多理论、方法和实践成果，往往成了旅游法律法规、技术规范标准的重要内容支撑，成了旅游相关文件重要的智力信息来源，它们彼此作用，相互推动。因此，旅游规划不仅具有理论性、技术性，也具有政策性、法规性特点。

3.9.1　旅游相关法律、法规、规章

我国旅游业正处于快速发展阶段，旅游相关的法制体系建设在不断更新完善，与时俱进。有关旅游规划的法制体系是指与旅游规划各方面直接或间接发生联系和作用的各类法律及各种法规、规章的总合。其等级层次包括法律、行政法规、地方性法规、自治条例和单行条例、规章（部门规章、地方政府规章），见表3-5。

表 3-5　法规体系构成及其权限说明

层级	名称	立法单位与立法权限
由高至低	法律	全国人民代表大会和全国人民代表大会常务委员会行使国家立法权
	行政法规	国务院根据宪法和法律,制定行政法规
	地方性法规	省、自治区、直辖市的人民代表大会及其常务委员会根据本行政区域的具体情况和实际需要,在不与宪法、法律、行政法规相抵触的前提下,可以制定地方性法规
	部门规章	国务院各部、委员会等,可以根据法律和国务院的行政法规、决定、命令,在本部门的权限范围内制定规章
	地方政府规章	省、自治区、直辖市和较大的市的人民政府,可以根据法律、行政法规和本省、自治区、直辖市的地方性法规制定规章

资料来源:杨雅丽.城市规划管理与法规[M].北京:中国计划出版社,2021.

常见的旅游相关法律有:旅游法(2013 年颁布,2018 年修订);城乡规划法(2008 年颁布);文物保护法(1982 年颁布,2017 年修订);环境保护法(1989 年颁布,2014 年修订);环境影响评价法(2002 年颁布);森林法(1984 年颁布,2019 年修订);土地管理法(1998 年颁布,2019 年修订)等。

常见的与旅游相关法规和规章有:《历史文化名城名镇名村保护条例》(国务院,2008 年);《风景名胜区管理条例》(国务院,2006 年);《建设项目环境保护管理条例》(国务院,1998 年);《自然保护区条例》(国务院,1994 年);《旅游发展规划管理办法》(国家旅游局,2000 年);《风景名胜区管理条例实施办法》(建设部,2006 年)等。

以上法律法规从根本上明确了旅游业、旅游规划的法律地位,以及旅游发展问题所涉及的各领域法律规定和要求。这些法律法规结合发展需要,也都适时进行了修订更新。

3.9.2　旅游规划相关标准规范

旅游发展具有经济性、空间性,也具有公共性、事业性的特点,其涉及领域众多,这就使得旅游规划不仅需要上述法规体系的保障,同时也需要有相应的技术标准体系进行科学的规范引导,作为共同遵守的准则和依据。

国家标准《旅游规划通则》(GB/T 18971—2003)、《旅游资源分类、调查与评价》(GB/T 18972—2003)、《旅游景区质量等级的划分与评定》(GB/T 1775—2003)、《旅游度假区等级划分》(GB/T 26358—2010)等是旅游规划最为常见的标准规范。

本章小结

有关旅游规划学基础理论、方法技术体系和规范标准内容的学习是掌握旅游规划编制必需的底层支撑,这些内容对深刻理解旅游规划,以及旅游规划应关注哪些问题、如何思考、如何解决,规划如何在推动旅游发展中发挥更大作用,都会产生有益的启发。

思考题

1.“旅游六要素”是旅游活动六要素还是旅游产业六要素？尝试指出其有哪些局限性？
2.谈一谈旅游系统研究与旅游规划之间的关系。
3.你对“文旅融合”的观点是如何认识的？
4.如何认识和理解旅游的可持续发展？

第4章 旅游资源认知与调查评价

内容提要

本章主要介绍旅游资源的概念、特征和分类，以及如何开展旅游资源调查、分析和评价等相关内容。本章学习的重点是理解如何确定旅游资源，熟悉旅游资源分类和评价的依据，掌握常用方法；难点是如何定性和定量评价旅游资源。

旅游者是产生旅游需求和相应旅游活动的主体，而旅游资源则是满足旅游需求和旅游开发的重要客观基础。一个国家或地区的旅游资源构成分布、特色丰富度、保护状况以及可进入度等开发条件的优劣，都会在相当大程度上直接影响该国或该地区旅游业发展的定位和方向、未来可能的旅游规模和效益，以及其发展前景。

因此，深入认识研究旅游资源与开发，是旅游规划学研究的一项重要内容，也是旅游规划方案成果编制中一项重要的前期调查分析工作和规划组成内容。

4.1 旅游资源的基本概念

4.1.1 旅游资源的概念

“旅游资源”这一概念是现代旅游活动发展到一定阶段的伴生产物，它构成了旅游业发展的物质基础，是旅游开发的重要依据之一。随着旅游研究不断深化、社会发展和生活品质的不断提高，一方面旅游者需求在不断变化，另一方面旅游开发经营者认知也在不断开拓，这些都促使对旅游资源的内涵认识越来越丰富，相应范畴在不断扩大变化。

正因如此，关于旅游资源的概念，还存在一定的分歧与争议。国内外旅游界从旅游资源的特征、类型、价值、理论与实用等问题出发进行了多方面的研究，由于研究侧重点和角度不同，先后出现了诸多不同的定义。这些旅游资源定义被划分为四类旅游资源观，并用下列陈述方式进行了简要概括：

观点1：旅游资源＝吸引旅游者前往旅游的各因素＝旅游对象。其定义旅游资源是在现实条件下，能够吸引人们产生旅游动机并进行旅游活动的各种因素总和。

观点2：旅游资源＝旅游对象的原材料。其定义旅游资源就是能吸引人们前来游览、娱乐的各种事物的原材料。它们本身不是游览的目的物和吸引物，必须经过开发才能成为有吸引力的事物。

观点3：旅游资源＝旅游对象的原材料＋效益产出功能。其定义旅游资源应指凡能激发旅游者旅游动机的，能为旅游业所利用的，并由此而产生经济效益和社会效益的自然和社会的实在物。

观点4:旅游资源=旅游对象+旅游经营资源。其定义旅游资源可以有广义和狭义两种理解。广义的理解涉及旅游活动的商品、设施、服务,包括人力、物质和资金资源,以及吸引物资源;狭义指具有经济开发价值的旅游吸引物。

针对旅游资源概念界定的不一致和分歧,中国科学院地理科学与资源研究所和国家旅游局规划发展与财务司于2003年在原有的《中国旅游资源普查规范》基础上,共同起草了《旅游资源分类、调查与评价》的国家标准,对旅游资源的概念重新加以确定,在规范标准层面统一了对旅游资源的认识。该标准给出的旅游资源定义是"自然界和人类社会凡能对旅游者产生吸引力,可以为旅游业开发利用,并可产生经济效益、社会效益和环境效益的各种事物和因素。"这个概念在强调旅游资源具有吸引力的同时,还重点强调了旅游资源产生的三大效益:"经济效益""社会效益"和"环境效益"。这种提法符合现代经济"可持续发展原则",在实际操作中具有积极的作用。

对于旅游资源,本书给出如下定义:旅游资源是指特定地域环境空间中,符合人们一定的身心需求,具备吸引力,可供开发,能激发人们的旅游意识并产生预期旅游活动及效益的各种物质、非物质要素的综合。

旅游资源本身作为一种客观存在,其之所以被称为资源,就在于其对于人类需求有着某种现实或潜在的用途意义,人们有可能直接地利用它,更多的可能是间接地将其开发转化为产品后再利用。一般地讲,旅游资源是旅游产品的来源基础本体,而产品是资源开发利用的方向和最终加工结果,两者关系密切,但存在显著区别,不能等同或混淆。

4.1.2 相关概念学习:旅游吸引物

在西方国家尤其是英语界,用来表达旅游活动对象的概念,并不是我们所认为的"旅游资源"的英语对译词 tourism resource,而是"tourist attraction"(旅游吸引物)。

旅游吸引物这个名词最先出现在西方。国外学者霍洛韦(Holloway)认为:"旅游吸引物必须是那些给旅游者积极的效益和特征的东西,它们可以是海滨或湖滨、山岳风景、狩猎公园、有趣的历史纪念物或文化活动、体育运动,以及令人愉悦的舒适环境。"内尔·雷坡(Neil Leiper)在《旅游吸引物系统》一文中认为:"旅游者或人的要素,核心或中心的要素,标识或信息的要素,当这三种要素合而为一,便构成旅游吸引物。"

国内学者张凌云曾列举了16种旅游资源定义,并进行了归类分析。其归类结果可简述如下:第一类观点认为旅游资源等于旅游吸引物;第二类观点认为旅游资源是旅游吸引物和旅游产品的交集;第三类观点认为旅游资源是旅游吸引物和旅游产品的并集。这在一定程度上说明了旅游资源与旅游吸引物之间的关系。

廖卫华、梁明珠则表达了旅游资源更多是之于旅游业而言,而旅游吸引物是之于旅游者而言,旅游产品是之于旅游区(点)、旅游产业而言的看法。

综上所述,可将旅游吸引物表述为:能够引发大众关注和感知,对其能产生旅游行为冲动的具象事物存在。其出发点在于物的旅游吸引性和功能性;其针对的影响对象是已成为旅游者或潜在旅游者的民众;其特点是物的出现往往从最初与旅游的无意性、无关性到后期与旅游的相关性、具有旅游的意义性。

4.2　旅游资源的基本特性

旅游资源因其涵盖范围广泛，构成较为复杂，且伴随人们认识的不断深入和拓展，呈现出了多样的特征。

1. 旅游资源分布的地域性、空间性

形成旅游资源分布地域性的根本原因，在于不同旅游资源具有其产生和存在的特殊条件和相应的地理环境，自然地理环境时空差异性是旅游资源形成的基本条件。

旅游资源分布与一定的地理空间相关联，其形成受特定地域的空间环境各要素的制约，反过来又反映着区域环境的特色，这就是旅游资源的空间性。

正是旅游资源构成与分布的地域空间差异性，使得某一地的旅游资源会对其他不同地域的旅游者产生吸引力，进而形成旅游者的空间移动行为——旅游。

2. 旅游资源的吸引向性、引力性

旅游活动以旅游者在空间上的移动为前提，而旅游资源对旅游者所具有的吸引力，是引发这一空间行为的重要基础性原因。吸引向性对游客具有引力是旅游资源作为一种资源具有使用开发利用价值意义的核心体现。

3. 旅游资源的多样性、综合性

旅游资源产生与形成的因素是多方面的，既包含地质地貌、气候气象、地理环境、动植物等自然成因要素，而且还涉及历史、文化、宗教、民族等人文成因要素。多种因素的共同作用，使旅游资源存在于自然环境和人类社会的各个方面，具有广泛的多样性。旅游资源的这一特点，也是千差万别的旅游需求推动下的产物。地域旅游资源越丰富多样，其对旅游者的吸引力相对就会越大。

此外，任何一种旅游资源都不是孤立存在的，而是与其他各种旅游资源相互依存、相互作用，共同形成一个和谐的有机整体。存在于特定地域上的各种各样的旅游资源，正是以一个有机整体来发挥其旅游吸引力，从而实现其旅游价值，这就是旅游资源的综合性。一般来说，一个地区的旅游资源的种类越多，联系越紧密，其生命力就越强，地区整体景观效果就越突出，旅游综合开发利用的潜力就越大。

4. 旅游资源的共享性、包容性

旅游资源被视为公共资源，具有共享性、包容性，是以旅游大众需求为出发点，不具有排他性、专属性。

5. 旅游资源相对的永续性和不可迁移性、不可再生性

永续性，是指旅游资源一般具有可重复使用的特点。与矿产等资源随着人类的不断开发利用会不断减少不同，旅游资源开发出的旅游产品作为一种无形产品，旅游者付出一定的金钱和时间所购买到的只是一种经历和感受，而不是旅游资源本身。因此，从理论上讲，旅游资源只要得到科学的保护和合理的开发利用，就具有长期甚至永远重复使用下去的可能。

旅游资源是自然界的造化和人类历史文明的遗存，是在一定地域和一定的条件下长期积累所形成的，根植于特定环境，具有稀缺和脆弱性的特点，且从原真性角度来说也是无法迁移

的，旅游资源如开发利用不当，保护不到位也会遭到破坏、损毁，且难以修复再生。因此旅游资源开发利用必须以科学合理的旅游规划为依据，有序有度地进行。同时依靠一定的经济、法律手段，切实加强旅游资源的保护管理工作也是必不可少的。

6. 旅游资源的时代性、创新性

旅游资源的时代性实质上体现的是人们对于旅游资源的认定。伴随时代发展，人们对旅游的需求也在不断地变化和丰富，一些本不是旅游资源的普通事物伴随时代发展，价值的挖掘和重新认识逐渐成了新的旅游资源，如自然灾害遗迹、老旧的工业设施与厂房、废弃的矿井，甚至监狱等。

7. 旅游资源的时间性、变化性

许多旅游资源呈现时间上的变化性，如有些自然类旅游资源（雾凇、云海、佛光等）常表现为在特定季节、特定环境条件下才会出现。有些人文类、自然类旅游资源具有时间的特定性或周期性，即其景观和事物在某一特定时间会周期性地出现或发生，如中外传统的节庆活动、每年农历八月十六的钱塘江观潮活动、每四年一届的现代奥运会等。

很多旅游资源是静态的，形态长久保持稳定，但也有很多旅游资源是动态存在的，不断变化，时有时无。另外，自然力与人为因素会导致旅游资源性状的变化。

此外，旅游资源的对象指向性、（潜在）经济性等也都是旅游资源非常重要的特性。

4.3 旅游资源的分类

旅游资源分类是开展旅游资源调查和编制旅游规划的基础性工作。分类可以使众多繁杂的旅游资源条理化、系统化，为进一步开发利用、科学研究提供方便，对于统一规范不同旅游资源的认识和指导规划应用有着重要意义。

旅游资源的分类，是根据旅游资源的相似性和差异性进行归并或划分出具有一定从属关系的不同等级类别的工作过程。

关于旅游资源分类的认识，目前有两大类别，一类是由诸多旅游学和旅游规划学等相关学者通过研究归纳所形成的旅游资源分类认识，即学术研究型分类方案；另一类是由国家标准规范性质组成的旅游资源分类应用操作型方案。前者可不断增进对旅游资源分类认识的深入，对完善旅游资源分类体系提供新的思考；后者则规范旅游资源分类的实践应用，便于统一管理和工作开展，各自发挥着不同的作用。

由于旅游资源的多样性和不同资源之间存在的性质差异，决定了任何分类都很难穷尽或涵盖全部资源类型。此外，由于分类原则的非唯一性，决定了不同分类结果之间的交叉和不兼容。

4.3.1 旅游资源分类的原则与方法

1. 旅游资源分类的原则

分类是通过分析大量旅游资源属性的共性或差异性，形成规律性认识与分类原则，分出不同级别的从属关系及其联系，使得多样复杂的旅游资源类别建立起清晰的体系构成。旅游资源分类的基本原则一般应包括：

(1)共轭性和排他性原则,也称相似性和差异性原则,即不能把不具有共同属性的旅游资源归为一类,所划分出的同一级同一类型旅游资源,必须具有共同的属性,不同类型旅游资源之间应相对独立,具有自身典型特征。

(2)逐级划分原则,即分级与分类相结合的原则。旅游资源是一个复杂的系统,可分为不同级别、不同层次的子系统,应自上而下,逐步细分,避免出现越级划分的逻辑性错误。

(3)上下对应性原则,即同一大类下不同划分层级的旅游资源应具有一定的共同的基础属性,彼此呼应,不能产生分歧和矛盾。

(4)实用操作性原则,即分类结果应具有可识别性,便于实践应用操作。由于旅游资源的属性、特点及事物之间的关系是多方面的,因而分类的标准也是多方面的,人们可以根据不同的目的要求选取不同的角度进行分类。

2. 旅游资源分类的方法

旅游资源的主要分类方法可归纳为以下九种:

(1)按照旅游资源基础属性分类,可分为自然、人文、综合(复合)的旅游资源,可再生的和不可再生的旅游资源,有形的(显性)和无形的(隐性)旅游资源等。

(2)资源质量级别分类法,即按照不同旅游资源的吸引力和影响力大小,以及其所接待的游客和知名度的差别进行分类。

(3)专题型分类法,即根据生态型、文化型、经济型等旅游专题进行分类的方法。

(4)按照旅游市场需求(或称为旅游资源功能)分类,即旅游资源按照需求或资源功能作用可分为观光观赏型、度假型、文化主题型、运动康乐型、特殊型、参与型等旅游资源。

(5)色彩分类法,即根据旅游资源的抽象色彩进行分类。如把生态旅游资源称为绿色旅游资源,把革命纪念地、纪念物及其所承载的革命精神的吸引物等称为红色旅游资源,把工业旅游产品称为灰色旅游资源等。

(6)国标法。《旅游资源分类、调查与评价》(GB/T 18972—2003)作为国家标准,在旅游资源分类中得到广泛的实践应用。

(7)整合分类法,即根据资源个体之间的关系(旅游资源的独立性,旅游资源之间的依附性、共生性和联合性)将旅游资源划分为独立体旅游资源、主辅体旅游资源、组合体旅游资源和联合体旅游资源四大类。

(8)旅游资源动态分类法,即旅游资源可分为稳定型、可变型。另外,还可按照资源形成时间阶段不同进行划分。

(9)旅游资源空间尺度、位置与组合关系分类法。涉及旅游资源的规模尺度分类,包括大尺度、中尺度、小尺度资源之分;旅游资源的空间位置关系分类,涉及外围、中心资源之分;组合特征分类,有孤立分布、群体分布或点状分布、线形分布、面状分布资源之分。

4.3.2 旅游资源分类的依据

目前旅游规划编制实践工作中对旅游资源分类的主要依据是国家标准《旅游资源分类、调查与评价》(GB/T 18972—2003)(本章内简称国标)。国标推出以来,各级旅游部门及规划单位基本上都以此为依据开展工作。

国标将旅游资源划分为三个层次,共有 8 个主类、31 个亚类、155 个基本类型。其中,主类和亚类为“构造层”,基本类型为“实体层”。构造层是旅游资源的框架支撑,实体层是分类、调查、评价的实际对象。其中，八大主类旅游资源分别是地文景观、水域风光、生物景观、天象与气象景观、遗址遗迹、建筑与设施、旅游商品、人文活动。

此外，因针对旅游规划对象类型不同，实践中，还存在一些其他旅游资源分类的标准，如国家林业局会同有关部门制定的《中国森林公园风景资源质量等级评定》(GB/T 18005—1999)与《森林公园总体设计规范》(LY/T 5132—1995)中的旅游资源分类、调查与评价标准；建设部会同有关部门共同制定的《风景名胜区规划规范》(GB 50298—1999)中的旅游资源分类、调查与评价体系；国家水利部制定的《水利风景区评价标准》(SL 300—2013)中的旅游资源分类、调查与评价标准等。

4.3.3 旅游资源分类操作中的常见问题

误区一：不应把旅游资源的赋存环境当作旅游资源。

旅游环境就是旅游资源周围的境况，实际上是旅游资源生成、演化和现实存在所依托的自然、历史文化和社会条件。赋存环境对于开发旅游固然也是主要考虑的因素，但它本身和旅游资源是两个不同的体系。

误区二：将景区景点简单认为是旅游资源。

实际上，这是“产品”和“原料”的关系。所以，应注意区分已开发旅游资源和未开发旅游资源。由于旅游景区(点)的旅游产品性质，故不能与构成它们的基础元素旅游资源等同对待。旅游景区(点)经过了人为作用，是经过开发、利用旅游资源的结果，是旅游产品形态。

误区三：不应把旅游开发条件当作旅游资源。

旅游资源自身的性质特点并不因为它能不能开发，或开发条件的好坏而发生变化。产生这一误解的根本原因是将旅游资源和旅游资源开发混为一谈。设施、旅游服务条件等因素是旅游资源被有效利用的前提，是外加的内容，它们并不能脱离旅游资源本体而构成旅游资源类型。

误区四：旅游单体尺度判断和数量把握问题。

旅游资源调查与评价要求以旅游资源单体为对象，但有人会反映单体太多，难以把握，所以调查和评价时往往把对象单位放到景区景点范围上，这与国标要求是不符的。此外应处理好独立性单体与集合型单体的关系，注意不要将集合型单体拆分成很多独立型单体。

误区五：多重属性单体归类原则的把握。

现实中不少资源单体具有多重属性，如按照国标的基本类型分类，可以归属多类，采用一个名称多个代码的做法。当然，也有人主张采用资源主导性旅游价值原则来确定类型归属。也就是说，在多种属性中，如果资源某一属性的旅游价值更突出(可能作为旅游开发主导方向)，就可以这一属性来确定类型归属。

4.4 旅游资源的调查

旅游资源赋存调查作为旅游规划开发的基础工作，调查目的主要是查明目前已开发资源的利用情况，同时了解规划区内未开发、未发现或潜在旅游资源的存量等，为确定今后旅游资源开发的时空顺序提供基础性资料和依据。

旅游资源调查是指运用科学的方法和手段，系统地收集、记录、整理、分析和总结旅游资源及其相关因素的信息与资料，以确定旅游资源的存量状况，并为旅游规划、开发建设、经营管理提供客观决策依据的活动。

旅游资源调查的作用，包括旅游资源信息和线索发现、旅游资源构成及状态描述、旅游资源诊断、旅游资源档案构建等。

旅游资源调查的基本要求包括：方法上应统一标准；内容上应客观、准确、科学，记录详略得当；成果上应规范、全面，符合要求。

4.4.1 旅游资源调查工作类型

按照调查的深度、广度，以及调查目的的不同，旅游资源调查一般可分为：

(1)旅游资源概查。其是对旅游资源的概略性调查或探测性调查，是为了发现旅游资源构成及存在问题而进行的一种初步调查，为进一步调查做准备。概查以定性为主。

(2)旅游资源普查。其是根据有关部门推荐的普查规范进行的资源测定工作，是对一个旅游资源开发区或远景规划区内的各种旅游资源及其相关因素进行综合调查。其主要目的是要取得总体的、比较全面系统的总量资料。

(3)旅游资源详查。详查一般在概查和普查的基础上进行，经过筛选，确定一定数量的高品位、高质量旅游资源单体作为重点开发对象，有针对性地对其进行更详细的实地勘查。此外，有时也根据需要对区域内所有的旅游资源单体进行详细全面的调查。详查需要填写“旅游资源单体调查表”。

旅游资源调查还可按选择对象的不同进行划分，具体如下：

(1)典型调查。典型调查是根据旅游资源调查的目的和任务，在对被调查对象进行全面分析的基础上，有意识地选择一个或若干个具有典型意义或有代表性的单位资源进行调查研究，借以认识同类现象总体情况的调查方式。

(2)重点调查。重点调查是在调查对象中选择一部分对全局具有决定性作用的重点单位进行调查，以掌握调查总体基本情况的调查方式。

(3)抽样调查。抽样调查是按照调查任务确定的对象和范围，从全体调查总体中抽选部分对象作为样本进行调查研究，用所得样本结果推断总体结果的调查方式。

4.4.2 旅游资源调查的基本内容

调查应根据对象区域的具体情况和规划实际需要，有选择地开展相应调查内容。

1. 旅游资源所处环境调查

1)调查区概况及区位

调查区概况要素包括调查区名称、所在行政归属与区划、范围和面积、中心位置与依托城镇等。

区位环境调查分析，一般来说主要包括地理区位和交通区位。地理区位主要分析区域的绝对位置(如经纬度、气候地带性等)和相对位置(如与周边地区的空间距离、相互空间关系等)；交通区位主要分析从客源地使用各种交通工具到达区域的时间。

2)自然环境调查

旅游资源以外的其他自然条件属于自然生态环境，它是旅游资源开发和旅游业发展的基础环境。调查应包括自然生态环境的状态与质量。

(1)地质地貌要素。地形、地貌是形成自然景观的物质基础。记载调查区岩石、地层、地质构造、地形地貌的类型分布特征、地质灾害带及脆弱带、发育规律和活动强度等,可形成对调查范围的总体地质地貌特征、地质灾害构成分布的全面把握。

(2)水体要素。水体要素是指调查区河流、湖泊、瀑布、涌泉、海洋等水体在地质地貌、气候、植被等因素配合下,形成的不同类型水体景观。调查内容应包括:地表水与地下水类型和位置分布,季节性水量变化规律和特征,可供开采和利用的水资源,水资源保护区,已有或潜在可能水灾害对旅游资源的不利影响等。

(3)气象气候要素。气象和气候本身与其他自然地理要素配合可形成具有特色的吸引物,也能产生具有观赏价值的旅游景观资源,但恶劣的气象气候环境可能导致对景观的破坏,成为旅游发展的障碍。调查内容应包括:调查区的气候类型特点及其变化规律,年降雨量、温湿度、光照及其变化,空气质量等。

(4)动植物要素。生物多样性可以形成独具吸引力的旅游资源。调查内容应包括:调查区动植物总体构成与分布,特定生存环境下存在的珍稀动植物及保护等级与保护要求;具有观赏价值的特色动植物的类型,以及其分布数量、生长特性和活动规律;可供观赏的客观条件、观赏季节和需要的防护措施等。

3)所在地人文与经济社会环境调查

(1)历史变迁。其主要调查了解地域发展历史脉络,包括建制变迁,行政区划调整,重大历史事件,重要名人及其活动经历、故事等对当地的影响。

(2)经济发展环境。其主要调查了解地域经济发展水平和构成特点,包括国民生产总值及发展速度、产业构成及特色产业、居民收入水平、消费结构偏好与消费水平、旅游支出、物价状况、就业率与劳动力供给及价格范畴、交通等基础设施和公共服务设施条件等。

(3)社会与文化环境。其主要调查了解地域城镇化率、人口规模及构成,以及民族分布、受教育程度、宗教信仰、风俗习惯、文化禁忌、文化设施建设、社会治安等,同时还要了解不同人群对于发展旅游的态度和看法。

4)政策与治理环境调查

政策与治理环境调查主要了解相关管理机构的设置、专业人员力量配置、对外联络、有关旅游资源开发利用管理方面的政策规定,以及政策执行的连续性与稳定性等。

2.旅游资源存量调查

旅游资源存量调查可具体围绕调查区域内旅游资源的分布与类型构成、特色特征、成因、数量规模、组合结构、开发现状等方面展开调查和归纳汇总。

1)位置和类型调查

位置和类型调查是指对旅游资源的空间分布位置进行调查统计和图纸标注,并按一定的分类标准,将调查区内的旅游资源分类、归并统计,以便使用者更加明晰地认识和整体把握。

2)特征信息调查

特征信息调查是针对不同类型旅游资源,对其特点和特征信息进行调查与描述。

(1)山峦峰岭和洞崖石峡等地文资源。调查包括名称来历、数量、造型特征、分布特征、组合特征、年代特征等信息。

(2)河、湖、泉、瀑、溪、潭等水资源。调查包括其地域环境特征、源头、水源面积、深度、高差、流量、水量、水质、水色、形态、水温、季节变化、景观特征、植被状况、有无污染源等信息。

(3)气候气象资源。调查包括地域气温、光照、温度、降水、风、云、雾、雪等气候气象特征，有无云海、雾凇、海市蜃楼、佛光等天象气象景观资源，以及其出现的季节、持续时间、频率、最佳观赏位置、景观特点等信息。

(4)动植物资源。如古树名木的位置、生境、树种、年龄、树高、胸径、冠幅、冠形和景观；森林体系中林地的规模、面积、景观特征、垂直分布，林特及林副产品种类、数量和特征，有无观赏价值的树木，涉及观赏植物的种类、分布范围、数量、花期、果期、观赏部位等特征；有无野生和珍稀动物，其种类、栖息环境、活动规律、生活习性、观赏价值、可亲近性等特征。

(5)名胜古迹类资源。调查分布情况与具体构成、所属历史时期、文献记载、历史价值与影响、文物等级、艺术价值、历史事件等。

(6)建筑与设施类的资源。调查包括诸如生产性、生活性、宗教信仰性、景观性建筑及地域标志性建筑、设施，同时还涉及建设年代、建筑风格特点、特殊功能、建筑保存状况、有关建筑的历史传说、故事等信息。

(7)人文活动类资源。调查诸如各民族的图腾、神话传说、故事、戏曲文化等；地域生活习惯、宗教信仰、服饰、饮食、当地婚丧嫁娶及各种禁忌、礼仪等风俗习惯、民族风情；各种有关生产、生活的独特纪念活动、节事活动、竞技运动等；地域历史文化、名人逸事等。

(8)地域特色物产资源。调查如地域土特产、民间手工艺品、传统特色食品、风味佳肴等特色信息。

3)成因调查

成因调查是对调查区内各种不同类型的旅游资源，特别是富有当地特色的高价值旅游资源，在开展调查时，要了解其形成原因、发展演变历史、生存状态、可利用的可能价值、自然与人文相互依存影响的关系等。

4)数量规模调查

数量规模调查包括资源类型的数量、密度、分布范围和面积大小等信息。

5)组合结构调查

组合结构调查是指了解调查区旅游资源的组合结构类型特点和丰富度。资源组合的形式与结构是多种多样的，包括不同自然景观资源的组合、不同人文景观资源的组合、自然景观资源与人文景观资源的组合。

6)开发现状调查

旅游资源包含已开发、待开发和潜在开发三种形态。开发现状调查包括旅游资源现在的开发状况、开发项目、类型方式、时间、旅游接待人次等。

3. 旅游资源单体外围基础要素调查

1)内外交通条件调查

内外交通条件调查宏观层面包括对外公路、铁路、水路、航空交通网络与设施构成状况；微观层面包括车站、码头、港口交通枢纽及地域市中心与旅游资源的距离、行程时间、路面等级质量、通行能力、现有交通运输工具运量等，以及资源所在地区内部现有道路及交通构成情况。

2)周边基础服务设施调查

周边基础服务设施调查是指旅游资源所在区域水电、通信等基础设施构成情况，以及餐饮、住宿、购物、医疗等服务设施构成，接待能力与分布情况等。

4.4.3 旅游资源调查方法与程序

科学的调查方法和合理的工作流程会起到事半功倍的效果。在旅游调查过程中，应借助各种行之有效的方法和流程开展工作，以节约调查的时间成本、经济成本，从而提高调查资料收集的规范性、可信度和准确度。

1. 旅游资源调查的基本要求

(1)可按照国标规定的内容和方法进行调查。

(2)明确调查对象与目标要求，保证成果质量，强调整个运作过程的科学性、客观性、准确性，并尽量做到内容简洁和量化。

(3)充分利用与旅游资源有关的各种资料和研究成果，完成统计、填表和编写调查文件等各项工作。调查方式以收集、分析、转化、利用相关资料和研究成果为主，并逐个对旅游资源单体进行现场调查核实，包括访问、实地观察、测量、记录、绘图、摄影等，必要时进行采样和室内分析。

(4)因旅游资源调查分为详查、概查、普查等不同层次，所以应注意在调查方式、精度和成果要求上会有所不同。

2. 旅游资源调查的步骤和方法

1)前期准备工作

(1)组织人员与制订计划。根据调查要求和目的成立调查工作组，制订工作计划、进度安排、工作方案。调查组成员应具备旅游资源开发与规划相关的专业知识，一般还应吸纳环境保护、地学、生物学、建筑、园林景观、历史文化、文物等方面专业人士参与。

(2)分工与培训。根据调查需要及人员专业背景、特长，对成员进行调查分工与调查技术方法培训。

(3)调查保障。准备实地调查所需的设备，如通信设备、定位仪器、简易测量仪器、影像设备等，同时协调安排交通工具及相关后勤服务。

(4)资料收集。资料收集包括与旅游资源单体及其赋存环境有关的各类文字描述资料；地方志、乡土教材、旅游区与旅游点介绍、规划与专题报告等；与旅游资源规划区和旅游资源单体有关的各种历史照片、影像资料等。

2)实地调查/野外调查

(1)确定调查分区和调查路线。为便于同步开展工作，提高效率，一般按行政区划将整个大的调查规划区分为若干个“调查小区”，也可按现有或规划中的旅游区域划分。调查路线一般按实际要求设置，要求贯穿规划区内所有调查小区和主要旅游资源单体所在地。

(2)选定调查对象。对具有开发旅游前景，有明显经济、社会、历史及文化艺术价值的旅游资源单体，或集合型旅游资源单体中具有代表性的部分，或代表地域形象的旅游资源单体，要进行重点考察。对资源价值明显较低，可进入性差，不具有开发利用价值的，与国家现行法律、法规相违背的，开发后有不良影响或可能造成环境问题的，某些位于特定区域内，有特殊规定的旅游资源单体，可暂不调查。

(3)调查实施。调查实施一般应参照国标，并根据资源的美、特、稀、奇、古、名等特点展开，具体调查资源的类型、数量、规模、级别、结构、成因等基本情况。同时对具有稀缺性、特殊功能、富有地方民族特色、具有重大科考和研究价值的资源，应开展专项调查。

对于旅游资源的类型调查，可依据国标中八大主类旅游资源进行划分，明确规划区内旅游资源的细分种类，同时就各类单体资源的数量、分布、面积等情况做出统计，就资源的级别高低等内容做出初步评估。

在调查过程中，还应注意搜集与旅游资源有关的重大历史事件、社会风情、名人活动、文化作品等情况，以及规划区已有的资源分布图、照片、录像、文字等相关素材。同时，还可组织专门力量对外围旅游资源进行摸查、比较，为互补性开发提供依据。

3)填写"旅游资源单体调查表"

将调查的情况进行汇总，对每一调查单体分别填写一份"旅游资源单体调查表"，如表4－1所示(旅游资源单体是指某一旅游资源基本类型的单独个体，是研究旅游资源的基本单位)。

表4－1 旅游资源单体调查表

基本类型：　　　　　　　　　　　　　　　　　　单体名称：

<table>
<tr><td>代号</td><td>;其他代号：①　　　　　②</td></tr>
<tr><td>行政位置</td><td></td></tr>
<tr><td>地理位置</td><td>东经　　　　，北纬</td></tr>
<tr><td colspan="2">性质与特征：
性质(单体性质、形态、结构、组成成分的外在表现和内在因素，以及单体生成过程、演化历史、人事影响等主要环境因素)：

特征(不同的基本类型具有不同的特征值数据项，参照性质与特征填写细则)：

旅游区域及进出条件(单体所在地区的具体部位、进出交通、与周边旅游集散地和主要旅游区(点)之间关系)：

特征值(具体位置、主要旅游集散地、距市/县/区中心里程、交通情况(海/陆/空)、依托区域及依托区域交通情况、周边主要景区名称和距离、其他)：</td></tr>
<tr><td colspan="2">保护与开发现状(单体保存现状、保护措施、开发情况)：

特征值(整修情况、年游人接待量等)：</td></tr>
<tr><td colspan="2">共有×××因子评价问答(你认为本单体属于下列评价项目中的哪个档次，应该得多少分数，在最后的一列内写上分数)</td></tr>
</table>

续表

评价项目	档次	本档次规定得分	你认为应得的分数
单体为游客提供的观赏价值，或游憩价值，或使用价值如何？	全部或其中一项具有极高的观赏价值、游憩价值、使用价值	30～22	
	全部或其中一项具有很高的观赏价值、游憩价值、使用价值	21～13	
	全部或其中一项具有较高的观赏价值、游憩价值、使用价值	12～6	
	全部或其中一项具有一般的观赏价值、游憩价值、使用价值	5～1	
单体蕴含的历史价值，或文化价值，或科学价值，或艺术价值如何？	同时或其中一项具有世界意义的历史价值、文化价值、科学价值、艺术价值	25～20	
	同时或其中一项具有全国意义的历史价值、文化价值、科学价值、艺术价值	19～13	
	同时或其中一项具有省级意义的历史价值、文化价值、科学价值、艺术价值	12～6	
	历史价值，或文化价值，或科学价值，或艺术价值具有地区意义	5～1	
物种是否珍稀，景观是否奇特，此现象在各地是否常见？	有大量珍稀物种，或景观异常奇特，或此类现象在其他地区罕见	15～13	
	有较多珍稀物种，或景观奇特，或此类现象在其他地区很少见	12～9	
	有少量珍稀物种，或景观突出，或此类现象在其他地区少见	8～4	
	有个别珍稀物种，或景观比较突出，或此类现象在其他地区较多见	3～1	
如果是个体有多大规模？如果是群体，其结构是否丰满？疏密度怎样？各类现象是否经常发生？	独立型单体规模、体量巨大；组合型旅游资源单体结构完美、疏密度优良级；自然景象和人文活动周期性发生或频率极高	10～8	
	独立型单体规模、体量较大；组合型旅游资源单体结构很和谐、疏密度良好；自然景象和人文活动周期性发生或频率很高	7～5	
	独立型单体规模、体量中等；组合型旅游资源单体结构和谐、疏密度较好；自然景象和人文活动周期性发生或频率较高	4～3	
	独立型单体规模、体量较小；组合型旅游资源单体结构较和谐、疏密度一般；自然景象和人文活动周期性发生或频率较小	2～1	

续表

评价项目	档次	本档次规定得分	你认为应得的分数
是否受到自然或人为干扰和破坏，保存是否完整？	保持原来形态与结构	5～4	
	形态与结构有少量变化，但不明显	3	
	形态与结构有明显变化	2	
	形态与结构有重大变化	1	
在什么范围内有知名度？在什么范围内构成名牌？	在世界范围内知名，或构成世界承认的名牌	10～8	
	在全国范围内知名，或构成全国性的名牌	7～5	
	在本省范围内知名，或构成省内的名牌	4～3	
	在本地区范围内知名，或构成本地区名牌	2～1	
开发旅游后，多少时间可以开发旅游？或可以服务于多少游客？	适宜游览日期每年超过300天，或适宜于所有游客使用和参与	5～4	
	适宜游览日期每年超过250天，或适宜于80%左右游客使用和参与	3	
	适宜游览日期每年超过150天，或适宜于60%左右游客使用和参与	2	
	适宜游览日期每年超过100天，或适宜于40%左右游客使用和参与	1	
本单体是否受到污染，环境是否安全？有没有采取保护措施使环境安全得到保证？	已受到严重污染，或存在严重安全隐患	－5	
	已受到中度污染，或存在明显安全隐患	－4	
	已受到轻度污染，或存在一定安全隐患	－3	
	已有工程保护措施，环境安全得到保证	3	
本单体得分	本单体可能的等级 级 填表人	调查日期	年 月 日

资料来源：《旅游资源分类、调查与评价》(GB/T 18972—2003)。

4.4.4 旅游资源调查报告的编写

1. 调查获取资料的整理总结

一方面，将调查中获取的资料、照片、视频等进行整理，按国标规定的栏目填写“旅游资源调查区实际资料表”，以及规划区基本资料、各层次旅游资源数量统计，各主类、亚类旅游资源基本类型数量统计，各级旅游资源单体数量统计，优良级旅游资源单体名录、调查组主要成员信息、主要技术存档材料等。

另一方面，编制和清绘相关图件、图表等。在准备好的工作底图上编绘“旅游资源地图”，该图要表现五级、四级、三级、二级、一级旅游资源单体，其中“优良级旅游资源图”只表现五级、四级、三级旅游资源单体。同时，在工作底图上标注旅游资源单体实际位置(部分集合型单体可将范围绘出)。绘制各级旅游资源使用的图例如表 4-2 所示。

表 4-2　各级旅游资源使用图例

旅游资源等级	图例	使用说明
五级旅游资源	■	1. 图例大小根据图面大小而定,形状不变 2. 自然旅游资源(旅游资源分类表中主类 A、B、C、D)使用蓝色图例;人文旅游资源(旅游资源分类表中主类 E、F、G、H)使用红色图例 注:单体符号一侧加注旅游资源单体代号或单体序号
四级旅游资源	●	
三级旅游资源	◆	
二级旅游资源	□	
一级旅游资源	○	

资料来源:《旅游资源分类、调查与评价》(GB/T 18972—2003)。

2. 调查报告内容

结合调查掌握的材料和信息,按要求编写"旅游资源调查报告"。报告应由标题、目录、概要、正文、参考文献、附件等部分组成。标题包括调查的题目、调查单位、报告日期等;目录通常是报告部分的主要章节及附录的索引;概要中要扼要说明调查目的、调查区域对象、调查方式与方法、主要调查内容及成果、发现的主要问题等;正文是报告的主体部分,包括前言、调查区基本概况、旅游资源开发历史和现状、旅游资源基本类型、旅游资源评价、旅游资源保护与开发建议;附件是对正文报告的补充或详尽说明,包括数据汇总表、背景材料、资源分布图件和资源分析图表等。

3. 成果构成

需要提交的全部文(图)件成果包括"旅游资源调查区实际资料表""旅游资源地图""旅游资源调查报告"。鉴于旅游资源详查和旅游资源概查的文(图)件类型和精度不同,旅游资源详查需要完成全部文(图)件,包括填写"旅游资源调查区实际资料表",编绘"旅游资源地图",编写"旅游资源调查报告"。旅游资源概查则要求编绘"旅游资源地图",其他文件可根据需要选择编写。

4.5　旅游资源的评价

4.5.1　旅游资源评价的目的与意义

旅游资源评价是为了进一步识别资源构成及类型特征,分析资源特点,评估资源影响力、吸引力和价值判断的过程。旅游资源评价是以调查区中的旅游资源、资源环境及其开发条件作为评价对象和内容,以合理开发利用及保护旅游资源,取得最优社会、经济、生态效益为目的,对旅游资源单体或某一地域内旅游资源的整体价值性及可开发利用性、可行性,以及产品(市场)适宜性的综合评定。科学评价旅游资源是合理规划和开发旅游的前提,是旅游地开发建设与旅游业发展中一个不可或缺的环节,且评价导向及结果对旅游资源可持续利用具有重要影响。

4.5.2 旅游资源评价的内容

长期以来，不同学科背景的学者从不同角度对旅游资源评价进行了深入研究，形成了各自特点。如风景园林界经过规划的实践和景观研究的积累，对（旅游）景观质量评价形成了专家学派、心理物理学派、认知学派、经验学派等主要流派。旅游学者对旅游资源评价的研究主要涉及旅游资源价值评价、旅游资源单项要素评价、旅游开发条件评价、旅游资源组合评价、旅游容量评价（旅游承载力评价）、旅游资源区域（综合）评价、旅游资源地域旅游吸引力评价、地域旅游资源经济价值综合评价等方面。

因为旅游资源评价是基于旅游资源调查分类基础上的更深入研究，且旅游资源涉及的范围非常广，种类繁多，结构层次复杂，性质各异，所以决定了旅游资源评价是一项十分复杂的工作，因此具体应用中需针对评价对象和评价需要，有所选择，灵活运用。

目前实践中旅游资源评价主要包括：旅游资源单项要素评价、旅游资源单体评价、（地域）旅游资源的综合评价、专项类旅游资源评价等。

(1)旅游资源单项要素评价是指针对旅游资源的某项构成要素（影响因子）进行的单独评价，如针对旅游资源的环境空气质量或地形条件特点进行评价。

(2)根据旅游资源的分类，单体评价可分为自然旅游资源类评价和人文旅游资源类评价。前者评价涉及地文景观、水域风光、气象气候和生物景观等旅游资源的评价，后者涉及历史古迹与建筑设施、民俗活动、地域特色商品等旅游资源的评价。资源单体评价基本围绕资源本体价值、旅游吸引力（资源-产品转化适宜性评价）、可利用性（可进入性、所处环境质量等约束条件）展开。

(3)（地域）旅游资源综合评价主要围绕地域资源整体类型构成与组合状况评价，地域旅游资源总体及核心价值资源评价，旅游容量评价，地域旅游资源对应的潜在旅游市场需求、市场竞争力和影响范围、旅游开发整体条件评价等展开。

(4)专项类旅游资源评价是针对一些特殊的旅游资源类型，因常规旅游资源评定标准和指标无法完整体现其资源特点和属性，从而进行的个性化评价，如温泉资源、滑雪场资源、滨海沙滩资源、溶洞资源等的评价。

4.5.3 旅游资源评价方法

目前旅游资源评价基本上采用定性与定量评价两类方法。

1. 综合定性评价

(1)“三三六”评价法。该方法由北京师范大学卢云亭提出。“三三六”是指“三大价值”“三大效益”“六大开发条件”的评价体系。“三大价值”是指旅游资源的历史文化价值、艺术观赏价值和科学考察价值；“三大效益”是指旅游开发后的经济效益、社会效益和环境效益；“六大开发条件”是指旅游资源所在地的地理位置、交通条件、景象地域组合条件、旅游环境容量、旅游客源市场、投资能力和施工难易程度等六个方面。

(2)“六字七标准”评价法。上海科学院黄辉实从旅游资源本身和其所处环境来评价旅游资源，对资源本身评价用六字标准：美——旅游资源给人的美感，古——有悠久的历史，名——具有名声或与名人有关，特——特有的、稀缺的、有特色的，奇——有新奇感，用——有实际开发价值；对所处环境方面采用七个评价标准：季节性、环境污染状况、与其他旅游资源之间的联系性、可进入性、基础设施、社会经济环境、旅游市场。

(3)体验性评价法。该方法一般通过一定数量的评价者(旅游者或专家)对旅游资源的质量进行个人综合体验形成汇总统计。根据评价的深入程度及评价结果的形式,又可分为一般体验性评价和美感质量评价。另外,也可通过公众与游客问卷统计、媒体关注和出现频率、同类资源评比排名等方式进行评价。

(4)旅游资源的五级评价方法(多因素综合评定法)。该法是国标中提出的方法,突出了普适性和实用性,从3个评价项目、8个评价要素对旅游资源单体进行评分(各评价项及评价要素均按其重要性设定大小不同的评价赋值范围),最终根据得分的高低将旅游资源划分为五个等级。旅游资源评价的3个评价项目为旅游资源的要素价值、旅游资源的影响力和旅游资源的附加值。这3个评价项目又可细分为8个评价因子,其中旅游资源的要素价值包括5个因子——观赏使用价值、历史文化科学艺术价值、珍稀奇特程度、规模大小、资源完整性,旅游资源的影响力包括2个因子——旅游资源知名度、旅游资源适游期或使用范围,旅游资源的附加值包括1个因子——旅游环境保护与环境安全。

2. 综合定量评价

该方法是在考虑多因子影响基础上,运用数理方法通过建立模型分析,对旅游资源及其开发环境条件等评价项进行综合评价。其评价结果为数量指标,便于不同评价结果间的比较。具体方法有:综合评分法、指数评价法、层次分析法、旅游容量评价法、模糊数学评价法、价值工程法、综合价值评价模型法等。其基础关键性工作都在于首先建立合理的综合评价项目系统和可比性指标体系,进而客观、科学地确定各指标及分指标界值和评分量化方法。

这里主要介绍层次分析法评价方法。层次分析法(analytic hierarchy process,AHP)是美国运筹学家萨蒂(Saaty)教授于20世纪80年代提出的一种实用的多方案或多目标的决策方法。其主要特征是合理地将定性与定量决策结合起来,按照思维、心理规律把决策过程层次化、数量化,即把复杂问题中的各种因素通过划分为互为联系的有序层次,使其条理化,再根据专家意见与分析者的客观判断,通过两两比较的方式确定层次中诸因素的相对重要性,然后运用数学方法或软件操作得出每一层次中诸要素的权重值,通过比较权重值来确定诸要素的相对重要性排序。

应用层次分析法评价旅游资源的基本步骤如下:

(1)对旅游资源的各种影响因素进行归类和层次划分,确定出属于不同层次和不同组织水平的各因素间的相互关系,构建成旅游资源的多目标决策树。

(2)对决策树中各层次分别建立反映其影响因素之间关系的判断矩阵。对同一层次中的各因素间相对于上一层次的某项因子的相对重要性给予判断,获得判断矩阵的取值(即判断矩阵表示针对上一层次某元素A,本层次与它有关元素B1、B2之间相对重要性的比较)。

(3)在计算机上用层次分析法软件(如YAAHP软件)进行整理、综合、计算和一致性检验,得到旅游资源评价综合层、评价项目层和评价因子层的排序权重及位次。需要说明的是,AHP属于静态研究方法,指标权重的赋值较主观。

利用层次分析法,有国内学者对旅游资源给出了“八度”评价指标体系,即规模度、古悠度、珍稀度、奇特度、保存度、审美度、组合度、知名度,并确定了各指标及其分指标界值。

本章小结

旅游资源是实施旅游开发、满足旅游需求、发展旅游产业的重要客观条件，旅游资源的分类、调查和评价是编制旅游规划的基础性内容。熟悉相关概念、方法，掌握开展有关工作的依据、程序，明确相关工作内容和成果形式，是学习旅游规划学的一项必备基本技能。

思考题

1. 旅游资源与旅游吸引物的含义是否相同，差异在哪里？还有学者提出了旅游资源和旅游业资源的概念区分，该如何看待？

2. 归纳总结旅游资源调查分类中常见的问题。

3. 以某一景区景点为例，根据《旅游资源分类、调查与评价》国家标准，进行旅游资源调查分类练习，并以组为单位，按相关格式要求编写一份"旅游资源调查报告"。

4. 通过课本学习和查找规划案例，归纳总结一定旅游地域内旅游资源综合评价的主要关注点。

第5章 旅游市场与营销

内容提要

本章主要介绍旅游市场、旅游细分市场、旅游目标市场、旅游目的地品牌等相关名词概念，了解国际、国内旅游市场发展状况及未来市场的趋势，学习如何开展旅游市场的调查、分析和预测工作，以及市场营销工作，熟悉其常规工作程序、内容和方法。

本章学习的重点是掌握旅游市场细分方法，旅游目标市场的筛选标准，理解“市场导向”旅游规划指导思想的意义和作用；难点是如何有效开展旅游市场预测工作，如何正确选择旅游营销战略。

20 世纪 60 年代国外开始重视旅游客源市场的研究，1966 年，克朗蓬(Crampon)首次明确说明引力模型在旅游客源市场研究中的适用性，旅游客源市场进入了旅游学者的研究视野。

对中国而言，1978 年以后，中国现代旅游业才开始发展。最初是选择了“非常规发展模式”，即“外汇挣取导向型”的旅游业发展道路，带有明显的计划经济时代色彩，是一种现实的语境。此时，可以说，国内还未开始关注旅游市场研究。

中国旅游规划研究领域开始注重客源市场大致始于 1985 年，这一年顾树保、顾连亭所著的《旅游市场学》成为国内最早一部系统阐述旅游市场的文献，向国内介绍了旅游客源市场的概况。还有一个标志性事件是在 1985 年底，我国正式将旅游业确定为国民经济体系中的一个产业，实质性地实现了旅游业由事业型向产业型的转变。这在客观上为旅游业遵循客观经济规律，尤其是市场经济规律提出了严格的要求，使得旅游规划学界开始关注市场的问题，实现了思想认识上的“市场意识”的初步树立。这种理念的变化，标志着我国开始从资源导向型旅游规划正式向市场导向型旅游规划转轨。

了解旅游市场，特别是把握客源市场需求特点和动态，成为开发旅游资源、定位旅游项目方向、规划旅游产品和市场营销的前提，关系着旅游规划的质量以至于旅游项目实施的成败。

5.1 旅游市场的概念与内涵

5.1.1 旅游市场的概念

市场起源于古时人类对于固定时段或地点进行交易场所的称呼。市场是生产力发展到一定阶段的产物，属于商品经济的范畴，也可以说哪里有商品生产和商品交换，哪里就有市场。现代旅游市场的出现正是社会分工、生产发展和社会需求到达一定阶段的产物。

早期的旅行、旅游活动并不是以“商品形式”出现的，而是在一定人群中发生的一种社会现象或行为。随着社会生产力的发展，社会分工的深化，商品生产和商品交换得到了发展，旅游活动及服务需求才逐渐"产品化-商品化"了。最初,一方面,社会中出现了可以称之为旅游(产品)购买者的人;另一方面,一些从前为旅游活动提供便利条件的私人家庭、小店、骡马车店等进一步扩大,形成了经营性规模企业,共同组成了专门为旅游者提供服务的特定行业。于是,便出现了以旅游者为一方的旅游需求和以旅游经营者为另一方的旅游供给,双方通过旅游市场的纽带紧密地联系在一起。旅游经营者通过市场销售自己生产的产品和服务,旅游者则通过市场购买自己需要的产品和服务。由此,随着旅游供需交换的发展,旅游市场随之产生并扩大。

从经济学和空间的狭义角度出发,市场即商品交易的场所。但随着社会交往、交易的网络虚拟化,市场不一定再是真实的场所和地点,当今许多买卖都已通过互联网平台来实现。

同时,从广义的角度来看,随着商品经济发展,商品交换已不再局限于某一时间或某一地点,而是贯穿于整个交换过程的始终。人们不仅把市场看作是交换的场所,而且视为整个交换关系的总和。市场既体现商品的买方、卖方和商业中间人之间的关系,还体现着商品在流通过程中发挥促进或辅助作用的一切机构、部门与商品买方和卖方之间的关系。

市场的含义正在不断扩展和丰富,由此可以认为旅游市场的概念同样具有广义和狭义之分。广义的旅游市场既是指旅游商品交换的场所,更是指旅游产品在其实现经济价值交换过程中所反映的各种经济现象、行为和经济关系的总和。狭义的旅游市场是指在一定时间、地点和条件下对某种旅游产品具有购买力和旅游动机人群总体上的旅游需求。从这个意义上讲,旅游市场就是指旅游需求市场。一般所谓的旅游市场,仅指狭义旅游市场,即旅游需求市场。

从地理空间角度看,旅游市场是旅游经济活动的中心,具有商品市场基本特征,包括旅游供给场所(旅游目的地)和旅游消费者(游客),以及旅游经营者与消费者之间的经济关系。但一般商品市场与旅游市场也存在巨大区别,前者以出售具体物质产品为主,而后者是以服务和经历为特征的旅游体验消费为主,且旅游供给与消费过程同步进行。

5.1.2 旅游市场的内涵

1. 旅游市场的基本构成要素

旅游市场的基本构成要素包括:市场主体——旅游消费者、生产者、经营者、服务者以及市场管理者;市场客体——旅游产品及旅游商品等。旅游市场的核心关系是市场需求与供给关系。

2. 旅游市场的功能

旅游市场的功能包括:旅游产品的交换功能(保障旅游需求与供给的实现);旅游资源的配置功能(使得旅游资源开发形成时序,并引导调节旅游基础配套要素按比例协调发展);旅游信息的传递功能(实现旅游行为活动与经营活动的及时有效开展);旅游经济的调节功能(通过价格、竞争、营销等市场机制调节旅游供给和需求关系)。

3. 旅游市场的影响因素

(1)影响市场需求的外因。其包括了旅游产品供给吸引力(涉及产品与资源的稀缺性、丰富度、创新性、知名度、产品选择空间、旅游环境、设施、管理服务、软硬件条件完善程度等);价格与服务体验质量(涉及成本最小化、物美价廉、是否享受满足最大化等因素);旅游信息与营销(涉及旅游信息的传播方式、渠道、效果,旅游产品及目的地形象品牌推广与营销的有效性等);宏观因素影响(涉及历史与人文地缘关系、国际与地域社会与经济发展水平与安定状况、公休福利政策、交通手段、通信网络等科技发展)。

(2)影响市场需求的内因。其包括了年龄(年龄代差因素很大程度决定了旅游需求与旅游行为活动能力的不同);健康与心理差异(个体身体健康状况,以及由于生活环境与方式、职业、文化、消费观念、兴趣、习惯等导致的个性心理差异,会极大影响旅游动机);经济收入水平(很大程度决定了旅游消费的支付能力,进而影响到旅游意愿和决策);闲暇时间(是实施旅游行为和活动的客观前提条件)。

5.2 旅游市场细分

市场细分概念最早是由美国市场营销学家温德尔·史密斯(Wendell Smith)于 20 世纪中叶在总结企业按照消费者的不同需求组织生产的经验中提出来的,是一个关于市场营销学的全新核心概念。市场细分主要有两个理论依据,即顾客需求的异质性和企业资源(产品)的有限性,目的是为了进行有效的市场竞争。

结合旅游业发展和景区旅游经营实际需要,通过旅游市场研究可掌握旅游需求现状、供需状况和竞争形势,以及估计国际、国内旅游市场发展变化总的趋势,据此可确定目标市场。所以进行旅游市场划分和研究分析成了一项十分重要的工作,旅游市场细分概念应运而生,成了旅游规划领域又一重要组成内容。

5.2.1 旅游市场细分的含义、作用与细分原则

1. 旅游市场细分的含义

有的学者认为市场细分实际上是根据购买者需要和欲望、购买态度、购买行为特征等不同因素划分市场的行为过程;有的学者指出旅游者需求的差异性是市场细分的关键;有的学者强调细分就是划分旅游者人群的过程;有的学者指出市场细分的出发点应是区别消费者的不同需求,然后根据消费者购买行为的差异性,把整体旅游市场分成两个或两个以上具有类似需求和欲望的消费者群体。因此,细分是将整体旅游市场按照一定方法,划分为若干个不同类别、类型的消费群体的过程,是将市场按照一定标准去分割而又集合化的过程;也是指将某一旅游目的地的总体市场划分为具有不同特征的细分市场,对具有相同特征的人群提供相同服务的过程。

综上来看,旅游市场细分的基本含义可归纳为:根据不同旅游消费者之间旅游需求、旅游消费行为等方面的差异性和特点,把一个(地域)整体性旅游市场划分为若干个各自具有共性特征的消费群体,从而确定为不同旅游目标市场的过程。其立足点是旅游者的差异性,方法是根据差异性与共性特征进行旅游消费者群体分类,目的是确定出具有明显不同需求与消费特征的旅游市场目标群体,形成特定的旅游子市场。市场细分概念让略显笼统宽泛的旅游市场概念更加具体,更具有操作性。

2. 旅游市场细分的作用

旅游市场细分的主要作用有:有利于简化市场调查,把握市场特征,重新认识自身旅游资源潜力与制约因素;有助于客观地进行市场定位,拟定竞争策略,调整产品构成组合,改进现有产品或服务的设计与营销组织,降低营销成本;有利于进行市场机会分析,寻找新产品或新服务领域的市场机会,同时识别有明显需求倾向性的游客群体、高消费高价值游客,发现对目标市场最有效的传播媒体。

3. 旅游市场细分的原则

成功有效的旅游市场细分，应遵循以下指导性原则：

(1)可识别性。其是指在进行市场细分时所选择的细分标准必须是可以识别和度量的，细分出来的市场范围与对象应易于明确和便于判断。同时要具有客观性，如按年龄、性别、收入、受教育程度、地理位置、民族等标准就易于确定目标市场。

(2)可进入性。细分出的市场要使旅游企业的营销活动能够抵达，即通过努力能使对应产品进入并对旅游者施加影响的市场，且供给方与特定市场群体能够彼此建立联系，产生效益。一方面产品信息能够通过一定媒体顺利传递给该市场的大多数旅游者，另一方面旅游企业在一定时期内能将对应产品销售通过一定的分销渠道传递到该市场。否则，该细分市场的实用价值就不大。

(3)规模性。规模性是指细分出来的市场，要有较为稳定的、足够大的市场容量或规模，应足以支撑一定数量的旅游企业介入并有获利空间。也就是说，必须考虑细分市场涵盖的游客数量及其购买能力和消费频率。如果细分市场规模过小，容量太小，成本耗费大，获利不足，就不值得细分了。

(4)层次性。细分出的市场应当在产品上区分高、中、低等不同的档次，在规模上区分大众、主流、小众等不同规格，在需求上区分不足、平衡、供大于求等多种关系，使得细分后市场具有明显的层次性，以便采取不同的产品与营销策略。

(5)差异性。市场细分的根本原因在于需求的差异性。差异性就是指各细分市场的旅游者自身旅游需求有着明显的不同，表现为对同一旅游产品及其市场营销会有明显的差异性反应，或者说对于产品及营销的变动，不同细分市场也会有不同的反应。如果不同细分市场游客对某一产品需求差异不大，行为决策上的趋同性远大于其异质性，那么就不必费力对此市场进行细分。另外，对于细分出来的市场，旅游企业应当有对应的旅游产品和针对性营销方案。

5.2.2 市场细分方法、程序与常见细分市场类型

在现代旅游市场竞争日趋激烈的情况下，旅游供给方要占领一定的市场份额，就必须通过有效方法辨明具有不同需求的消费者群体，进而才能将整个混杂的市场划分为既有消费价值又实际适用的不同细分市场。

市场细分分析的方法主要有两种：第一种，基于顾客与基于产品或服务的方法。其中，基于顾客的方法是观察不同类型顾客的具体特征；基于产品的方法则是关注产品本身的具体物理特征，以及顾客希望从产品中获得的利益类型、产品使用量或使用模式等。第二种，事前方法与事后方法。其中，事前市场细分方法是根据预先所知或推测的与企业旅游产品或服务消费相关的一些影响因子划分顾客群，如人口统计特征、购买量、地理区域等；事后市场细分方法则是以问卷调查反馈为基础，选择的要素因子主要有顾客的价值取向、旅游动机、需求、使用量和使用模式、态度和感知度等。这两种模式提及的要素因子也都可称为旅游市场细分的划分标准要素，亦即细分时所依据的条件。

实践中，市场细分的技术方法多种多样，最基本的是百分比法和四分法。百分比法一般是按照旅游市场地域构成、各种旅游消费类型、旅游产品类型或不同年龄旅游消费人群等划分标准，以百分数表示出某一构成类型在市场中的份额占比。四分法也是常用的传统市场细分方法，包括地理（地域）细分（涉及气候分区、国家与地区、距离旅游目的地空间距离等）、社会经济

与人口学特征细分(包括年龄、性别、职业、收入、教育、宗教信仰、种族、家庭规模、结构等)、心理细分(气质性格、人格特征、旅游目的、旅游动机、生活方式与习惯偏好等)、行为细分(出行方式、信息状态、消费、购物行为等)。

此外,伴随移动通信与网络等技术的快速发展,运用人工智能大数据统计分析技术开展市场细分的方法也日益受到了重视与应用。总之,有效的市场细分方法应具有可衡量性、可达性、实效性和可行动性。

关于细分市场的程序,美国市场学家麦卡锡曾提出一整套程序。其包括七个步骤:一是选定产品市场范围;二是了解、列举分类顾客的基本需求;三是了解不同潜在用户的不同要求;四是调查潜在顾客的共同要求;五是根据潜在顾客基本需求上的差异,划分不同的群体和子市场;六是进一步分析每一细分市场需求和购买行为特点,并分析其原因,以便在此基础上决定是否可以对这些细分出来的市场进行合并,或做进一步细分;七是估计每一细分市场规模。

细分市场的程序在实际操作中可根据市场需要来做灵活调整,不必拘泥于固定的细分步骤,如可简化为更易操作的如下程序:选择旅游市场范围;调查确定市场范围内旅游者的需求;筛选细分变量要素;确定细分标准和方法,对细分市场进行初步确定;核查、分析、评估各细分旅游子市场;明确可进入的旅游细分市场——目标市场。

根据上述旅游市场细分方法、程序,可归纳出如下常见的旅游细分市场类型:

(1)基于客源市场区域,可划分为国际的、国内的细分市场,本地的、周边的、外围的细分市场,农村市场、城市市场等。

(2)基于气候,可划分为热带(热带风情)、寒带(冰雪)、温带细分市场,避暑、避寒等细分市场。

(3)基于市场区域所占比例,可划分为一级客源市场(占比排名靠前的 2～3 个地域)、二级客源市场(占比较大的 3～4 个地域)、机会市场(旅游发展新兴及发展较快的地域)。

(4)基于人口统计特征,具体可按年龄、性别、职业、受教育程度、宗教信仰、民族种族、文化圈等细分为老年旅游市场、儿童旅游市场、大学生旅游市场、少数民族旅游市场等。

(5)基于心理特征划分,其涉及性格、习惯、价值观等划分因子,细分类型包括理智型、情绪型、创造型、保守型、自由型、冒险型等细分市场。

(6)基于旅游动机(目的),可划分为观光游、休闲度假游、娱乐游、民俗文化游、宗教游、会议及商务游、修学游、康体健身游、探险游、购物游、赛事活动游、奖励旅游等细分市场。

(7)基于旅游消费行为特点,可划分为散客游、结伴游、家庭游、团体游等细分市场,豪华游、经济游、自助游等细分市场。

(8)基于旅游时间与季节特点划分,包括旺季游、淡季游、平季游细分市场,寒暑假及周末双休假日游、节庆假日游细分市场,一日游、两日游、多日游细分市场等。

5.3 国际国内旅游市场概况

旅游业是当今世界经济中持续高速稳定增长的综合性产业,也是许多国家和地区的支柱性产业。随着经济全球化和世界经济一体化的深入发展,世界旅游业更是步入了快速发展的黄金时代。旅游市场也随之快速发展,展示出旺盛的旅游需求和市场吸引力。

5.3.1 国际旅游市场发展回顾

就全世界范围而言，旅游业虽产生于19世纪中叶，但其真正的崛起是在20世纪50年代以后(即第二次世界大战以后)。相对和平的国际环境，世界经济的普遍振兴，人们实际收入的不断提高，都激起了大众旅游的渴望。

在过去半个多世纪的时间里，旅游业也曾经因石油危机、经济萧条以及战事、疫情等影响出现过短暂的起伏甚至跌落，但从总体上看，一直保持着持续发展的势头，与之相应，旅游市场规模与影响力也在持续提升。

1. 不断增长扩大的世界旅游市场

据世界旅游组织统计，1950年，全世界的国际旅游人数为0.25亿人次，旅游收入21亿美元。1990年世界旅游总人数上升至4.58亿人次，旅游收入达到2678亿美元。

在1950年到1990年40年中，全球国际旅游过夜人数创造了年均增长7.5%的高速度，同期国际旅游外汇收入的年均增长率则高达12.8%，远远高于同期世界经济的平均增长率。

到了2000年，世界旅游总人数上升至6.98亿人次，旅游收入达到4760亿美元。2010年国际跨境旅游人数达到了9.35亿人次，全球旅游收入已达9190亿美元，全球旅游经济GDP已达5.75万亿美元。

根据世界旅游组织发布的相关数据，2015年跨境国际游客人数达到11.84亿人次，国际旅游收入超过1.4万亿美元。

根据《世界旅游经济趋势报告(2020)》数据，2019年全球旅游总人次(包括国内旅游人次和出入境旅游人次)为123.1亿人次，同比增长4.6%；全球旅游总收入达到了5.8万亿美元，相当于全球GDP的6.7%。

虽然2020年受全球疫情的持续性和不确定性影响，全球旅游经济受到了较大影响。但毋庸置疑，旅游业及旅游市场的发展规模已经在世界经济的发展中占据了相当重要的地位。

2. 从国际旅游区域划分看世界旅游市场格局变化

按照世界旅游组织以前的传统划分方法，世界旅游业(市场)可划分为六大区：欧洲、美洲、东亚及太平洋(简称“东亚太”)地区、非洲、南亚以及中东(注意：现在世界旅游组织已将世界旅游市场划分调整为五大区域，即欧洲区、美洲区、亚太地区、中东区、非洲区)。

根据相关统计，旅游市场规模占比增长最快的是东亚太地区，其他年均增长速度高于全球平均水平的地区依次是南亚、中东和非洲。美洲和欧洲的旅游市场规模增长率则低于全球年均增长率，不过，它们仍然保持全球的主导地位，如表5-1所示。

表5-1 1950—2020年世界六大旅游市场接待国际旅游者比重

年份	全世界单位/%	非洲板块/%	美洲板块/%	东亚太板块/%	欧洲板块/%	中东板块/%	南亚板块/%
1950	100	2.1	29.6	0.8	66.4	0.9	0.2
1960	100	1.1	24.1	1.0	72.5	1.0	0.3
1970	100	1.5	23.0	3.0	70.5	1.4	0.6
1980	100	2.5	21.3	7.3	66.0	2.1	0.8

续表

年份	全世界单位/%	非洲板块/%	美洲板块/%	东亚太板块/%	欧洲板块/%	中东板块/%	南亚板块/%
1990	100	3.3	20.5	11.5	62.4	1.6	0.7
2000	100	3.8	18.6	16.0	57.8	2.9	0.9
2020	100	5.0	18.0	27.0	45.0	4.0	1.0

据世界旅游城市联合会、中国社会科学院旅游研究中心《世界旅游经济趋势报告(2018)》统计(注意统计口径和对象有所不同),东亚太板块旅游总收入已占到全球的33.1%,位居全球第一,与欧洲板块、美洲板块形成了三足鼎立之势(见图5-1)。

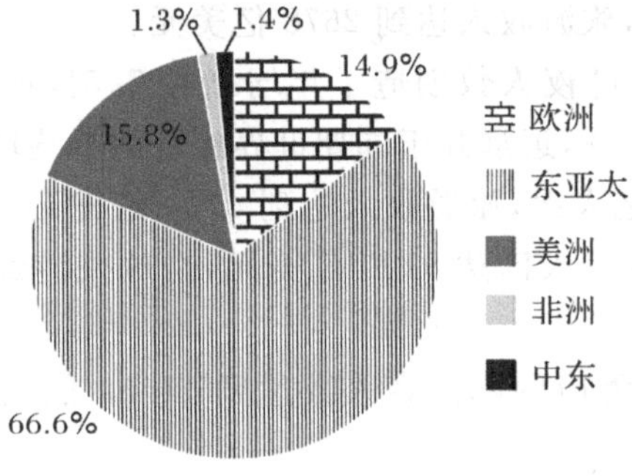

(a) 旅游板块占全球份额

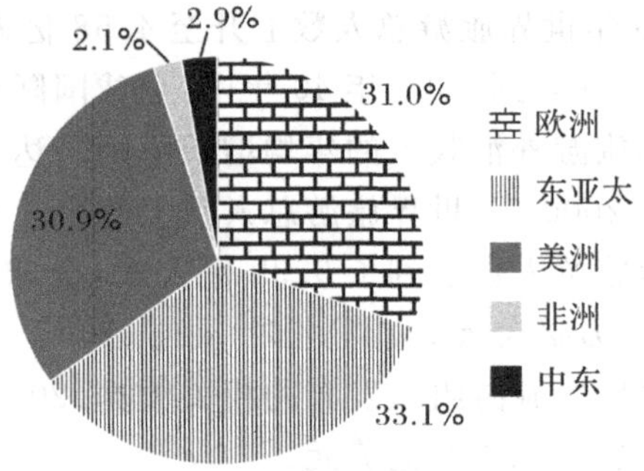

(b) 旅游总收入占全球份额

图5-1 各大旅游板块所占全球份额及各大板块旅游总收入占全球份额(2017)

3. 国际旅游接待国与国际旅游客源国市场状况

(1)国际旅游接待国市场状况。20世纪80年代以前,西方发达国家几乎垄断了国际旅游市场,接待人数和旅游收入都占到世界总量的90%左右。根据世界旅游组织对20世纪90年代全世界国际旅游客流的统计数字,在国际旅游接待量方面位居前10名的国家也基本主要是以欧洲国家、美洲国家为主,亚洲国家主要是中国一直保持在列(2000年的排名为法国、美国、西班牙、意大利、中国、英国、俄罗斯、墨西哥、加拿大、德国)。

根据世界旅游组织发布的《2015全球旅游报告》显示,国际游客到访量前十大旅游目的地国家分别为法国、美国、西班牙、中国、意大利、土耳其、德国、英国、俄罗斯、墨西哥,构成和位次发生了一些变化,但总体格局未变。

据世界旅游组织预计,全球前十大旅游目的地国家和地区将产生新的变化,我国将一跃成为世界最受欢迎的旅游地,也即最大的旅游接待国。

(2)国际旅游客源国市场状况。国际旅游客源国市场状况方面,国际旅游客流呈现较为明显的地理分布规律。

欧洲不仅是世界上国际旅游的中心接待地区,而且也是早期及目前最重要的国际旅游客源地。美洲也是国际旅游的重要客源地,居第三位的是东亚和太平洋地区。中东地区各国虽然较富裕,但由于人口基数小,加之居民旅游传统问题,所以在客源市场中占的比例不大。早期旅游发达的国家是美国、西班牙、法国、意大利、德国、英国、日本、沙特阿拉伯、奥地利、荷兰、挪威、加拿大、瑞典、瑞士、科威特、澳大利亚、委内瑞拉、丹麦、比利时、墨西哥等国家,这些国家的国际旅游支出,大约一度占世界国际旅游支出总额的78%。此外,18个经济发达国家(美国、法国、英国、加拿大、比利时、荷兰、日本、意大利、德国、奥地利、西班牙、瑞士、瑞典、澳大利亚、挪威、丹麦、爱尔兰、芬兰)不仅一度产生了国际旅游客源总数的90%,而且其中80%的国际旅游客源也主要流向了这18个国家。

20世纪60年代,国际旅游客流开始从发达国家向发展中国家扩展,使国际旅游客流的地理分布局面发生了一定的变化。20世纪90年代以来,伴随中国、俄罗斯、印度、巴西、波兰和亚洲"四小龙"等新兴工业化国家和地区的发展,国际旅游客流呈现出了"多极化"或"百花齐放"的局面。比如,在2010年全球9.4亿旅游人数当中已有47%来自新兴工业化国家。

此外,国际旅游客流也呈现出一定的空间移动规律。一是在全世界国际旅游中,近距离的出国旅游,特别是前往邻国的国际旅游,一直占据绝大比重。以旅游人次计算,这种近距离出国旅游约占全世界国际旅游人次的80%。二是在流动态势上,特别是就远程国际旅游而言,从20世纪50年代至今,欧美一直是世界上最重要的国际旅游客源地和目的地,并且这两个地区彼此互为重要客源地和目的地。无论是在旅游人次上,还是在消费额上,这两个地区都占据着统治地位。因此,它们之间的客流也是国际远程旅游中最主要的客流。随着东亚太地区社会经济的不断发展,该地区在世界国际旅游中的位置不断提升,全世界国际旅游中必将形成欧、美和东亚太地区三足鼎立的格局。

4. 国际游市场与国内游市场的关联性

一个区域旅游业、旅游市场的发展程度与其经济发展水平是紧密相连的,经济发展水平在一定程度上决定了其旅游业和旅游市场的发展状况。欧美国家不仅长期是国际旅游活动的主要目的地和接待地,也是最大的客源地。这说明旅游活动是建立在一定经济基础和收入水平上的高层次的消费活动,它与一个国家或地区的经济水平呈明显的正相关关系。

世界旅游组织曾经对国际旅游和国内旅游做了一个分析,发现国内旅游活动的比例超过了国际旅游接待人次,但国际旅游的发展速度则超过了国内旅游。

对于国内旅游来说,欧洲和美洲曾经是国内旅游的主要客源地。美国和加拿大地域宽广,使得美洲地区的国内旅游显得更为重要,但是相比之下,欧洲由较小的国家组成,整个欧洲(东、西欧,不包括俄罗斯)的国内旅游人次与美洲相比,并不表现出特别大的优势。伴随着发展中国家经济社会的较快发展,作为人口大国的新兴经济体国家的国际旅游,特别是国内旅游得到快速发展,全球旅游主要客源国构成也随之发生了较大变化。

据世界旅游城市联合会、中国社会科学院旅游研究中心《世界旅游经济趋势报告(2018)》统计(统计包括了跨境国际游和国内游),全球旅游总人次和旅游总收入排名前十的国家名单中,发展中国家已占有一定的比例(见表5-2)。

表5-2 2017年全球旅游总人次和旅游总收入排名前十的国家

排名	国家及所在板块	旅游总人次/亿人次	国家及所在板块	国家旅游总收入/千亿美元
1	中国(东亚太)	45.3	美国(美洲)	10.3
2	印度(东亚太)	15.4	中国(东亚太)	6.8
3	美国(美洲)	12.5	德国(欧洲)	3.8

续表

排名	国家及所在板块	旅游总人次/亿人次	国家及所在板块	国家旅游总收入/千亿美元
4	日本(东亚太)	3.2	英国(欧洲)	2.5
5	法国(欧洲)	2.8	日本(东亚太)	2.3
6	印度尼西亚(东亚太)	2.6	法国(欧洲)	2.0
7	西班牙(欧洲)	2.0	印度(东亚太)	1.9
8	巴西(美洲)	1.8	意大利(欧洲)	1.7
9	德国(欧洲)	1.7	墨西哥(美洲)	1.4
10	英国(欧洲)	1.6	西班牙(欧洲)	1.3

世界旅游组织还对国内旅游做过一个预测,认为从发达国家的国内旅游人口占总人口的比例来看,其国内旅游业已趋于饱和,而亚洲、非洲、中东和拉丁美洲的国内旅游业将迅速发展。

5.世界旅游业和旅游市场历史发展呈现的特点与态势

纵观二战之后世界旅游业和旅游市场的发展,呈现以下突出特点和发展态势。

(1)旅游业和旅游市场总体增长保持高速、持续、稳定。有研究表明,就全球旅游者数量而言,从1950年到2000年的50年中,基本每隔十年就会翻番,最终表现为从1950年的2500万人次增加到2000年的6.7亿人次;而从2000到2010年的十年中,由于旅游者基数不断增加,增速有所放缓,但这十年中仍然增加了2.7亿人次,最终达到9.4亿人次。就世界旅游业收入增长速度而言,过去60年,年平均增长率为6.9%,也基本是每隔十年左右就会翻番。其中,从1950年到1960年的第一个十年,年均增长率为10.6%;第二个十年为9.1%,第三个十年为5.6%,第四个十年为4.8%,第五个十年为4.3%,第六个十年为6.5%。对比分析可见,世界旅游业收入增速明显高于同期世界经济年均增速(按每十年作为一个周期来测算,通常年均增长率在3%以下)。根据世界旅游组织公布的数据,至2010年,国际旅游业经济总量占全球GDP的10%以上,旅游投资占投资总额的12%以上。2015年,全球国际旅游业出口总额为1.4万亿美元,2018年总额达到1.7万亿美元,占全球服务出口的29%,占商品和服务总出口的7%。在许多发展中国家,旅游业在出口部门中名列第一。国际旅游业和旅游市场在世界经济中的地位可见一斑。

(2)世界旅游市场逐步出现分化,呈现"三足鼎立"新格局。从旅游目的地的区域板块划分来看,欧洲和北美长期以来一直是世界上最受欢迎的两大旅游胜地,是全球旅游市场的"双雄"。但最近十年来,情况却在发生快速变化。经济全球化和区域经济一体化的进程深刻地影响着世界旅游业的发展轨迹,也打破了原有的旅游市场格局。国际旅游者对于旅游目的地的选择出现多样化,东亚及太平洋地区已经成为第三首选目的地,从而形成欧洲、北美、东亚及太平洋地区"三足鼎立"的新格局。

(3)旅游已基本实现了休闲化、大众化和社会化,成为人们普遍的一种生活方式和基本权利,世界已经进入"旅游时代"。半个多世纪以来,随着科技进步和经济发展,人们的休闲时间与时俱增,恩格尔系数则与时俱减。早在1995年,全世界就有145个国家和地区实行每周5

天工作制，其中大多数国家又实行每年时长不等的在职带薪休假制。在发达国家和地区，恩格尔系数已降到20%～30%，人们可自由支配收入大幅度增加。在这种背景下，从20世纪70年代末、80年代初开始，旅游者已不满足于传统的观光旅游产品，开始选择具有鲜明地域特色、时代特色和个性特色的休闲度假旅游产品。休闲度假已成为全球最重要的市场方向，也成了现代人生活的重要组成部分。

(4)旅游业与科技教育、文化体育、商务会展等产业的结合越来越紧密，特别是与信息化“珠联璧合”，成为跨领域、跨行业的综合性、战略性产业。具体还表现在：一是科技进步和技术创新已成为世界旅游业发展的主要推动力。信息技术、网络技术、交通技术的快速发展，促进了旅游需求多样化、旅游管理信息化、旅游装备科技化。在线旅游预定业务、电子旅游信息、电子签证和电子商务等正在改变旅游业的市场环境，社交网络的广泛应用也在改变旅游业的面貌。二是旅游业与文化体育事业产业的结合成为亮点。文化日益成为旅游产品的灵魂。三是旅游业直接促进了与其密切相关的酒店业、餐饮业、服务业和百货及奢侈品消费的发展。

5.3.2 中国旅游市场发展回顾

中国旅游市场的发展，是伴随着对旅游产业属性、定位认知的不断变迁中逐渐发展壮大的，可以说我国旅游市场发展具有鲜明的政策助推和引导特点。

1981年，国务院第一次组织召开全国旅游工作会议，明确指出：旅游事业是一项综合性的经济事业，是国民经济的一个组成部分，是关系到国计民生的一项不可缺少的事业。旅游业这一产业属性的明确，是我国旅游发展思路的重要突破，有利于推动形成健全的旅游市场，达成中国旅游业的全社会共识。产业属性的明确，增强了旅游发展和市场意识，聚集了旅游市场产业资本，优化了旅游发展环境，为旅游经济和市场的培育、旅游产业体系的构建和旅游产业功能的发挥奠定了坚实基础。1995年5月1日开始实施的每周双休日的工作制，被称为中国旅游史上的一座突出的里程碑。1998年，中央经济工作会议将旅游业确定为国民经济新的增长点。2006年，中国旅游业发展“十一五”规划纲要明确提出，要把旅游业培育成为国民经济的重要产业。2009年，国务院《加快发展旅游业的意见》提出，“把旅游业培育成为国民经济的战略性支柱产业和人民群众更加满意的现代服务业”，成了我国旅游业转型升级的重要标志。2013年《中华人民共和国旅游法》开始施行，成了旅游业发展的又一里程碑。

在国家对旅游业地位不断提升的推动下，从1985年陕西省出台省级政府第一个《关于大力发展旅游业的决定》开始，迄今为止，已有27个省区市把旅游业确定为支柱产业、主导产业或重要产业。

旅游市场规模越来越大，旅游业作为国民经济战略性支柱产业的地位和作用也越来越重要。据统计，2017全年全国旅游业对GDP的综合贡献为9.13万亿元，占GDP总量的11.04%；旅游直接就业2825万人，旅游直接和间接就业7990万人，占全国就业总人口的10.28%。

伴随我国对外开放程度不断加大，我国旅游业和旅游市场发展经历了从起步、成长、拓展到综合发展等不同的阶段；经历了从数量走向质量，从粗放走向集约的渐进过程；从单一走向多元，从局部走向全面的发展过程；完成了从计划到市场、从封闭走向开放、不断变革创新的渐变过程。当前我国已经实现了成为旅游大国的历史性跨越，已迈入国民大众旅游时代，正在向建设旅游强国前进。

1. 出入境旅游市场方面

改革开放初期，中国以接待海外入境旅游者为主，国内旅游仅有小规模的差旅和公务活动，更不存在严格意义上的出境旅游，旅游市场格局单一而薄弱。当时在接待设施和交通条件极为有限的情况下，以丰富的旅游资源和神秘的东方文化作为吸引物，以赚取紧缺外汇为目标，形成了入境旅游"一花独放"的局面。1978 年，中国接待入境过夜旅游人数仅为 72 万人次，创汇 2.6 亿美元。到 1987 年，接待入境过夜旅游人数突破 1000 万人次大关。旅游创汇额也迅速增长，1996 年我国旅游业创汇 102 亿美元，突破 100 亿美元大关。中国旅游业主要指标在世界排名上也持续上升。1978 年旅游业主要指标中国排位都在世界 40 名以后。1980 年国际旅游接待人数开始进入前 20 名，1988 年进入前 10 名，1999 年起进入前 5 名。中国国际旅游收入排名，1980 年在世界仅列 34 名，1982 年进入前 30 名，1992 年进入前 20 名，1994 年进入前 10 名。

中国公民出境旅游是旅游需求的延伸和升级，也是改革开放的必然结果。1990 年 10 月率先开放中国公民自费赴新加坡、马来西亚和泰国旅游。自 1997 年起，在试办港澳游、边境游的基础上，正式开展中国公民自费出境旅游业务。之后，出境旅游目的地的数量逐步增加。进入 21 世纪，中国公民出境旅游人数增速迅猛。

据中国旅游研究院武汉分院发布的《2014 中国旅游业发展报告》显示，2013 年我国出境旅游 9819 万人次，成为世界第一大出境旅游客源市场，中国旅游国际地位提升，旅游综合效益凸显。继 2012 年首次成为世界第一大出境游消费国后，2013 年我国出境游消费总额世界第一，达 1286 亿美元，约占全球出境旅游消费的 11.1%。

中国旅游研究院发布的《中国出境旅游发展年度报告 2015》显示，2014 年中国出境旅游人数首次破亿，达到 1.07 亿人次。2017 年中国出境游 1.29 亿人次，连续多年成为世界第一大出境旅游客源国。

伴随入境旅游持续增长，出境旅游快速发展，我国与旅游业发达国家的差距已经明显缩小，国际影响力大幅提升，在全球旅游规则制定和国际旅游事务中的话语权和影响力也明显提升。尽管中国旅游起步晚、底子薄，但经过改革开放 40 多年的艰苦奋斗，我国旅游业总体上说，已初步具备了建设世界旅游强国的基础。

据世界经济论坛(WEF)官网发布的《2019 年旅游业竞争力报告》，中国在全球旅游业竞争力榜单中排名为第 13 位。虽然中国旅游业在综合排名中保持了持续上升的态势，但从旅游产业、公共服务、市场治理、文明水平、国际合作、国际影响力、人力支撑、环境可持续性等多个方面，与世界旅游强国排名前 10 的国家，如西班牙、法国、德国、日本、美国、英国、澳大利亚、意大利、加拿大和瑞士仍有一定的差距，很多质量和效益指标排名仍然靠后。

2. 国内旅游市场方面

改革开放初期，受各方面条件的限制，国内旅游采取了"不提倡、不宣传、不反对"的政策。进入 20 世纪 80 年代中期，随着综合国力提升，居民收入显著提高，国内旅游市场开始形成。

1993年,国务院办公厅转发国家旅游局《关于积极发展国内旅游业的意见》,提出了"搞活市场、正确领导、加强管理、提高质量"的指导方针。此后在内外因素的共同作用下,国内旅游受到了高度重视。1995年双休日制度,使得居民闲暇时间增多,特别是2000年开始的黄金周,使国内旅游出现"井喷"现象,显示了独特而强劲的内生性消费需求,与入境旅游共同形成了驱动中国旅游业发展的两个"车轮"。

自1993年起,国家旅游局每年委托国家统计局对我国大陆地区城镇居民国内旅游情况进行抽样调查统计。1993—2007年,国内旅游人数从4.1亿人次增长到16.1亿人次,年均增速10.3%;国内旅游收入从864亿元增长到7771亿元,年均增幅达到17%。

国家旅游局发布的数据显示,2017年,国内旅游市场高速增长,供给侧结构性改革成效明显,国内旅游人数达到50.01亿人次,收入4.57万亿元。伴随我国持续推进全面建成小康社会,旅游已经成为普通百姓生活的重要组成部分。

据2018年全国旅游工作会议报告介绍,我国旅游市场供给及服务体系已日臻完善。数据显示,现有住宿和餐饮法人企业4.5万家左右,其中住宿业1.9万家(共有星级饭店1.16万家,包括五星级824家、四星级2425家),旅行社2.79万个,景区景点3万多个(其中A级景区10340个,包括5A级249个、4A级3034个),世界遗产52项,全域旅游示范区创建单位506个,红色旅游经典景区300个。在休闲度假方面,现有国家级旅游度假区26个,旅游休闲示范城市10个,国家生态旅游示范区110个。专题旅游方面,现有中国邮轮旅游发展实验区6个,国家湿地旅游示范基地10个,在建自驾车房车营地514个,还有一大批健康旅游、工业旅游、体育旅游、科技旅游、研学旅游等"旅游+"融合发展新产品。可见,我国初步形成了观光旅游和休闲度假旅游并重、旅游传统业态和新业态齐升的新格局。

目前我国出境旅游、入境旅游和国内旅游三大市场已基本实现均衡发展,这是我国旅游业和旅游市场健康全面持续发展的必然结果,也是我国改革开放和社会转型的必然结果。旅游已经成为大众重要的生活方式,成为提高生活质量的重要内容。旅游市场已成为我国对外开放交流的重要渠道和国民经济市场中重要的组成领域。

5.3.3 未来旅游市场的发展趋势

1. 全球旅游市场将继续保持良好发展势头,旅游市场格局将进一步变化

根据世界旅游组织长期预测报告《旅游走向2030年》(*Tourism Towards* 2030),全球范围内国际游客到访量从2010年到2030年,将以年均3.3%的速度持续增长,到2030年将达到18亿人次。在2010年至2030年,新兴目的地的游客到访量预计将以年均4.4%的速度增长,是发达国家/经济体增速的两倍。

2. 旅游市场进一步细化、分化

未来旅游者旅游目的会越来越个性化,旅游机构也更为重视从更深层次开发人们的旅游消费需求。除了传统观光旅游、度假旅游和商务旅游这三大主导项目和产品外,特殊旅游、专题旅游更有发展潜力,如宗教旅游、康体养生游、探险旅游、考古旅游、修学旅游、蜜月旅游、民族风俗旅游等,将会形成特色突出的旅游细分化市场。

3. 对旅游产品的要求将更高、选择性更强，旅游方式更为灵活多变，技术含量更高

旅游方式将不断朝多样化、自由化的方向发展，各种寓游于乐，游娱结合，互动体验的新颖独特的旅游方式将应运而生。同时，体验经济、共享经济、智慧旅游、通信技术、物联网、人工智能、大数据、支付手段等理念与技术的发展对旅游方式的影响也将越来越大。

4. 中、远程旅游渐趋兴旺

据世界旅游组织预测，在未来 20 年间，世界旅游业发展最显著的特点是远程旅游的增加。未来 20 年，洲际旅游的年均增长速度将达到 54%，高于旅游业平均增长速度。

5. 银发市场不断扩大

老龄化是全球性问题，发达国家老年人口占比通常在 20%以上，发展中国家的状况稍好，但老龄化势头迅猛，银发市场已成为旅游业的一个重要细分市场。

6. 旅游安全日益受到重视

经济与金融市场波动、贸易争端、局部战争、地区冲突、民族冲突、宗教冲突、国际恐怖主义、政局动荡、社会不安定和自然灾害、重大事故、传染性疾病等公共事件性因素，都会打击旅游者的消费信心，从而对世界旅游业的发展产生不利影响。毫无疑问，未来的旅游安全和旅游目的地的社会稳定和谐，将越来越被旅游机构和旅游者所重视。

7. 绿色旅游将会日益受到重视与推行

各国越来越重视旅游业的可持续发展，日益重视对自然资源、人文资源和生态环境的保护，注意加强旅游目的地的环境建设同时引导旅游企业和旅游者积极履行社会责任、环境责任，关注和应对全球变暖问题，努力减少旅游活动对自然、人文和生态环境的负面影响。

8. 旅游竞争将会更加激烈，竞争与合作并存

在其他产业市场上，发达国家和发展中国家的分界比较鲜明，形成了产业垂直分工体系，竞争细分层次，范围相对清晰。而旅游市场则是各个国家都可发挥之地，国际旅游市场也因此成为竞争最激烈的市场之一。特别是发展中国家的旅游业和旅游市场发展潜力很大，发展条件较为机动，方式多样化，有可能逐步与发达国家平分秋色。

同时，不同国家和地区间除了加强各自在旅游市场上的竞争力以外，也在不断加强彼此的协作关系，如推动形成旅游区域联合、地区旅游一体化，联合开发共同的客源市场等。另外，各国旅游开放度越来越高，旅游投资、并购、重组、战略合作等活动将更加频繁。

5.4 旅游市场调查分析与预测

对任何一个国家、地区旅游目的地或旅游企业、景区景点而言，旅游市场的发展状况、需求变化、市场占有率构成等都直接影响到旅游发展与旅游经营个体的效益，因而在旅游地域规划开发及旅游项目经营运行过程中，旅游市场的调查、划分、开拓、预测等内容就成了十分重要的研究领域。

旅游客源市场的调查分析、预测是了解和获取市场基础数据信息，把握市场走向的基础性工作前提。

5.4.1 旅游市场调查概述

旅游市场调查(以下简称为市场调查)是运用科学的方法和手段,针对旅游市场需求的数量、结构、特征等信息以及变化趋势,有目的地开展的相关工作。

1. 市场调查程序

有效的市场调查可分为五个步骤:明确问题和调查目标→制订调查计划→收集信息→分析信息→撰写调查报告。

(1)明确问题和调查目标。此步骤是市场调查的重要前提。正式调查行动之前,必需弄清楚为什么调查,调查什么问题,解决什么问题,然后确立调查目标、对象范围、调查内容及调查方法。调查人员必须事先明确问题的范围,确定具体的调查目标,否则会盲目行事,或者得到许多无效的信息,从而耗费大量时间和费用。在确定问题和目标时,对二者的陈述不宜太宽或太窄。

(2)制订调查计划。其目的是使调查工作能够有秩序、有计划地进行,以保证实现调查目的。调查计划包括:调查方案设计、组织机构设置、时间安排、费用预算等。

调查方案内容包括调查目的要求、调查对象、调查内容、调查地点和调查范围、调查提纲、调查时间、资料来源、调查方法和手段、抽样方案,以及提交报告的形式。

调查机构设置包括调查活动负责部门或人员的选择与配置,明确调查活动主体的选择是利用外部市场调查机构还是由本单位进行调查。

计划方案的制订、整个调查活动的进行都取决于组织的决策者和管理者,以及调查人员的素质。所以调查人员必须具备善于沟通的能力、敏锐的观察与感受能力,以及丰富的想象力、创造力、应变能力,还应具备基本的统计学、市场学、经济学、会计财务知识等。

如选择外部市场调查机构,应进行一定的筛选,相应标准如下:

①调查机构能否对调查问题进行符合目标的理解和解释。

②调查人员的构成是否合理,包括其资历、经验以及任务分工等。

③调查方法是否有效并具有创新性。

④过去有无类似的调查经验以及相关调查成果。

⑤调查时间及费用是否与预算计划相符。

(3)收集信息。调查计划确定之后,即开始收集各种相关资料和信息。该项工作通常是耗时最长、花费最大且最易出差错的过程,与整个调查的效果与准确性、误差大小均直接相关。收集资料包括收集一手资料与二手资料。一手资料又称原始资料或实地调查资料,是调查者为实现本次特定调查目的专门和直接收集的信息资料。大多市场调查项目都要求收集针对性极强的一手资料。常规方法是先与调查核心人员单独或成组交换想法,统一意见,接着明确调查方法,然后展开实地调查。二手资料又称文案资料,是之前或因其他目的由他人收集、整理并已形成的信息数据。通过二手资料可以判断分析调查问题是否能部分或全部解决。若能解决,则无须再去收集成本较高的一手资料。

收集资料过程中,应有一定的耐心,因为经常会出现多方面的困难,如可能找不到合适的被调查者,或被调查者拒绝合作,或者回答带有偏见、不真实等。如果发现调查实施有明显问题或未预料的情况时,应尽快反馈信息,并立即调整思路和调查方式方法。

(4)分析信息。资料收集完成后，应对资料进行整理分析，从中提取与目标相关的信息。信息分析主要有两种方法：

一是统计分析方法，常用的有计算综合指标(绝对数、相对数以及平均数)、时间数列分析、指数分析、相关和回归分析、因素分析等。

二是模型分析法，模型是专门设计出来表达现实中真实的系统或过程的一组相互联系的变量及其关系。分析模型主要包括描述性模型和决策性模型。

①描述性模型中常用的是马尔可夫过程模型和排队模型。前者可用来分析预测未来市场份额变化的程度和速度；后者用来预计顾客的消费决策与等候的关系。

②常见决策性模型有最优化模型和启发式模型两种。前者一般通过微分学、线性规划、统计决策理论以及博弈理论来辨别不同决策方案的价值，力求从中进行最优选择；后者则应用启发性原则，排除部分决策方案，以缩短找寻合理方案所需时间。

(5)撰写调查报告。其是指将调查结果按要求进行书面陈述，从而形成调查活动的最终结果。

2. 市场调查内容

市场调查是一项比较繁杂的工作，必须坚持以市场为导向原则，内容涵盖客源地与目的地的距离、与目的地的关系，客源地的经济、收入水平状况，客源地的传统、习惯，客源地文化层次、不同层次的喜好，客源的宗教、种族，客源的年龄结构、不同年龄层的爱好，旅游感受与反馈等。

市场调查可以在客源地(即目标市场)进行，也可在目的地进行。

市场调查与预测不仅要注重现实的需求，更需要注重潜在的需求。此外，也应对市场空间分布、时间分布、人群构成、流向流量规模、目的与需求、消费倾向等旅游市场信息与数据进行分析，梳理发现市场特征和影响因素等信息。

旅游市场的研究对于旅游规划有重要指导和参考意义。市场调查的内容和详细程度随着规划层次和类型的不同而有所差别，但基本上可以从旅游者构成调查(见表 5－3)、旅游市场环境调查(见表 5－4)、旅游市场竞争力调查(见表 5－5)等几个方面来进行。

表 5－3　旅游者构成调查内容

对象/调查开展地	在客源地	在目的地
对自费旅游者的调查	1. 人口总数 2. 人口结构(按年龄、职业、性别、收入、信仰等) 3. 家庭收支情况(特别是可支配收入、旅游消费率) 4. 旅游动机 5. 出游方式 6. 旅游期望 7. 城市化发展水平	1. 对旅游目的地的形象认识 2. 对旅游目的地的满意程度 3. 对宣传、广告和公共关系的反应 4. 旅游花费 5. 停留时间 6. 旅游动机及旅游方式 7. 对旅游目的地的意见和建议
对非自费旅游者的调查	所在地社会经济：1. 国民经济各项指标；2. 国民经济增长速度 所属企业情况：1. 企业类别、数量、规模；2. 企业增长速度、盈利能力、福利、职工数量等；3. 企事业单位就业人数，其中公务员、教师和企业管理、技术人员是关键 所在地社会福利情况：包括各种资助、赞助、奖励等，主要是针对老年和少年、低收入者	

表 5-4 旅游市场环境调查内容与意义

类别	内容	意义
外部环境调查	影响旅游市场的外部因素很多，包括宏观的经济、政治、法律、社会文化、技术、人口、自然环境等方面的宏观因素、消费者市场、产业市场、竞争者状况等，一般包括： 1. 客源地社会风俗和传统习惯 2. 客源地旅游的流行时尚 3. 客源地的政策导向 4. 宗教信仰	外部环境因素的变化总是蕴含着某种需要和趋势、机遇和威胁。趋势是有一定势头和生命力的方向或事件的顺序。它能预见并可持续较长时间，能揭示未来。辨别趋势即能发现机会。对于市场调查人员而言，充分重视外部环境变化，辨别趋势，确定可能的市场机会是一项很关键的技能。外部环境因素的变化还将影响旅游企业的内部环境
内部环境调查	首先研究旅游地或景区旅游企业自身与市场需求发展是否相协调的问题，包括自身营销策略、营销手段或营销组合是否能有效开拓市场，如旅游产品、价格、分销渠道以及促销方面是否存在问题；其次是对营销活动的管理评估，在营销计划、组织实施以及控制方面是否适应市场变化	了解旅游地市场自身运行系统和企业运营系统的状况和问题，与市场的协调和适应状态

表 5-5 旅游市场竞争力调查内容

调查对象	调查内容要点	
主要的竞争者	1. 竞争者的优势和劣势 3. 竞争对手的旅游价格策略	2. 竞争的主要表现 4. 竞争对手的市场经营策略
主要的合作者	1. 合作者的优势和劣势 3. 合作者的市场情况	2. 可以合作的方面 4. 进行合作的方式和策略

3. 旅游市场调查分类

市场调查是运用科学的方法和手段，系统地、有目的地收集、分析和研究市场信息，做出评价，提出建议，为旅游项目产品的开发和营销决策提供依据的活动。根据市场调查的不同目的、方法和内容，可将其分为 3 类，即探索性调查、描述性调查和因果性调查。

1）探索性调查

探索性调查主要用来收集初步资料，通常在两种情况下较多采用：一种情况是市场现象较复杂，实质性问题难以确认，为了确定调查的方向和重点，先采用探索性调查帮助调查人员明确和寻找实质性问题。比如，某种旅游产品销售额下降，是价格原因、产品质量原因、市场服务原因还是其他原因，一时无法做出判断。这时可先运用探索性调查寻找基本原因，若确认是产品原因，则可进一步深入调查。另一种情况是提出某些新设想和构思时，可借助于探索性调查帮助旅游景区及企业进一步确认这些设想和构思是否可行。

探索性调查往往借助第二手资料来获得素材，并为描述性和因果性调查工作做准备。

2）描述性调查

描述性调查是对旅游市场客观情况（包括历史情况和现状）进行如实记录和反映，是广泛应用的调查方法。其可以分析旅游者社会、人口方面的属性，如年龄、性别、收入、受教育程度等，还可以对旅游市场里各种消费类型做出粗略估计。描述性调查首先需要大量收集有关市场信息，包括各种有关数据，然后对调查数据进行分类、分析、整理，形成调查报告。描述性调查一定要客观、公正、实事求是，并要有定量分析。

3)因果性调查

因果性调查的主要目的是掌握有关市场现象之间的因果联系。因果性调查既可用于了解已经发生的市场现象之间的内在关系，也可用于某项市场试验。如为测试旅游营销广告效果，可有计划地改变广告内容、播放频率和时间，然后从收集有关销售额、市场占有率等信息着手，从而掌握不同广告安排对促销的影响。在使用因果调查法时，应防止片面性。因为同一现象或结果，可能由多种因素变化引起，在多种因素中，有主要因素、次要因素、真实因素、虚假因素，应注意分析鉴别。

4. 旅游市场调查方法与技巧

进行市场调查，除了事先拟定周密的调查计划外，还要有恰当的方法技术和工作技巧做保证。首先应从收集二手资料入手。只有在二手资料不能满足调查需要时，才需着手收集一手的原始资料。这样做的好处是收集数据所需时间短，能立即使用，此外所需成本相对较低，并有助于更精确、更有针对性地收集原始资料。但二手资料也有不足之处，如往往缺乏时效性，其精确性和可靠性不足等难以符合调查需要，不能有效解决实际问题。

1)二手资料的收集

二手资料的主要来源包括：

(1)内部来源。其涉及各种统计报表、销售资料、各种经营指标，旅游企业内部有关记录及以前的研究报告等。

(2)政府出版物。其包括发布的政策文件，公开的旅游调查统计报告、年鉴、研究报告等。

(3)期刊和书籍。其包括与旅游市场信息关系密切的各种旅游书刊、旅游企业名录及有关机构公布的资料等。

(4)商业性资料。其包括由旅游企业发布的信息数据，有关旅游市场调查公司、咨询机构提供或出售的信息数据、调查资料和研究报告等。

二手资料与数据因有一定的局限性，往往不能直接照搬引用，需进行取舍评估。操作时应掌握以下三条标准：

(1)公正性。资料应客观，不带偏见和恶意。一般而言，发布数据的机构越具权威性，其数据就越客观公正。

(2)时效性。应当注意考察资料是否过时，统计口径是否可比。

(3)可靠性。大多数统计资料是采用抽样调查方法获取的，因此其抽取样本是否具有典型性、代表性，样本数量是否充足，都会对数据的可靠性产生影响。

2)原始资料的收集

由于二手资料往往难以满足调查的全部要求，因此，必须有针对性地收集原始资料(即一手资料)。

原始资料的主要来源是旅游者，以及旅游中间商和旅游企业内部。调查内容一般包括：旅游流量、人口统计、社会经济特征、旅游的动机和行为特点规律，以及对旅游目的地及旅游产品的态度印象、认识程度等。一手资料的特点是有目的性，时效性强，精确可靠，特别适宜于分析那些变动频繁的、敏感性的要素，但耗费时间长和成本较高。常见的调查方法有四种，具体如表 5 - 6 所示。

表5-6 原始资料常见收集方法及内容要点

方法类别	具体内容
观察法	调查人员在现场观察旅游参与者及环境以达到调查目的。观察对象可以是产品、游客、竞争对手的环境因素等。观察得到的第一手数据比较生动、直观、可靠。但此方法也有一定的局限性，一般只能看到表层现象，很难对深层因素进行分析，比如，游客的职业、文化水平、心理动机等就很难通过观察法去了解
会议法	会议法即通过召集调查会的形式收集原始资料。采用会议法应注意会议准备工作必须充分(应拟好调查问题提纲)，与会者掌握情况是开好会议的基本保证，同时对会议内容的认真记录核实是取得可靠资料的依据
问卷与访谈调查法	问卷调查是运用最多、适应面最广的市场调查方法，可用来收集各种市场信息数据。如游客的基本信息、行为、动机、态度、意见，竞争对手动态，市场热点问题，旅游营销效果，各销售渠道状况等。问卷调查法最适合于描述性调查 发放问卷的形式包括现场发放、邮寄问卷、上门发放、网络媒体发放等多种形式。不同形式的送达反应成本、被接受度、回收率、有效率会有差异，需注意各自的局限性
	访谈方式主要有两种：一是电话访问，此法获得信息迅速、及时，反应率较高，可以及时澄清疑难问题，但此法也有局限，如谈话时间有限，不能提太多问题。二是人员访问，包括预约访问和街头采访。面谈方式非常灵活，内容可多可少，可以深入交谈，可以察言观色，随时调整访问内容，但此法成本最高，最费人力
实验法	实验法是将选定的刺激因素引入被控制的环境中，进而系统地改变刺激程度以收集和测量调查对象的反应。有时可根据需要将调查对象分成若小组，然后分别给予不同程度的外部刺激变量，以便进行分析对比。特别是对同一现象存在不同解释的时候，运用实验法可以找出真实的原因。因此，实验法适合于因果调查。如为确定某旅游产品的价格，可做这样的实验：在两处环境基本相同的销售点以两种价格同时销售该产品，然后统计出各自销售量，若两处销量对比相差不大，说明价格不是影响该产品销量的主要因素；反之，则说明价格对销量有重要影响，这种结果若在一段时间内持续稳定，则可证明它是可靠的

5. 旅游市场调查的宏观分析与表达

对于市场调查信息和数据进行相关汇总整理、分析对比，可得到目的地地区旅游市场整体构成状态与宏观整体判断。

1)客源市场空间结构和构成分析

目的地空间距离市场构成范围，涉及本地市场、周边市场、外围市场构成情况，一般划分为近程旅游、中程旅游和远程旅游市场，其距离半径依次是≤240 km、240～1000 km、≥1000 km(也有其他划分标准，如 15～50 km 为郊县；50～500 km 为近程；500～1500 km 为中程；≥1500 km为远程等)。有研究还表明，由(旅游目的地)中心城市出发的非本市居民对二级旅游目的地的选择范围，主要集中在距城市 250 km 半径圈内。

构成分析中还会涉及一些概念。如出游率，是指抽样调查中某客源地的被试回答实际到访过某一目的地的人数与被试总人数之比，也可视为市场针对该目的地的到访率。等游线，是指出游范围内由出游率相同的点组成的连线，一般围绕着客源地呈同心圆或由其变形的圈层所组成。对于目的地客源市场空间分布集中性分析，可通过游客“地理集中指数”来分析表达。

构成分析还可包括目的地时间距离市场构成范围。其可通过绘制旅游等时线图(1 小时旅游交通圈、2 小时交通圈、3 小时交通圈)的方式进行表达，并形成了行游比的概念，即克服距离旅行的时间(阻力)与游客在目的地滞留时间(引力)的比值，以此表达目的地的吸引力。一般只有当双程行游比小于等于1.5小时，旅游者才会做出旅游的决策。此外，构成分析还应包括市场空间流向与轨迹、流量规模、人群构成特点等信息内容。

2)旅游市场时间分布结构分析

其主要是统计目的地地区旅游市场的季节性变化，旺季、淡季、平季分布构成及旺季高峰指数，节律性变化[如周内变化(平日与休假日的变化)、日内的变化(早、中、晚的变化)]。

3)区域旅游市场竞合态势分析

调查人员应分析不同旅游客源市场主要指标、市场总体规模在区域旅游市场中的地位与影响力，同地域不同旅游区域市场间的竞争合作与关联关系、旅游市场构成的差异性与各自市场需求特征等。在一定地域范围内，不同等级的目的地市场有不同的门槛和吸引范围。

景区等目的地在区域旅游市场的竞争态势还可参考“波特五力模型”进行分析，该模型是波特于20世纪80年代初提出，内容涉及现有竞争者的威胁、新进入者的威胁、替代品的威胁、供应商分析、购买者分析五个方面。此模型认为行业中存在着决定竞争规模和程度的五种力量，五种力量分别是供应商的讨价还价能力、购买者的讨价还价能力、潜在竞争者进入的能力、替代品的替代能力、行业内竞争者现在的竞争能力。

4)地域市场特征与影响因素分析的评判

依据调查资料与历史统计数据资料对地域旅游市场特征进行描述，进而探求不同到访旅游者的(心理、空间、文化等)行为规律、旅游体验消费状态、旅游选择特征及其影响因素，对于旅游规划和旅游发展而言都是非常重要的信息。

需注意，抽样等形式的调查目前条件下只能是对复杂的旅游市场形态构成的简化性反映，并不能反映事实的全部，会有遗漏和偏差，因此需要有客观的认识和完善的反馈。

5.4.2 旅游市场需求预测的分析方法

旅游市场需求预测(以下简称市场预测)是对未来旅游市场(需求)发展变化趋势的估计和测量，一般可分为长期预测、中期预测和短期预测。

市场预测是一个较为复杂和困难的研究领域，人们仍在不断探索。国外学者归纳多方的预测方法，认为市场预测可分为四种基本类型：探研预测、推演预测、标准预测和综合预测(见表5-7)。也有学者将市场预测方法划分为四类：趋势外推模型、结构模型、仿真模型、定性模型。

表5-7 市场预测类型与适用模式

预测类型	类型释义	适用模式
探研预测	趋势外推， 寻求符合逻辑的变换方案	趋势组合、时间序列分析、回归分析、引力模型、历史类推法、现象学分析、情景预设
推演预测	事件发生概率的估计， 决策过程中的内在期望	头脑风暴法，德尔菲法
标准预测	对希望达到的未来状态及引致该态势的途径的外在描述	标准情景预设、贝叶斯统计、模式化方法
综合预测	研究选项的暗示意义， 建立已有各孤立预测的相关模式	投入-产出模型、交叉影响分析、图形化方法

国内学者还提出了宏观总量比例预测法、目标市场分析法和类似项目比较预测法等，认为旅游市场预测必须建立在旅游市场规模的指标研究与确定的基础上。还有学者引入了人工神经网络(artificial neural network，ANN)，它是由大量处理单元广泛互连而成的网络，模仿脑神经系统组织结构及某些活动，达到对人脑的抽象、简化和模拟，反映人脑的基本特性，是一种在生物神经网络功能启示下发展起来的一种处理方法。

国内外主要的旅游需求预测方法见图5-2。

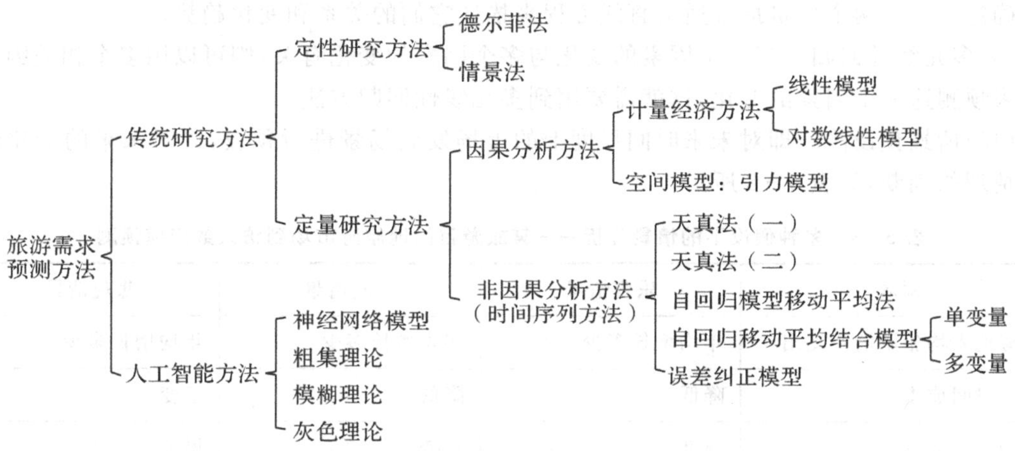

图5-2 旅游需求预测方法

但是，上述研究性预测分析方法大多过于强调预测数值的准确性而忽视了预测方法的可行性(操作成本)以及预测结果的可操作性(实证性)。以下是几种简便易行的方法，可供实践应用中参考。

(1)市场份额分析性预测。即从市场总数和历史上市场各构成部分占比预测未来某一构成分市场的可能值。

(2)增长比率外推法。用过去的增长率推测未来的增长率，如明年的旅游者人数等于今年旅游者人数乘以过去10年的平均增长率。

(3)参照对比法(历史类推法)。估计规划地域旅游市场将来的发展状况与过去的某一段时间或其他国家(地区)某一段时间发展状况相同(似)，则可以用它们的增长率来代替其将来增长率，估计旅游增长情况。

(4)德尔菲法。德尔菲法作为专家意见法中的一种，是一种常用的直观判断方法，也是在信息比较充分的条件下，能客观地综合多数专家经验和主观判断的工作技巧。它能对大量非技术性的无法定量分析的因素做出概率估算，并将概率估算结果告诉专家，充分发挥信息回馈和信息控制的作用，使分散的评估意见逐渐收敛，最后集中在协调一致的评估结果上。

(5)购买者意向调查预测法。未来市场是由潜在购买者组成的。预测实际上就是要估计在给定条件下潜在顾客的可能行为。面对购买动机、对象、数量、时间、地点等购买问题，只有购买者自己最清楚，因此，购买者意向调查是市场预测的重要方法之一。

使用购买者意向调查预测法需具备三个基本条件：一是购买者意向是明确清晰的；二是这种意向会转化为购买行为；三是购买者愿意将其购买意图如实告诉调查者。

(6)销售人员综合意见法。当难以接近消费者或其他调查对象时，可采用销售人员综合意见法进行市场预测。如要对某项旅游产品今后一定时间内的销售量进行预测，可邀请若干名销售人员进行调查。

(7)权重法。权重法以越接近目标时点(如年度、月份等)，则该历史时点统计数据权数越大的办法，加强了近期时段数据对未来目标时点相应数据影响程度的考虑，进而对各历史时点数据的算术平均值加以修正，并以此作为反映未来目标时点的预测数据。

(8)一元线性回归。一元线性回归认为两个变量之间(如年-旅游收入)呈直线关系，目的是要确定一个与两个变量最合适的直线方程来描述它们的关系和变化趋势。

(9)多元线性回归。当一个因素的变化与多个因素的变化有关，则可以用多个相关因素的变化来预测这一个因素的变化，这就需要用到多元线性回归方法。

(10)情景预设法。即对未来时间尺度上的市场发展场景进行预设，以对未来的变化做出合乎情理的判断，如表5-8所示。

表5-8　多种假设下的情景分析——某旅游目的地旅游市场到访人数规模预测

领域	乐观情景	一般情景	悲观情景
客源地人均旅游消费支出	年均增长多少	年均增长多少	年均增长多少
交通时间成本	降低	降低	不变
交通经济成本	降低	不变	增加
旅游营销影响	增大	不变	下降
到访人数预测 (按规划预测年度)	第一年×××人 第二年×××人 第三年×××人 第四年×××人 第五年×××人	第一年×××人 第二年×××人 第三年×××人 第四年×××人 第五年×××人	第一年×××人 第二年×××人 第三年×××人 第四年×××人 第五年×××人

旅游市场预测分析中应避免以下一些常见的问题：一是预测方法、模型过于简单化，在实际的旅游市场预测中，很多就是用一个“$y=a+bx$”模型，这与实际情况并不适应。二是系数与目标数据测定主观性大。如普遍性的“永远高增长”假设，脱离实际。三是对市场认识不深刻，缺乏市场竞争分析。如旅游目的地不是“孤立国”，市场覆盖区域也不是“均质区”。一个市场区域内如果目的地不止一处，就必须研究对市场的分割问题。四是避免市场调查流于形式，结果使用不当。一方面，应注意抽样调查所获数据属于横断面数据，横断面数据不能进行趋势预测，但是依据抽样调查所获得的数据进行预测在旅游市场研究中却很流行。另一方面，应注意调查的时间季节选择、样本数量选择、问卷设计与方法的科学性、数据获取和有效处理的可信度等问题。

5.4.3　旅游市场调查报告的编写

调查报告是整个旅游市场调查、分析和预测的最终成果，在编写过程中，应注意以使用者的需求为导向。报告要把与使用者关键决策相关的调查结果充分体现出来，以减少决策中的不可确定性。

报告编写应观点正确、材料典型、中心明确、重点突出、结构合理，表达方式需适应使用者的特点。报告内容一般包括：

①前言，即说明本次市场调查应回答的问题、调查目标、调查方法、调查对象、调查时间、调查地点以及调查人员情况。

②正文，调查报告的主体，应包括对调查问题的研究结果，分析、解释及其回答。

③结尾，可以提出建议，总结全文，指出本次调查的不足，以及对决策的作用。

④附录，包括附表、附图等补充内容。

目前旅游行业中已有众多的旅游研究与咨询服务机构，能够提供非常深度和细分的旅游市场报告，涉及旅游市场宏观发展与专题旅游各个方面，也可作为报告获取的重要来源或编制参考。

5.5 旅游市场的营销

营销是个人和团体通过创造产品和价值，并与他人进行交换，满足其需求和愿望的社会过程及管理过程；是以营利为目的，识别、预测和满足消费者要求的过程，其核心是人的需求和需要。

市场营销学就是研究企业及经营个体如何适应和激发消费者需求，有计划地组织企业的整体经营活动，把满足消费者需求的商品和服务送达给消费者，最终获取最大限度利润的学科。所以市场营销学是站在企业的立场，即站在卖方的角度来研究买方行为，研究如何满足买方需求以实现商品交换，从而达到企业的经营目标。

旅游市场营销作为发展旅游事业，获得旅游经济效益的重要环节，对我国旅游事业的发展有着重要意义。旅游市场营销作为市场营销学在旅游领域的应用，是指旅游经济个体(个人和组织)对旅游经营思想、销售产品和服务的构思、定价、促销和推广的计划与执行过程，以实现增强市场吸引力，明确市场对象，达到旅游经济目标和占有市场份额的目的。

从市场营销实践的角度出发，旅游市场营销就是要分析旅游市场出现的问题和消费特征、旅游政策环境、内外部环境，运用市场营销的知识去分析解决这些问题，从而提炼出新的旅游热点和旅游资源，形成比竞争目的地(或其他旅游景区、企业等)更为有效的预测和满足现有与潜在游客需求的管理销售方式，促进自身旅游市场份额的不断发展壮大。学者西顿(Seaton)和本内特(Bennett)归纳了旅游营销的五个基本特征：①是一种消费者导向的哲学。②需要运用许多分析性的程序和概念。③需要数据收集技术作为工具。④是战略决策领域和规划功能。⑤需要落实计划的组织结构。

关于旅游市场营销的基本步骤，归纳其要点，可包括以下内容环节：发现市场机会—评价市场机会—旅游市场细分—目标市场选择—市场定位—营销策划与实施等。

5.5.1 旅游目标市场的选择

旅游市场细分的目的，是以每一个细分市场上不同的需求差异和需求变化趋势为基础，结合自身旅游发展条件、潜在竞争优势、相对竞争优势和独特竞争优势，从市场中选择一个或若干个细分市场作为目标市场，进而以针对性的旅游产品开发、旅游服务及市场营销推介组合去满足目标顾客群的需求。

1. 细分目标市场的评定标准

选择营销目标市场必须对细分市场加以评定，评定的标准有：

(1)市场规模大小。细分市场的规模和购买力是可以测算的；市场规模大小并不是唯一标准，必须连带其利润的可能性；即使是一个规模较小的细分市场，如果购买频率高或利润率大，则其总的利润规模还是会很高的。

(2)可进入性。选定的细分市场必须能通过广告和其他促销手段进入，同时通过分配渠道的进入也很重要。

(3)稳定性。稳定性表现为：在一段适当时间内有保持不变的特征；构成一个细分市场的个体倾向于保持与该群体的联系；该细分市场的规模保持相对不变。

(4)同构性。细分市场相对来说是一个同质的群体，往往就是基于一个特殊特征聚集而成，如兴趣爱好、宗教信仰等。

2. 目标市场选择策略

在选择目标市场过程中，还应采用适当的策略。一般而言，选择策略有以下三种：

(1)无差异市场策略(也称无差异覆盖策略)。把整个市场看作是一个有相同或近似需求的大的目标市场，并以相同或单一的旅游产品、市场营销组合去满足整个市场需求。该策略对于垄断性、特色性和吸引力极强的旅游目的地或旅游景区、旅游产品较为适用。

(2)差异化市场策略(也称差别覆盖策略)。其是在细分市场基础上，针对选定目标市场的特点和已有竞争者产品特点，分别制定出有针对性和感受迥异的旅游产品和市场营销组合，尽可能挖掘和满足目标顾客的特殊需求。该策略较好地适应了旅游需求多样化趋势，避免了同质化竞争，有利于旅游企业吸引更多旅游者，且强化了旅游产品和旅游目的地的形象与市场竞争力，并可促进销售。

(3)密集性市场策略(也称集中覆盖策略)。其是在市场细分基础上，选择一个或几个作为目标市场，从而集中力量，在有限人力物力投入中取得相应领域较高的市场占有率，追求小而精，不追求大而全。

上述三种策略各有特点，选择哪种策略，须考虑有关影响因素，主要包括旅游者需求特点、旅游(景区)企业自身条件和竞争实力、目标市场选择或者市场定位是否准确恰当等，这些都会对市场经营具有较大影响。

3. 目标市场选择实践

从目标市场的开拓和占有情况划分，营销目标市场可分为已有市场、新兴市场、未来目标市场。从区域角度分，营销目标市场可包括国内市场、入境市场(国际市场)，以及一级目标(主要)市场、二级目标(潜力)市场、三级目标(机会)市场。

从游客需求特征角度，可按照与地域旅游资源特点、发展条件等的符合情况，选择确定规划发展的目标子市场类型，常见的有：观光游览旅游子市场、休闲度假子市场、文化旅游子市场、疗养康体子市场、购物娱乐子市场、会展与商务游子市场、节庆游子市场等。

另外，还可按游客消费行为特征，如出游目的、出游时间与形式、频次、消费能力、消费方式(如单项消费、全包价消费、点选式消费等)划分选择营销目标子市场。

5.5.2　旅游目的地营销与品牌建设

目的地营销是旅游营销的一个重要组成部分。国外对其研究主要涉及四大方面：旅游目的地形象、旅游目的地营销组织、旅游目的地促销、信息技术及旅游目的地营销。国内有关目的地营销的研究内容主要涉及五个方面，即旅游目的地营销的概念、旅游目的地形象、旅游目的地营销主体、旅游目的地营销传播工具、信息技术与旅游目的地营销。

1. 旅游目的地及其营销难点

吸引物以目的地为载体。在旅游系统中，旅游目的地是规划中涉及最多、对规划特征体现得最为直接的一个子系统。一般认为目的地包括：独立度假区；乡村、城镇和城市；超出行政边界但具有同一主题的区域；行政区域或具有一定品牌的区域；国家；一系列国家及大洲。专门意义上的旅游产品，与它的环境一起组成了目的地的基本内容。

随着旅游业发展，旅游目的地具体含义也在经历变化，变得更为宽泛。传统旅游理论将旅游目的地视为一种地理区域，但随着旅游业深度发展，越来越多的学者认识到旅游目的地不仅是一种地域客观存在，更多是一个因人而异的主观概念，游客基于本身的不同背景和体验对目的地会形成不同的主观感知。

由于目的地发展是涉及多个利益主体的复杂关系系统，使得目的地的营销和管理成为旅游业发展过程中最为困难的环节之一。目的地的旅游体验综合了区域环境、旅游资源、设施和服务，而这些内容常常是由不同的利益主体提供的，旅游目的地营销和管理的难点就在于如何协调各主体之间的关系冲突，这些主体包括当地政府、旅游者、原住居民、相关旅游企业、服务、中介机构和投资者等各方。

旅游目的地营销不再仅仅是为了吸引更多旅游者的一种手段，更重要的是形成一种旅游市场机制，既最大限度地满足旅游者需求，又促使当地旅游企业利润和旅游产业乘数效应最大化，让各方受益，并进一步优化旅游业影响，平衡经济利益和社会文化环境代价，保证发展的可持续性。

2. 旅游目的地营销内容

旅游目的地大小范围不同，其营销规模和对象就不同。在实际的营销规划中，我们通常将营销区域划分为全球级、数国组成的国际级、国家级、跨省市的区域级、省级、市县级等几种情况。

旅游目的地营销，简单说就是从国家、地方旅游管理部门和旅游开发商的观点来看，在区分和明确旅游目的地产品的一、二级市场和机会市场的基础上，建立目的地（旅游产品）与这些市场的有效联系方式和渠道系统，形成市场影响力、传播力和吸引力，从而保持并提升目的地所占有市场份额的宣传推销工作。

目的地营销一般包括三方面内容：一是确定目的地能够向市场提供的产品及其总体形象；二是确定对该目的地具有出游力的目标市场；三是确定能使目标市场信任并抵达该目的地的最佳途径。因此，首先根据市场条件和市场本身的瞬息变化，来确定、调整产品和市场之间的相互关系是极其重要的。

旅游营销的目的，最终在于扩大目标市场的有效需求。所以旅游目的地营销就是要在确定的目标市场上，通过传播、提升、组合目的地的关键要素改变消费者的感知，建立目的地形象，提高旅游消费满意度，进而影响到消费行为，从而达到引发市场需求、开拓旅游市场的目的。

旅游目的地营销是一个时间上连续的、逻辑上串行化的过程，在此过程中，目的地管理者通过对特定活动的规划、研究、实施、控制和评价，使旅游者和开发商双方都在目的地地区达到满意。即旅游者获得了满意的需求和愿望，旅游地域及开发商获得预期相关利益，从而得到有效发展。

旅游目的地营销具有两个层面：第一个层面所关注的是整个旅游目的地及其旅游产品；第二个层面涵盖的是促销单个旅游产品的旅游企业的营销活动。

旅游营销所产生的结果，会对旅游目的地相关行业形成积极影响，可成为大家受益的一种"公共物品"。同时营销过程也涉及多个层面、各方利益主体，成功的目的地营销需要包括公共部门、私营部门，甚至民众群体之间建立密切的发展共同体关系，采取统一、持续、协同、人本化的营销方式，以共同创建有别于其他竞争者的独特地域个性和旅游地域氛围、品牌形象。

3. 旅游目的地品牌

目的地品牌与目的地形象相比，是相对较新的概念。品牌理论在20世纪90年代才被引入旅游业。根据美国市场营销协会的定义，品牌是一个"名称、专有名词、标记、设计，或是将上述综合，用于识别一个销售商或销售的商品与服务，并使之与竞争商品与服务区分开来"。

品牌化的过程是一个涉及建立思维结构和帮助消费者建立起对产品或服务认知的过程。使消费者明确自己的决策，关键是要让其认识到同类产品的不同品牌间的差异。与一般产品一样，地理位置或某一空间区域也可以成为品牌。在此情况下，品牌被相对固化在一处地理区域名称上，与之逐渐形成稳固联系。

1997年，美国佛罗里达州以及加拿大萨斯喀彻温省首先进行了旅游目的地品牌建设的尝试。由于旅游者通常将目的地感知为一个由一系列旅游产品与服务综合而成的整体品牌，所以旅游目的地品牌被逐渐认为是一种有效的营销工具。

目的地品牌建设是指选择一组稳定的因素组合，通过积极形象塑造以定义一个目的地并使之与竞争者相区别的过程，即目的地的定位和再定位、形象建设和再塑造的一系列过程。

品牌也是一个复杂符号，作为深度品牌，应能识别出六个方面的含义和特征：属性、利益、价值、文化、个性和用户。学者梁中国提出的品牌环理论，将品牌从内而外解析为价值（文化）、功能、情感、故事、形象、概念、系统等七个方面。

5.5.3 旅游市场营销的战略与策略方法

战略是指重大的、带全局性的或决定性的谋划。旅游市场营销战略，本质上就是在一定市场营销环境中，为实现战略目标，对一系列可供选择的战略决策方案的规划、设计和组合。

1. 旅游地域或企业营销战略

从旅游地域或旅游企业所处的竞争地位来看，旅游市场营销战略可划分为市场领导、市场挑战、市场跟随、市场弥隙等四种类型的竞争战略。根据旅游企业战略实施的一般途径和方向，旅游市场营销战略又可分为三种市场营销发展战略，即集中化战略、一体化战略、多元化（多角化）战略。

（1）集中化战略。如果旅游企业发现已有产品领域和市场方向还有开发利用的潜力，可选用集中化发展战略。即旅游企业集中营销能力满足一个或多个细分市场的需求，不断深入和拓展，而不是以整体市场为目标的战略。集中化战略包括如下三种形式。

①市场渗透战略：以现有产品在现有市场上采用多种措施增加销售额的一种战略。具体

途径包括:对老顾客实施优惠,采用赠送优惠券、折价券、礼品券以及情感交流等营销方式,增加老顾客购买频率;还可采取降低价格、加强宣传、增加销售网点、举办展销会等方式,刺激潜在顾客购买;也可争取增加对竞争对手顾客的注意力和吸引力的方式。

②市场开发战略:以现有旅游产品开发新旅游市场,面向新市场销售,增加产品销售额的战略。具体有开发新的地区市场、国际市场,开发原有旅游产品新用途两种途径。

③产品开发战略:向现有市场推出新品,满足现有顾客潜在需求,增加产品销售的战略。旅游产品开发作为提升适应力、竞争力和市场吸引力的重要手段,一般有四种途径:创新新品,如借助新兴技术开发 VR 虚拟仿真旅游项目;换代新品,如传统酒店住宿业出现的各类主题酒店等新类型;仿制新产品,如旅游实景演出类节目,实现不断地创新复制和完善;改进新产品,如客房服务旺季推出加床服务项目。旅游开发强调“新”,但“新”是相对的,是以满足顾客的需求,顺应旅游发展需要为出发点,并使之能成为营销卖点。

集中化战略,一般有三种战术:进攻型、防御型和巩固型战术。

(2)一体化战略。一体化战略是基于内在化、协同效应和比较优势原理,在同类旅游企业与供货商、销售商之间实行一定程度的联合、联营或兼并整合,融供应、生产、销售服务于一体,提高旅游企业发展与应变能力的一种战略选择。其实质是旅游企业在现有业务基础上进行横向扩展,实现规模的扩大或者进行前后向的纵向伸展,实现在同一产品链上的延长。亦即该战略包含了横向一体化和纵向一体化两种战略模式。

(3)多元化(多角化)战略。当旅游企业所在原有细分市场吸引力日渐衰退,处于发展停滞期或成熟期,其他新兴细分市场已显露出更好投资机会时,可考虑实施多元化发展战略。多元化战略是利用现有资源和优势条件,向市场新的不同领域方向进行拓展的一种战略类型,一般包括以下三种形式。

①同心多元化:开发与旅游企业自身现有产品有协同关系,利用现有资源和技术条件,生产与现有产品结构相似而用途不同的新产品,以吸引新顾客,满足新需求,就像从同心圆的圆心出发,向外扩大其经营范围与项目产品构成。

②水平多元化:旅游企业利用现有市场,根据现有游客的其他需要,采用新技术等方式,开发生产与现有产品在技术、形式、功能等方面关系不大的新产品,以扩大经营范围,寻找新的增长点的一种战略。

③混合多元化:通过联合、兼并等形式,把相关业务扩展到与现有产品、市场“毫无关系”的其他行业,形成跨业经营的体系,如文旅地产模式、农旅产业模式。

采用何种战略,与旅游企业自身所处地位、规模和能力强弱、外部环境情况、市场需求状态和发展趋势变化等因素都密切相关,需统筹分析和考虑,具体选择,见表 5-9。

表 5-9 不同 SWOT 状态下的营销战略选择

SWOT 评价结果	营销战略选择	营销战略方向	营销原则	营销决策
优势+机会	发展战略	产品认知	开拓	占领市场、领导同行、增强企业实力
优势+威胁	多角化战略	品牌塑造	进攻	集中优势、果断还击、提高市场份额
劣势+机会	稳定战略	个性凸显	争取	随行就市、速战速决、抓住市场机会
劣势+威胁	紧缩战略	有效回收	保守	降低费用、急流勇退、占领角落市场

对于旅游市场营销的销售目标而言，应追求四个最大化，即信息传播最大化、市场覆盖最大化、经济效益最大化，以及最大限度满足游客的旅游需求。

2. 旅游营销策略与选择

旅游营销策略属于具体操作实施层面的思路与方法，可充分借鉴市场营销学的研究实践成果。例如，利用4P营销组合策略，即由产品(product)、价格(price)、渠道(place)、促销(promotion)四个要素形成的产品策略、定价策略、渠道策略、促销组合策略等；采用5E组合营销策略，即由体验(experience)、情境(environment)、事件(event)、浸人(engaging)、印象(effect)五要素构成；USP(unique selling proposition)即“独特的销售主张”，表示独特的销售主张或“独特的卖点”。

对不同市场需求状态，营销的任务和策略也有所不同，具体见表5-10。

表5-10 不同需求状态下营销策略的选择

需求状态	需求描述	营销任务	营销策略名称
1. 负需求	大多数人对某种产品感到厌恶，甚至愿意出钱回避它的一种需求状态	开导需求	扭转性营销
2. 无需求	目标市场对产品毫无兴趣或漠不关心的一种状态	创造需求	刺激性营销
3. 潜在需求	一部分消费者对某种物品有强烈的需求，但现在无法使其满足的一种状态	开发需求	开发性营销
4. 退却需求	市场对一个或几个产品需求呈下降趋势的需求状态	再创造需求	恢复性营销
5. 不规则需求	消费者对某些产品需求在不同时间波动较大的状态	平衡需求	协调性营销
6. 充分需求	需求水平和需求时间一致，是最理想的一种状态	维持需求	维持性营销
7. 过度需求	供小于求的一种需求状态	降低需求	限制性营销或低营销
8. 不健康或有害需求	市场对某些有害物品的需求	破坏需求	抵制性营销或反营销

3. 常见旅游营销方式

旅游营销在构成上已从旅游产品、旅游线路、旅游价格、旅游环境设施等传统展示性营销维度向塑造自身形象性，针对特定地域、细分人群投放，增加营销时效性、渗透性、特色性、创新性等多维方向转变。旅游营销的方式也随之发生着转变，即由传统媒体向自媒体、全媒体、全场景扩展。常见的营销方式主要包括以下几种。

(1)广告类：借助大众传媒广而告之，宣传旅游推介物。其包括如报纸杂志、广播电视广告等；户外广告，如建筑及户外旅游宣传牌、交通工具广告等；自办宣传广告，如旅游宣传册、旅游宣传片、旅游宣传牌、旅游攻略、导游(图)册、音像光盘、旅游明信片、旅游纪念品等。

(2)销售促进类：赠送纪念品、减价、折价券、优惠券、进行抽奖、批量折扣、联营促销、推销提成、佣金奖励等。

(3)公共与宣传类：使得新闻界与社会公众、旅游者对所宣传的旅游目的地建立良好形象。常见方法有旅游主题与节事活动、旅游招商与推介会、巡回展示、旅游博览会等。

(4)直接营销类:直接通过旅游销售人员向旅游客户或游客推广介绍和销售产品,如现场咨询、电话咨询、登门拜访等。

(5)网络电子营销类:以网络新媒体为主要载体和手段进行旅游营销推广。据专业机构统计,常用的方式就有近 20 种,如口碑营销、网络广告、视频营销、事件营销、搜索引擎营销(SEM)、E-mail 营销、数据库营销、短信营销、电子杂志营销、问答营销、QQ 群营销、博客营销、微博营销、微信公众号营销、论坛营销、社会化媒体营销、针对 B2B 商务网站的产品信息发布、平台营销等,以及近年新兴的抖音等小视频营销、直播带货营销等。其中,旅游目的地网络营销系统,是较早借助互联网进行旅游目的地营销的一种方式。

此外,还有体验式营销、互动式营销、吸引力式营销、植入式营销等。

本章小结

开展旅游市场调查、分析预测,把握旅游市场发展动态,进行旅游市场细分,选择和明确目标市场,拟定旅游营销策略和方式等内容,既是旅游规划编制成果中市场版块的重要组成部分,也是“市场导向”旅游规划这一基础原则的具体呈现。因此,熟悉相关概念,明确开展有关工作的意义,掌握相关常用程序方法、工作内容和成果形式是十分必要的。

思考题

1. 旅游市场细分的概念及其作用意义是什么?
2. 常见的旅游市场细分类型有哪些?
3. 世界旅游业和旅游市场发展历史呈现出怎样的特点与态势?
4. 你认为旅游大国和旅游强国的区别主要应体现在哪些方面?
5. 旅游市场调查包括哪些主要的内容?
6. 结合自己的学习,归纳一下旅游市场预测主要应解决的问题。
7. 归纳一下目标市场划分常见的实践做法。
8. 搜集一个成功的旅游品牌案例,尝试分析一下其成功的原因及策略方法。

第6章 旅游的主题定位与旅游形象

内容提要

本章主要介绍旅游主题、旅游形象等相关概念，梳理旅游主题定位内容，讲解如何开展旅游主题定位、旅游形象设计及传播推广工作。

本章学习的重点是掌握旅游形象设计策略和表达构成，理解旅游主题定位及“形象导向”旅游规划指导思想的实践意义和作用，难点是旅游主题定位在规划中的实践应用等。

主题策划是成功策划的灵魂，只有将产品概念进一步提炼、升华为形象化、情节化，甚至戏剧化的主题，才能对消费者产生足够的吸引力和感染力。主题策划是旅游地域开发的关键所在，任何一个旅游地域都应有其特定的主题。旅游规划中，我们常常发现一个旅游地域可供选择的主题线索非常多，如何提炼出既能体现资源特色又能迎合旅游市场需求的主题是旅游地域开发要解决的首要问题。

只有首先确定旅游的主题，整个规划和开发工作才能有大方向、有重点、有秩序，旅游设施和配套设施的规模、数量、布局和风格才能与之协调。主题策划不到位和规划形象不清晰，就难以产生好的旅游项目创意，规划结果很容易成为旅游项目的堆叠和拼盘，这样的景区很难体现出特色，自然缺乏长久的生命力。

6.1 旅游的主题定位

6.1.1 旅游主题定位的概念

“主题”原指文学、艺术作品中所表现传达的中心思想，它是整个作品思想内涵和方向的核心。现实中主题的概念更为广泛，不仅音乐、电影、艺术设计作品有其创作主题，一项活动、一座建筑也有其主题，以至于一个时代也有其时代发展的主题。

那么，作为人们游赏感受和体验的对象，具有审美、放松、陶冶情操等旅游功能的旅游景区、旅游目的地同样应有要传递表达的思想或意境，即旅游的主题。

进一步来理解，旅游主题就是旅游规划设计者从旅游资源和市场供需分析中抽象出用于反映旅游目的地特色并符合旅游需求，具有生存力和竞争力的一种基本思路，是旅游目的地发展所依托的中心思想。旅游主题也是在旅游目的地建设和游客旅游活动过程中不断展示和体现出的一种理念或价值观念。

对于游客而言，旅游主题则是其容易辨认不同类型景区的特质依据和重要选择线索。选择合理准确的主题，以主题为魂，发挥主题引导作用，使和主题相关的各种旅游资源、要素条件在一定旅游地域和空间内高度聚集，形成整体特色，可极大地增强旅游吸引力。

旅游景区、目的地的整体定位需遵循一定的主题来进行，它是旅游实施规划开发的理念核心。旅游景区的景、物、活动、设施等构成的规划与建造以及旅游产品的推出，主要目的并不仅是要展示美景、提供旅游服务功能、创造经济效益，还包括了规划师借助于这些景和物与空间形象的品质、活动与产品承载的功能和信息传递出投资人、规划者和管理运营者对自然、对历史文化、对社会与生活的认识和理解，表现其旅游情怀、目标和价值取向，从而实现一种核心意念内涵和追求方向。

从规划设计角度看，旅游主题定位就是找准旅游规划设计的理念核心方向和地域旅游发展类型、层级、特质、核心价值的明确界定，形成主题与定位的契合，赋予规划地域对象一种引发关注的最适宜的个性特征。

6.1.2 旅游主题定位的内容

旅游主题定位的最基本内容应包括明确主题类型和阐明主题定位创意内涵的核心表达语。

更为完整的旅游主题定位内容除了具有核心的中心思想指向、发展理念价值取向外，还应有能够识别和落实的支撑要素内容，其构成主体是旅游地的功能定位和代表项目产品，以及旅游主题外在显化的旅游（主题）形象。旅游规划的旅游主题定位具体操作可进一步分为发展目标定位、功能定位和形象定位三个方面的内容。

（1）发展目标定位是指（旅游目的地及景区等）规划决策目的（为了什么）、任务愿景（成就什么）、旅游发展努力的方向（完成什么）和具体指标要求（一般涉及经济类、社会效益类、生态环境类、文化发展类指标）。

（2）功能定位则是从旅游资源基础、目标市场期望、技术资金实力和政策经济环境四个方面来进行定义定位。它可理解为在地域旅游发展格局中、旅游市场体系中承担的细分角色，以及满足地域旅游发展的某种需要和承担作用的明确。

（3）形象定位是旅游主题策划的核心环节，是旅游形象塑造的基础，是最为外显化和被市场与游客感知的内容。旅游形象是旅游者对某旅游地的总体认识和印象评价，是对旅游地环境、产品、服务等整体体验感受的抽象概括。

6.1.3 旅游主题定位影响因素与定位原则

地域环境、自然与历史文化旅游资源构成是旅游主题的基础载体，社会经济发展水平是旅游主题发展的重要动力，区位条件与竞合关系是旅游主题遴选的关键，市场需求细分和发展时代趋势把握是旅游主题的根本导向。此外，策划者的学识、视野、审美与价值取向、对地域旅游发展的把握及市场洞察力，旅游投资主体、管理主体等决策参与方的判别力，都是旅游主题定位的影响因素。

总之，定位旅游主题时必须紧扣资源特色，综合考虑各种影响要素，体现最显著的地域特征和区域旅游发展作用，寻求适应时代发展和市场需求的最契合表达。

对于旅游资源要素，定位应从地域资源或景物信息中数量最多、体量最大，景观特征最为突出、价值最高、影响力最大、最为重要、最具代表性的不同角度加以考虑。

可供选择的主题线索，对于资源依托型旅游景区来说，考虑的因素包括旅游资源的重要程度、突出程度、数量、体量以及其延伸性和引导性；而对于市场依托型旅游景区来说，考虑的因素有生态文化因素、传统文化因素及现代文化因素。由于人们对哪些特征资源或要素、信息最能代表景区特色的认识不一样，故其排序不同，主题遴选结果也会截然不同，如表 6－1 所示。

表 6－1　主题线索选择次序参考表

排序	主题线索
1	最重要资源或景物所体现的内涵
2	最突出资源或景物所体现的内涵
3	最多的资源或景物所体现的内涵
4	体量最大资源或景物所体现的内涵
5	由景区资源延伸出的主题
6	由景区资源引导出的主题
7	以生态文化为线索重新塑造主题
8	以传统文化为线索重新塑造主题
9	以现代文化为线索重新塑造主题

在旅游主题定位过程中，以下认识可作为遴选原则：

(1)与景区性质协调一致原则。旅游景区性质的确定和描述主要由其资源特色，旅游功能，景区等级、类型三部分内容组成。不同功能类型的景区，其主题类型往往不同，因此确定了景区的性质，其主题类型也就有了选择范围。常见的旅游主题类型有地域自然或文化观光主题、休闲度假主题、康养健身主题、乡村田园体验主题等。

(2)突出旅游资源特色原则。特色是旅游目的地和景区吸引力、竞争力和生命力的源泉。对旅游者行为进行研究发现，其旅游动机是一种寻找与感悟自然、文化差异的行为和过程，对异质差异的追求是旅游者的普遍心理。所以，主题策划应深入挖掘景区资源与众不同之处。

(3)适应旅游市场需求原则。旅游市场是检验旅游景区主题策划是否可行、产品开发是否成功的试金石。主题的选择一定要符合市场实际需求和发展走向，如此才会有自己的市场份额。旅游主题还应注意与相关商业主题、活动主题等协调统一。此外，还要从消费者立场出发确立主题，其可靠的来源在于对现实大量信息的占有、分析和提炼。

(4)主题凸显差异性原则。主题选择上应善于运用差异化的市场营销思想，要在调查消费者需求基础上，着重了解竞争对手的走向，主题切忌重复和随大流，但也不能为追求差异而怪诞低俗，或简单“求洋”。

(5)突出文化内涵性原则。即主题定位要有一定的实质性内核和内涵品位，打造时尚，避免平庸。

6.1.4 旅游(景区)主题策划步骤

旅游主题策划步骤一般涉及旅游主题价值信息线索化,定位前的影响因素分析(主要包括资源本体和旅游市场分析),定位后的主题塑造(包括主题产品化以及根据旅游市场定位后的主题形象化设计)。下面以最常见的旅游景区为例阐述旅游主题策划步骤,首先,应确定旅游景区性质并围绕景区旅游资源与旅游市场等要素进行调查与分析,在此基础上提炼可供选择的主题线索。其次,将主题线索对应的可能主题方向与周边区域已开发景区的主题类型、竞合关系进行对比,按避同求异、互利互补的原则确定自身旅游主题类型。最后,针对客源目标市场需求调查和对应细分市场,对所选择主题类型进行可行性分析,检验是否与旅游市场需求相一致,进而从目标、功能和形象三个方面对旅游景区主题进行整体定位。

旅游主题策划总体思路可概括为:基于自然历史,梳理资源;把脉市场,特质匹配;综合评判,明确方向。

旅游主题策划路径流程如图 6-1 所示,旅游景区主题策划模式如图 6-2 所示。

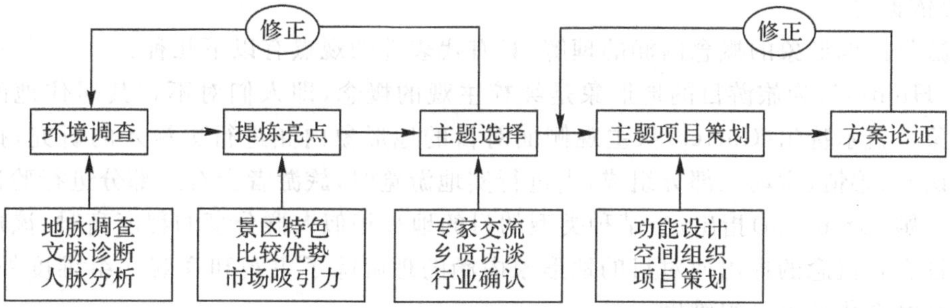

图 6-1 旅游主题策划的一般路径

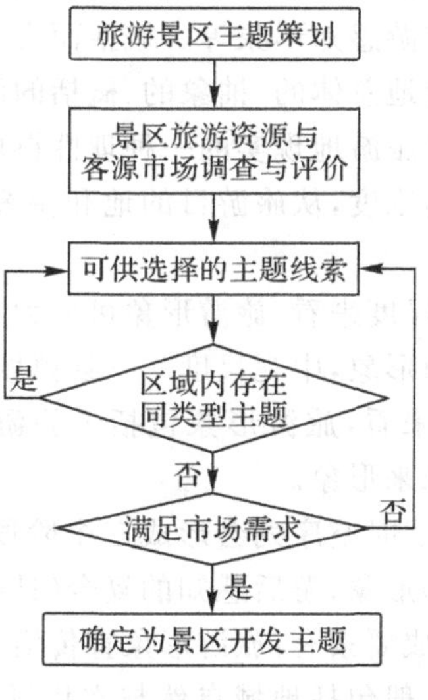

图 6-2 旅游景区主题策划模式

6.2 旅游形象的设计与塑造

6.2.1 旅游形象的概念与内涵

形象是指一个对象能引起人的思想或感情活动的具体形态或姿态，是对象综合属性特征的集中反映。

自20世纪70年代初国外学者梅奥(Mayo)提出旅游目的地形象的概念以来，旅游形象成了旅游及旅游规划关注的新领域，并逐渐引发旅游业发展从资源驱动、产品驱动、市场和营销驱动阶段进入了形象驱动的阶段。

丹恩、由塞尔、帝力等人提出了“推-引力”模型，他们把“推力”比作旅游者的自身因素，如旅游开销、经济收入、空闲时间等，而真正使旅游者做出旅游选择的是“吸力”，如旅游地的自然及人文资源、吸引力程度、旅游价值等。因此就整个旅游过程来说，“形象”是评估旅游地“引力”的重要依据之一。

对旅游目的地形象的概念内涵的理解，具有代表性的观点有以下几种：

亨特(Huntr)认为旅游目的地形象是纯粹主观的概念，即人们对不在其居住地的地区所持有的印象。盖尔特尔(Garter)从主观侧面对目的地形象内涵进行更深入的研究，指出目的地形象由认知、感情、意动三部分组成，当进行实地游览时，旅游者会对三部分进行验证和再评估。格兰汉姆(Granham)指出，当某种类型的目的地被相似人群分享的程度高时，该形象是社会化的。社会化概念的提出使对目的地形象内涵的理解除了主观和客观一组维度外，还出现了个体化和社会化的另一组维度。

20世纪90年代，国内由陈传康、李蕾蕾较早提出了风景旅游区和景点的旅游形象策划问题。国内在研究旅游形象概念时，针对对象不同给出了多种提法，如旅游地形象、旅游目的地形象、旅游区形象、旅游点形象、旅游感知形象等。概括而言，旅游形象一般是对旅游目的地形象而言的，其含义是指公众对旅游地总体的、抽象的、概括的认识和评价，是对区域内在和外在精神价值进行提升的无形价值，是旅游地现实的一种理性再现。

旅游形象的构成，应立足时间维度，从旅游目的地和游客主体角度来认识把握，分别包括了不同的旅游形象划分。

(1)就旅游目的而言，从空间尺度来看，旅游形象可分为：广域尺度——国家及大陆板块层面形象，宏观尺度——省市域层面形象，中观尺度——县镇域、旅游地区形象，微观尺度——景区、乡村层面形象。从时间维度来看，旅游形象包括了旅游本底形象——历史形象，感知形象——现实形象，发展形象——未来形象。

(2)就游客主体感知而言，按照时空序列会形成三个阶段的旅游形象，即未游之前的原生(认识)形象；游之时的次生(加工)形象；游后感知的复合(具体)形象。

旅游形象内容表达一般的构成要素有：旅游形象宣传语、旅游意向符号Logo、旅游目的地代表画面和品牌旅游项目产品(一般包括地域自然与文化景观、核心代表景区景点、旅游服务环境设施条件、原住民典型生活场景、地域经济社会发展特色展示、特色旅游商品等)，也可归纳为代表景区景点形象、地域文化形象、旅游产品形象、环境形象、发展形象和管理服务形象等构成要素。

从感知评价上，旅游形象会涉及自然条件的适宜度，旅游资源、景区景点等级质量和丰富度，交通的便利度，旅游环境、设施完善度，消费的亲民度，管理服务规范性，地方安全与好客度，形象知晓度、接纳度、认可度，形象传播力、影响力、亲和力，品牌的美誉度、忠实度、持久度等内容要素。实践中，可依此构建旅游目的地形象感知测量指标体系，对规划对象的旅游形象感知情况进行评价测量。

从规划塑造的角度看，旅游主题形象由三个层次构成体系：总体性——主导形象；代表性——支撑形象；局部性——辅助形象。

另外，区域经济分析中的“阴影区”概念也被应用到了旅游地形象相关研究中，出现了形象遮蔽概念，以及“形象遮蔽”与“形象叠加”理论，且把不同旅游地形象间的关系分为两种：以竞争为主（导致形象遮蔽）和以整合为主（导致形象叠加）。旅游地之间形象遮蔽和形象叠加的产生机制如图 6－3 所示。

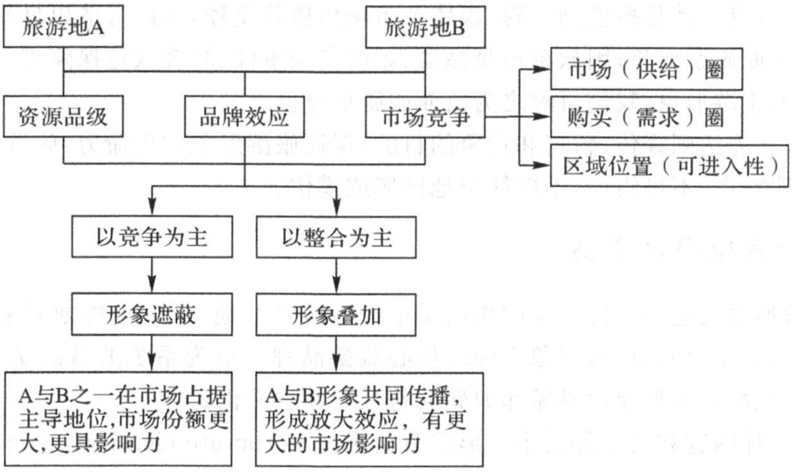

图 6－3　旅游地之间形象遮蔽和形象叠加的产生机制

所谓形象遮蔽，指在一定区域内分布着若干旅游地（风景区），其中旅游资源级别高、特色突出或者产品品牌效应大或者市场竞争力强的一个旅游地（风景区），在旅游形象方面也会更突出，从而对其他旅游地（景区）的形象形成遮蔽效应。

所谓形象叠加，是指在同一区域内不同旅游地的差异化形象定位，使每一个旅游地具有各自的形象影响力，进而使这一区域旅游形象产生一种叠加的合力，产生整合性的影响力。

此外，“旅游形象不对称作用”理论观点认为，旅游目的地旅游形象的差异是一种不对称博弈。旅游形象不对称作用指两个或多个相互联系的旅游地因其旅游形象级别不同，而在旅游形象方面形成不对等或不对称的相互影响和作用，及其所引起的现象和关系。旅游形象上的不对称作用会引发旅游行为、旅游地域形象格局的变化。

这些新的概念和理论，进一步丰富了对旅游形象内涵和实践运用的认识。

6.2.2　旅游形象特点

旅游形象有自身鲜明的特点，具体包括以下几种：

(1)主观性与客观性综合特点。从旅游目的地、景区等营销角度和游客主体角度相互来看，既具有主观性感受，又带有客观性影响；既考虑旅游供方，也考虑旅游需求一方；一个是发射性的，一个是接收性的。

(2)复合性特点。一个旅游宣传中的“形象”不等同于一般的地理形象，地理形象着重于真实描绘地域构成和风景特征，而旅游规划的“形象”则带有很大的市场营销成分，信息具有复合性与丰富性，所强调的是最能吸引游客的形象特征，带有“诱导性”。

(3)心理感受和认知的多样性。游客对于旅游形象的认知形成主要来源于自我认知和外部的影响，故而旅游形象会因时、因地、因物、因人、因事而异。

(4)可塑性和稳定性。旅游形象以各种渠道向游客传递信息为基础，以旅游环境氛围、主打景观和项目产品的变化为载体，通过这些信息和实体的设计和控制可以人为影响、改变、塑造和替代旅游者心目中的旅游地形象。成功的旅游形象一旦形成市场认可，将在相当长时间内保持稳定持续，具有其生命周期。

(5)两面性特点。其是指借助口碑、媒体及市场传播等途径，可以打造出良好的旅游形象，我们可称之为正面旅游形象；因旅游自身品质、旅游安全事件、游客权益保障维护等问题，也会导致出现不好的旅游形象，我们可称之为负面旅游形象。

(6)独特性。为达到宣传、营销和竞争的目的，保证旅游形象的生命力，旅游形象设计与塑造应有自身鲜明特点，不可雷同，不应简单地照搬或模仿。

6.2.3 旅游形象设计表达

当前，旅游形象表达与宣传主要的做法是根据旅游目的地、景区等规划对象的主题定位，策划和设计旅游形象口号、旅游形象 Logo、核心旅游品牌。更为系统的做法是构建旅游形象识别系统，即将地域旅游形象由具象印象转向符号化和意义化。

旅游形象设计内容和表达深受企业形象策划系统(corporate identify system，CIS)的影响和启发，不管是从构成要素、组成部分角度还是系统角度，国内旅游地形象设计内容仍然沿袭着经典 CIS 理论，并在此基础上形成了旅游地形象识别系统(district identity system，DIS)、旅游形象识别系统(tourism identity system，TIS)的概念。

企业形象设计包括了四个方面的子系统：理念识别(涉及宗旨、方针、价值观等)、行为识别(涉及对内对外的教育、活动、关系等)、视觉识别、听觉识别子系统。在有的形象系统设计中，还扩展形成了嗅觉识别子系统、空间识别系统等。其中，视觉识别子系统内容在旅游形象设计中应用最多，即旅游形象视觉识别系统，其应用表达可包括：

(1)基本要素：旅游品牌旅游标识、标徽图案、造型、标准字、标准色、宣传口号宣传语、吉祥物/形象大使。

(2)应用要素：纪念类，如旅游纪念品等；实用物品类，如包装袋、服饰、工具等；展示指示类，如形象雕塑、标识指示牌、广告展示牌、媒体等，并已渗透到旅游地物质景观、环境风貌特征营造等方面。

6.2.4 旅游形象设计原则与方法

1. 旅游形象设计原则

基于旅游形象特点及其作用，旅游形象设计应考虑以下原则：

(1)可识别性。旅游形象的传播性目的，要求旅游形象必须具有高度的可识别性，同时还要符合大众认知规律。

(2)协调一致性。这是旅游形象系统本身决定的，即充分考虑各形象子系统之间的关系，平衡各子系统之间的功能。同时，不同的旅游形象子系统在设计形象时应充分考虑整体形象。

(3)相对稳定性。旅游形象定位一经确定，就应保持一定的长久性和稳定性，不宜频繁变动。

(4)应凸显核心特质和亮点，传递新的感受。

旅游地形象定位和设计的基础是旅游者分析(从大众、分众到受众，提升感知体验价值评价等)和旅游地分析(结合旅游地类型和空间层次、地域特质、与其他旅游地的竞合关系等)，此外还应考虑旅游市场宣传当前特点、媒介工具、政策外力等不同关联因素。

形象定位是旅游地形象设计的前提，为形象设计指明方向。形象定位的差异主要由主体个性、传达方式、受众认知三个要素决定，所以形象主体特性提炼，传达方式选取，受众对象群体选择自然也成了形象设计的三个重要方面。

另外，旅游形象设计既可考虑物质性有型要素的表达，也可考虑非物态要素信息的表达。

2. 旅游形象设计方法

常用的关于旅游形象定位的设计策略方法有：领先定位、比附定位、逆向定位、空隙定位、重新定位(再定位)、效应定位等。此外，根据实践摸索、归纳，本书还提出了情感定位、目的地地名演绎定位、留白想象定位等策略。

(1)领先定位：旅游地的旅游资源及影响力优势明显，可突出其独一无二、无法替代的特点，如孔子故里、东方圣城，红色圣地——延安。

(2)比附定位：其又称影子定位，即定位追求退而求其次，借助某一类型最好的旅游景区、目的地的市场影响为己造势，如“民间故宫”——山西王家大院。

(3)逆向定位：从常规、传统形象的对立面、相反面出发，求新，求变化，如冰城夏都——哈尔滨。

(4)空隙定位：结合自身资源特点，挖掘市场空白点、断层带，避强，独辟蹊径显示出自己，如西藏旅游形象定位——千山之宗、万水之源！

(5)重新定位：利用古—今、旧—新的变化，推出全新形象，如山东旅游形象定位——“好客山东”。

(6)效应定位：利用地域社会、经济、文化等典型、代表性事件、活动、名人等媒体影响力。例如，关公故里·中国运城；2008 年奥运会后，青岛新增城市旅游形象定位“帆船之都——青岛”。

(7)情感定位：结合自身地域资源和文化影响，利用人们寻根、怀古、乡愁、回忆追思等内心情感需求进行形象定位宣传，如“亲情洪洞，华人老家——山西洪洞县”。

(8)目的地地名演绎定位：借助地名本身特点、汉字文化的博大，再结合地域特色，演绎出别样的解读和宣传。例如，中国古都，天下大同；盐城，一座有味道的城市。

(9)留白想象定位：地域旅游特色不需要说得具体全面，也不必费心凝练，可借鉴中国水墨画的技法，给予想象空间，透出美丽就好。例如，“成都，一座来了就不想走的城市(Once you come to Chengdu，you will never want to leave it)”。

6.2.5 旅游形象的传播推广

旅游形象设计的目的就是为了传播，通过形象载体宣传推广，在旅游市场游客及潜在游客人群中完成自身良好形象的塑造，引发游客及潜在游客出行和旅游服务购买欲望。

旅游形象传播推广的关注点包括：明确要宣传的旅游形象系统内容，选择传播市场、地点、受众和载体，对媒介工具进行分析；实施旅游形象传播与推广的效果反馈（如知名度、美誉度、忠诚度、竞争力等评估要素）等。

旅游形象的传播推广方式随时代发展，也在发生着转变，即由传统媒体向自媒体、全媒体、全场景扩展。常见的传播推广方式包括口碑传播、体验式传播、互动式营销传播、吸引力式营销传播、植入式营销传播等。此外，还可利用消费者的五种体验，即感觉体验、情感体验、思维体验、行动体验、关系体验进行旅游形象传播推广。

一个旅游目的地旅游形象的传播推广流程可参看图 6－4。

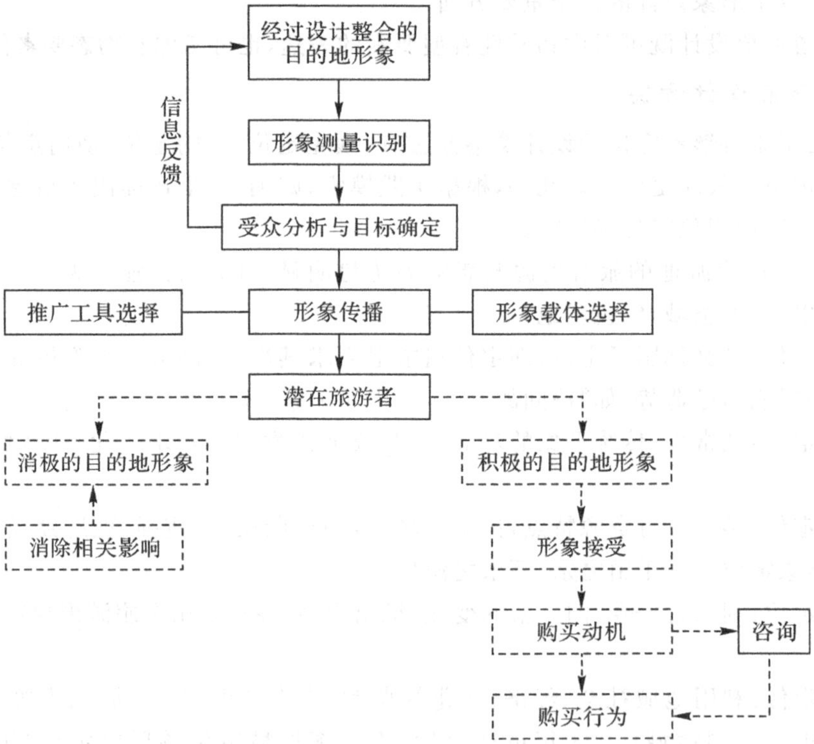

图 6－4 旅游目的地形象推广模式流程

此外，学者默瑟将整个旅游过程划分为五个阶段：（开始）参与阶段、旅途中、旅游地活动、回程、回忆阶段，他认为"（旅游）形象"在五个阶段均有重要的作用。所以，旅游形象的传播推广必须关注旅游过程中各环节的投放和塑造，注意其整个传播过程中可能存在的外部影响因素。学者李蕾蕾等人还提出了人地感应系统的概念，其空间构成包括：第一印象区、最后印象区、光环效应区、地标区、典型镜头区，这一观点对旅游地整体旅游形象的空间塑造和传播推广产生了积极的影响。

第一印象区是指游人到达（进入）旅游目的地-旅游吸引物或旅游交通中枢、服务基地时最先接触的地区。最后印象区是游人离开旅游地时最后接触的地点。很多情况下，两个印象区是重合的。一般来说，第一印象区好形象传播的意义比最后印象区大，极易使游客产生先入为主的印象；而最后印象区坏印象的传播作用比第一印象区大。第一印象区和最后印象区往往位于旅游地整体形象空间的外围或边缘地区。秩序安全、交通导引、服务管理、地域特色氛围、好客度、设施条件、环境美感与卫生等是其旅游形象塑造与传播的基础点。光环效应区是对旅游地整体形象具有决定性意义的区域地段（如城市商业中心区、历史文化街区、特色活力街市、知名旅游景区等）。地标区是旅游地中独有的，逐渐成为公认标志的形象特征所在地点（如古今地标性建筑物、构筑物、设施、景点景观所在地）。地标对象一般非常具体直观，具有鲜明性和独特性，最具地域代表性和旅游形象联想性，因此地标区的物质环境景观和社会文化景观、视线引导等所有要素都应悉心设计，真正关注旅游者的感受与体验，杜绝视觉污染。典型镜头区是指适用于拍摄成标准图片（能成为传播地域特色景观、场景画面的题材），可对外进行旅游形象推广的高质量视域空间（如地域传统风景点、老字号，以及现在流行的网红旅游打卡地等）。典型镜头区是对地标区、光环效应区这些核心代表形象空间区域的补充和完善，能够共同构成层次更为合理的旅游目的地形象——空间视觉形象（传播推广）体系。

本章小结

旅游主题是旅游者容易辨认不同类型景区的特质依据和重要选择线索，能够赋予规划地域对象一种引发关注的、最适宜的个性特征。旅游主题定位的实践操作一般可分为发展目标定位、功能定位和形象定位三方面的内容。旅游形象作为旅游主题定位的重要支点，有着丰富内涵和研究成果，旅游形象宣传主题口号则往往是旅游形象定位的核心表达或内涵表述。对于如何理解和掌握旅游主题定位、旅游形象设计和传播的实践方法，是本章学习的关键。

思考题

1. 旅游目的地或旅游景区的旅游主题类型与其旅游性质有无区别？旅游形象定位是否等同于旅游主题定位？谈谈自己的看法。

2. 旅游主题定位练习：分组搜集一处旅游景区资料，分析其旅游主题定位内容构成，尝试进行点评，指出存在的问题，并结合自己的调查认识，对其旅游主题定位进行完善或重新定位。

3. 景区旅游规划中策划及设计的旅游形象与游客游览景区后感知评价的旅游形象之间有何区别和关联？

4. 旅游形象实践练习：搜集一处特色旅游景区的旅游形象标识及旅游宣传语（口号），进行解释说明，并做点评。为自己的家乡（乡村或城市）进行旅游形象宣传口号设计，并与大家分享交流设计思路。

5. 搜集案例资料，尝试分析目前国内旅游市场旅游形象设计与传播推广存在怎样的问题，应如何应对？

第7章 旅游空间结构与布局

内容提要

本章主要介绍旅游空间结构，不同尺度下的旅游空间布局，区域旅游线路，景区景点级空间游览线路的相关概念、构成要素、影响要素、规划设计内容等。

本章学习的重点是理解旅游空间结构与旅游空间布局之间的关系，区域空间布局的演化，旅游区划在规划中的实际作用，掌握中、微观旅游空间布局方法，如何进行旅游功能分区，如何开展区域级旅游线路规划及景区景点级游览线路的设计。

为了使旅游目的地的经济效益最大化和负面效应最小化，最有效的干涉方式就是旅游自身空间组织合理及结构布局优化。

旅游区域的本质、特色、形态等也必须通过“空间”表现出来，空间是其形式和载体。而对于一定的旅游区域而言，其内部旅游资源分布构成、旅游发展条件等因素差异巨大，对此在旅游空间规划上如何考虑应对？同时，对于具体的地域空间对象，旅游开发与规划构想、功能定位、发展需求、土地利用等安排如何在空间上体现，并加以布局落实？这些基础性、落地性的问题都需要从空间规划角度加以思考和解决。

7.1 旅游空间结构

7.1.1 (区域)空间结构概念

不同地域范围的资源环境条件、人口分布、发展时长，以及社会文化、技术与经济活动特点、规模强度都不同，由此会产生特征差异，使其在地理空间上表现出不一样的空间形态构成，形成具有不同特质或意义的点状、线状或面状空间单元，这些空间单元依据一定的属性作用、内在联系和空间位置关系，相互连接，就形成了有特定功能的区域空间结构。由此，区域空间结构一般可定义为一个地区内各相对独立构成区域的相对位置和空间分布关系。

从另一个角度看，一定区域内，主客体发生的各种空间活动，及其相互之间的关系都会在不同阶段自发形成一种空间态势，并逐渐保持一种动态的稳定。空间结构就是同时受人类经济、社会活动作用及自然空间态势影响下所形成的较稳定的空间组织体系形式，反映了区域各个系统、各个要素之间的空间组织关系，包括诸要素在空间中的相互位置、相互关联、相互作用、聚集程度和聚集规模。

下面进一步阐述不同学科方向不同研究视角下的旅游空间结构。如旅游地理学中，旅游空间结构是旅游活动与旅游业发展作用下的一种地理空间现象，是指人类旅游活动中目的地、客源地和交通线路系统之间的地区差异和由此产生的空间相互作用，是旅游系统功能、组织方式在地理空间上的具体反映。从规划学角度看，旅游空间系统是旅游活动得以开展的物质载体，旅游空间结构是旅游系统的空间表达形式，其实质上是一定范围内旅游生产、供给系统要素和各类旅游活动开展地的空间投影。旅游空间结构不仅反映了旅游物质要素与活动地的空间分布状态、形式，而且体现了旅游物质要素和活动地的空间关系特征。

7.1.2 旅游空间结构的基本构成要素

一定的旅游区域空间结构由点、轴线、网络和域面四个基本形态要素所组成。

(1)点，是最基本的旅游空间结构要素。依据研究对象地域空间尺度大小不同，点的选择也有所不同，可以是景点、景区、乡村(旅游地)、旅游城镇等。

①景点是最小的旅游空间结构要素，有明确空间位置与界限，规模相对较小，是开展旅游活动的最基本空间场所。

②旅游景区是指以旅游及其相关活动为主要功能或主要功能之一的区域场所，能够满足游客观光游览、休闲度假、康乐健身等旅游需求，具备相应旅游设施并提供相应旅游服务，有着独立的经营管理机构和明确的地域范围。其是旅游业的基础支撑要素，是旅游产业链中的基础供给环节，也是旅游项目产品的重要载体，是旅游消费的直接吸引点。

③乡村(旅游地)是指旅游资源较为丰富，有较好自然景观、田园风貌和旅游吸引力，具备一定旅游服务接待能力，可形成旅游产业发展功能的乡村地域。

④旅游城镇是指旅游资源丰富，具有旅游吸引力和影响力及旅游服务接待与集散辐射功能，可形成一定规模旅游市场与旅游产业的城镇地域；也是旅游产业面向区域腹地的辐射带动中心和依托基地。

(2)轴线，是由点状旅游空间串接形成或自身空间特征天然构成的线性或带状旅游地域，有长度、指向和内在互动联系。其中，旅游流向、交通线路、河流水系、山脉、自然生态廊道、风景带等起着重要的塑形、骨架作用。

(3)网络，由多节点、多条轴线联结组合构成。区域网络结构形态主要有放射状、圈层环状、交叉网状及其组合形态等。旅游网络空间结构的形成条件是区域内旅游整体发展和分工已高度发达，其空间轴线模式必须是立体多维结构，包括人流与物流交通、信息、金融、服务等多样联系通道的形成。

(4)域面，即区域腹地，是旅游地域中心和重要节点影响作用、辐射所及的地域范围，也是空间节点和轴线存在的空间基底，其同样具有确定的空间范围。适合面状表达的旅游地域包括各级行政区域，不同类型的地理地貌区、民族区、地域文化区-文化圈，经济类型区，不同的农业种植区，以及旅游地区(旅游地区是表现为社会经济、文化历史和自然环境特征较为统一，彼此关系密切的旅游地域单元。其一般包含许多旅游点、景区以及旅游乡村和旅游城市，空间上彼此由旅游线路连接而成)。

具有不同旅游特质或旅游经济意义的点、线、面依据其内在旅游经济技术联系和空间位置关系、作用规律，相互连接在一起，就形成了有特定功能和特征的旅游区域空间结构形态。

7.1.3 旅游空间结构的影响与决定因素

区域(旅游)空间结构是自然、人文因素长期作用的结果,主要包括自然地理环境与资源条件、区位交通、社会经济文化活动、人口构成状况、城市化水平、区域的开放程度、对外联系、历史文化习俗活动、科技发展水平等因素。

探讨区域旅游空间结构必然要系统分析区域的相关影响因素和条件,影响旅游区域的最基层因素是区域的本质——地格。旅游区域的本质是内化于旅游吸引物中的自然和人文"本土精神",亦即地格。地格由地脉和文脉构成,决定区域旅游赖以存在、发展的自然和社会文化环境。地脉表现为自然地理环境,具有稳定性和单一性,不同地脉的自然旅游资源各具差异和特色,但同一地脉区域,因同源又会使自然旅游资源具有相同或相似性。文脉表现为人文地理环境,核心是文化和文化空间,是区域最感性又最深邃的表现形式,决定了区域的人文旅游资源。文化不是一元的,完整的文脉必然是多元文化的积淀,这决定了区域文脉具有完整性和层次性特征,区域内各"地点"有相对的特色人文旅游资源。

此外,距离因素也非常重要,因为旅游者的出行空间对距离比较敏感。林木忠义提出了三种有关基本距离的原理:"距离与行动圈(基本距离越长,则观光者的观光活动范围与其旅行规模就越扩大)""距离与频度(基本距离越短,则观光者之访问观光对象的频度越高)""距离与观光内容(比较单纯目的的观光内容只能招徕近距离的观光者,而观光内容优良则其招徕范围较广)"。三种基本距离原理表明了区域旅游开发空间构造中设施和旅游地区位选择时,相对于客源市场距离考察的重要性。

从区域旅游供给的角度看,则涉及吸引物、交通、住宿、支持设施和基础设施五大空间影响要素。从旅游空间结构关键要素角度出发,基本上应由旅游目的地区域、旅游客源地市场、旅游节点、旅游(景)区、旅游循环路线及旅游(出入)通道六大基本要素构成。

7.1.4 旅游空间结构的演化机制

旅游空间结构的形成、演化机制具有自发性、自组织和外在影响性共同作用的特点,概括起来包括以下一些机制类型:旅游资源与生态环境约束机制、集聚-扩散机制、技术创新机制(如新型交通运输工具、通信技术、大数据等影响)、产业升级推动(如产业融合发展、旅游+等新形态)、市场自我调控与传导机制(如供需端的不断变化与变革、旅游消费升级、新兴旅游热点出现等)、政策制度与管理创新机制、规划引导机制等。

7.1.5 旅游空间结构体系构成分类

皮尔斯(Pearce)从平衡旅游供给与需求角度出发,把旅游地理学的研究体系划分为六大主要部分:供给的空间格局、需求的空间格局、旅游地地理、旅游流、旅游效应和旅游空间模式。其在一定意义上也是对旅游空间结构的构成进行了阐述。

关于旅游流,其概念是指在一个或大或小的区域上由于旅游需求的近似性而引起的旅游者集体性空间位移现象。掌握旅游流的流量和流向等规律,分析旅游地空间结构的状态与特征,有利于区域间的交流合作,进而不断丰富和完善旅游产品体系,同时可以促进客流辐射及流通,延长旅游流停留时间,加快区域旅游业发展。

在空间格局认识中，还会涉及地缘概念。地缘即地理缘由，是指在地理因素参与作用下，一定地理范围内共同存在的各空间实体间形成的天然空间关联性。地缘优势是指某个国家地区或实体占据一定地理范围内位置上较为重要和凸显的优势地位。地缘关系是指以地理位置为联结纽带，因在一定地理范围内共同生活、活动而交往产生的国家、地区关系。

关于空间结构体系，还有其他划分方法，如区域旅游资源空间分布结构、旅游市场空间结构和旅游交通空间结构、旅游设施的空间结构、区域旅游产业空间结构、旅游空间职能结构等具有明显空间等级的结构体系。这些划分都是从不同角度对旅游构成在空间上的不平衡、空间结构形成所具有的某些特定规律的认识和思考。

对于旅游景区，其职能结构被认为有三种类型：①单一型结构，由旅游区游赏一个职能系统组成。②复合型结构，由旅游区游赏和旅游设施两个职能系统复合组成。③综合性结构，由旅游区游赏、旅游设施、居民社会等三个职能系统综合组成。不同职能系统的节点、轴线、片区等网点的有机结合，就可以构成旅游区的整体结构网络。

7.1.6 空间结构特征与发育阶段

旅游空间结构具有三维性、区域性、整体性、系统性、演化性等特征，其发育一般经历低水平均衡阶段、极核式集聚发展阶段、极核式扩散发展阶段、点轴发展与网络化发展、区域一体化发展阶段。

7.2 旅游发展空间布局

7.2.1 区域旅游空间布局的概念与演化模式

1. 旅游空间布局的概念

旅游空间布局是通过对地域土地区位及其负载的旅游资源特色、旅游设施条件等差异因素进行分区划片，结合确定次一级旅游区域的名称、发展主题、功能形象定位、内外空间联系等规划设想，对地域空间总体部署形态与各区块核心内容形成的可视化表达。由此可以看出，旅游空间布局是主动性行为，是规划主观性思考和客观条件判断结合的过程。

旅游规划布局的核心目的是为了在规划界限内，将构思和空间要素通过不同的规划手法和处理方式系统地安排在适当空间位置，创造满意或优化条件，使得规划对象各组成部分均能协调，共同发挥作用，促进旅游区域成为高效的有机整体。

2. 布局原则

(1)规划内容和项目配置应符合当地的环境承载能力、经济发展状况和地域社会文化，并能促进自我持续发展。

(2)有效合理地控制点、线、面等结构要素的空间配置关系。

(3)寻找各枢纽或生长点、走廊或通道、片区或网点之间的本质联系并满足约束条件。

旅游空间布局尺度层级自上而下主要有国家级、省市级、县级、镇村级、旅游区域级、旅游地级、旅游景区级等。

3. 布局考虑要素

在区域旅游空间布局规划过程中，以下一些因素需要首先加以统筹考虑。

(1)旅游资源因素。一般来说，旅游开发初期阶段，资源因素对地区的影响很大，但随着区位交通条件逐步改善和旅游开发程度加深，资源因素影响将逐渐减弱。

旅游资源质量和旅游者空间行为之间也存在着相关性。一般而言，高质量的旅游地吸引范围更大，可形成更大市场空间；而低质量旅游地吸引范围则小很多，所以旅游资源质量直接影响区域旅游的空间规划布局。

某一旅游地，若有重大自然或历史遗存发现或重要旅游规划建设项目落成，因地域资源质量等级或资源利用状态发生改变，原有旅游空间格局也将随之改变。此外，旅游资源分布状况也影响着区域旅游规划建设的布局，旅游资源分布特征主要有集中和分散两种。旅游资源集中分布地区开发成本低，预期前景和效益更确定，一般会成为优先开发区域，反映在空间布局上，往往成为旅游发展核心节点，成为旅游增长极的备选对象。

(2)综合区位条件。区位因素对旅游发展具有推动或制约作用，对于某些旅游开发甚至是决定性的，也会对旅游客流强度与走向产生较大影响，从而对旅游空间布局产生巨大作用。

从旅游空间组织角度看，旅游区域的区位条件涉及地理区位、交通区位、经济区位、文化区位、旅游区位等类别，包括以下内容：旅游区域与外部客源地间的区位关系、旅游区域的内部区位条件、旅游区域与其他旅游区域间的空间关系。

①旅游区域与外部客源地间的区位关系。它主要是指客源地在旅游区域周围的分布构成和相互距离。通常，客源地分布相对集中，距旅游区较近，则易形成数量大、稳定性强的客流。

虽然旅游区域与外部客源地间直线距离是固定的，但随着各类交通工具技术不断进步和交通基础设施条件不断改善，交通费用成本所占旅游比重可能会进一步降低，旅游时间距离会变得越来越小。即旅游区与外部客源地间相对区位关系会发生改变，进而影响着旅游空间现状格局与规划布局。

②旅游区域的内部区位条件。由于区域内各旅游地在区域旅游体系中的地位作用不同，外部客流往往是先集中于某些核心旅游地，而后在可能情况下再流向区域内的其他旅游地，再由各旅游地进一步流向景区、景点，而区域内部主要客流也有相似流动规律。也就是说，区域内部存在着一个由外部客流和内部客流共同构成的客源流动空间系统。这对旅游空间结构与布局的形成和改变的影响是不容忽视的。

③旅游区域与其他旅游区域间的空间关系。此类空间关系实质上可理解为一种空间相互作用关系，表现为在一定的更大区域范围内某个旅游区域在区域整体旅游客流分配中所处的地位。这种地位的形成自然要受到区域内其他旅游区域的影响，特别是受到邻近区的影响，而相距较远的旅游区域对之影响较小。此类空间关系按作用性质可分为补充关系与替代关系，按作用方向可分为相互性作用(即双向作用)和单向作用。旅游区域的等级地位决定着作用方向，性质决定着作用的关系。一个旅游区域内各旅游地之间也存在相似的空间关系(见表 7-1)。

表7-1 旅游地空间相互作用关系表

等级与性质关系	旅游地性质相异	旅游地性质相同
旅游地等级相同	互补关系	互代关系
旅游地等级不同	单补关系(上→下)	单代关系(上→下)

注:1.本表成立的前提条件是旅游地尚未超载。

2.上→下表示作用方向是上一等级作用于下一等级。

(3)市场因素。目前,国内旅游者在我国旅游市场中仍占主体地位,国际客源对区域旅游规划布局影响有限,国内旅游需求对旅游布局影响较大。同时伴随旅游市场细分和新兴旅游类型的出现,旅游地域分工与地域旅游特色的不断强化,区域旅游空间结构与格局也必将随之变化。

此外,空间结构分析中,显然地域代表或垄断景区、城市处于更加核心的地位,特别是具有世界性影响力和知名度的高价值景区、大城市、区域中心城市。因为优质景区是旅游市场最为核心的旅游产品供给端和旅游行为发生地,而城市则是最为主要的旅游客源地和市场消费源头,而且很多情况下其本身就是重要的旅游吸引物、旅游目的地和集散中心。

(4)社会经济因素。区域社会经济发展水平为旅游发展提供有利或不利条件,直接关系到区域发展和空间规划布局。

4. 区域旅游空间布局演化与基本形式

(1)区域旅游空间布局的演化。根据区域旅游业发展水平,可将区域旅游空间布局发展阶段分为生成、发展和成熟三个阶段。

依据戴安娜·德雷奇(Dianne Dredge)提出的目的地空间结构模型,三个阶段会分别对应三种不同的旅游空间规划布局模式,即单节点、多节点(包括首要节点、次要节点和末端节点)及链状节点布局模式。其中,单节点、多节点布局模式构成见图7-1,链状节点布局模式构成见图7-2。

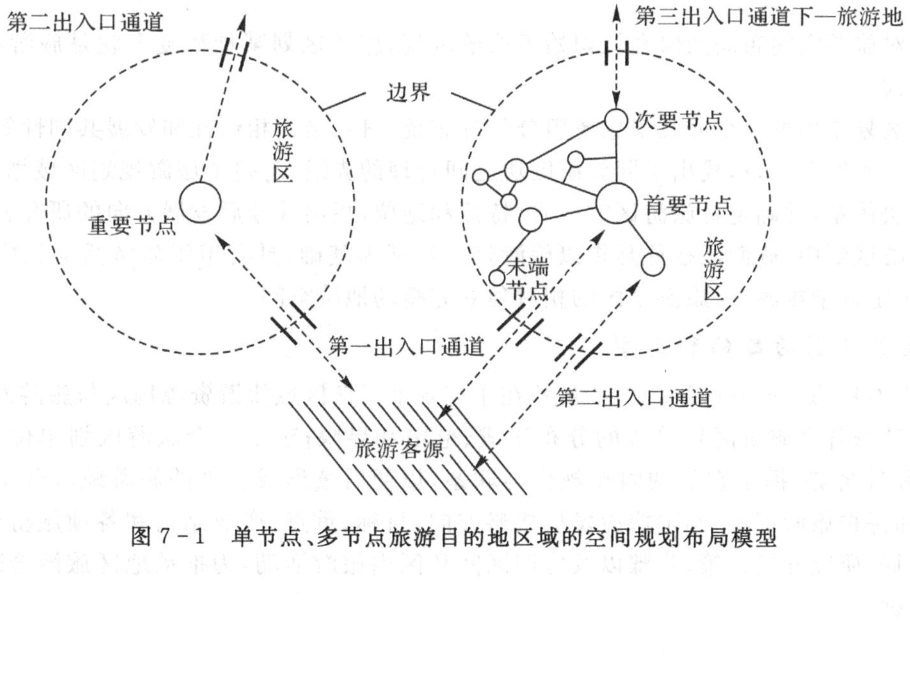

图7-1 单节点、多节点旅游目的地区域的空间规划布局模型

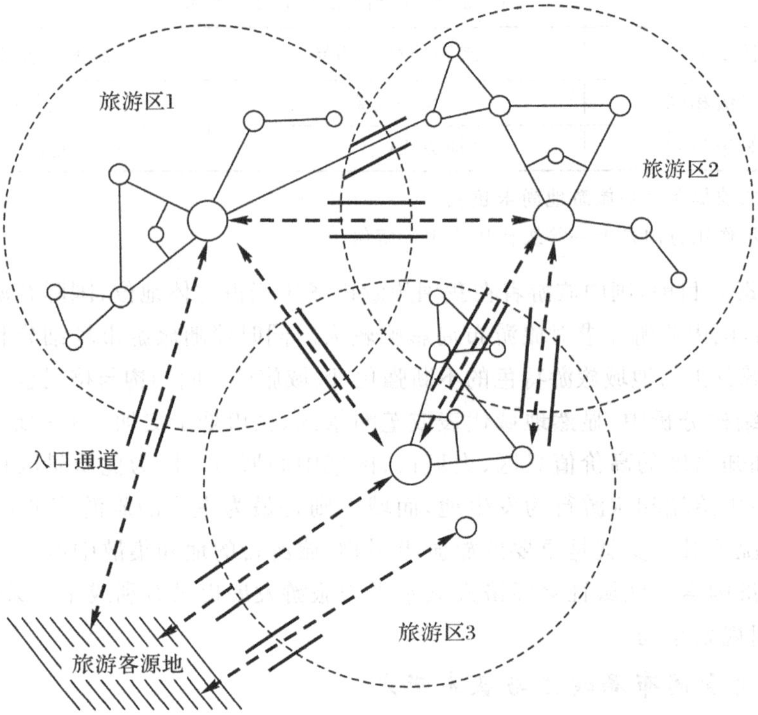

图 7-2　链状节点旅游目的地区域空间规划布局模型

(2)区域旅游空间布局基本形式。区域旅游空间布局因地而异,变化多样,但综合起来主要有增长极布局形式、点-轴布局形式和圈层布局形式,其他的布局形式大多建立在这三种形式的基础上或是其变形。

7.2.2　旅游区划

国内对旅游空间布局的研究认识始于旅游区划,旅游区划某种程度上就是旅游布局的一种特殊形式。

旅游区划是根据一个或几个旅游组分的分布统一性、结构相似性和发展共同性等原则,通过实地调查和综合比较,找出不同旅游区块之间合理的界线,将整个旅游规划区域划分为一定的等级区块体系,并确定各旅游区的性质、特征和地位,指出其今后发展方向的研究方法。

在旅游区划中,旅游区往往是指以旅游资源特征为基础,具有组织旅游活动相应机构、设施,拥有一定数量旅游点、旅游景区的相对独立完整的地域空间。

1. 旅游区划的目的和类型

(1)根本目的。旅游区划的根本目的在于客观地了解区域旅游资源构成与旅游发展状况,合理划定地域各个旅游区划单位的分布构成、范围和界限;确定各个旅游区划单位的类型性质、特征和优劣势,揭示它们的内在规律与联系,以便后续形成合理的旅游地域分工体系;开发、利用和保护旅游资源,确定旅游发展战略方向、目标、重点,产业结构和各项旅游建设项目的综合布局;研究开发政策、步骤以及协调区间和区内旅游活动,为推动地区旅游合理发展提供科学依据。

(2)类型构成。按区划性质,旅游区划有认识性旅游区划和实用性旅游区划。

认识性旅游区划是从旅游资源和旅游经济的实际情况来进行划分,揭示和遵循它们的内在属性与客观联系规律。实用性旅游区划则考虑了行政界限与开发管理权属等问题,便于实际应用操作。

根据区划目的,旅游区划还可有多种类型。如为突出旅游资源丰度和分布状况,有旅游资源区划;衡量区分旅游活动季节性,有旅游气候区划;体现旅游者来源地构成,有客源地区划;根据旅游者感受,有旅游感应区划;根据旅游经济发展状况,有旅游经济区划等。

一般在旅游规划过程中,旅游资源区划和旅游经济区划是比较实用的,也是经常应用的旅游区划方案。

从旅游区划涵盖要素上,旅游区划可分为两种类型:一是单一要素旅游区划,包括旅游资源区划、旅游生态环境区划、旅游气候区划、旅游市场区划等。二是特征性与综合性旅游区划,全面地考虑区域内自然和人文条件,根据相似法、差异性和内部联系划分旅游区。区内不仅有若干具有共同或相近特征的景点单位,而且包含有联系的服务接待设施及交通、通信等基础设施和相对完整的行政管理体系。

2. 旅游区划原则

旅游区划是根据地域分异规律和劳动地域分工思想来划分的,在其基础上衍生了以下一些原则:

(1)相对一致性原则。其包括旅游资源要素成因的共同性、形态的类似性、发展方向的一致性三个方面,即旅游资源构成、类型相近、发展方向一致的应划归在同一旅游区。

(2)主导因素代表性原则。由于旅游区域内一般有很多类型的旅游资源要素,综合分析比较,各要素在区内影响力和作用各不相同,往往是其中某一种或两种起着主导作用,有着代表性意义,使旅游区主次分明、特色鲜明,从而制约和决定着旅游区的属性特征、功能和开发利用方式。因此,地域内起主导性作用,有代表意义的旅游资源常作为区划的主要依据。

(3)多级划分——层次性原则。考虑地域空间尺度和区划精细度不同的问题,根据实际需要,旅游区划还需遵循等级划分,形成不同尺度层次的区划地块。

其他一些常用原则,如地域相对完整性原则、覆盖性与不连续性原则、与行政区相协调原则、旅游中心地原则、区域社会经济发展适应原则等,也应兼顾考虑。

3. 旅游区划等级与命名

旅游区划作为等级体系,具有层次特征,一般来说被划分的区域范围越大,等级就越多,空间构成也多;区域越小,等级就越少,空间构成也少。当前旅游区划等级体系方案,大致有如下几种等级体系划分形式。

(1)国际旅游地区—旅游洲—旅游国—旅游(地理)大区(或旅游带)—旅游区—旅游亚区—旅游小区。国际旅游地区是旅游区划的最高等级。世界旅游组织把世界划分为五个旅游地区:欧洲区、美洲区、亚太地区、中东区、非洲区。旅游洲和旅游国则是按照世界各大洲和各国的实际来划分的。每一旅游(地理)大区(也有称为旅游带)可包含有几个省份。旅游区是一个常用的概念,一个旅游区可包含有一个或多个地区(市)。旅游亚区可包含一个或几个县市。旅游小区常常与某一个县市相对应,甚至比县市的范围要小。旅游小区一般是在县市内,也可能跨几个县市(多位于交界地带)。

(2)旅游地带(或大区)—旅游省(或副区)—旅游区(或小区)。即主张将全国分成三个地域层次:①旅游地带(或大区),为跨越省、市、自治区的一级旅游地域空间,以资源特征相似性和宏观地理基础一致性为原则。②旅游省(或副区),大多以行政区的完整性来划分。③旅游区(或小区),一般根据旅游资源地域类型的相似性划分。

关于旅游区划等级的名称,一般采用带有空间概念的词语,如片区、亚区、小区、地、带、圈等。每个旅游区划名称内容构成上一般包括区划等级名称,该区划单位所处地域、方位和其特征属性的概括性词语。基本命名格式为:方位(地名)+属性特征描述语+旅游区划等级名称,也可以省略描述语,如赣闽粤客家文化旅游圈、陕西沿黄公路旅游带。

4. 旅游区划方法

同自然地理和经济区划一样,旅游区划依其范围大小、隶属关系,分成不同等级层次。进行旅游区划首先要确定等级系统,并制定相应的分区指标体系和分区原则。

旅游区划方法思路一般有两种:一种是从上至下的划分,即从最高等级的区划单位开始,首先找出宏观上的差异,然后一步步向下细分。另一种是从下至上的合并,即先将旅游规划地区划分为许多基本类型的小地块(通常不能再细分了),作为最低一级的区划等级,然后按照相近关联程度、某些归类指标把这些区块中相似相关的小块合并,形成高一级的区划等级,如此下去直至最高级区划等级形成。

实践应用中最好采用参照旅游中心的划分方法,即以地域内的旅游中心(旅游依托城镇或主要旅游地)为核心参照,按旅游市场辐射范围、旅游资源整合范围、旅游服务和组织范围等能力综合评判,将所能形成的一个完整的旅游地域范围(地域内部有着较为密切的旅游联动性、旅游分工,完善的旅游组织联系和旅游接待服务功能)构建划分为一个旅游区。

区划后各旅游单位的内部相似性和区间差异性是相对的,每一级区划单位既有内部特征的一致性,也有一定程度的差异性,并且区划等级越高,其内部相似性越小,差异性越大。

7.3 中、微观旅游空间布局

中、微观旅游空间布局的目的在于促进规划地域空间内旅游资源的优化配置及旅游空间系统的合理性和可行性,使得地域旅游业发展与旅游空间系统朝向结构有序性、功能协调性、体系完整性方向发展。

旅游地域发展问题需要在空间上被阐释,需要与土地使用规划安排相联系,协调目的地旅游发展用地与总体(用地)发展规划的衔接。旅游规划者应注意使用一切可利用的工具去解答处理现实中一些关键性的土地问题并建立能符合旅游目的地各方意愿及旅游业可持续发展的旅游地空间结构布局。

1. 中、微观旅游空间布局要点

对于旅游地及景区级旅游空间结构与布局而言,内容一般涉及:旅游空间布局影响要素分析;明确特定旅游地或景区定位、功能、发展目标;划分旅游功能区及旅游用地空间管制,旅游核心与节点体系布局,旅游发展轴带、交通联络及线路组织、空间形态结构搭建等内容。

2. 空间布局的主要影响因素

空间布局的主要影响因素一般包括外围重大基础设施规划建设、地域长远发展战略与政策、旅游资源分布、景区交通条件变化、旅游项目安排、旅游配套设施建设等。此外，不同地域对象，如城市、景区、乡村等类型，山地、平原、环湖、沿江河、滨海地区等旅游空间布局有所差别，应体现各自特点。

3. 布局方法

空间布局遵循地理空间理论和区位论，基本依据是旅游规划区域发展背景及分析结论、市场分析成果和旅游资源构成评价结果。布局方法常采用"三定法"，其内容构成包括：

①定位法。定旅游功能区和相应旅游建设项目在整体旅游空间系统中的位置，明确选址。

②定量法。定项目四至坐标及边界、面积规模、用地构成等。

③定性法。定项目名称、类别、主题、特色、功能、级别、发展方向等，从而确定各分区各自特色、主题、功能和发展方向，各区域之间的分工协作关系，完成旅游规划的"区块"层次空间布局。

此外，布局方法还可参考风景名胜区分区体系的"三分法"，即景区划分、功能与用地分区、保护分区。

4. 景区空间规划与旅游功能分区

实际操作中，旅游景区空间及功能分区有不同划分角度，如可从旅游主题类型不同划分，可从用地功能属性不同划分，可从区域旅游格局中的不同功能作用划分。

景区划分针对旅游资源特色和分布特点，可使之更加明确和突出。名称可为景区内最具特色和代表性的地名或景观（进而可划分景观等级结构），如西安市秦岭北麓（环山路）区域旅游带空间按照各景区类型特点及其在区域旅游格局中的作用划分为楼观台道教文化与森林生态旅游区、草堂寺佛教文化生态旅游区、终南山山崩奇观与佛教文化生态旅游区、辋川溶洞—王顺山森林生态旅游区、骊山皇家园林生态旅游区等景区地块。

功能分区遵循的原则包括突出分区特点、集中功能、协调分区间功能与内外联系、合理规划动线视线、有助于保护旅游生态环境等。如《华山风景名胜区总体规划（2011—2025年）》将景区划为风景游览区、游览服务区、休闲度假区、门户与交通枢纽、观赏农业区和民俗村六大功能区，并从根本上解决了制约景区发展和保护的内部交通大环线问题。

同时，也可按空间用地属性不同划分用地（功能）分区，一般涉及：①旅游服务用地，如游憩用地、旅游接待用地、旅商服务用地、休疗用地等；②旅游基础设施用地，如交通设施、其他设施、旅游管理等用地；③旅游生产用地，如旅游加工、旅游农副业等产业用地；④生态保护和环境保障用地；⑤居民居住生活用地等。

7.4　旅游线路空间布局

旅游空间线路是对于区域旅游活动开展的一种空间组织和布局体现，是区域旅游空间规划布局的一项重要内容，是旅游规划可操作性和落地性的重要体现之一。

7.4.1 旅游路线与旅游线路

对于旅游个体来说，旅游路线就是其旅游开展的游、行轨迹和计划的空间游程顺序。实际中，旅游路线因人而异。

从旅游规划空间布局角度看，旅游线路是指为使某一旅游者群体能够以较短时间与最低成本获得其最想要的及满足最大的游览效果，利用不同交通联络、串联若干旅游集散城镇、旅游景区、景点所形成的具有特色，满足一定旅游市场需求，可开展旅游活动的线形旅游空间带。以上是本书对广义旅游线路的界定。

狭义的旅游线路是指一种旅游产品和服务。传统意义上的旅游线路特指旅行社经营的包价旅游线路。旅行社设计的旅游线路，其核心是提供包价旅游综合服务，是可售卖的旅游产品。旅游线路由经筛选的旅游吸引物构成，包括了旅游服务设施选择、旅游服务标准、游程安排等多种构成项和分类内容。

7.4.2 区域旅游线路的规划

规划建设发展成熟和稳定的旅游线路往往会演化为区域旅游格局中新的发展轴、发展廊道，并成为区域旅游空间结构新的组成部分。

广义的区域旅游线路和狭义的区域旅游线路规划有着较大不同，根本不同点在于前者的规划核心是指向旅游开发建设性质的，关注的是空间旅游资源的开发利用和旅游项目布局的合理有效连接，进而推动沿途旅游空间的形成发展，实施者大多为地方政府；而后者的规划核心是指向旅游市场需求，是对游客旅游活动不同喜好与可能选择地点的多种组合，由旅行社以旅游线路产品形式推出，是带有盈利性的企业自我设计活动。但是，两种规划都必须以适应旅游市场需求变化和利于市场开拓为基本目的。

一个地区广义的旅游线路规划建设好之后，通过市场推介，其旅游形式可以是多样的，如自助型、家庭型、单位团体型、旅行社团队型；在交通方面，公共交通、自驾、徒步方式等均可；且时间安排与游赏内容、旅游支出成本可自由选择，有很大的弹性空间。而狭义的旅游线路，则只能在旅行社既有安排组织方式下进行，一旦购买了相应服务，则线路、旅游景点、服务内容、时间安排等都相对固定，自由度相对较小。

区域旅游线路构建的规划原则主要包括：旅游交通组织安全便捷原则、最大效益原则、最具代表性原则、创新与新颖性原则、冷热结合原则、长短兼顾原则、主次有序和空间有效覆盖原则、线路类型丰富与形态多样原则等。

区域旅游线路基本规划的内容应包含：旅游线路所属的空间范围、线路长度；线路定位与层级；线路性质与内容分类；线路特色；线路空间节点与连通通道选择；线路空间布局形态；线路拟打造的规划项目；线路旅游产品与服务构成等。

7.4.3 景区景点级游览线路的规划设计

与区域层面的旅游线路规划不同，微观层面的景区景点级旅游线路（一般又称为游览线路），因其在景区景点范围内部，线路更多考虑的是旅游人流的走向组织，以及游赏行为的路径安排和对代表旅游资源和产品游赏效果的保障。游览线路与景区景点的旅游道路交通体系规划关系较为密切，需兼顾考虑。

1. 游览线路规划设计原则要点

(1)线路类型内容应有变化和选择。如精华游线路，其核心设计应有效串联景区景点中最著名、最代表性的旅游资源与景观，迎合游客出游的最大旅游效益需求，在较短时间与低成本支付下获取最有价值的旅游体验。再如深度旅游线路，其设计核心是全景式了解感受景区景点，所以在线路组织时应注意是否需要设计线路主题，线路应注意游赏节点旅游价值的高低组合、冷热搭配、性质类型的变化、长短适宜，形成游览节奏以及旅游感受的变化。

(2)游览线路的交通安排要舒适丰富。规划设计时，应遵循行快游慢，尽量不走“回头路”，且旅游交通方式尽量丰富多样，可供选择。

(3)考虑游览时间的差异性。考虑游客旅游时间的差异性，应按游览线路的全程计算旅游时间，可划分一日游线路、二日游线路和多日游线路，以适应游客需求。

(4)游览线路的空间规划形态选择合理。游览线路形态可分为点对点往返式、单线贯通式、枝状发散式、鱼骨串联式、环形串联式、单点轴辐式、多点轴辐式和格网分布式等类型，规划设计时，应因地制宜，结合需要加以选择。

2. 游览线路规划设计原理

游览线路规划的关键之一是组景。组景即遵循美学和心理学规律，通过科学设计和组织游览路段，使游客在游览过程中感受和收获更多景区美好印象和认知，从而达到较好的旅游游赏效果。游览线路规划具体设计原理如下：

(1)把握不同的景物间应有的主次关系、时空的视觉关联性，注意线路景观视线的引导和变化，且沿途要有相关景观提示。

(2)注意观景游赏中动观与静观的组合，注意最佳观景时段和观景点的确立。

(3)对于核心代表景观，在线路设计中应将其置于视觉焦点位置，以达到强化印象的目的。

(4)线路选线和线形自身要符合美学和观景游赏的需要，要富于变化。线路要高低起伏、曲直迂回、有扬有抑、有开有合、有虚有实，沿线组景的手法要丰富，有借景、引景、障景、显景、造景等。此外，游览线路设计还需考虑沿线游览、体验项目产品的策划和合理穿插。

3. 游览线路规划设计内容

对于新建型景区景点而言，旅游游览线路规划设计主要应包括：了解景区内外道路交通现状与发展需要，景区内主要景观节点和旅游资源吸引力大小和分布情况，预测旅游人流的主要流向及分布逗留情况，明确各旅游线段的性质特点，确定游览线路的空间结构和不同线路游赏时间结构，融入沿线游览、体验项目产品策划，以及沿线逗留、停歇设施和必要旅游服务的配置，沿线环境保护、绿化、美化的营造等内容。

从线路的设计效果上来看，设计要实现线路组景串联，要有整体感、时空层次变化感；线路人流能组织有序、顺畅安全，符合游客观景和游赏体验需要，满足旅游容量要求；游线长度适度、多样，不同旅游线段间应有一定可替代性。

本章小结

作为旅游规划编制重点关注的内容之一，从规划学角度看，旅游空间系统是开展旅游活动和旅游业发展的物质载体。旅游空间结构不仅反映了旅游物质要素与活动地的空间分布状态、形式，而且体现了旅游各物质要素和活动地的空间关系特征。因此，对于旅游空间结构，应从其构成要素、演化机制、空间结构体系构成分类、空间结构特征与发育阶段等多方面加以认识。旅游规划布局的核心目的是贯彻规划构思，充分考虑各要素的作用影响，熟悉布局演化与基本形式、方法，从而实现对内部各要素间联系的调整和控制并使其优化协调，以共同发挥作用。应注意的是，不同发展阶段、不同尺度的旅游空间结构特征呈现与其布局侧重是有所差异的。另外，在旅游规划布局中，旅游区划和旅游线路的规划构建是两个较为重要的方面。

思考题

1. 谈一谈旅游空间结构的发育阶段。
2. 如何构建旅游地空间结构以提高“区域感知力和区域影响力”？
3. 谈一谈你对旅游空间结构演化机制的认识。
4. 如何认识空间结构和空间布局之间的相互关系？
5. 选择一处景区，利用“三定法”“三分法”对其进行旅游空间布局分析。
6. 以县域为对象，结合其旅游资源分布情况、环境特征差异等因素，进行旅游功能分区及地域旅游线路规划练习。
7. 就近选择某一景区景点，对其游览线路的规划布局进行分析点评。

第8章 旅游规划常见的专项内容

内容提要

旅游规划内容涵盖广泛,涉及诸多领域,本章主要介绍各类旅游规划中要求的、一般会考虑的相关专项规划内容,包括旅游资源开发与保护,旅游环境保护与旅游容量,旅游项目策划与旅游产品规划、旅游商品开发,旅游绿地与景观系统规划,旅游(道路)交通规划,旅游基础工程规划,旅游服务设施规划与保障规划等。

本章学习的重点是理解相关专项规划的作用和目的,掌握其内容构成要点和相关依据;难点是注意不同层级规划实践中对专项内容涉及范围和深度要求的差异。

旅游规划在编制实践中,根据旅游地域开发或景区发展实际需要,对某一专项领域问题,往往需要深入和针对性的研究分析,并且这些专项内容也常常作为规划子项或单独专题版块在区域旅游或景区的总体规划中予以体现,成为其重要的组成部分。

8.1 旅游资源开发与保护

旅游资源同其他资源一样,需经过有效开发才能实现其功能和潜在价值。

旅游资源的价值,必须经由旅游者的“消费”才能够实现。如果旅游资源能够产生吸引力,但旅游者不能够接近或进入旅游资源,不能得到必需的旅游服务,那么旅游消费将无法开展,旅游资源的经济价值与社会效益自然就得不到实现。所以,对旅游资源而言,首先要进行初始开发,使所在地具有可进入性,旅游资源具有可利用性,具备旅游基础交通、服务接待配套等支撑条件。

1. 旅游资源开发概念

旅游资源开发是以评判现有及发现潜在旅游资源为基础,以适应旅游者和旅游市场为导向,通过适当的利用方式把旅游资源价值发掘出来,实现如何将旅游资源转化为旅游吸引物、旅游产品,将其所处地理环境建成为满足开展相应旅游活动所需条件的技术行为和工作过程。

旅游资源开发与旅游地开发,既有密切联系,又有区别。前者偏重于地域主要旅游资源的发掘转化利用问题,后者偏重于整体区域旅游作为旅游目的地的打造和建设问题,涵盖面更广,旅游资源开发属于其重要构成部分。

2. 旅游资源开发实质与意义

总体而言,旅游资源开发就是通过引入原来没有的理念、知识、技术、景观、媒介、设施、服务等要素,实现旅游资源向旅游产品的转化、旅游产品质量与等级的提升。这一过程的实质就是创新，就是在原来旅游资源的基础上，创造出以前不存在的产品、价值与效益。旅游资源开发对提高所在地域影响，推动产业经济、社会文化、基础设施、环境质量等发展都具有积极意义。

3. 旅游资源开发的原则

以所在区域的社会经济实力及区位条件为依托，旅游资源开发的原则包括突出资源价值与地域特色、开发与保护并行、成本与效益兼顾、市场导向、综合性和多样性、因地制宜、坚持科学有序开发和可续性发展等。

4. 旅游资源开发的方式

旅游资源常见的开发方式一般包括新建、利用、修复、改建、提高、活化和创新七种。同时，开发利用不局限于尚未利用旅游资源的初次开发，也可对已利用的景观或旅游吸引物再次深度开发。

各开发方式适用的资源特点及开发基本思路如表 8－1 所示。

表 8－1　旅游资源开发利用基本方式汇总

开发方式	适用资源特点与基本思路	示例
新建	资源自身缺乏开展游赏条件，或因自身高价值或易受外界干扰影响需要保护的资源，应采用划定区域，建设必要建筑设施予以开发利用	结合资源特点新建景区景点。如重要考古历史文化遗迹，往往就地建设博物馆、遗址保护区或遗址公园
利用	利用资源本身特有功能作用或根据人们需求的新变化，开发扩展为以前未被认识到的旅游吸引物	如梯田资源开发为农耕文化自然景观及观光产品
修复	将现状残破、残缺或因历史原因损毁消失的代表性历史建筑设施、场所空间、景观等予以整修、修葺、重建、复原	如对有价值的古建筑、传统民居、街巷等资源进行修复、修建，还原本色风貌
改建	现已利用但利用率不高、效果不好的旅游资源，或旅游资源物体所处环境、自身功能、使用主体等发生改变需进行相应改造再利用	如已搬迁或废弃的有特殊记忆和历史影响的工业厂房厂区地块改建为城市公园、文化创意园区等新功能形态
提高	仅凭资源原有状态形式、功能作用、适用性等无法满足旅游发展新需求，就应设法改进，完善提高	如冰雪资源利用从简单地看雪玩冰到雪雕冰雕文化艺术活动的转变提升
活化	历史典故、民间传说故事、古籍、古迹及文物等难以展现的旅游资源，需通过新的方式呈现其价值魅力	如将唐朝诗人白居易的一首著名长篇叙事诗——《长恨歌》活化为临潼华清池景区的实景演出剧
创新	资源整合与深度挖掘，外部资源借力与引入，形成整体全新形象	如开发打造网红打卡地，形成新业态，通过科技手段全新演绎等

以上常用的七种旅游资源开发方式并无严格界限，有时也难以截然分开，通常是结合资源构成现状与旅游市场需求，确定具体开发方式及组合运用方式。其核心目的都在于实现旅游

资源价值由隐藏的、潜在的、低效的向现实的、有效的、高效的转化，形式上向旅游吸引物及旅游产品转化。

5. 旅游资源开发的支撑条件

旅游资源开发的支撑条件主要包括可达性与进入性、设施建设、环境建设与从业人员培训等几个方面。

(1)实现旅游资源所在地的可达性。实施旅游开发，旅游资源外部交通联系可达性及其内部交通可进入性是重要基础前提。不完备或相对落后的交通往往成为旅游资源能否“走出去”的“瓶颈”。

(2)实现必要基础和旅游配套设施建设。开发之前，旅游资源一般都会因缺乏旅游所需条件而难以展开有效的旅游活动。支撑条件的重要构成包括基础设施建设，涉及通路、通水、通电、通信、医疗等；还有旅游配套设施建设，涉及各种旅游接待设施、餐饮住宿和购物设施、游乐活动场所等。开发时，基础设施建设应在考虑旅游发展需求的同时保障完善当地居民的生产生活所需，而旅游配套设施建设应主要围绕旅游资源开发和旅游发展所需要展开，主要为旅游者服务，兼顾地方需求。

(3)推动旅游环境与旅游从业人员建设。开发时，应注意和推动旅游环境的有效保护，注意旅游从业人员的培训以及旅游专业人才的培养、引入和保障，不断提升地域旅游服务环境质量与旅游服务能力。

6. 旅游资源开发建设模式

由于旅游资源的性质、价值、区位条件、规模、组合、结构，以及区域经济发达程度、文化背景、法律法规、社会制度、技术条件等方面因素的不同，加之旅游资源开发深度和广度不一，使得旅游资源开发的模式也趋于多元化。按照不同的影响因素和划分标准，旅游资源开发模式可归为不同类别，形成各自开发建设特点与内容侧重。

1)按开发旅游资源类型划分

(1)自然类资源开发。自然类旅游资源是由地质地貌、水体、气象气候和生物等自然与地理要素构成，具有观赏等多样价值。其特有的纯朴风貌和天然本色，丰富多变的自然景物和环境，对旅游者会产生强烈的吸引力。很多自然类旅游资源本身不需太多建设，原汁原味就可吸引旅游者，但有些自然旅游资源则需整合开发，景色特点才能被挖掘呈现，才能开展旅游活动。自然旅游资源开发建设的主要内容是内外交通与游赏线路布设、配套观景、停住休息等旅游设施。建设过程中，应力求保持自然景观原始风貌，尽量减少人为因素对环境的干扰和建设性破坏。

自然类旅游资源具有观光游览、避暑避寒、探险野营、康体健身等多种功能。一般来说，观光旅游为其基本功能，除此之外，如地质地貌类资源还具有登山探险、山地运动休闲、科考教育等功能，水体类资源兼有垂钓划船、漂流探险、亲水游憩等功能。

自然类旅游资源开发应突出资源自然本色，在确保可进入及周边环境空间、游赏及保护设施达到要求的前提下，应避免过度人为干扰及人工化倾向。而对于自然和人文相互交融的旅游资源，由于长期人文历史印记的作用，此类旅游资源开发应在保护突出自然美的基础上，挖掘其文化底蕴，做到自然美和人文美相得益彰。

(2)文物古迹类资源开发。我国作为世界历史文明古国之一，文物古迹类旅游资源极为丰富。这类旅游资源是我国发展旅游业的优势所在，开发价值极大。

文物古迹类旅游资源具有观光游览、访古探幽、考古寻迹、修学研学、文化交流体验活动等多种旅游功能。该类资源一般都和历史文化名城名镇名村或名山大川相伴而生，以之作为依托，因此开发时应着眼于保护、修缮、整理、呈现，向旅游者传递、展示其历史价值和特色，感受人文美、地域的历史故事和文化底蕴。同时拓展其历史、科学、艺术、民族文化、美学及稀缺性价值，反映其所代表的地域历史，顺应时代和旅游发展，发挥更大价值。

此外应注意，文物古迹类旅游资源是在悠久的历史长河中逐渐形成的，具有不可再生性和高度认同性，一旦遭受破坏，可能永远消失，因而开发决策及实施过程中一定要坚持“尊重历史，保护与可持续利用第一，在开发中保护，在保护中开发”的原则。

(3)民俗风情类资源开发。异国异地风情、他乡他族风俗习惯也可以成为吸引旅游者的重要因素，是一类重要的旅游资源。该类资源主要以人为载体，通过人的日常生活方式、生产劳作习俗以及地域社会人际交往关系等行为方式差异表现出来。该类资源往往具有仪式感、活动性和精神指向性，体现当地独特的、鲜为人知的、地域差异性极强的民风民俗和人文特征，因而感受体验是其一大旅游功能，可参与和互动性强是其一大特点。同样，民俗风情类旅游资源也具有观光游览、娱乐的功能，此外还具有传播文化、促进各方交流与合作的功能。

与其他旅游资源开发方式不同，该类资源开发利用更强调原真性、参与性、动态性、体验性和平民化，要尽可能地使旅游者融入当地生活，形成切身体验和经历。具体可以通过原生场景，以各种富有当地特色的民俗风情再现、表演、活动、互动参与等形式来吸引旅游者。需要指出的是，开发利用时一定要尽量保持当地民风民情民俗的原汁原味，不能单纯为了商用目的而扭曲改变或异化了当地的特色。

(4)宗教文化类资源开发。宗教文化是人类精神财富的一个重要而特殊的组成部分，其透射出的深厚哲学思想理念、对人的关怀与精神导向、深邃的文化艺术性，以及器物、场所、仪式的崇高神圣感、神秘感，都对信仰者和感兴趣者产生了强烈的吸引力，因而使它成为一种非常特别的人文旅游资源，具有较广阔的市场空间。

宗教文化类旅游资源具有朝拜祭祀、祈福许愿、静心修身、猎奇探秘、游览学习等旅游功能。该类资源往往由宗教组织进行开发利用，开发者应熟悉宗教特色和其内涵。但从旅游角度讲，开发时要突出参与性、动态展示性和神秘性，并构建强烈的宗教氛围，重点呈现宗教的活动特点、艺术特色、建筑物特征以及空间环境布局，且开发时要留足进行宗教活动的空间场所，并尊重宗教文化及传统建设要求。

(5)现代人工吸引物类资源开发。就我国而言，因社会与经济持续快速的发展，交通条件及各种基础设施的不断完善，使得可用于开发旅游的发展成果、各种现代人工吸引物大量涌现，成了一种新兴的旅游资源。这些资源主要包括：景观与实用功能型建、构筑物，如城市摩天轮、城市中心广场、电视塔、超高建筑等地标；大型公共活动型设施，如博物馆、美术馆、展览馆、大型体育场馆等；科学技术设施型，如被称为天眼的世界最大望远镜——贵州省平塘县的500米口径球面射电望远镜(FAST)；工程设施型，如全长1341米，横跨号称“世界大峡谷”的北盘江峡谷，超越以往所有桥梁高度，第一个突破桥梁高度500米障碍，并首次成为拥有“世界最高桥梁”头衔的北盘江斜拉大桥；生产设施型，如有影响的有代表性的大型厂房、厂区、矿区及其设施等；教育研学型、游赏型、购物型及游乐型等，如历史名校、城市湿地、城市绿道、城市新建筑群所构成的现代都市风貌区、时尚商业步行街区、各类娱乐公园、主题公园等。

有效利用现代人工吸引物开发旅游对于那些旅游资源缺乏，但又具备交通便利、经济发达、设施完备、客源丰富等良好外部旅游条件的地区，是一种可行的思路。

现代人工吸引物作为旅游资源一般是在其主体功能之外，衍生出的诸如观光游览、体验、参与性、休闲游乐等旅游功能。若要开发建造专门服务于旅游的人工吸引物，则应属于旅游项目策划设计的范畴，其投资大、周期长，且要和已有建筑、周围环境相互协调，是一种难度较大的旅游开发模式。

2)按旅游资源开发投资主体划分

按旅游资源开发投资主体划分，包括政府主导型资源开发、内资企业主导型资源开发、民间投资型资源开发、外商投资型资源开发等模式。这些模式不是完全独立的，彼此互为补充。随着旅游资源开发投资管理体制的进一步完善，“以政府为主导，以国内外企业为投资主体，民间和个人投资为投资补充，共同进行旅游资源开发”的模式，将会成为我国旅游开发建设的主体形式。

3)按资源、区位和经济条件要素综合划分

(1)高价值，区位优，经济条件好——全方位开发型。这类旅游资源地的资源自身价值高，地理区位优越，拥有发展旅游业良好的经济社会条件。开发时，要充分有效地利用各类旅游资源，构建丰富的旅游产品体系，开展多样的旅游活动，完善旅游活动行为所需的各类层次结构要素，满足旅游者多方面的需求。

(2)高价值，区位一般，经济条件差——重点开发型。这类旅游资源地资源往往很丰富，且价值高，吸引力强，但地理及交通区位一般，经济发展水平滞后。因地方条件限制，往往缺乏发展旅游业所需开发资金，难以做大做强，因此，这类旅游地的开发要积极争取国家或上级政府的扶持资金；或转让资源开发经营权，多方争取区外、境外的旅游开发资金，有选择地、有重点地开发一些市场潜力大，吸引力和竞争力强的(龙头)旅游资源项目；同时，要努力改善交通条件，提升旅游可进入性，完善旅游服务配套设施建设，逐步提高旅游管理和服务质量，使地方旅游业步入快速发展轨道。

(3)高价值，区位、经济条件差——特色开发型。这类旅游资源地的资源价值高，但地处偏僻，往往带有很强的神秘色彩，对旅游者有极大的吸引力。但由于地理位置偏僻，交通成本高，可进入性差，加之地方经济落后，导致旅游资源开发成本加大，因此大多处于未开发或初步开发状态。其开发关键在于改善进出交通条件，并以此为突破口，同时先有选择地小规模开发一些高品质、有特色的旅游资源，开展市场针对性强的特质旅游活动，提升影响力，并逐步配备旅游基本服务及初步基础设施，进而培育和改善地域旅游业发展条件，吸引更多外来投资。

(4)低价值，区位好，经济条件好——参与性游乐开发型。这类旅游资源地区位条件和经济发展水平较高，但缺少高品质的旅游资源。因此，开发时要充分利用区位和经济优势去弥补资源贫乏的劣势。在注重利用现有旅游资源的基础上，可开发建设娱乐型、休闲享受型、高消费型的旅游开发项目，如参与性较强的主题公园类人工旅游景区(点)，像游乐园、欢乐谷、低空飞行营地等。同时，针对当地消费能力强，旅游资源开发应完善旅游各种配套设施和服务，满足不同层次旅游者的个性化需要。

(5)价值、区位、经济条件都一般——补缺性开发型。这类旅游资源地无明显优势，各方面条件都属中间状态。旅游资源开发时，要注意对旅游资源进行分级评价和策划创新，重点开发周边市场缺少且可能受游客欢迎的旅游资源项目，创造区域内的特色拳头旅游产品，同时也要进一步改善区位交通条件，提高旅游服务质量，加强对外宣传和促销，赢得市场赞誉，逐步塑造自身的旅游形象。

7. 旅游资源开发的程序

不同地域的旅游资源开发，由于其目标市场定位、旅游产品定位和旅游发展方式不同等，具体的开发过程有所差异。但总的来说，旅游资源开发都要按照一定的程序来进行，一般可分五个步骤，包括开发项目确定、开发项目可行性论证、开发模式确定、旅游规划编制及项目实施与调整。其中，确定开发项目和可行性研究（以下简称可研）是旅游资源开发工作开展的基础性条件，也是实施开发决策的重要前提。

确定开发项目就是选定要开发的旅游资源对象，并对未来开发工作有一个初步的构想。这是开发工作的起点。选定开发项目的基本依据是：旅游市场需求趋势，区域旅游资源特色，地方经济发展水平，所在区域旅游业发展的主体形象等。

进行可研就是论证所涉及的旅游资源项目是否具有开发前景，是否具有开发建设的必要性和可实施性。分析论证要建立在广泛、深入的实地勘察调查，以及科学的旅游资源分析评价和其他相关因素的客观测评基础之上。如果项目可行，则进入下一步工作，否则将重新确定新项目。可研的结论直接影响到一个项目的命运。认真、细致、专业地进行可研，是旅游资源开发必不可少的重要环节。

旅游资源开发的可研分析主要包括五个方面：旅游资源调查与评价、旅游资源地社会经济环境分析、客源市场分析、环境影响分析、投资和效益分析预测。可研分析的前四项内容在相关章节都有学习，以下简单介绍一下投资和效益分析预测。充足的资金投入是旅游资源开发的重要保证。资金投入的主要诱因在于开发后续带来的可观效益，特别是经济效益。旅游资源开发属重资产投资，风险较大，回收期较长，资金筹措往往比较困难，所以可行性研究看好，投入产出有保障的项目才容易获得市场青睐。

可研分析的五个方面是一个有机整体，相互联系，相互渗透，是综合判断旅游资源开发项目是否可行的具体标准，相关分析也最终构成了可研报告的总体框架结构。

旅游资源开发的其他环节如制定旅游规划，具体项目设计、实施和监控则是后续开发工作流程中的技术性方案、建设管理性工作，是在可行性分析基础之上对开发（资源）项目的更进一步的谋划布局和推进落实。

8. 旅游资源保护

旅游资源开发与旅游资源保护是一对矛盾体，开发能带来旅游产业发展，产生经济效益，但与此同时，大规模的旅游建设活动和大量而来的旅游者及其旅游活动也不同程度地会对旅游资源产生不利影响和负面效应，出现资源过度利用、生态衰退、文化异化、遗产受损等破坏性现象，严重者甚至削弱旅游资源的重复使用，从而减弱旅游资源对旅游市场的吸引力，所以必须对旅游资源保护加以考虑。

1）旅游资源的保护意义

旅游资源是旅游开发与利用的起点和基础，是形成旅游项目、产品的重要组成部分，旅游资源是否受到合理保护也将直接影响旅游的可持续发展，是地域旅游业发展的根本保证。

2）旅游资源保护的概念内涵

旅游资源保护，是在旅游资源开发利用和建设管理运行整个过程中，充分考虑相关开发利用方式、建设行为和旅游活动开展对旅游资源产生的影响或破坏，从而实施有针对性和预见性的规划措施安排。

3)导致旅游资源遭受破坏的主要因素

(1)自然灾害性因素。造成旅游资源破坏的不可抗拒性的自然影响因素，如地震、火山喷发、泥石流等地质灾害；水灾、火灾等突发性灾害；台风、暴雨暴雪、雷电等极端气象灾害等；虫害等生物灾害等。

(2)人为影响性因素。导致旅游资源破坏现象产生的人类各类活动和行为影响因素，具体表现为：

①建设性破坏。其主要包括因旅游资源开发建设及工程建设、市镇村建设不当，以及纯经济利益取向导致旅游资源遭受的实质性破坏。如直接拆毁或侵占文物古迹或有价值的传统建筑设施、遗迹，工程建设对资源所处环境的破坏，建设不当破坏旅游资源周围景观和谐及风格意境，随意添加与资源景观及环境极不协调的设施，破坏原有景观完整性等。特别是实际建设中存在的大拆大建、“三无”(无规划、无计划、无设计)、“三乱”(乱分地、乱选址、乱搭建)等现象，对旅游自然资源环境及文物古迹风貌破坏较为严重。

②生产性破坏。生产性破坏是指旅游资源周边区域产业生产对其形成的影响、污染或破坏。如周边各种工业发展会给旅游区带来严重的大气污染和水污染，不当的农业生产操作，如砍伐树木、侵占林地、滥采乱挖等，也会严重破坏植物资源和旅游用地资源。

③生活性破坏。与当地百姓生活密切相关的一些旅游资源，特别是一些潜在旅游资源，由于当地缺乏保护意识，以及生活需求、功能要求、审美和经济效益等发生变化，对其随意进行更新、改造、拆除、废弃等处理，就造成了无意识破坏。

④旅游开发与规划不当造成的破坏。因规划设计调查不够深入全面，方案考虑不周，规划的建设项目缺乏深入科学论证等，造成后续开发破坏生态平衡、影响资源原有景观、失去资源真实性、丢失固有特色等不利结果。

⑤游客活动本身引发的破坏影响。旅游活动开展具有规模性、持续性，所以各种旅游活动的高强度(如旅游交通、游赏超载、强势外来文化进入、垃圾废弃物大量产生等)客观上都会对旅游资源及其环境，特别是一些敏感的自然及人文旅游资源产生影响，可能会加速其损耗与衰败消失。此外，很多游客保护意识淡薄、乱刻乱画等不良行为也是旅游资源破坏威胁的来源之一。

⑥旅游管理不善带来的破坏。由于我国土地及资源所有制的特定国情，使得条块分隔的旅游资源管理模式长期实行，地方政府和各相关职能部门几乎都可以对当地旅游资源拥有或大或小的管理权。这就容易导致规划与开发建设经常出现因沟通协调不到位、信息不畅产生的资源开发不当，甚至人为性破坏等现象。而不同旅游资源所有权与经营权分属不同的部门管理，甚至一个旅游区是由几个部门多头管理，也会导致旅游资源管理混乱，难以有效持续地对复杂的资源体系实施整体管理，也使实际执行经营管理职责的企业对资源的开发建设受到一定束缚。

4)旅游资源保护原则及内容

(1)坚持遵循依法、依规保护原则，即遵循国家有关法规和政策的有关规定要求，如与旅游资源保护密切相关的有文物保护法、水资源保护法、森林保护法、野生动物保护法等。

(2)坚持“保护中开发，开发中保护”原则。

(3)坚持“修旧如旧”“保护原真性”的文物古迹等历史文化资源保护原则。

(4)坚持统筹兼顾资源保护的生态性、经济性和社会性原则。

依据《旅游规划通则》,各层级规划编制也对旅游资源保护提出了原则性内容要求。对于旅游发展规划而言,要求按照可持续发展原则,注重保护开发利用的关系,提出合理措施。对于旅游总体规划层面而言,要求研究并确定旅游区资源的保护范围和保护措施。

所以,在具体编制中应注意体现减少开发建设规划和游客各类旅游活动对资源的影响,进行潜在风险预测;明确旅游资源的保护对象,分类、分级划定保护范围、保护的主要方向、保护要求标准和保护措施,建立因地制宜的保护模式等内容。

8.2 旅游环境保护与旅游容量

旅游环境与旅游资源、旅游各类设施等要素共同构成了一个旅游地、旅游景区的地域空间,同时保护环境与保护资源、实现旅游可持续发展和保障旅游质量、形成地域特色具有高度的一致性和关联性,因此与一般地区相比较,旅游地、旅游景区对自然环境保护的要求更高。建立和保护优良的地域旅游环境是旅游发展的重要基础条件,是应优先考虑的问题。

8.2.1 旅游环境保护

1. 旅游环境与旅游环境保护

旅游环境可以有广义和狭义的理解认识。广义层面理解,旅游环境是一个复合环境系统,针对环境主体不同,界定角度不同,其构成内容不同,较为复杂多样。如有学者认为其包括了自然生态旅游环境、旅游人文环境、旅游资源本身和旅游氛围。也有学者认为对于游客而言,旅游环境一是指旅游目的地周围“物”的构成条件,即由自然生态和人文社会资源等形成的特定环境;二是指旅游目的地“人”的构成影响,包括当地居民、旅游经营者、服务者、管理者等对待旅游的态度、服务质量以及环境容量给游客形成的心理影响。

鉴于旅游环境一词内涵及构成丰富,为避免歧义,又符合规划编制实际需求,并区分旅游资源保护等相关内容,本章节所指的旅游环境是针对旅游自然生态环境系统而言的,具体是指旅游活动开展区域范围内所依托的大气、水体、土地、地质、地貌和生物要素组成的自然综合体,即狭义的理解。

相应地,本书将旅游环境保护界定为:依据系统论和环境学、生态学等原理和方法,运用科学规划、管理等多种手段对旅游环境的诸方面要素进行保护,保障旅游自然环境的生态平衡、促进自然特色保护,并运用美学原理与方法对旅游环境的美学价值进行保护,从而使旅游环境达到植被良好、生物丰富、空气新鲜、水体洁净、环境卫生和环境质量良好、景观协调,满足旅游可持续发展对环境保护的要求。

2. 旅游发展面临的主要环境问题

旅游发展面临的主要环境问题包括:随着旅游开发及旅游活动的开展,特别是在热点旅游地、旅游景区出现的诸如垃圾随意倾倒、水体污染、交通噪声、土壤污染和山体地貌、植被破坏等问题;旅游接待过量,资源过度利用,生态衰退,引发的巨大环境压力等问题;旅游开发建设项目强度等与旅游地自然环境不协调等问题。

3. 旅游环境问题产生的原因

旅游环境保护问题与旅游资源保护问题由于本质上具有高度的关联性，所以在问题的产生上具有一定的相似性。

(1)观念意识上认识不足、不到位。在我国旅游发展之初的很长一段时间，由于人们一直把旅游业作为无烟产业对待，这一局限性认识，使得旅游环境问题没有得到足够的重视，致使旅游带来的环境污染日渐严重。在旅游产业发展过程中，受市场经济影响，经济利益往往在旅游企业、经营者、从业者以及一些地方政府部门的思想中居于优先位置，而环境效益作为具有公共利益性问题，往往不受重视。

(2)旅游具有很强的产业关联性，涉及的行业和人数众多，对旅游环境认知不同和价值取向差异性的存在，易引发各种不当的相关经济活动、不合理的资源和环境利用方式，如毁坏植被、采石、挖沙、开矿、地形地貌改造等。

(3)没有妥善处理好旅游业发展与有污染类农业(如养殖业)、高污染类工业生产之间的关系和布局，加之污染治理不到位，使得旅游地的生态平衡关系被破坏。

(4)许多地域的旅游自然环境具有先天脆弱性，开发建设方式、规模、强度的不当，以及游客规模的饱和与超载等，都会使其环境质量下降或破坏。

(5)自然力或自然过程变化影响，如湖泊淤积、滑坡、泥石流、风沙等。

(6)旅游环境问题的监管体制和治理建设相对滞后，不能有效预测、应对涉及多方面复杂的旅游环境问题，从而使其不断出现或长期存在。

4. 旅游环境保护的主要规划内容和措施

在规划编制实践操作中，旅游环境保护涉及的主要内容和措施如下：

(1)全面贯彻落实和执行国家相关环境法律规范标准及政策。如《中华人民共和国环境保护法》《中华人民共和国环境影响评价法》《中华人民共和国水污染防治法》《中华人民共和国大气污染防治法》《中华人民共和国固体废物污染环境防治法》《中华人民共和国环境噪声污染防治法》《中华人民共和国森林法》《控制污染物排放许可制实施方案》《饮用水水源保护区污染防治管理规定》等，落实国家政策导向，深入践行生态文明理念、山水林田湖草沙冰生命共同体理念和“两山”理论等。

(2)健全环境影响评价制度和“三同时”制度。考虑开发建设强度及规模的影响作用，开发新旅游区和在旅游区内兴建新的旅游景点及旅游相关设施，必须进行前期环境影响评价，对其废水、废气、废渣的处理处置设施和防止水土流失、植被破坏、景观破坏的措施必须与主体工程同时设计、同时施工、同时投入使用。

(3)调查旅游环境质量现状与问题，明确保护规划目标、环境质量要求，规定旅游环境质量标准，进行环境要素质量分区，对各环境要素(大气、水体、土壤等)和污染(固体废弃物、噪声等环境问题)开展必要的整治专项规划；强化对环境保护监测、防污治污治理有效体制机制的建立，完善环境配套基础设施的建设布局。

(4)进行自然生态的保护与培育布局。划定生态环境敏感带，以及生态环境修复、培育、保护区等，划定自然灾害易发地带并建立预防体系。

(5)对环境容量及旅游游客容量进行分析，确定合理的旅游承载力和开发规模强度，并采取必要的旅游空间分流等措施。

(6)因地制宜推行绿色景区建设,具备条件的可发展生态旅游。

(7)扩大旅游环境保护宣传,提倡文明旅游,杜绝旅游污染行为。

(8)加强旅游环境管理及制度建设,引入第三方监督机制等。

8.2.2 旅游容量

随着旅游业的快速发展,旅游景区环境问题及超载问题变得日益严重,因此,旅游景区如何有效制定科学的旅游容量,成为保证旅游可持续发展的有效手段,也成了旅游资源保护和环境保护的重要关注内容。旅游容量作为旅游规划的重要理论指导和方法受到旅游规划界的广泛重视。

1. 旅游容量的提出与概念

旅游容量的概念始于国外,通用的名称是“tourism carrying capacity”(TCC)。1838 年比利时数学生物学家福斯特(Forest)最早提出环境容量的概念。受其影响和启发,20 世纪 30 年代中期在美国出现了游憩环境容量的提法。1963 年,莱佩奇(Lapage)进一步发展,首先提出旅游容量概念,但未做深入研究。世界旅游组织在 1978—1979 年的年度工作报告中正式提出了旅游容量问题,标志着旅游容量开始进入国际研究范畴。1992 年世界旅游组织明确了旅游容量的定义:“游客使用某一地区的水平能够与游客较高水平的满意度及对资源的较小影响相适应。”

在我国,关于旅游容量的认识与应用也经历了不同的发展阶段(见图 8-1),使其内涵得以不断丰富和深入。

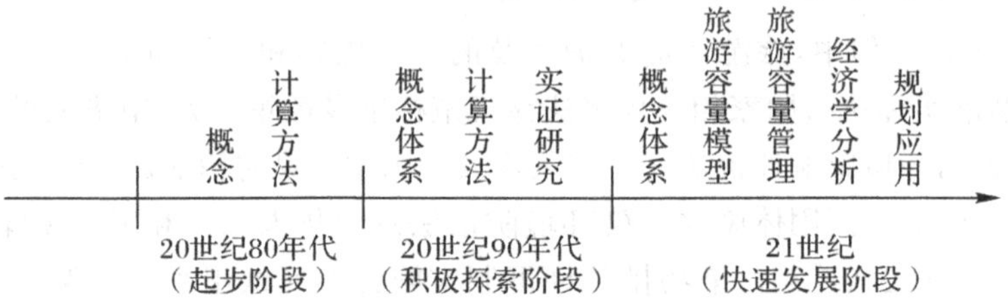

图 8-1 我国旅游容量研究现状与展望

此外,伴随对旅游容量重要性认识的逐步深入,我国已从法律和规范等层面对旅游景区旅游容量(承载量)提出了明确规定。

《中华人民共和国旅游法》第四十五条规定:“景区接待旅游者不得超过景区主管部门核定的最大承载量。”2015 年初,国家旅游局下发《景区最大承载量核定导则》,要求各大景区核算游客最大承载量,并制定相应的游客流量控制预案。

由此可知,实践应用中旅游容量一词的核心是指在保持旅游资源和游赏质量前提下,在一定时间内某一旅游地域空间所能容纳承载的最大旅游活动人数。

经过学界研究的不断扩展和延伸丰富,目前关于旅游容量形成了更为广义的概念,指在资源、环境质量、游赏质量等诸多约束条件下,一定旅游地域空间范围内各构成要素能够允许开展的旅游活动强度和容纳人数规模的上限值(阈值)。并且,旅游容量已形成概念体系,包括了不同属性的许多具体的容量表述类型,如旅游环境容量、旅游承载力、旅游承载量等。

2. 旅游容量类型

作为一个概念体系，旅游容量的表述类型已较为丰富，一般包括基本旅游容量和非基本旅游容量两大类型。

(1)基本旅游容量依据不同关联要素对容量的影响，又进一步细分为六种类型，如表 8-2 所示。

表 8-2　基本旅游容量类型划分及其含义

旅游容量类型		含义
基本容量	旅游空间容量	旅游资源依存的游憩用地和游览空间等有效物理环境空间能够容纳的游客数量
	旅游资源容量	在保持旅游资源质量安全前提下，一定时间内某一旅游地域空间内旅游资源所能容纳的最大旅游活动量
	旅游(生态)环境容量	一定时间内某一旅游地域空间的自然生态环境不致退化的前提下，所能容纳的最大旅游活动量带来的环境污染物量
	旅游心理容量(感知容量)	在不降低旅游活动质量(保持最佳游兴、游客满意度、适宜游客拥挤密度)的条件下，地域空间所能容纳的最大旅游活动量
	旅游社会心理容量	旅游接待地人口构成、宗教信仰、民情风俗、生活方式和社会开化与文明程度所决定的当地可以容忍的游客数量。这是当地居民的心理精神反馈和态度，反映了旅游发展规模是否影响其正常生活的矛盾大小和旅游社会氛围的容纳度
	旅游设施容量	经济发展水平决定旅游服务接待硬件能力，该容量是指旅游目的地向游客提供服务时依托的各项物质设施和设备能够容纳的游客数量

《景区游客容量管理技术导则》中则将旅游容量分为空间容量、生态容量、社会心理容量、设施容量四类。

可以明确的是，旅游容量实际应用的基本指向都是围绕着游人规模及其带来的活动影响进行思考。最常用的旅游空间容量衡量指标就是在一定限定条件下，所能容纳的游客最大人数。

(2)非基本旅游容量，是由基本旅游容量扩展出的旅游容量概念。非基本旅游容量在旅游规划实践中也有广泛应用，一般包括：①既有容量和规划容量；②按照旅游地域的空间规模，分为景点旅游容量、景区旅游容量、旅游地旅游容量、区域旅游容量；③瞬间容量和时间段容量；④旅游合理容量和极限(最大)容量。

3. 旅游容量规划原理

旅游容量是旅游地、旅游景区和旅游景点等不同尺度旅游地域内，空间、设施、环境与游客的合理承载容量，只有在合理承载容量的基础上，才能获得旅游发展的最佳综合效益。因此，在规划实践应用时，需遵循一定的容量规划原理，以保障其科学性、合理性，如表 8-3 所示。

表 8-3 旅游容量规划原理类型表

旅游容量规划原理类型	内容表述要点	实践应用提示
容量动态平衡原理	按供需匹配原则，容压在理论上应趋于 1，即供给与需求相等	旅游流的时空分布常处在不均衡状态。容量平衡作为一种规划理论，在实践中具体表现为动态中的综合平衡。旅游容量规划需要给出一个在不同旅游时段各种旅游需求要素容量动态平衡的方案，从而使旅游服务活动获得最佳效益
分布均衡原理	针对旅游容压分布在时间上、空间上的不均衡性问题	在旅游地，通常热点旅游容压常大于 1，同时冷点旅游容压常小于 1。为减少旅游环境压力，通过旅游容量规划，适当调整旅游产品、服务基础设施建设与管理布局，使旅游容压分布在时间上、空间上尽量趋于均衡，并利于设施相对均衡使用
变容原理	旅游容量在技术与经济的条件下可以有所改变	旅游热点地在用地和景观等方面短期内难以通过扩容来降低容压，变容的方法一方面可通过改善外围交通设施条件，形成与周边旅游设施的互动联动与分流；另一方面可通过增加临时或移动设施等，增加容量弹性
集容原理	在合理承载容量基础上，依据集约性，适当规模集聚布局，可使各资源获得功能最大化、效益最佳	采用集中布局方式达到集中旅游容量的目的。 在进行旅游容量规划时，通过划分旅游功能区，在旅游线、旅游景区、旅游度假区等较大尺度集中布局旅游服务基础设施，将相关旅游活动集中于一地，进行集中管理，可使各种资源获得功能效率最大化

4. 旅游容量常用计算方法

旅游容量的量测，基点在于一个同旅游地所承受旅游活动相对的适当的基本空间标准，即单位利用者所需占有的空间规模或设施量。现阶段，旅游规划实践中主要依据单位空间指标计算旅游空间容量，其余容量类型可根据规划需要展开。

1）基本计算思路和步骤

（1）定出单位空间指标（基本空间标准）。旅游活动中人均占用的旅游空间大小或设施量大小。最常用的有面积指标：m^2/人，长度指标：m/人。

（2）求景点瞬时容量。计算公式：$C=F/f+L/l$（F 为可游总面积，f 为面积指标，L 为道路长度，l 为长度指标）。

（3）算周转率。计算公式：周转率＝每天可游时间/游客平均逗留时间。

（4）确定高峰日游量（日接待最高值）。计算公式：高峰日游量＝瞬时容量×周转率。

（5）容量核算（卡口容量、瓶颈容量）。考虑制约实际容量的道路交通等各短板因素的影响。

（6）汇总形成景区、旅游点、旅游地的总体容量。计算公式：总体容量＝游览区各点容量＋线路游量＋非游览区容量。

旅游容量对环境变化的敏感度不同，在空间上有分布不均性，在时间上有动态变化性，且游客游览活动有时滞性，游客在景区的分布还有时间和空间选择上的差异性、随机性，而当前实践计算多集中于静态模型方面，使这些因素得不到充分考虑。

从现有研究来看，旅游容量的计算模型已向静态模型和动态模型并行转变，静态模型主要是对景区旅游容量现状进行测算，动态模型又分为统计学动态模型和系统动力学模型。统计学动态模型即根据测得的数据的变化，总结出数据变化的规律，构建出数学方程，从而反映系统动态变化；系统动力学模型即研究社会系统动态的计算机仿真技术，将是今后旅游容量（计算）发展的必然趋势。

2）容量指标选择和容量计算的依据

旅游容量在进行计算和测算中，往往需要先拟定相应的容量指标（体系）。指标包含了由单个指标到多个指标、单层级指标到多层级指标体系的不同构建形式。

旅游容量指标选择的原则包括：应保证指标具有代表性和简洁性，在度量上具有规范性和可比性，在获取上具有经济性和便捷性，在使用上具有有效性和敏感性，与现有统计指标体系具有兼容性。

旅游容量的评价标准是判断各个指标是否超过阈值的准则，指标体系评价标准的确定依据多源于我国颁布的相关法律法规、条例、标准及规划等，如旅游区（点）质量等级划分与评定、环境质量标准、地表水环境质量标准、环境空气质量标准等。在制定评价标准时，一般采用技术标准与感官标准相结合的方法。

《旅游规划通则》附录中列出的“日游览空间容量与日设施容量的测算公式”，为目前旅游容量最主要的计算模型。另外，《景区游客容量管理技术导则》《景区最大承载量核定导则》也均给出了旅游容量相应的计算核定方法，可供参照。

旅游容量是一个可变的量，当同一旅游地旅游活动的形式、性质改变了，旅游容量随即改变。不同类型的旅游、资源等对容量的要求和侧重也不同。所以，对一些代表性、特殊性旅游区域的容量指标和旅游容量计算方法，如海滨地区、温泉地区等，也应予以关注了解，其指标与计算方法与一般观光游览型景区有明显差异。

8.3　旅游项目策划与旅游产品规划、旅游商品开发

8.3.1　旅游项目策划

1. 旅游项目及旅游项目策划简述

关于什么是旅游项目，目前并未明确统一。参照世界银行的解释，项目是投资项目的简称，它是指在规定的期限内，为完成某项或一组开发目标而规划的投资、政策、机构以及其他各方面的综合体。旅游项目作为项目中的一类，由此可认为旅游项目是指为完成旅游开发目标而规划的投资、政策、机构、策划等方面的综合体。

也有机构、学者认为旅游项目是一种持久的旅游吸引物，其吸引对象不仅是旅游者，也有当地居民。还有学者将旅游项目界定为一种设施或是活动，它是具体可见的，可以落实到具体的地块上，有特定的主题和明确的功能。

梳理不同视角可以发现，旅游项目的含义涉及综合体、吸引物、设施和活动、基本建设单

位、休闲活动与方式、旅游产品、非旅游产品等。

综上认识，结合项目本身概念，本书将旅游项目定义为：广义层面，旅游项目是借助旅游资源等条件，结合市场需求，开发出的以旅游者为主要使用对象，兼顾旅游地居民，以服务旅游发展为主要目的，以实现旅游经济、社会和生态环境效益为目标的旅游吸引物及其承载条件构成的独立空间综合体。狭义层面，旅游项目是指为形成旅游活动而独立提供某一方面或若干方面支持的有形的空间功能承载单位。

旅游项目具有建设时间限定性、目的性、功能性和具体性、实施性、产出性等特点。旅游项目既有（硬质）物质性旅游项目，也有（软质）非物质性旅游项目，一般来说，若不专门说明，是指物质性旅游项目。

旅游项目策划是旅游策划的一种类型，具有综合性、空间指向性和产品生成性等特点。具体来说，旅游项目策划就是通过深入调查研究，以旅游资源为基础，以市场需求为导向，以创造经济效益促进旅游发展为核心目的，创造性地整合各种要素条件，使其转化为旅游开发项目构思与建设内容构成。

旅游项目策划的目的是通过调查自然条件和社会经济环境以及旅游资源，定位细分市场，构建产品体系与空间布局，分析和评价可行性、投资收益等一系列内容，确立项目开发的落地性、市场生存力，并使策划项目效益和价值达到最大。

2. 旅游项目的类型

划分角度不同，旅游项目会有不同的类型。

从投资开发建设整体性角度，按照项目空间实体对象不同，旅游项目可分为风景区旅游项目、森林公园旅游项目、乡村旅游项目、度假区度假村旅游项目、主题公园旅游项目、旅游地产项目等（这些项目一般都对应于旅游个体项目）；按范围大小不同，旅游项目可分为旅游地项目、旅游带项目、旅游景区项目、旅游景点项目等（其中旅游地项目、旅游带项目一般对应旅游总体项目，旅游景区项目一般对应旅游个体项目，旅游景点项目一般对应旅游单位项目）。

从空间规划功能实体角度，旅游项目包括旅游游赏项目（如景点、观景设施、旅游体验活动设施、绿化景观设施等项目）、旅游基础设施项目（如水、电、路、通信、环卫等项目）、娱乐活动设施项目、旅游服务及配套项目（如游客服务中心、餐饮住宿及购物设施项目、后勤服务保障等项目），从层级上来说，其均属于分类子项目和单位项目。

从旅游供给和形成吸引物角度，旅游项目可分为观光旅游项目、度假旅游项目、生态旅游项目、专项旅游项目（如工业旅游项目、研学旅游项目、宗教旅游项目）等。这类划分方法更多只是标识了旅游项目的旅游属性特征，在一定情况下，其与项目自身产生的旅游产品会出现同名重叠现象。

3. 旅游项目策划原理

（1）信息依赖原理。项目策划是建立在科学合理分析前提下，依靠策划者的知识、经验与创造性思维，实施的理性决策与艺术创造的过程。这一过程需要大量客观真实信息作为基础，缺乏准确、全面、及时的现状信息调查和统计，策划就无法顺利完成。因此，真实有效和足量的信息线索成为项目策划的基本前提。

(2)需求导向原理。市场是项目的试金石,能否发现并满足旅游市场需求是旅游项目策划成功与否的关键。

①深入细致的市场调查,研究游客的心理、决策过程、行为规律,以及发现其旅游需求是策划的基础性工作之一。

②以现实旅游需求为依据,充分考虑需求发展变化趋势。从需求角度评价旅游资源,寻求资源与需求之间的最佳对接点,使策划出来的项目和产品符合市场和游客心理预期。

③基于马斯洛"生理、安全、归属、受尊重、自我实现"需求理论,休闲阶梯模型把旅游休闲需求分为了五个等级:涉及生理的需求、安全与保障的需求、关系发展与延续的需求、具体兴趣和自我发展的需求、自我实现的需求。这种旅游需求的层次性、多样性和变动性为策划人员把握其特点与发展趋势带来了挑战和无限创意构思的空间。

④呼应人的五种非生理需要。弗洛姆提出其包括定向的需要、关联的需要、回归的需要、超越的需要、同一感的需要。

⑤顺应需求是旅游策划的基本思路,激发需求、引导需求是中级层次,创造需求属于高级层次。

(3)创意核心原理。旅游属于运作类创意经济型产业。旅游策划也具有创意经济的典型特征,离开了创意,旅游策划就失去了生命力。

发展旅游产业及其项目必须具备创意经济思维,完全依靠旅游资源和资金发展旅游业的时代已经过去,依靠创意策划来提升旅游资源开发水平,以及旅游项目和产品、服务与管理质量的"智力强旅"时代已经到来。

(4)意义生产原理。寻求意义并在任何具体形式中赋予价值意义,是人类内心最深层的呼唤和追求。意义是无形的,必须寓于一种载体之中,代表某种意义的载体就是"符号"。

人们会把自己参与的旅游消费活动当作展现某种意义的舞台,把旅游消费品当作展现某种意义的道具,旅游消费及消费品由此就成了某种社会(精神)意义或文化意义的符号。

从这一角度出发,旅游策划就是意义生产,就是打造文化符号,创造符号价值的过程。基于此认识,旅游项目策划应考虑如下几点:

①在意义消费条件下,策划要以创造满足旅游消费者意义需求的符号价值为主,为其创造符号价值。

②根据符号吸引理论,旅游吸引物形成过程可分为:命名、框限与提升、祀奉秘藏、机械复制、社会复制五个阶段。

③文化符号提炼和运用程度是影响旅游产品生命力和旅游文化发展水平的重要因素。

④深入把握原型理论,全面认识具有普适意义的原型(荣格所识别和描述过的众多原型中,有出生原型、复活原型、死亡原型、智慧原型、巫术原型、英雄原型、上帝原型、大地母亲原型,以及许多自然物造型如树林原型、太阳原型、月亮原型、动物原型,还有许多人造物原型如圆圈原型、武器原型等)。

⑤注重品牌塑造和品牌营销。只有旅游品牌这一包容性很强的符号才有能力将旅游项目及其产品、服务和意义整合在一起。

(5)体验塑造原理。旅游消费作为旅游者追求的一种愉悦的心理历程和体验别样快乐的经历，实质上是一种更高要求的体验消费。旅游体验包括娱乐体验、教育体验、遁世体验和审美体验，让人感觉最丰富的体验是处于四个方面交叉的“甜蜜地带”的体验。

富有吸引力的旅游体验是需要精心塑造的，基本塑造方法包括五种：明确体验的主题；以正面线索塑造形象；消除负面因素；提供纪念品，使体验社会化；重视感官刺激。

体验经济的快乐剧场模型认为，体验产品与服务具备多种戏剧特征。旅游体验塑造中应把握前台、帷幕、后台的关系。在文化旅游资源开发与体验塑造中，前台是商业空间，后台是原生文化空间，帷幕是两者之间过渡区；从“前台”到“帷幕”再到“后台”应该是商业化氛围逐渐减弱，文化“真实性”逐渐增强的过程。

4. 策划方法、内容与程序

旅游项目策划方法主要解决遵循怎样的策划思路、视角和手法，如何谋划出适应旅游区域条件、资源特点和市场需求的项目立意构思问题。旅游项目策划的主要方法可参考借鉴表8－4。

表8－4　旅游项目策划的主要方法

方法名称	主要内涵	分析评价
比较法	对类似旅游项目的优缺点进行深入分析，取长补短，从而使旅游项目具有比较显著的优势	对比参照
逆向思维法	突出策划方案的与众不同，以达到吸引游客的目的	强调创新
调查研究法	通过现场的调查从而占有策划所需要的第一手资料，并且在头脑中形成一个开发策划的基础模型，之后需要对资料进行深入研究，通过分析最后确定策划方案	获取真实信息线索
移植法	把其他事物的特点和功能合理地移植过来创造另一种新事物	学会借用
市场-项目-资源法	在所想到的项目种类的基础上，按市场选择、资源制约两大因素进行筛选，直到选定合适的项目	简单易行，但对市场潜在需求、资源状况的了解可能会受工作条件、认识水平的制约
时空搜寻法	从空间轴、时间轴两个向量上搜寻与本地区位、市场和资源条件的最佳交叉点的方法	两个维度
项目归纳法	在空间上找寻与旅游目的地相似的地区，在时间上找寻相似发展阶段其他旅游目的地的项目策划，并分析这些项目与对象的相似程度和借鉴意义，再结合本地的资源、市场等实际进行策划的方法	与时空搜寻法、移植法有一定交叉
人工建设法	用建设人工景观的方式来创新性地策划旅游项目	属于“无中生有”
专门技术综合法	以艺术、科学等专门技术线索，通过浓缩、拓展、综合再现等途径，将科学技术主线转化为形象生动的物化方式	艺术＋技术

续表

方法名称	主要内涵	分析评价
旅游机会谱法	通过结合环境(自然、社会、管理)、游客体验、旅游地的游憩活动,将旅游地划分为不同的机会类别(等级),在不同的机会类别中筛选不同的旅游活动	机会的选择
破除法	运用创造性思维、打破常规惯例而构思出“人无我有、人有我优、人优我专”的项目	反常规
优势组合法	将不同的要素重新进行连接组合	强强联合
昂谱分析法	从旅游资源、旅游市场、旅游产品三方面分析旅游项目的开发	与市场-项目-资源法有一定交叉
交叉经验分析法	首先根据当地旅游资源状况,提出每种资源可开发成的旅游项目,并把其列举出来,进行功能定义和整理;然后分析旅游市场状况可能会在某个项目出现制约因素,或者一定时期内会有制约以及市场价值存在的问题;最后根据市场价值和实施的可能排列出各个项目的重要度	与市场-项目-资源法、昂谱分析法类似,都要求对旅游资源和市场有明确的认识
属性列举法	将旅游项目可能的所有功能逐一列举出来,然后对这些功能的属性进行分析,找到适合于旅游开发的功能	
强制关联法	将几个不同的旅游项目排列出来,然后考虑每一个项目与其他项目之间的关系	相互启发
问题分析法	从旅游者入手,询问旅游者对有关旅游的需求、问题和对项目策划、创意的想法,根据旅游者的启发,来开展项目的创意	关注问题
拍脑瓜法	又称创意法,收集有关产品、市场、消费群体的信息,对材料进行综合、分析与思考,然后打开想象的大门,形成意境	灵感与发散的想象
灰色系统法	利用一些已知的行为结果,来推断行为的原因或未来模糊的不确定性行为	
智能放大法	形成对事物全面而科学的认识,然后在此基础上对事物的发展作夸张的设想,运用这种设想,为具体项目策划提供启发	
嫁接法	往往建立在哲学、文学、艺术、地理、建筑等学科的研究成果基础上	
头脑风暴法	利用群体力量,成立创意小组,加强成员之间知识、经验、灵感的交换和碰撞,集思广益,激发创意	

关于旅游项目策划程序和内容,从企业和市场操作层面,程序上一般是先策划旅游总体项目或旅游个体项目,再立项和规划设计项目,而后投资建设项目。从政府操作层面,一般是通

过制订不同层级的旅游规划,在规划中策划与设计一些意向性旅游总体项目或明确一些较具体的旅游个体项目,进而通过政府投资或招商引资、企业投资等方式展开实施,并由投资建设主体开展旅游个体项目产品策划,编制相应层级规划,明确项目落地问题。

在实践中,还应注意了解旅游项目策划常见的两种情况。一种情况是对于有旅游开发价值和潜力的区域,拟开发一个整体性旅游项目而言,一般可称之为旅游地块开发类项目综合策划。该类策划是规划前的策划,策划先行;其策划对象简单说就是一个旅游个体项目,如一个大型景区的整体策划。另一种情况是在一个指定旅游规划空间地域范围内,主要对各种旅游游赏项目(及旅游产品构成)策划而言,一般可称之为游赏项目(及产品)布局类策划。其策划对象是一些具体的单位旅游项目,如一个景点项目关于选址布局、命名、功能、特色、旅游产品、业态等核心内容构成的策划。本书因侧重从旅游规划角度看待问题,所以本章节所提的旅游项目策划主要是指第二种情况。旅游(开发类)项目策划程序和主要内容见图 8-2。

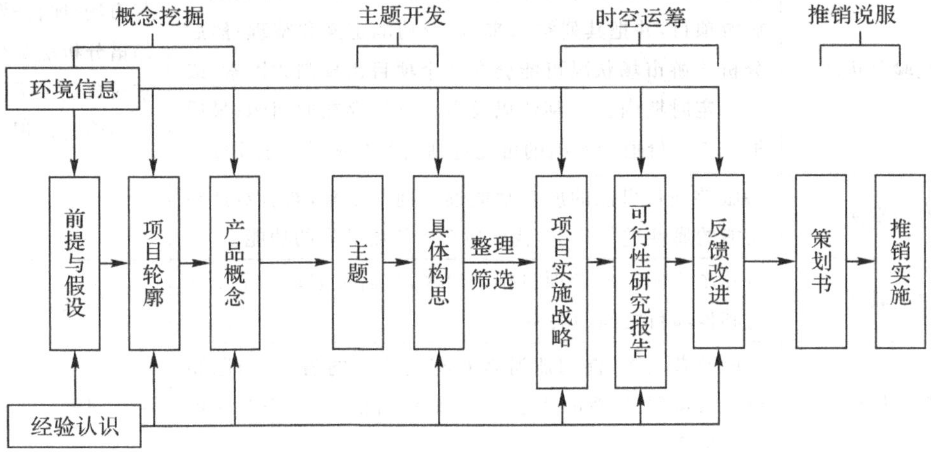

图 8-2 旅游(开发类)项目策划一般流程图

具体来看,旅游地块开发类项目综合策划主要是对拟开发地域的旅游资源和市场状况进行评估,制定出旅游项目开发的总体策划方案,明确项目构成及开发时序,进而制定策划细案及执行方案,形成具体投资决策及各阶段投资计划、工作内容框架等。后者(旅游布局类项目策划)则是规划中的策划,一定程度上是规划先行,规划中有策划,策划与规划设计紧密结合,一同进行。即在规划地域对象基本定位、功能设置等要求下,结合旅游资源和市场需求,从空间布局和旅游内容、设施设置等角度对旅游游赏项目(及产品)构成体系进行梳理构思,明确其特色、旅游资源利用方式及项目可推出的旅游产品等问题。

做好旅游项目策划,还应注意学习成功的旅游项目策划的经验,如成功的旅游项目策划的关键往往在于策划创意起点高、理念新、内涵深、特色强,卖点及其产品适应了市场的需求。同时也应避免策划中常见的一些问题,如克隆模仿,产品雷同;竞争力不强;缺乏文化内涵,附加值不高;创意不新,吸引力不强;没有量身定做,缺乏个性等。

总之,通过追求能落地的旅游项目策划,可将规划的大理念转变为具体子项目和开发产品。只有通过旅游项目策划,才能使规划设计的用地空间布局有形有魂,适应旅游发展和市场需求,对规划意图实施形成有力支撑,从而保障旅游发展目标得以实现。

8.3.2　旅游产品规划

1. 旅游产品概念

产品在市场学中被定义为能够提供给市场并引起人们注意、获取、使用或消费以满足某种欲望或需要的任何东西，包括各种有形物品、服务组织和想法。旅游产品的概念不同于一般意义上的产品，较为复杂，认识也未统一。

梳理相关学者对旅游产品的认识并结合对国内实践应用的观察，本书将旅游产品概念总结为两个角度下的概念体系。

一个是从旅游供给生产主体角度上的广义理解。旅游产品对旅行服务商、企业而言，一般是指旅游线路，是将一系列景区景点及活动等内容串联起来提供的整体经历服务，可称为“全包产品”；对旅游网络、金融服务商而言，旅游产品是各种咨询、预定、安全产品、保险等在线服务产品；对景区运营旅游企业而言，旅游产品是依托景区景点、旅游项目、设施和环境等载体，提供的游赏活动等体验服务产品；对旅游配套服务商而言，旅游产品是指诸如餐饮、住宿等服务产品；对旅游用品、商品生产企业和生产商而言，旅游产品就是其借助于资源物资材料和一定设施工艺所生产出来的专用于旅游销售的有形制成品（该类旅游产品较为特殊，当其进入销售渠道出售时，其身份为旅游商品）。由此，旅游产品可定义为旅游运营开发商、相关各类型服务商提供的无形或非物质性产品服务或旅游生产商提供的有形制成品。

另一个是策划、规划语境角度上的狭义理解。旅游产品是指通过形成旅游吸引物，游客获得的各种物质与精神享受、旅游经历感受。旅游吸引物最终形成的是旅游产品的内核，服务获得与经历体验是其最终呈现。由此，旅游产品可定义为旅游企业依托景区景点、设施和环境等项目载体，进行设计组合，有偿提供的、与游客旅游目的需求相契合，能为游客所接受和消费的各类经历体验、相关服务，并以此作为旅游消费的交换物。本书在未加说明的情况下，均指狭义的旅游产品。

2. 旅游产品构成要素

不同形态的旅游产品，由不同的内涵要素组分构成。梅特利克和米德尔顿最早将旅游产品定义为构成游客全部体验的一系列活动、服务和利益，并提出了旅游产品组分模型，即旅游产品包括了目的地景点、目的地设施、可达性、形象和价格等五个组分。

史密斯对旅游产品的形成则提出了一种解释模型，见图 8－3。该模型为一平面圈层结构，核心是物质基础，即位址、自然资源或类似度假区等设施，以及由陆地、水体、建筑物和基础设施等构成的旅游产品的物质基础。然后依次向外，分别是服务、接待业、游客的选择自由、游客的参与机会。这一模型体现出旅游产品的形成要素不仅涉及物质要素、服务要素、产业要素，还涉及心理行为要素。

现代规划实践中对旅游产品基本构成要素的关注点一般包括：旅游吸引物（体现旅游资源价值及市场需求）；旅游服务形式及产品盈利点；相关的旅游设施；内外部可进入性（交通通达条件、通信联络条件、安全性、进入手续繁简度等）；游客体验感知、付出成本等。总体来说，旅游产品是旅游诸要素的一种巧妙和有效的“组合”“混合”“综合”。

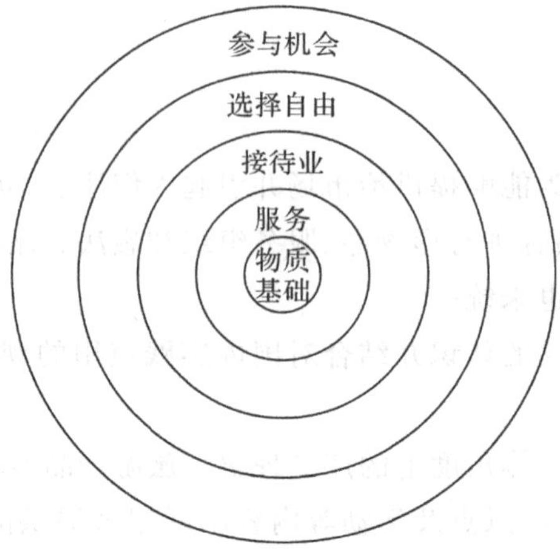

图 8－3　史密斯旅游产品模型

3. 旅游产品特性

旅游产品不同于一般产品，是一种特殊性产品，表现在：

（1）不是以物质形态表现出来的一个个具体的劳动产品，而更多是以体验与服务表现出来的组合型产品。

（2）旅游产品的"生产"过程不同于一般的物质产品。物质产品的生产表现为劳动者利用生产工具对劳动对象进行加工改造，从而生产出不同的物质产品，生产过程是完全独立于消费者之外的；旅游产品的"生产"表现为劳动者借助旅游资源与设施直接向消费者（旅游者）提供无形的体验和服务。

（3）旅游产品价值的特殊性和大小主要表现在旅游服务价值量及旅游吸引物价值量的确定上。

（4）旅游产品与旅游地一样，具有一定的生命周期规律。

（5）旅游产品具有内外关系。从旅游产品构成关系的内部来看，其可供选择的不同组成要素间具有两种关系，即共生依存关系和代用、替代互补关系。旅游产品的外部关系，是指旅游区内某一旅游产品和其他不同旅游产品之间，旅游区内某一旅游产品与区域周边外围旅游产品之间的关系，一般为合作互补或竞争冲突的关系。

4. 旅游产品的开发

旅游产品的开发是各类旅游资源转化为旅游吸引物的最终形态，也是旅游地（景区景点）重要的旅游消费对象和效益来源，但旅游产品的开发并非易事，实践中往往会出现许多问题。总体而言，现阶段中国（旅游景区景点）旅游产品体系供给中存在的问题主要体现在三个方面：旅游产品结构相对仍然单一，有效供给不足；旅游产品缺乏地域和自身文化特色，供给质量较低；旅游产品要素配置不合理，供给效率不高。

对于旅游产品的开发，在此主要介绍"四有旅游产品开发模式"和昂谱分析模式。

所谓四有旅游产品开发模式，也是旅游产品规划需遵循的操作要点，即有理念、有线索、有格局、有层次。这一框架模式对旅游产品形象、文化历史背景、空间构成与价值、开发重点等进行了规定。理念即旅游产品理念系统，是旅游产品开发的精髓，通过构建旅游产品（吸引物）理念，正确引导旅游产品开发，并通过旅游产品反映地域旅游形象和主题；线索即地区历史文化背景；格局即空间构成与价值品味；层次即对旅游产品重要性程度的界定，要求能突显重点旅游产品。

在此基础上，我们也提倡"新四有旅游产品开发模式"，即"有名头、有说头、有看头、有玩头"。有名头即旅游产品要打造形成品牌和知名度；有说头就是旅游产品有实质内容，有故事，有历史或文化底蕴；有看头就是景观好、环境好或外在形式效果好，有审美情趣；有玩头就是要可融入，有体验性、参与性、互动性或沉浸性，带来身心愉悦，别样感受。

昂谱分析模式（见图 8 - 4）是一种以产品为中心的旅游规划分析方法，是指在区域旅游产品开发中，分别进行 R（resource）性分析和 M（market）性分析，然后以此为基础进行 P（product）性分析，并最终提出以旅游产品为中心的规划框架。该模式注重考虑对资源的评价和合理利用，同时对客源市场进行充分分析，力图避免产品"有效需求不足"现象的出现。虽然该模式十分重视对客源市场的分析，但并未充分考虑到市场与产品的互动性以及由此产生的旅游者体验。因此，在运用昂谱分析模式时，还要把握好资源、市场、产品的互动关系，这是引导旅游者获得体验的根本保障。

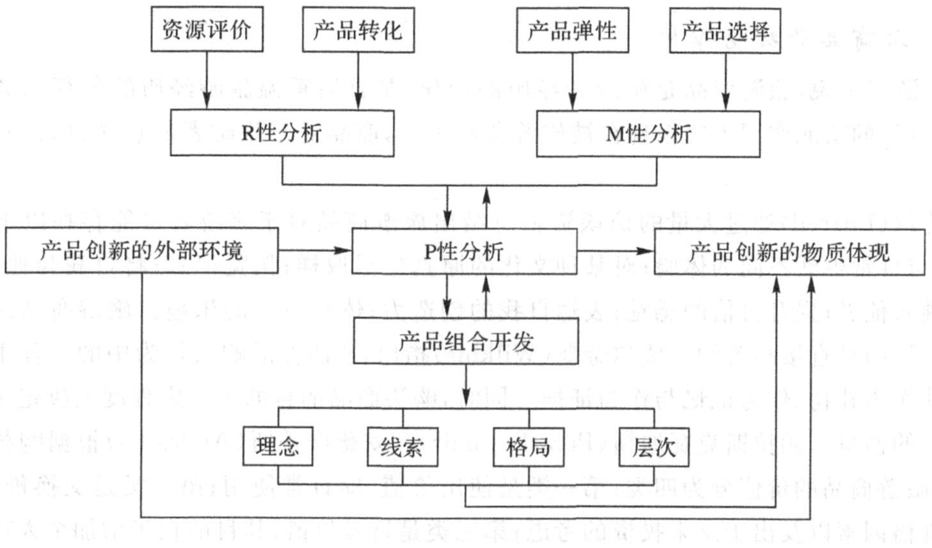

图 8 - 4　昂谱分析模式

8.3.3　旅游商品的开发

1. 旅游商品概念的辨析

旅游商品的现有定义主要是从旅游购物行为发生的时间和空间、商品特征的角度来界定的，并基本形成了两个共识：第一，时间和空间上具有"购买行为的异地性"；第二，对象属性有别于服务产品，是"有形性"物质品。

旅游商品，从游客角度理解就是在旅途中旅游者购买的一切实物（不包括诸如旅游餐饮、住宿等服务及参观、游赏、演艺等旅游产品）；从生产者、销售者角度理解就是在旅游活动发生地域向旅游者提供的满足其各种旅游需求，或具有吸引力，具有纪念性、艺术性、地方性、实用性、轻便性等特点的各种物质产品。旅游商品的基本特点同一般商品一样，是有形的，是可携带走的。

2. 旅游商品分类

《旅游资源分类、调查与评价》(GB/T 18972—2003)从旅游资源角度将旅游商品基本类型分为：菜品饮食、农林畜产品与制品、水产品与制品、中草药材及制品、传统手工产品与工艺品、日用工业品、其他物品。

从当前旅游商品分类来看，其共同点是都会包含旅游纪念品与旅游日用品两种商品类型；差异点在于，有的分类中还包括旅游准备品、旅游消耗品、旅游专用品、旅游工艺品、仿古制品、旅游食品、土特产等不同的商品类型。

此外，旅游商品还存在以下一些分类方式，一种是以旅游活动(不同阶段与不同方面需求)为评判标准的分类，包括了旅游日用品、旅游准备品、旅游消耗品和旅游专用品等；另一种是以商品自身特征为标准的分类，包括了旅游纪念品、旅游工艺品、仿古制品、旅游食品与土特产等。此外，还有以旅游文创为代表的创新旅游商品形态分类，如旅游文创商品、文化衍生创意新品、馈赠礼品、伴手礼等。

3. 旅游商品的功能作用

对旅游者来说，旅游商品是旅游者经历的物化，是日后重温旅游经历的象征和载体。所以，旅游商品的功能作用主要表现在被旅游者购买后，商品对于旅游者的意义、用途和价值等方面。

利特尔(Littrell)通过大量的访谈资料总结出旅游商品对于旅游者可能存在以下八种象征意义：与日常生活不同的体验；对某种文化的原真生活取样；拓宽视野；将自我与他者区分；将自我融入他者；提升自信的感觉；表达自我的创造力；体验审美的乐趣。旅游商品的购后用途与购买目的是直接相关的。威尔金斯(Wilkins)指出，旅游商品购买行为中的三种主要目的在于将其作为礼物、作为记忆与作为证据。同时，购买商品的目的也一定程度上决定了旅游者对其价值的衡量。帕拉斯克瓦迪斯(Paraskevaidis)和安德廖蒂斯(Andriotis)根据购买目的的不同，将旅游商品的价值分为四类：第一类是使用价值，即日常使用；第二类是交换价值，其目的在于价格因素以及出于未来投资的考虑；第三类是符号价值，其目的在于增加个人声誉和社会地位；第四类是精神价值，其目的在于宗教信仰以及相信某些宗教纪念品可以让其获得超自然的力量。

此外，旅游商品对开发地域资源、推进旅游产业结构调整、带动相关产业发展、提供就业岗位、繁荣旅游产业经济、活跃市场、提高购物水平、增加旅游收入、传播旅游目的地整体形象等方面，也都具有十分重要的作用和意义。

4. 旅游商品开发原则及基本设计思路

事实上，许多商品在旅游产业出现之前便已经存在，只是在旅游发展过程中，这些商品经过旅游生产(销售)系统的针对性加工而成了旅游商品，这种包装加工的过程可以称作是商品旅游化的过程。在旅游发展中，商品旅游化往往是不可避免的，它体现了一种旅游经济比重逐渐增加的过程。

所以，旅游商品开发、设计与市场建设必须遵循商品经济规律，以市场需求为导向原则，根据旅游商品特点、游客旅游活动行为规律和不同层次旅游购物需求，统筹规划特色旅游商品和市场布局。现代旅游商品的市场需求导向原则主要体现在功能、技术、外观及理念四个方面：

(1)对商品实用性的需求，即拓宽原有纯装饰功能的思路，寻找更多的实用商品作为载体，迎合理性消费群体。

(2)对先进科技的需求，即充分利用先进的科学技术对产品材料、工艺等进行优化与创新，跟上时代发展步伐。

(3)对时尚流行元素的需求，即通过再设计改变传统旅游商品长久不变的固有形态，注入新的要素以满足现代消费及审美需求。

(4)对情感体验的需求，即商品能在与人交互中给予使用者(特定)文化与生活的体验。

总之，如何处理好传统文化、技艺、产品与现代技术、当代文化、时尚产品之间，地域特色与大众商品之间的关系，是旅游商品开发与创新能否成功的关键。

同时，旅游商品开发应遵循以下基本的设计思路：应将文化的传承性、民族性、地域性、现代性、创新性等特色与嫁接、组合、重塑、变异、模拟、植入、仿生、整合等创意设计方法进行有效结合，深入挖掘商品材料及其构成的内在价值特点，从而不断丰富旅游商品在审美、功能、品质、技术含量及文化等各方面的价值，避免同质化，提升旅游商品的吸引力。

5. 旅游商品规划内容要点

除分析地域旅游商品发展现状与市场存在问题，明确发展定位、分类层级构成、特色、发展目标等主要内容外，旅游商品规划的基础性内容是加快旅游商品研发、生产、销售场所与营销服务四大体系建设及拟定相应措施，从而建立起集特色化、系列化、品牌化、规模化于一体的旅游商品研发、生产架构，以及布局合理、层次分明、运转有序、营销有效、品牌与地域特色鲜明的旅游商品市场空间格局。

旅游商品研发、生产、销售场所与营销服务四大体系的建设规划内容包括：

(1)构建由地域美术院校机构、创意设计单位、工作室＋旅游商品协会＋旅游商品生产企业等多方组成的密切合作的旅游商品研发体系。

(2)通过政府引导和政策扶持，培育形成地域特色旅游商品生产基地＋(骨干龙头)生产企业＋个体民间作坊、工坊等分层互补的旅游商品生产体系。

(3)通过政府支持和市场运作，建立旅游商品批发交易市场、集散中心＋旅游购物休闲街、步行街＋旅游购物商店、专卖店、免税店、老字号等多层次的旅游商品销售体系。

(4)通过规划指导政府、企业及平台宣传运作，推动构建地域文化＋旅游 IP 创作、孵化及商业运营，逐步形成覆盖视觉、新媒体、影视传媒、商业应用、全渠道传播的旅游商品品牌营销服务体系。

6. 旅游购物体验的基本类型

影响旅游者购物行为意向的因子主要包括：旅游者态度、旅游者主观规范、旅游者知觉行为控制及客观影响因素。旅游购物体验基本类型如图 8－5 所示。

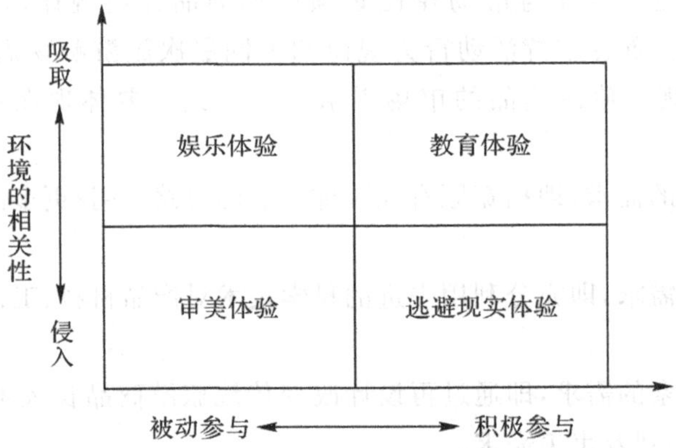

图 8－5　体验的四分图

旅游购物应从人(people)、产品(product)、地点(place)三个方面着手,使购物行为"体验化"。对于旅游消费所倡导的体验式旅游购物,其行为构成分析可通过分析模型(见图8－6)加以了解。

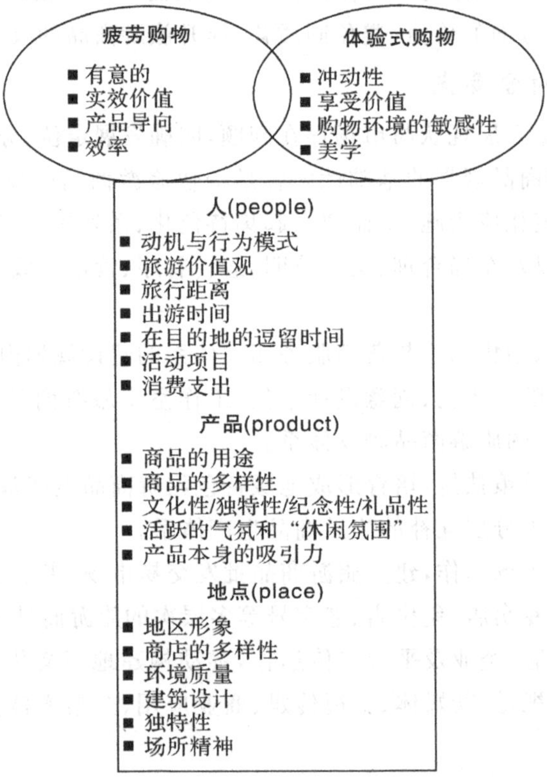

图 8－6　体验式旅游购物的分析模型

8.4 旅游绿地与景观系统规划

8.4.1 旅游绿地系统规划

1. 旅游绿地系统规划作用

在城市规划术语标准中，城市绿地是指以植物为主要存在形态，专门用以改善生态，保护环境，为居民提供游憩场地和美化景观的各类绿化用地。

城市大类绿地包括公园绿地、防护绿地、广场用地、附属绿地、区域绿地，具体分类可参考《城市绿地分类标准》(CJJ/T 85—2017)。其包含两个层次的内容：一是城市建设用地范围内用于绿化的土地；二是城市建设用地之外，对生态、景观和居民休闲生活具有积极作用、绿化环境较好的区域。从该标准中可以看到，适宜发展旅游、生态环境较好的地域，如风景名胜区、森林公园、湿地公园、其他风景游憩绿地等大多将其划分在区域绿地大类当中。

目前对于旅游规划而言，《旅游规划通则》中并未对用地分类给出明确规定，仅在编制要求中说明应与城市总体规划、土地利用规划相适应，与其他相关规划相协调。且在与旅游规划关系十分密切的风景区规划规范中对风景区规划用地分类中大类只包括：风景游赏用地、游览设施用地、居民社会用地、交通与工程用地、林地、园地、耕地、草地、水域、滞留用地，也并未明确旅游绿地类型。所以，旅游规划中的绿地系统规划当前只能参照城市规划中的绿地系统规划内容，结合旅游项目特点和需要，因地制宜开展编制。

旅游绿地系统规划的目的作用主要是在旅游规划区域内，保护生态环境与植被系统，为旅游活动开展和旅游业可持续发展提供良好的自然环境条件，与营造景观相配合，实现旅游环境的绿化美化、生态化，承载游赏游憩休闲等功能活动，并对各种绿地进行定位、定性、定量的统筹安排，形成具有合理结构的绿色空间系统。

2. 规划基本工作内容

(1)涉及绿地现状调查评价、分析发展要求与需要。

(2)涉及明确绿地分类属性、功能作用、绿化指标、规划目标等。

(3)涉及绿地系统分区、布局与结构，包括规划地块布局体系、层级结构、位置分布、用地范围、规模大小、相互空间关系、比例关系、节点轴线等。

(4)涉及明确滨水系统功能定位、形态特点、风格等。

(5)涉及对绿地植物选择与配置，环境小品位置、风格等进行系统规划设计，以及生物多样性保护、古树名木保护等。其中，植物配置规划包括种植景观类型、特点、配置形式(孤植、散植、对植、丛植、群植、列植、阵植、造型种植、花境等)、树种选择、位置选取、植物搭配方式等。

(6)涉及分期建设计划、规划实施及措施等。

以上规划内容只是参考，实践中视规划层级、类型及项目具体情况可进行调整增减。

8.4.2 旅游景观系统规划

1. 景观及景观规划的目的及作用

景观最为狭义和惯常的认识，是具有美感的景色、风景，更广义的层面具有地理学和生态学的含义，并涉及以视觉为中心的知觉过程、对环境总体感知和认识。

在《风景名胜区总体规划标准》(GB/T 50298—2018)规范术语解释中，景观指可以引起视觉感受的某种景象，或一定区域内具有特征的景象。

从旅游景区景点及旅游线路等旅游地域打造和发展来看，其都与旅游景观规划设计具有紧密的联系。通过科学、合理的景观体系规划设计，能够将旅游地区各个方面自然、文化、视觉等资源要素有效结合，从而形成一个具有生态性的美学整体环境，提高旅游地域品质，推动旅游环境保护，促使旅游地区有更好的形象观感、吸引性和自身特色，并形成与之相应的观光游赏产品。

2. 基本规划工作内容

旅游总体规划中主要涉及景观资源调查分析挖掘、地域内旅游景观系统的总体空间布局，整体景观体系构成及主要的景观节点、景观视线视廊、景观带、景观区域对应定位、项目规划内容要点、空间关系、景观意向等。

旅游修建性规划中更为细致一些，除整体景观系统空间布局与构成外，主要有重点景观项目详细规划的内容说明，以及平面布局详图、景观意向、景观透视图或效果图等。

景观规划内容还会涉及：

(1)整合和挖掘景观要素构成、策划设计景观点，如自然景观要素(山体、水系、地貌、植被等)、人文景观要素(有价值的历史人文建筑、遗迹、设施、文化遗产、象征性记忆性元素、场景等)。

(2)明确空间景观类别、景观主题，如山岳景观、大地景观、田园景观、建筑(群落)景观、设施景观、园林景观、水系景观、植被景观、种植景观、遗址遗迹景观、天象气候景观、人文活动景观等。

(3)梳理空间与景观组织、景观分区、布局形式、空间景观层次、景观序列，如组织手法、可体验性、空间轴线、道路线性景观、开敞空间(广场等)、景观视线走廊、天际线、边界、(街巷)景观界面、景观地标、出入口、制高点等。

在风景名胜区规划规范中，还涉及专门的典型景观规划内容，即对其主体特征景观或有特殊价值的景观进行典型景观规划。

在风景区总体规划层面，《风景名胜区总体规划标准》(GB/T 50298—2018)规定，典型景观规划应包括：典型景观的特征与作用分析；规划原则与目标；规划内容、项目、设施与组织；典型景观与风景区整体的关系等内容。同时，典型景观规划必须保护景观本体及其环境，保持典型景观的永续利用；应充分挖掘与合理利用典型景观的特征及价值，突出特点，组织适宜的游赏项目与活动；应妥善处理典型景观与其他景观的关系。《风景名胜区详细规划标准》(GB/T 51294—2018)规定，景观保护和利用规划应包括景观与自然生态保育、景观评价、景观特征分析与景象展示构思、景观环境整治与提升、观赏点建设、景点利用、景群利用、景线利用等内容。

需要注意的是，旅游绿地系统规划与景观规划联系紧密，应相互衔接，协调呼应。

8.5 旅游(道路)交通规划

旅游(道路)交通规划是在调查分析现状,预测未来旅游发展需要和满足旅游市场需求的基础上,对旅游地交通体系发展目标、总体布局、建设重点和时序等工作内容形成的整体谋划方案。它有别于地方的社会公共性交通体系。

旅游(道路)交通规划的目的主要是创造便于游览,快捷、安全、舒适、多样的旅游交通条件以及“旅速游慢,旅短游长,旅中有游,游旅结合”的旅游交通环境,促进旅游可达性和旅游交通运输业的发展。其作用主要是作为满足旅游发展对交通需求的基本保障,以及组织建设实施的重要依据。

8.5.1 区域旅游(道路)交通规划

对于区域旅游发展规划而言,该专项规划基本内容涉及:

(1)确定规划总体目标、分阶段目标,定性与定量目标。其中,定性目标主要是旅游交通体系在区域旅游中的定位、功能、交通方式构成、发展水平等;定量目标包括各类主要旅游交通枢纽场站港口等设施布局、等级规模,各类交通线路长度、等级指标、旅客运输能力,各类交通运输工具构成比例及数量规模等。

(2)确定公路旅游交通规划内容。其内容包括:公路交通方式的地位与作用;规划其旅游交通总运力占比;公路等级及分布、线路长度、道路网络结构;公路客运站、停车场等的布局、等级与规模;旅游交通线路网络布局;旅游服务车辆构成与档次、公路交通旅游标识体系等。同时应考虑体现旅游风景道、旅游观景台、自驾营地、汽车营地等旅游交通发展新需求和新变化的发展需要,考虑高速公路不同时间半径交通圈的覆盖范围。

公路等级选择、客运站级别确定、旅游停车场车位配建等应参照执行《公路工程技术标准》《公路汽车客运站级别核定和建设要求》等标准的规定。

(3)确定铁路旅游交通规划内容。其内容包括:铁路交通方式的地位与作用;规划其旅游交通总运力占比;铁路等级及布局分布、线路长度;铁路客运站数量、布局、等级与运量规模,旅客列车和旅游专列的数量和档次,铁路(特别是高铁、动车)沿线旅游城市及主要客源市场;火车站疏散交通方式构成、主要人流走向等;站房、站台、站前广场等人流密集重要场所的地域旅游形象打造、宣传和服务。

(4)确定航空旅游交通规划内容。其内容包括:进行航空旅游交通布局优化,结合机场规模等级、航空线路通达范围、航线性质、民用客机和航班数量规模,确定航空交通方式的地位与作用;规划其旅游交通总运力占比,覆盖主要客源市场地域。

(5)确定水运旅游交通规划内容。其内容包括:水运类型构成(海运、河运、湖运等),交通方式的地位与作用;规划其旅游交通总运力占比;客运港口、游船码头数量、等级及布局分布,泊位数,水运线路长度、数量,航道等级,旅游邮轮、客船与游船数量和档次,客运吞吐量规模等;水运航线沿线连接的旅游城市及主要客源市场等。

8.5.2 旅游景区道路规划

对于旅游景区而言，旅游道路是指供游人游览同时兼顾景区内外生产经营（有可能还涉及生活）、安全、消防等运输作用的道路，其规划由对内交通和对外交通两部分组成。

一是旅游景区的对外交通道路，即从区域旅游中心城镇到旅游景区的交通，应考虑对外交通通道、内外交通的衔接和转换问题。二是旅游景区内的交通道路。旅游景区内的交通也有两种情况，即游览道路（步行道或车船游览线等）与公路，应考虑内部公共客运交通、内部旅游专线交通及自主交通问题。

景区对外交通道路和公路在规划上首先要求方便，能够保证游人进得来，出得去；其次要求安全、经济；最后要求保证旅游景区内的旅游服务、生活、生产所需的物质、燃料、原材料能够运进和垃圾能够运出。旅游景区内的公路在选址和建设时，不能破坏自然景观、植物群落、水系等，同时要尽量减少对游人的干扰。

景区对内道路在景区内主要担负旅游交通、运输和景观、生态等功能，应以游览为主，交通为辅，同时应注意与周围环境相互协调。景区旅游道路一般由旅游干支道、游步道、停车场、桥梁、缆车索道以及配套辅助设施等构成，共同形成景区完整的交通系统。

景区道路规划的基本内容一般包括：

（1）景区周边道路及交通现状调查、分析，景区交通量测算、预测。

（2）综合协调景区用地规划、总体布局及功能分区、景点及旅游项目设施设置、游线设置等因素，进行景区对外交通和对内交通路网结构构建，确定总体布局形态。同时，要与出入口、交通中转、换乘、停车场等配建设施，与缆车索道、观光火车轨道等其他交通线路共同形成景区交通系统。

（3）确定不同道路等级类型、功能，位置走向起止点与选线，定位坐标，断面及标高尺寸，交叉口处理，风格特点，地面材质、绿化景观、色彩、排水、安全等建设要求，交通设施配建，道路工程项目建设时序等。

（4）注意道路规划与各类工程管线规划的衔接。

在规划实践应用中，具体规划内容还可视规划类型与实际需要进行灵活调整。

8.6 旅游基础工程规划

旅游基础工程设施规划除前述介绍过的道路交通工程外，常见的主要包括给水排水工程、电力工程、电信工程、环境卫生工程、综合防灾等专业工程规划。

因景区一般服务设施规模较小、分布比较分散，此外往往远离城镇，所以实施集中供热和燃气供应比较困难，应根据实际情况考虑是否编制供热工程和燃气（能源）工程规划。

基础工程设施规划任务，应以总体规划为依据，提出基础工程设施的控制指标和具体配置要求、建设内容等。注意，应摆脱城市市政基础工程规划思维的限制，结合旅游地域及景区特点，注意差异性，因地制宜开展规划。

8.6.1　给水排水工程规划

给水排水工程规划的基本任务涉及：现状分析，给排水量预测，水源地选择与配套设施，排水系统组织，污染源预测及污水处理措施，工程项目安排与投资匡算等。

1. 给排水现状调查分析

(1)给水资料，包括：水源位置、水源地保护范围、供水能力、给水管网现状图；现状水厂的位置、规模、保护范围；人均用水量、用水普及率；供水水文地质情况、远距离调水工程的基本情况和构想；规划区范围内工农业用水量及用水发展预测；给水工程现状存在的问题及发展设想。

(2)排水资料，包括：排水工程现状图，较大范围的排水去向，周边地区现状水系、雨洪情况；规划区排水(排涝)工程现状问题分析及解决方案；规划区现状排水量及水处理情况；污水处理设施布点、用地面积、处理规模；排水工程规划设想等。

2. 给水用水量

给水用水量应根据游客数量、服务设施的建筑物性质和用水指标进行预测。

(1)散客用水量指标为10～30升/人・天；旅游区居民水量指标为100～150升/人・天；旅游区员工水量指标为50升/人・天。

(2)消防用水，一般按照整个旅游区总用水量的10%～30%估算。

(3)其他用水，一般按照10～20 L/m^2的指标或总用水量的10%估算。

(4)管网漏失水量和未预见水量之和按最高日用水量的10%～15%计算。

3. 水源

无城市自来水管网供水时，水源应优先选用水量充足、水质较好、取水口合理的地下水或山泉水，其次选用溪流及湖泊等地表水，并符合《生活饮用水水源水质标准》。

4. 给水工程系统布置

给水系统应满足用水要求和安全，应根据地形、设施布局、景观要求、技术经济等因素综合评价后确定。

5. 给水处理设施

供水水质应符合现行国家标准《生活饮用水卫生标准》，否则应设置给水处理设施。

给水处理设施应靠近主要用水设施，不受洪水威胁、工程地质条件及卫生环境良好。当水压、水量不能保证供水要求和安全时，应设提升泵站和蓄水设施。

6. 给水管线

给水管线应选择经济合理线路，避开不良地质构造处，宜沿道路埋地敷设。当埋地敷设施工困难、工程量大必须明设时，应满足景观、安全供水、巡线检修、防冻等要求。管网类型分为枝状、环状布局。给水管道应选择安全可靠、施工方便的给水管材。

7. 排水体制

排水系统应采用分流制。散水蓄水并重，综合治理。降水以蓄为主，因地制宜加以利用。

8. 污水量预测

污水量可按日用水量的85%～90%计算。

9. 雨水量预测

雨水设计重现期宜采用1～3年。降雨量较大区域，应根据相应规范标准和实地情况予以调整。

10. 排水系统布局

划分排水分区，排水系统应以重力流为主，不设或少设排水泵站，无法采用重力流或重力流不经济时，应采用压力流。雨水系统宜按照高水高排、就近分散的原则排放。

11. 排水管渠

排水管渠应根据当地水文、地质、气象及施工条件确定材质、构造基础、管道接口和埋深。排水通道可分为明沟或暗沟排放。

12. 污水处理与处置

污水不得随意排放，应设污水收集处理系统，并达标排放。污水处理设施宜集中设置，采用一体化污水处理设施，在地质条件允许开挖时应埋地设置。污水处理程度和处理工艺应根据受纳水体要求和再生利用确定。

8.6.2 电力工程规划

电力工程规划的基本任务涉及：供电及能源现状分析、负荷预测、供电电源点和电网规划（电压等级、电网走向，变电所数量、位置、电力负荷分布及最大负荷）等。应注意的是，在景区景点主要地域内不得安排高压电缆和架空电线穿过、不得布置大型供电设施，主要供电设施应布置于服务基地附近或区内居民点附近。

1. 电力现状的调查分析

（1）电源资料：规划区电力设施的布局及等级规模，规划区电力设置及输配电系统电压等级、敷设方式。

（2）电网资料：区域电力网络的构成，电力线路走向、等级，高压走廊用地范围及防护要求。

（3）电力负荷资料：规划区近年用电负荷及状况。

（4）电力供应现存问题分析及发展设想。

2. 电源

依据总体规划确定电源，电源引自附近变配电所（站），电压等级一般为220 kV、110 kV、35 kV和10 kV。

当服务设施分散且规模较小、设置供电线路不经济时，应根据当地条件利用太阳能、风能、地热、水能、沼气生物质能等能源。

同时，根据建筑负荷分级确定供电电源数量和回路。当采用单电源、单回路供电时，一、二级负荷建筑应设置自备电源。

3. 用电负荷预测

用电负荷预测宜采用单位建筑面积负荷指标法,并符合国家和当地的节能要求。

说明:详规阶段建筑指标已经给出,采用单位建筑面积负荷指标法预测用电负荷将更加准确。当无资料时,可参考经验估算值,见表 8-5。

表 8-5 单位建筑面积用电负荷指标

建筑类别	用电指标/(W/m²)	建筑类别	用电指标/(W/m²)
旅馆、宾馆	30～100	办公	40～80
商业	一般:40～80	医疗点	40～70
	大中型:70～130	展览建筑	50～80
剧院、博物馆	60～120	停车场	15～40
餐厅、饭店	30～100	度假别墅	60～80

4. 配变电所

低压供电半径不宜超过 200 m,变配电不宜超过四级。单台变压器的容量不宜大于 1250 kVA。配变电所宜与其他建筑物合建,用电负荷小且分散时宜选用户外箱式变电站。

5. 线路敷设

供电线路宜沿道路埋地敷设,最小深度不小于 0.7 m,使用有外护层的铠装铜芯电缆。同一路径敷设的电缆根数不多于 8 根。在不影响景观情况下可架空明设。

6. 电力线路及布网设置要求

(1)景区的高压线路架设既要考虑不破坏景区自然景观,尽力隐蔽,同时也要考虑供电安全经济;应按要求留出合理的高压走廊地带,不宜穿过核心景区和人口密集区域;避免通过高大乔木成群的树林地带;不应设在易被洪水淹没或地质构不稳定的地方。

(2)在地形复杂且施工及交通运输不便并影响景观的地段,在重要景区、景点的敏感可视区域,均要埋设电缆。

(3)采用架空线及电力电缆相结合,并以架空线为主的网线布置方式。

(4)电网布局形式主要有放射状电网、环状电网。

8.6.3 电信工程规划

电信工程规划涉及的基本内容包括:

1. 电信现状的调查分析

(1)邮政资料。现有邮政服务点分布,投递支局、所分布,局房、设备使用情况,所在地区邮政系统的发展设想。

(2)电信资料。现有电信设施分布情况,电信网点的布点、容量、用地面积,当地电信部门对规划区的布局构想和要求。

(3)移动通信资料。现有移动通信信号覆盖范围、发射站数量与分布,主管部门关于移动通信的发展规划设想等。

(4)广播电视资料。广播电视信号传递的方式及通道电缆的种类、型号、容量,当地广播电视部门对规划区的构想和要求等。

2. 电信工程规划与设计

其包括:外联电讯服务,涉及国际国内直拨电话服务、移动电话信号覆盖、宽带信息网络服务;邮政服务;电视系统;内部管理系统,涉及内部电话交换机、公共广播系统、保安控制系统、电脑及网络管理系统等。

8.6.4 管线综合工程规划

对于大型景区旅游服务基地、中心或旅游集中建设开发区而言,建设用地范围内管线种类多而复杂,会涉及给排水管道、电力线路、电信线路、热力管道、燃气管道等不同管线类别,其敷设方式、专业要求等均有所差异,为协调其之间空间和使用关系,避免出现走向、水平或垂直方向设置等方面不必要的问题和矛盾,应参照城市工程管线综合规划规范的相关规定制定相应管线综合工程规划。

1. 综合布置原则

各种管线的位置应采用统一的坐标系统和标高系统;管线综合布置应与平面布置、竖向设计和绿化布置统一进行,相互协调;应充分利用地形;尽量利用现状关系,并处理好新旧管线关系;管线带应与道路或建筑红线、用地边界尽量保持平行;布设应近远期结合,不影响远期用地使用;管线与建、构筑物之间,管线之间水平距离,垂直净距应符合技术、安全、卫生等规范规定;具备条件的可采用综合管沟集中敷设;管线覆土厚度应考虑上方使用荷载、管沟结构强度、冻融深度等因素;各管线之间应遵从基本的避让规则。

2. 技术规定

地下管线最小水平净距、交叉时的最小垂直净距,最小覆土深度,架空管线及与建筑物等最小水平净距、交叉时最小垂直净距等技术规定都应符合管线综合规划规范。

3. 规划深度要求

应根据规划层级和规划容量确定各工程管线的平面位置定位坐标、管径、接入点、控制点标高,以及工程设施、构筑物的用地界线和位置等。

4. 工程设施景观化要求

相关构筑物、设备的安装和管道布置应避开重要景点和景区,并与周围环境景观、风景融为一体,必要时应通过绿化种植小品等进行遮挡。各种管道宜埋地敷设,避免影响景观视线。

8.6.5 环境卫生工程规划

1. 垃圾收集与转运

垃圾收集与转运规划包括:垃圾量预测;景区生活垃圾应采用分类收集方式,医疗点的垃圾应单独收集、处理；主要游览道路垃圾废物箱设置的间距为 100 m 左右，一般游览道路的间距为 200～400 m；景区内不应设置垃圾处理设施，在主要服务建筑附近设置小型垃圾转运站，用地面积不大于 200 m^2。

2. 公共厕所

服务区公厕宜设在服务建筑内。主要游览道路上的公厕设置间距为 500～700 m，一般游览道路上的公厕设置间距为 800～1000 m。在给水管道不能到达区域应设置环保生态的免水冲厕所。

3. 保洁规划

保洁规划涉及道路、水面、设施等日常保洁维护等。

8.6.6 综合防灾工程规划

根据实际需要，在对灾害构成、种类、分布、潜在危害和隐患问题，以及已有防灾工程设施等进行调查的基础上，一般涉及以下规划项目和内容要点。

1. 消防

各类建筑和设施应执行《建筑设计防火规范》(GB 50016—2014)。注意消防水源的合理设置与保障。森林入口处应设置防火检查站，配备完善的防火通信网络，并设立防火瞭望塔。结合规划对象特点，明确消防对策与标准。

2. 防洪

河湖地区防洪规划应执行《防洪标准》(GB 50201—2014)，必要时应设置截(排)洪沟。同时应建立洪水预警系统，制订洪灾预防计划。

3. 地质灾害防治

对常见的滑坡、崩塌、泥石流、塌陷等地质灾害，应采取工程措施和非工程措施相结合的防治方式。治，即改善治理自然环境条件，消除、减弱灾害形成条件和发生可能；防，即在灾害产生之前，采取一定措施减少灾害产生时对周围环境造成的破坏。同时，应建立监测预警系统，制定应急预防计划与对策，设置应急疏散线路与避险场地。各类建筑应避开地质灾害易发生地段建设。

4. 抗震

应按《城市抗震防灾规划标准》(GB 50413—2007)及《中国地震动参数区划图》(GB 18306—2015)、《建筑抗震设计规范》(GB 50011—2010)设防标准进行抗震设计和建设。供水、供电、通信等生命线工程设施的抗震设防应提高一级。在较平坦地段宜设置避震疏散场所，并规划设置直升机停机坪。给水、排水等管道接口应采用柔性接口。

5. 其他灾害防治

其他灾害防治涉及如大风、强降雨等极端天气灾害和森林虫害等灾害防治。

8.7 旅游服务设施规划与保障规划

旅游服务设施是为游客游赏观光、休闲度假等活动提供服务的设施条件，是旅游服务体系的重要组成部分，也是直接影响游客旅游体验、感受效果的重要方面。

旅游设施主要包括旅游综合服务接待设施（游客服务中心）、旅游住宿设施、旅游餐饮设施、旅游购物设施、旅游康体娱乐设施、旅游解说系统等。

8.7.1 旅游综合服务接待设施——游客服务中心规划

游客服务中心是旅游景区设立的为游客提供信息、咨询、游程安排、讲解、教育、休息等旅游设施和服务功能的专门场所。

景区游客服务中心设施规划建设并无统一和具体规范要求，国家A～5A景区评定标准中按景区级别不同对其有原则性评定要求，具体内容包括：位置合理，规模适度，设施齐全，功能体现充分，咨询服务人员配备齐全、业务熟练、服务热情等。

为便于学习，同时结合规划实践，游客服务中心规划设计内容的参考性建议如下：

(1)分级。一般根据服务辐射范围、服务功能等级，划分为旅游服务中心、旅游服务次中心和旅游服务点三个级别，并由此形成景区整体服务体系，为旅游活动提供全面系统的服务支撑。

(2)功能。各级旅游服务中心（点）总体具有集散、中介、组织引导和综合服务等功能，主要设置功能包括景区介绍、景区形象展示、旅游资源、游程信息、纪念品及简单购物、导游、休息、通信、邮电、便民服务、投诉处理等，有条件的还应提供医疗救护服务，并在中心内设服务项目公示牌。各功能区应进行合理划分，做到互不影响。中心内应设服务项目公示牌。如服务中心（点）与出入口规划建设结合，还应有票务等功能，并建设停车场、集散广场或景观广场等外围设施。

(3)选址与引导标识。建筑选址应不破坏自然景观，位置合理，能够从主入口便捷到达，与主入口有一定缓冲，做到引导标识齐全、设置科学。

(4)建筑要求。主体建筑风格应有特色，效果突出，符合景区主题，建筑外观（造型、色泽、材料等）与景观相协调，建筑体量适度；建筑物周边形成相应缓冲区，景观与环境美化措施多样，环境氛围优良。建筑面积方面，景区游客服务中心的面积应达到200 m^2以上。

(5)服务要求。接待礼仪与咨询方面，员工应着装统一，佩戴工牌，微笑待客，使用文明用语，主动提供咨询等服务。导游服务方面，导游人员应全部持证上岗，针对不同游客的需求，实施个性化服务。游客意见调查方面，定期进行游客意见调查，征求游客意见。游客投诉及意见处理方面，投诉处理制度健全，及时向投诉游客反馈处理意见。

(6)旅游安全宣传。通过影视设备或广播向游客宣传安全游览须知，在旅游高峰期和特殊时段及时发布安全预警信息。遇到突发事件时，能迅速引导游客脱离危险。

(7)环保节能与环境卫生。实施垃圾分类，设立废旧电池回收箱，提供可降解垃圾回收袋。室内外地面无污水污物，定时维护清洁，气味清新，无异味，通风良好；建筑物及各种设施、设备，无污垢，无剥落，无违规张贴，设置禁烟标识。

周边环境绿化美化方面，结合周边道路、广场绿化，营造风景林。选用抗污、吸尘、固土能力强的绿化植物，营造良好的生态环境与林地景观。

(8)设施配备。游客中心内部设施配备的内容见表8-6。

表8-6 游客服务中心设施配置参考表

序号	设施名称	配备内容
1	咨询设施	配备咨询台和咨询人员，提供景区全景导览图、游程线路图等；提供本旅游景区导览宣传资料，明示景区活动节目预告；提供景区周边交通图和游览图
		设置电脑触摸屏影视设备，介绍景区资源、游览线路、游览活动，提供天气预报服务；提供上网服务，有条件的应建立网上虚拟景区游览系统
2	导游设施	根据游客需要，提供人工导游讲解服务；导游人员数量适当，能满足景区日常需求，导游人员应具有中英双语服务能力，人员信息应公示，展示牌美观、醒目、准确
		根据游客需求，提供自助语音导游服务，使用的外语语种能满足旅客需求
		根据团队游客需求，提供无线无噪音讲解服务
3	休息设施	设置专用游客休息区，面积适当，能满足高峰期接待要求，座椅数量能满足游客需要，且摆放合理，进出方便，注意休息氛围营造，与周边功能区要有缓冲或隔离，视野开阔；室内要有适当盆景、盆花绿植或其他装饰品摆放；提供免费饮水服务；设置休闲茶饮服务台，有专人服务；提供茶饮或咖啡等饮料，并公示价格
4	形象宣传设施	设置景区导游图示、宣传展板，提供正式出版印刷的导游图、明信片、画册、音像制品、研究论著、科普读物等；有条件的还可设置景区沙盘或多媒体放映厅、展示厅
5	便民措施与设施	提供雨伞租借、手机和摄(照)相机(免费)充电、小件物品寄存、失物招领服务；提供电池、手机充值等旅游必需物品售卖服务，收费合理；提供明信片及邮政投递、纪念币、纪念品服务；游客服务中心内设立公用电话，具备国际、国内直拨功能，移动通信信号、Wi-Fi信号覆盖，信号清晰；有条件的提供医疗救护服务，设立应急医疗室，配专职医护人员和日常药品、氧气袋、急救箱和急救担架等

8.7.2 住宿设施规划

旅游住宿设施规划，要求立足现实，满足需求，稳健发展，适度超前。综合考虑多层次、不同类型消费需求，既考虑经济效益，服务接待能力，也兼顾考虑旅游环境与社会效益。

1. 规划原则

为提高设施利用效率、经济效益并方便旅游者，住宿设施规划应遵循以下原则：

(1)住宿设施多样。因地制宜，有选择地建设星级饭店、度假村、经济型旅馆、乡村风情旅馆、民宿、农家客舍及野营地等多样化住宿设施，以适应不同类型、档次的游客需要。

(2)充分利用现有设施。伴随社会经济整体发展，一般县市城区目前都会有一家或多家规模较大的星级宾馆酒店和一批规模较小的各类旅馆。因此，在旅游业发展初期，为减少投资和风险，景区应充分依托所在县市城区“服务基地”的功能作用，同时充分利用整合景区周边现有住宿设施，根据发展需要，积极引导调整、改造、提升，打造特色亮点。

(3)以市场为导向。住宿设施投资较大，要充分研究旅游市场需求规模和特点，以住宿市场构成情况来决定住宿设施的数量、规模、结构、类型和功能，重视市场自发的调节作用。

(4)注意所在县市的区位及交通特点。如果景区与所在县市、区域中心大城市较近，交通便捷，需充分考虑住宿分流影响，应合理控制高档酒店发展数量和星级酒店发展规模，不宜盲目发展，应积极发展度假旅馆、乡土风情旅馆等个性化、特色性在地住宿，增强自身吸引力。

(5)住宿设施选址与布局原则。结合景区类型特点，功能分区，住宿设施应相对集中，又有所分散。住宿设施应综合考虑交通和通信便利性、设施完备性和周边的环境条件，且应与所在地区长远规划发展相协调，促进地区设施与旅游开发一体化发展。

2. 规划建设内容

住宿设施规划建设内容主要考虑三方面问题：一是根据旅游需求的预测，来确定床位数；二是从旅游地规划布局的角度，研究住宿设施(尤其是旅馆)的分布选址、风格、等级标准、规模体量等；三是将来发展和扩建的可能性。

住宿设施规划主要内容包括：设施现状(数量及档次类型构成、分布、床位数等)及存在问题，需求与规模预测，分区布局与建设项目，规划措施等。

3. 床位规模计算

床位数是住宿设施规划的核心内容点，可参照《风景名胜区规划规范》的计算方法：床位数=(游客平均停留天数×年住宿人数)/(年旅游天数×平均床位利用率)。

此外，可以用公式 $R=(T\times P\times L)/(s\times n\times o)$ 计算出平均每天客房的需求数。式中，R=平均每天客房需求数；T=游人总数；P=住宿游人占比；L=平均逗留天(夜)数；s=每年能用的营业天数；n=每个客房平均住客数；o=预测平均客房出租率。

一些旅游地区淡旺季比较明显，为了解决旺季供求矛盾，除了提高价格、实行分流等手段外，还可通过提供补充住宿予以调节。补充住宿是指通过租用私人住房、租借野营帐篷等机动方式解决临时住宿问题。

关于旅馆房间面积指标、旅游公寓面积指标，可参看《旅游规划通则》中的相关规定。

8.7.3 商业、餐饮、文娱体育、管理与医疗设施规划

旅游区内商业、餐饮的接待能力与提供服务的方式、定级标准、营业时长等多种因素有关。一般的餐饮接待能力取决于营业总面积、人均就餐所需面积、营业时间、人均就餐时长等诸多因素。

景区内饮食服务设施分为两种：独立的饮食服务设施和附属于旅馆的饮食服务设施。饮食服务设施的污染最为严重，特别要注意选址问题和厨余垃圾处理方式。附属于旅馆的饮食服务设施，在旅馆选址时就应充分考虑到。独立的饮食服务设施布局一般有3种情况：布局在旅游接待区(及其外围和出入口附近)；布局在旅游区(内部综合服务站点)；布局在旅游路线上。

根据《旅游规划通则》相关规定，旅游区内(附属的)商业、餐饮服务设施的建筑面积，可采用在区内接待总床数的基础上，按0.4～0.6 m^2/床的指标做估算。旅游区内单个商店面积平

均在 90～130 m^2为宜，并可根据需要混合组织使用。

旅游商业购物设施规划，应涉及设施现状调查，旅游商品构成，购物及商业设施类型、层级、项目与规划布局等内容。

传统旅游购物与商业设施往往布局在旅游景区的出入口、各功能分区中心、旅游娱乐及休闲设施附近，现在往往规划形成以购物消费为主的多业态旅游综合服务设施区，如旅游购物商业街、旅游步行街等，并融合了餐饮、休闲娱乐等设施和功能。

旅游文化娱乐设施，一般可分为歌舞类、休闲类、游戏类、知识类、体育健身类、附属类等类型。设施需根据拟规划项目定位、使用人群预测等因素综合考虑其用地及建筑规模。

对于附属的管理、医疗设施建筑总面积，可采用在区内接待总床数基础上，按 0.2 m^2/床的指标做估算。

此外，景区内商业、餐饮等设施的规划还应充分考虑景区外围社会性相关设施的服务供给能力影响，做到市场化合理分工，协调共生。

8.7.4 旅游信息服务设施规划

旅游信息服务设施包括旅游标识及解说系统、旅游网站、景区（自媒体）公众号、旅游公共信息系统、旅游信息咨询服务（站点）等建设内容。

旅游信息服务设施规划时，应努力做到各种引导标识（包括旅游交通指示牌、导游全景图、步行导览图、景点标识牌、景物介绍牌、警示牌等）造型特色突出，艺术感和文化气息浓厚，并能够烘托景区总体环境。标识牌和景物介绍牌应设置合理，公共信息资料（如景区研究论著书籍、相关科普读物、综合画册、宣传音像制品、导游图和导游材料等）品种齐全，内容丰富，制作精美，适时更新。公共信息图形符号设置合理，特色突出，有艺术文化气息，符合《标志用公共信息图形符号 第 1 部分：通用符号》（GB/T 10001.1—2012）的规定。

8.7.5 旅游保障体系规划

旅游开发与建设保障体系规划涉及政策及管理服务保障、投融资保障、人力资源保障、旅游科技技术保障、旅游安全保障、环境生态保障体系等方面。

1. 旅游政策及管理服务保障

（1）必要性：弥补市场失灵的需要；保障均衡发展，持续发展的需要；理顺政府与旅游企业的关系，把旅游业的管理和服务工作纳入规范化、法制化轨道。

（2）内容：涉及明确旅游业发展战略，拟定促进旅游业发展（方向）的政策、鼓励旅游招商引资的优惠政策；优化旅游企业组织结构（产权关系、经营环境等）的政策、促进旅游业区域合作的政策、加强旅游基础设施建设的政策、培养旅游人才的政策、公众参与机制政策、预警与危机管理保障等。应按照旅游资源所有权、管理权、经营权相分离的原则，大力推进旅游区管理体制和经营体制改革。

2. 旅游市场保障体系

（1）目的与意义：提高市场配置旅游资源的效益；增强旅游企业的竞争力；保障市场机制的稳定运行；规范市场，切实保障旅游消费者和旅游经营者的合法权益；建立和完善旅游市场监管法律与制度体系。

(2)内容:涉及借助法规、计划、行政审批、指令、考核、检查、服务、监理、奖励处罚、媒体等多种手段,强化完善行业管理;旅游市场规则的制定和执行,促进市场公平、有序和合理竞争环境的形成;加强服务质量、企业信用和价格管理等。

3. 旅游投融资保障

(1)目的与意义:满足旅游开发与建设的资金和来源渠道需要,为旅游企业和旅游产业发展提供必需和可靠的多元化金融服务保障。

(2)内容:涉及财政保障、金融保障、民间及社会资本引导等方面政策实际举措(如旅游发展基金、财政专项扶持资金、旅游地方税费优惠、旅游融资贷款平台与渠道、旅游项目建设方式创新等)。

4. 旅游人力资源保障

旅游业是对人力资源的质量要求比较高的产业部门。高素质的旅游人才及良好的社会环境对于旅游区的发展至关重要。

(1)目的与意义:满足旅游产业不断发展壮大对各种从业人才数量规模的需要;符合旅游管理和服务质量不断提升对从业人员要求不断提高的需要;体现市场竞争不断加剧和旅游新技术发展对人才的需要。

(2)内容:一般涉及从业人员数量与结构比例现状;人才类别需求(旅游经营管理人才、旅游技术服务人才等);人才引入与流动机制;旅游人才供给输出机构与旅游培训机构建设;近中远期人才资源建设目标与举措安排等。

5. 旅游科技技术保障

伴随5G移动通信、物联网、旅游大数据、AI、VI、GIS等技术的广泛应用和智慧旅游、旅游直播带货、虚拟旅游等新兴旅游形态发展,旅游科技技术保障将成为新的保障内容之一。

6. 旅游安全保障

旅游安全是旅游业的生命线,也是旅游业持续发展的前提条件,缺乏安全感的地域无法发展旅游。作为景区而言,应认真贯彻落实“安全第一、预防为主”的方针。规划内容主要应包括:

(1)健全各类安全管理制度与人员配置、工作机制。

(2)加强安全意识宣传,普及安全常识。加强相关人员安全培训,使之具备相关安全技能,关键与特殊岗位持证上岗。

(3)完善旅游安全监测设施及制度,建立灵敏可靠的旅游救援系统。具体包括:建立医疗呼救及服务、保险、咨询、紧急信息传递等业务;索道缆车、水上游乐区、器械游乐区、森林防火区等敏感区应配备齐全的安全监测监控设备、通信设备和救援设备,并定期检修。

(4)加强安全巡查,凡旅游险要地段,增加警示性标识并提前告知。

(5)与保险部门合作,积极推行旅行社旅客责任险、旅游人身伤害险、旅游意外保险、旅行社责任险、旅游救助保险等,推进景区旅游安全保障与社会保险的结合。

本章小结

各类专项规划是各类旅游规划编制内容的基本构成，是旅游发展的重要支撑条件。实践中要吸收并借鉴城乡规划学中的规划要求、做法，学习中要注意加以体会，同时应注意与旅游自身发展需要和特点相结合，并结合规划对象实际情况，灵活应用。

思考题

1. 以一处旅游景区核心旅游资源开发为例，尝试分析其旅游资源可能的开发利用方式。

2. 搜集旅游资源保护成功与保护中存在明显问题的代表性案例各一个，并分别进行评价分析。

3. 谈一谈旅游项目与旅游产品、旅游产品和旅游商品相互之间的差异与关系。

4. 结合资料收集和实地旅游体会，谈谈目前旅游商品市场普遍存在的问题。

5. 谈谈电商物流、文创产业兴起对旅游商品开发的影响。

6. 景区中旅游商品购物场所与环境规划布局、设计需要考虑哪些因素？

7. 查阅资料，归纳总结如何开展有效的景区旅游容量计算和效果测度。

第9章 旅游规划的编制及成果

内容提要

本章主要介绍了基于我国旅游发展需要，经过不断发展初步形成的旅游规划管理、编制构成体系，对其中代表性的旅游发展规划、旅游总体规划、旅游详细规划及专题类旅游规划、旅游概念规划的编制要求、编制依据、主要规划内容要点及成果构成进行汇总解读。

本章学习的重点是理解各类型、各层级规划编制内容侧重的差异，掌握文本和图件等成果深度的要求；难点是如何把握专题类旅游规划的编制要求和特点差异。

从规划编制依据和要求来说，2013 年 10 月 1 日起施行的《中华人民共和国旅游法》是我国当前编制、实施旅游发展规划的法律保障。国家质量监督检验检疫总局颁布的国家标准《旅游规划通则》(GB/T 18971—2003)(以下简称通则)是各级政府编制旅游发展规划的规范性文本和重要参照。但旅游法仅对旅游发展规划的编制要求、内容、负责主体等方面进行了规定，未具体涉及其他旅游规划类型。而通则由于颁布时间较早，加之我国旅游业发展较快，旅游规划的认知也在不断深入，所以其规定内容从深度、详细度和专业衔接性等诸多方面，已呈现出许多不适应和局限性。因此，我们在实践执行中需综合其他相关法规、规范标准要求，充分结合旅游项目特点和旅游市场发展需求变化，吸收旅游规划新的研究认识和实践成果，因地制宜加以调整完善。

总体而言，我国旅游规划编制及管理规范体系已经初步形成(见图 9-1)。但仍存在规划依据和规划编制技术标准不够完善，规划层次与分工不够清晰，成果内容局部不够合理，有的

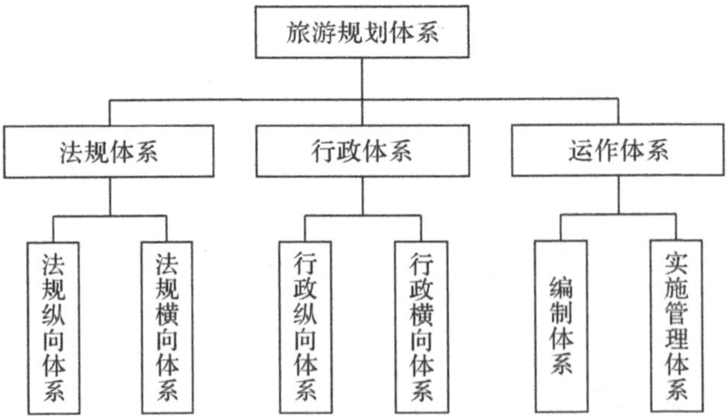

图 9-1　中国现行旅游规划体系框架示意

规划类型内容构成与深度还未统一认识，各层次规划之间尚未实现良好衔接等问题，加之旅游发展和旅游规划认识本身就是一个动态变化的过程，所以需在实践和发展中不断总结、探索和完善。

通过梳理，依据本书相关章节对于旅游规划层级和类型的分析介绍，既考虑与旅游法、通则的有效衔接，同时也考虑规划空间尺度、对象的覆盖性，以及规划编制实践的需求性、实用性、共识性、兼容性，本书从专业技术性角度尝试将旅游规划编制类型体系分为基本类旅游规划、专项类旅游规划、专题类旅游规划、实践与创新类旅游规划四个部分，具体构成可参看旅游规划编制类型体系图，如图 9－2 所示。

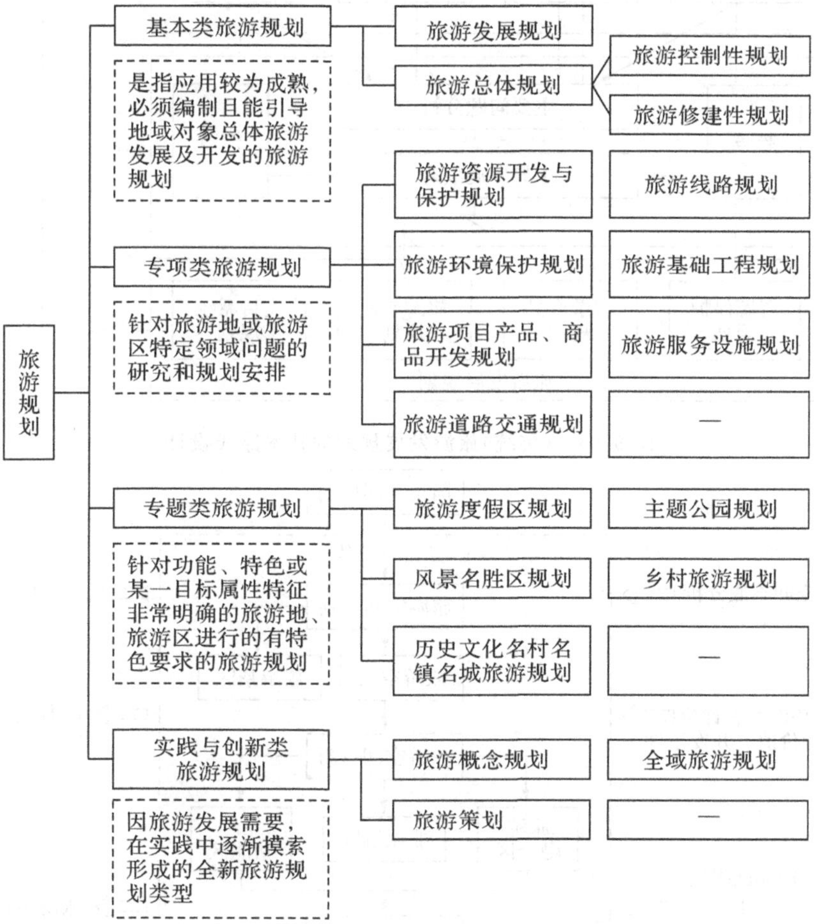

图 9－2 旅游规划编制类型体系

9.1 旅游发展规划

从规划学角度看，旅游规划编制的主要对象是用于开展旅游活动、发展旅游经济的特定空间区域，其是旅游规划编制的重要落脚点。

从空间尺度范围来说，旅游发展规划一般对应宏观区域级的空间。区域范围有大有小，从规划实用性出发，以行政区域为空间对象的旅游规划较为普遍，也包括按照旅游资源关联性、地理或人文历史等特征整体性形成的跨行政区域，即突破行政区域边界的特定区域整体。

按照通则中的名词解释，旅游发展规划是根据旅游业的历史、现状和市场要素的变化所制定的目标体系，以及为实现目标体系在特定的发展条件下对旅游发展的要素所做的安排。

规划编制的技术路线伴随国土空间规划时代的来临，也将发生较大的变化，图9－3、图9－4所示内容可作为这一变化的一个对比。

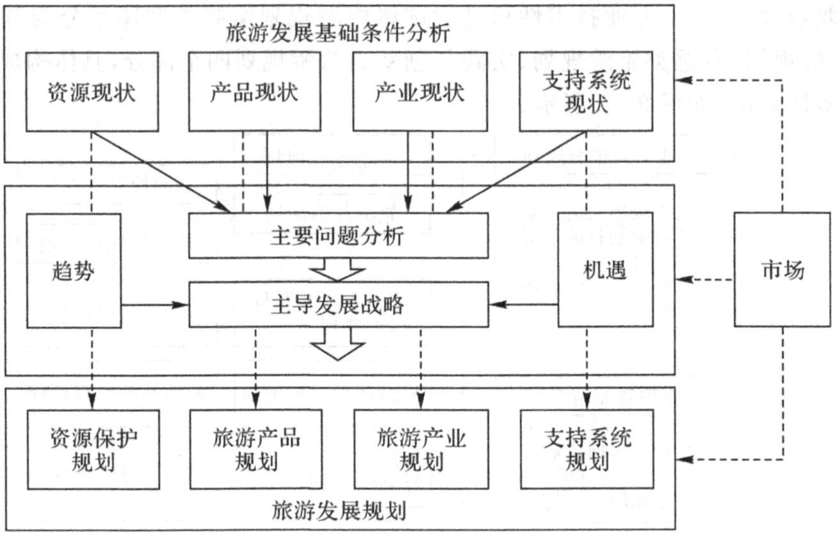

图9－3 （传统）旅游发展规划的技术路线设计

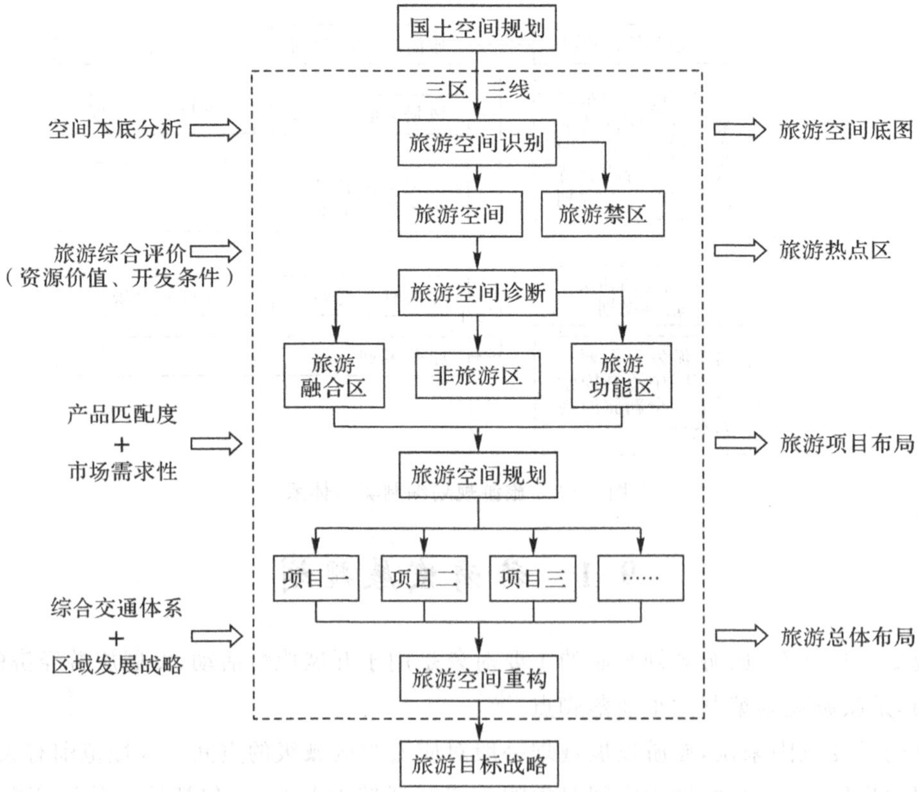

图9－4 国土空间导向下旅游规划编制的技术路线

9.1.1　旅游发展规划地位

《中华人民共和国旅游法》第三章第十七条规定，国务院和县级以上地方人民政府应当将旅游业发展纳入国民经济和社会发展规划。

国务院和省、自治区、直辖市人民政府以及旅游资源丰富的设区的市和县级人民政府，应当按照国民经济和社会发展规划的要求，组织编制旅游发展规划。对跨行政区域且适宜进行整体利用的旅游资源进行利用时，应当由上级人民政府组织编制或者由相关地方人民政府协商编制统一的旅游发展规划。

因此，旅游发展规划是政府主导型的促进旅游业发展的法定规划。

9.1.2　旅游发展规划类型

按照通则规定，按规划的空间范围和政府管理层次，旅游发展规划分为全国、区域和地方旅游业发展规划。地方旅游业发展规划按照行政区划又可分为省级、地市级和县级旅游业发展规划等。地方各级旅游业发展规划均依据上一级旅游业发展规划，并结合本地区实际情况进行编制。

旅游发展规划在时限上包括了近期发展规划（3～5 年）、中期发展规划（5～10 年）、远期发展规划（10～20 年），即规划内容上应考虑近、中、远三个阶段的部署安排。

9.1.3　旅游发展规划任务、内容和基本成果

1. 旅游发展规划的任务

旅游发展规划的主要任务是明确旅游业在国民经济和社会发展中的地位与作用，提出旅游业发展目标，优化旅游业发展的要素结构与空间布局，安排旅游业发展优先项目，促进旅游业持续、健康、稳定发展。

作为促进和规范旅游发展重要载体和工具的旅游发展规划，还应贯彻和体现旅游法中关于保护和合理利用旅游资源的原则，促进旅游业持续健康发展。旅游业发展应当遵循社会效益、经济效益和生态效益相统一的原则。

此外，在现代旅游市场竞争条件下，区域层面的旅游发展规划还应致力于梳理发现和解决旅游产业系统的关键性、整体性和制约性问题，如旅游资源与环境保护、区域旅游合作和合理分工、区域旅游交通网络优化、旅游市场监管、旅游利益各相关方权益保障、旅游引导政策作用发挥；应对旅游经济发展的波动性和不确定性等旅游市场自身难以解决的问题和矛盾，培育区域旅游发展的支持系统、保障系统，健全市场体系和优化旅游产业结构，集聚资源、人力、财力、物力、技术、信息、政策等要素条件，促进区域旅游持续稳定发展，带动地方相关经济与区域社会整体发展进步。

2. 规划内容与成果

《中华人民共和国旅游法》第三章第十八条规定："旅游发展规划应当包括旅游业发展的总体要求和发展目标，旅游资源保护和利用的要求和措施，以及旅游产品开发、旅游服务质量提升、旅游文化建设、旅游形象推广、旅游基础设施和公共服务设施建设的要求和促进措施等内容。

根据旅游发展规划，县级以上地方人民政府可以编制重点旅游资源开发利用的专项规划，对特定区域内的旅游项目、设施和服务功能配套提出专门要求。”

《中华人民共和国旅游法》第三章第十九条规定：“旅游发展规划应当与土地利用总体规划、城乡规划、环境保护规划以及其他自然资源和文物等人文资源的保护和利用规划相衔接。”

《中华人民共和国旅游法》第三章第二十一条规定：“对自然资源和文物等人文资源进行旅游利用，必须严格遵守有关法律、法规的规定，符合资源、生态保护和文物安全的要求，尊重和维护当地传统文化和习俗，维护资源的区域整体性、文化代表性和地域特殊性，并考虑军事设施保护的需要。”

《中华人民共和国旅游法》第三章第二十二条规定：“各级人民政府应当组织对本级政府编制的旅游发展规划的执行情况进行评估，并向社会公布。”

《旅游规划通则》中对旅游发展规划主要内容也有相应规定：

(1)全面分析规划区旅游业发展历史与现状、优势与制约因素，及与相关规划的衔接。

(2)分析规划区的客源市场需求总量、地域结构、消费结构及其他结构，预测规划期内客源市场需求总量、地域结构、消费结构及其他结构。

(3)提出规划区的旅游主题形象和发展战略。

(4)提出旅游业发展目标及其依据。

(5)明确旅游产品开发的方向、特色与主要内容。

(6)提出旅游发展重点项目，对其空间及时序作出安排。

(7)提出要素结构、空间布局及供给要素的原则和办法。

(8)按照可持续发展原则，注重保护开发利用的关系，提出合理的措施。

(9)提出规划实施的保障措施。

(10)对规划实施的总体投资分析，主要包括旅游设施建设、配套基础设施建设、旅游市场开发、人力资源开发等方面的投入与产出方面的分析。

规划成果包括：规划文本、规划图表及附件。规划图表包括区位分析图、旅游资源分析图、旅游客源市场分析图、旅游业发展目标图表、旅游产业发展规划图等。附件包括规划说明和基础资料等。

旅游产业发展规划图应该视为旅游(业)发展分区或旅游(业)发展空间结构布局图，这样也与通则中的空间布局内容相呼应，否则因为旅游产业理解上过于宽泛抽象，差异较大，难以统一，实践中往往难以操作。

9.1.4 旅游发展规划目标

从旅游发展规划目标制定的作用意义来看，其是旅游发展规划的重要内容，是旅游发展努力的方向和要求达到的最终目的。

规划目标的适合度、准确度将直接决定未来旅游发展的实际结果与预期结果的契合度、实现度，反映了规划对区域旅游未来发展趋势研判和预测的科学性、合理性，也直接影响着旅游发展定位决策、规划空间布局、设施建设、旅游发展举措等一系列规划内容的制定。

从目标制定的主体来看，政府部门、公众和经济组织共同构成了规划目标体系的相关利益群体，三者利益博弈的结果将决定目标体系的设定与实施。旅游发展目标最终应反映出政府决策者所代表的广大民众及各方对旅游发展的价值抉择和共同追求。

从目标的特点来看，目标应具有概括性、可达性、约束性、时效性、一致性和可操作性，以体现其发展状态监控、指导和统计反馈等作用。旅游综合分析与发展预测是对旅游产业经济发展运行构成、规模、规律、影响、变化趋势的预测，是确定旅游发展目标的前提。

从旅游发展目标的分类来看，其按照指标性质属性，一般包括社会目标、经济目标和环境目标。按照旅游发展目标的组合模式，可分为：总量型目标（以数量规模发展程度为主导的规划目标）；速度型目标（是以单位时间为参照，衡量发展变化程度速率的规划指标）；结构型目标（旅游系统要素之间关系优化程度的衡量测度指标）。

以下是国内目前常用的旅游发展指标，见表 9－1。

表 9－1 常用的旅游发展指标一览表

序号	指标	说明	序号	指标	说明
1	旅游入境人数	每入境 1 次统计 1 次	13	全员劳动生产率	旅游企业员工个体平均单位时间内平均实现的营业收入
2	人均停留天数	旅游者平均停留的天数	14	人均实现利税	旅游企业平均每一员工实现的利润及上缴营业税和附加
3	国际旅游收入	海外游客旅游过程中的一切旅游支出消费	15	利润率	旅游企业实现的利润总额占营业收入的比重
4	涉外饭店接待人数	旅游涉外饭店住宿的人数	16	旅游从业总人数	一个地区各类旅游从业人数总和
5	城市接待旅游人数	城市旅游住宿设施接待的游客总数	17	旅游企业平均职工人数	各旅游企业在岗各类职工的平均人数
6	客房数	用于旅游接待的各类住宿床位数	18	旅游总人次数	来本地的外来旅游者人次总数
7	平均客房出租率	客房实际出租天数与可出租天数之比	19	旅游出游率	一个地区出游人次与该地区人口的比率
8	旅游固定资产原价	旅游企业形成固定资产时所支出的货币总额	20	旅游总收入	一个地区各类旅游收入之总和
9	旅游固定资产净值	固定资产原价扣除损耗折旧等折扣后的余额	21	旅游人均花费	旅游者消费总数与旅游人次之比
10	营业收入	旅游企业各类有偿经营活动取得的收入总数	22	旅游产业 GDP 占比	一个地区旅游产业收入占地区国民生产总值之比
11	营业税金及附加	企业与营业收入有关的，应由各项经营业务负担的税金及附加	23	旅游市场占有率	一个旅游地区旅游接待人次或旅游收入在所属更大区域旅游市场中的所占比例
12	利润总额	旅游企业一定时期内实现的盈亏总额	24	重游率	再次到访游客总数占游客总数的百分比

9.2 旅游总体规划

旅游总体规划是针对某一特定旅游空间对象而言的,是一个已明确范围的拟旅游开发用地或是已按旅游区划划分的完整旅游区域,其对地域旅游系统发展目标、实现方式和各项旅游要素做出了整体性部署。旅游总体规划经审批后,是该区各类相关部门规划和旅游开发、项目规划的重要依据。

旅游总体规划实践中常见的地域空间对象,一般包括较大规模的各类景区,城镇旅游开发区域,旅游条件较好的乡村,自然生态及景观条件较好的自然区域,历史文化资源较为丰富、有一定规模和观赏价值的遗址遗迹区、人工设施区域等。

9.2.1 旅游总体规划基本任务

旅游总体规划基本任务为:在调查评价规划地域旅游资源及旅游发展条件的基础上,分析旅游(客源)市场状况,确定旅游的发展目标、定位和主题形象,划定旅游规划地域的用地范围及空间布局,安排旅游基础设施建设内容,提出旅游开发或发展措施等。

特别需要强调的是,旅游总体规划应有效地与其他规划相衔接,为地域旅游发展理清思路、方向,营造良好的旅游发展态势。同时,应从规划的角度避免以下问题:旅游企业、景区之间的恶性竞争,游客与原住民之间的矛盾,过度的交通拥挤问题,地方传统与文化本色的丧失问题,太过集中的旅游季节性问题,各种类型的生态环境污染、自然景观的破坏问题,以及因竞争而导致市场份额的萎缩、丧失新的营销机会问题等。总之,旅游总体规划是一个可持续发展的规划,不仅要体现规划的经济性、空间性,还要考虑其具有一定的社会公共政策属性。

9.2.2 旅游总体规划基本特点

(1)发展战略落实和规划设计实施相结合。在编制要求上,一方面要与所在区域的旅游发展总体战略相衔接,保持一致;另一方面又要指导旅游修建性详细规划。总体规划既要考虑发展目标定位和战略、区域特征、资源吸引力和文化背景、市场需求评估、主题形象塑造等整体层面问题,也要考虑重点项目发展布局、土地利用、主要项目内容设计、投资与经济效益评估等可操作的规划实施计划和行动措施。

(2)强调旅游资源转化和市场需求。旅游资源是旅游发展的基础,旅游活动围绕旅游资源开发利用后的项目产品而产生。所以,总体规划首先要调查清楚旅游资源数量规模、构成类型、空间分布、利用条件等信息,并在此基础上找出地域旅游资源特色,然后进行旅游资源价值吸引力评价、细分目标市场,确定旅游资源开发主题和方向,以及项目产品转化方式和规划方案。

(3)兼顾近中远期发展。旅游需求及旅游市场发展迅速,旅游总体规划也应随之变化,努力适应和把握这种变化趋势,适时地调整规划的内容及侧重点。这就要求规划既要考虑近中期规划发展需求,也应有一个较长远的谋划,指出旅游地区在未来旅游发展中的方向、地位,并留有一定的规划弹性空间。

9.2.3 旅游总体规划基本要求

旅游地域在开发、建设之前，原则上应当编制总体规划，小型旅游地区可直接编制控制性详细规划。

旅游总体规划的期限一般为10至20年，同时可根据需要对远景发展作出轮廓性的规划安排。对于近期的发展布局和主要建设项目，亦应作出近期规划，期限一般为3至5年。

9.2.4 旅游总体规划内容

《旅游规划通则》对旅游区总体规划的内容做了如下的规定，应作为旅游总体规划编制的重要参照依据：

(1)对规划对象地区的客源市场需求总量、地域结构、消费结构等进行全面分析与预测。

(2)界定规划对象地区范围，进行现状调查和分析，对旅游资源进行科学评价。

(3)确定规划对象地区的性质和主题形象。

(4)确定规划对象地区的功能分区和土地利用，提出规划期内的旅游容量。

(5)规划对象地区的对外交通系统的布局和主要交通设施的规模、位置。规划旅游区内部的其他道路系统的走向、断面和交叉形式。

(6)规划对象地区的景观系统和绿地系统的总体布局。

(7)规划对象地区其他基础设施、服务设施和附属设施的总体布局。

(8)规划对象地区的防灾系统和安全系统的总体布局。

(9)研究并确定规划对象地区资源的保护范围和保护措施。

(10)规划对象地区的环境卫生系统布局，提出防止和治理污染的措施。

(11)提出规划对象地区近期建设规划，进行重点项目策划。

(12)提出总体规划实施步骤、措施方法，及规划、建设、运营中的管理意见。

(13)对规划对象地区开发建设进行总体投资分析。

9.2.5 旅游总体规划成果构成

旅游总体规划的成果主要有：规划文本，图件(包括区位图、综合现状图、旅游市场分析图、旅游资源评价图、总体规划图、道路交通规划图、功能分区图等其他专业规划图、近期建设规划图等)，附件(包括专题研究和其他基础资料等)。

9.3 旅游详细规划

《旅游规划通则》在旅游总体规划之下设立了旅游详细规划，旅游详细规划分为旅游控制性详细规划和旅游修建性详细规划(以下分别简称旅游控规、旅游修规)。

9.3.1 旅游控制性详细规划

旅游控规的提出，产生在旅游快速发展、旅游资源破坏严重、旅游景区建设开发管理不到位的历史背景下，其核心的关注是在旅游资源与环境保护基础上，考虑各方权益和旅游活动影响，贯彻和落实总体规划意图，对旅游用地空间开发、建设使用做出的约束和限定。

旅游控规的特点应是突出“控制性”，是实现旅游总体规划宏观性、原则性引导向规划(建设)管理可控性、可操作性的落实。

城市控制性详细规划(以下简称城市控规)对旅游控规具有多方面的启示，应在尊重与重视两者基本差异、突出旅游景区自身特点的基础上，对城市控规的表达方式、内容手段、控制层次、控制要素、管理方式等多方面进行有益的借鉴。

旅游地域在开发、建设之前，原则上应当编制总体规划，但规模较小的旅游地域可直接编制控制性详细规划。

(1)目标任务。控制性详细规划是公共政策的重要载体，是连接总体规划和修建性详细规划的纽带，是面向实施和管理的规划手段。相较于城市控规，旅游控规与之目标、任务上有所差异。城市控规的直接目标是通过科学规划使各种物质要素形成合理的空间布局结构，从而提高城市人居环境质量，体现城市居民利益和要求。其根本目标是促进社会、经济和环境的协调与持续发展。

旅游控规则在控制旅游土地使用与开发强度的同时，重点体现(旅游)资源与环境的保护、有序利用和持续发展，即以延续和传播旅游区文化、维护生态环境及资源效益为基点，为旅游者提供一个理想的旅游空间场所，进而实现助推发展旅游经济的目的。旅游控规具有建设与保护控制双重性特点。

城市控规的主要任务是确定建设地区土地使用性质和使用强度的控制指标、道路和工程管线控制性位置以及空间环境控制的规划要求，确保土地收益、城市的公共环境等公共利益不受侵害。

旅游控规的主要任务则是以总体规划为依据，详细规定区内建设用地的各项控制指标和其他规划管理要求，为区内一切旅游开发建设和保护活动，以及后续各种旅游活动开展提供用地及空间如何部署的科学指导。

(2)规划内容。《旅游规划通则》中对旅游控规编制的主要内容要求有：

①详细划定规划范围内各类不同性质用地的界线。规定各类用地内适建、不适建或者有条件地允许建设的建筑类型。

②划分地块，规定建筑高度、建筑密度、容积率、绿地率等控制指标，并根据各类用地的性质增加其他必要的控制指标。

③规定交通出入口方位、停车泊位、建筑后退红线、建筑间距等要求。

④提出对各地块的建筑体量、尺度、色彩、风格等要求。

⑤确定各级道路的红线位置、控制点坐标和标高。

旅游控规除了具有城市控规控制引导性和灵活操作性、法律效应、图则标定等基本特点外，在服务目的和对象上，旅游控规应针对旅游区管理及旅游业的发展，围绕旅游者(空间活动)的需要，科学布局旅游空间结构及设施。

从旅游运行角度，规划控制应考虑旅游地区发展的目标控制、旅游的形象控制、旅游的开发强度控制、旅游开发的综合效益控制。从规划控制指标角度，规划控制应考虑保护、游赏控制、用地使用控制、环境容量控制、设施配套控制、建筑建造控制、景观环境控制、行为活动控制等。从旅游控规编制内容体系上，也应结合旅游发展和需求特点，形成更为明确的框架(见图9-5)。

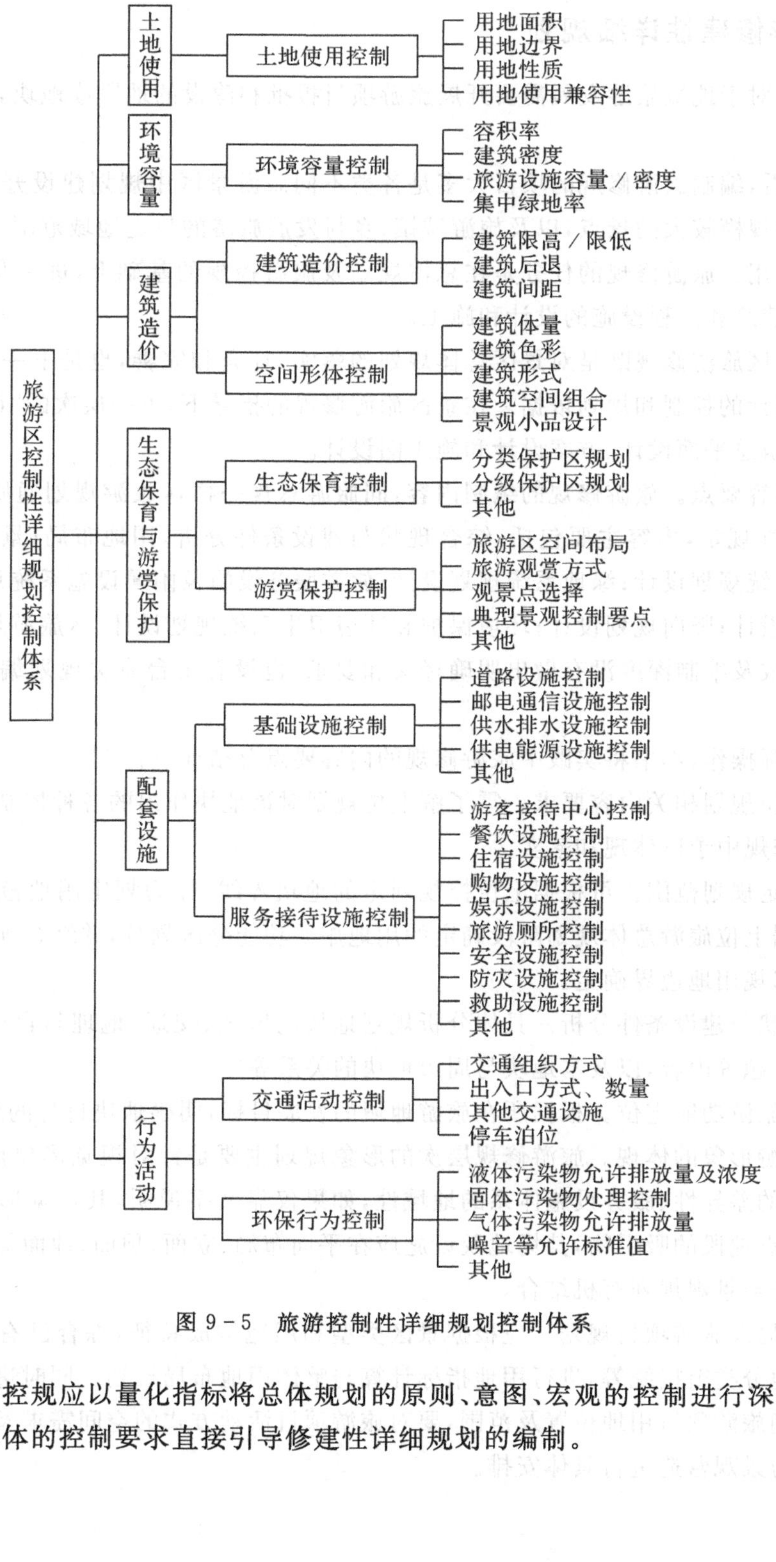

图9-5　旅游控制性详细规划控制体系

总之，旅游控规应以量化指标将总体规划的原则、意图、宏观的控制进行深化、细化，同时又能以微观、具体的控制要求直接引导修建性详细规划的编制。

(3)成果构成。《旅游规划通则》中对旅游控规的成果要求有:规划文本;图件,包括旅游区综合现状图,各地块的控制性详细规划图,各项工程管线规划图等;附件,包括规划说明及基础资料;图纸比例一般为1∶1000～1∶2000。

9.3.2 旅游修建性详细规划

一般来说,对于地域旅游发展需要开展旅游项目报批和建设的地段或地块,应编制旅游修建性详细规划。

从实践来看,编制旅游修规的项目大多是各类不同旅游景区中规划建设开发的地段或地块,或独立的但规模较大的景点,以及旅游城镇、乡村发展旅游的特定地域范围、街区等。

(1)任务作用。旅游修规的任务是在总体规划及旅游控规的基础上,进一步深化和细化,用以指导各项建筑和工程设施的设计和施工。

可以说,景区旅游修规既是对景区总体规划的落实、补充和完善,也是下一层次的景点设计、重点地段设计的控制和规划依据。在景区旅游修规的指导下,下一层次的"设计阶段"完成建设地段的建筑总平面设计、方案设计和施工图设计。

(2)规划内容要点。旅游修规的编制内容,同旅游总规一样,《旅游规划通则》仍只对成果内容做了概括性规定,内容主要包括:综合现状与建设条件分析;用地布局;景观系统规划设计;道路交通系统规划设计;绿地系统规划设计;旅游服务设施及附属设施系统规划设计;工程管线系统规划设计;竖向规划设计;环境保护和环境卫生系统规划设计。《旅游规划通则》对规划内容具体构成及编制深度没有做出明确释义和要求,也没有出台有关规划编制的技术细则说明。

为便于实际操作,本书将实践中旅游修规的内容要点总结如下:

①明确上位规划相关内容要求。需了解上位规划对该地块作出的各种控制性规定和引导性意见,并在修规中予以体现和落实。

②精确划定规划范围。可根据上位控规划定的地块界线,作为划定用地范围的依据。如无控规,可根据上位旅游总体规划阶段确定的用地旅游功能分区划分,并结合项目地块构成实际情况,进行修规用地边界确定。

③综合现状与建设条件分析。具体分析规划地块的区位、交通、地理与自然条件、旅游资源构成、现状问题等内容,以及本地块与周边地块的关系等。

④把握好旅游功能定位。根据所在旅游地域的发展目标,明确地块自身的旅游功能定位。

⑤做好旅游形象的体现。旅游修规层次的形象规划主要是针对视觉形象而言,并强化旅游吸引物体系的差异性、服务设施体系的地域性,如果仅靠文字说明,其视觉形象是很难控制的。所以对重点地段的吸引物,其场地及设施应在平面布局、立面、顶面、地面等方面做一些意象性的设计,并与景观规划有机结合。

⑥用地布局及旅游项目规划。应根据景区类型和用地构成特征,综合已有相关用地分类规范,做好用地分类衔接统筹,进行用地指标计算与整体用地布局规划。同时进行旅游项目策划与设计,明确旅游项目用地位置及范围,要对旅游项目活动方式的空间需求及其空间组合秩序、用地环境与景观营造进行具体安排。

⑦旅游服务设施体系规划。即构建为旅游者的游憩、观光以外的活动提供服务所需的物质条件。在旅游修规层面应根据总规或控规，进一步确定用地位置、规模范围、空间布局、建筑面积、风貌风格等要素。

相关设施规划建设还应配合游览线路的组织、土地开发和生态环境保护的要求，因地制宜，坚持特色及和谐统一原则，努力达到对环境影响最小化目标，尽量应用环保技术、洁净能源技术、废弃物资源化技术、本土化材料工艺技术、生态建筑技术，将建筑工程设施与自然环境有机结合。

⑧游览线路与道路交通规划。游览线路与道路交通设施决定着旅游者进入景区的方式，规划内容应体现安全少干扰、可识别性、游旅结合、彰显地方特色和自然美原则。

在景区内，游览线路发挥着纽带功能，可将各旅游项目、娱乐设施和服务点连接并形成一个整体。所以，每条游览线路应有效地组织第一印象场域、最后印象场域、光环效应场域、主题场域等，并根据旅游项目和环境的不同特点、功能和空间关系，组织旅游序列，避免重复，尽可能实现最佳旅游效率。

⑨资源保护培育与绿化景观规划。规划开发应优先识别保护因子，确定保护目标，采取必要技术措施。保护内容一般包括自然与文化遗产保护、植物群落培育及种植规划等。

⑩标识系统规划。标识系统被称为展开自主旅游的“导游”。规划时，应考虑以下类型标识设施：表示界限的标识、指导方位方向的标识、阐述有关规定的标识、介绍情况的标识、提示警告的标识、表达介绍信息的标识等。

⑪竖向规划。内容应涉及地形处理，标出水位落差，水底及岸顶标高，标出道路转折点、交叉点及变坡点，对建筑物底层和室外地坪、各出入口内外地面及相关旅游设施的高程进行设计。

⑫基础设施规划。给水工程规划内容应包括旅游用水总量估算，取水方式选择，输水管网及配水干管的管径、埋深及敷设方式选择，给水管网选线与建筑物、植物及其他管网的间距控制等。

排水工程规划内容应包括污水及雨水总量估算，排污管和雨水管的管径、埋深及敷设方式选择，排污渠道、雨水渠道的大小确定，排污、雨水管网走向与建筑物、植物及其他管网的间距控制等。集中开发地区宜采用雨污分流的排水体制。

水利与防洪工程规划内容应包括水利工程设施的位置确定，上游水量、水位、洪水周期测算，防洪设施的规划布局等。

供电工程规划内容应包括用电量指标、总用电负荷、最大用电负荷和分区负荷密度测算，供电电源选择，变电站位置设置，变电等级、容量和输配电系统电压等级确定，电力管网的管径、埋深及敷设，布网方式选择，电力管网与建筑物、植物及其他管网的间距控制等。

电信工程规划内容应包括通信线路布局及容量估算，电信管网的埋深及敷设方式选择，电信管网与建筑物、植物及其他管网的间距控制等。

供热工程规划内容应包括供热负荷测算，热力管网的埋深及敷设方式选择，热力管网与建筑物、植物及其他管网的间距控制等。

燃气工程规划内容应包括燃气消耗水平估算，燃气管网的埋深及敷设方式选择，燃气管网与建筑物、植物及其他管网的间距控制等。

⑬环境卫生设施规划。其内容应包括制定环境卫生设施的设置原则和标准，确定垃圾收集方式、堆放处理场所的规模和布局以及公共厕所的数量、位置、标准和规模等。

⑭投资概算。旅游规划地块的开发投资费用一般包括规划设计费用、房地产费用、旅游项目建设费、基础设施建设费、服务设施建设费、购买设备和器具用品的费用、劳动力成本费用等，规划时，需对其进行估算。

⑮综合效益评估。其包括对经济效益、社会效益及环境效益的评估。经济效益评估主要是在旅游产品生命周期内对保本经营、正常经营、最佳经营三种状况下的经济效益和投资回收的情况进行评估。社会效益和环境效益主要对旅游地块的开发给当地社会发展、文化进步、生态环境改善所带来的消极影响和有益贡献进行评估。

(3)成果构成。旅游修规成果一般包括规划设计说明书、图件(包括综合现状图、修建性详细规划总图、道路及绿地系统规划设计图、工程管网综合规划设计图、竖向规划设计图、鸟瞰或透视等效果图等)，图纸比例一般为 1∶500～1∶2000。

9.3.3 关于基本类旅游规划三者的比较

旅游发展规划属于区域旅游规划，侧重于旅游业的发展，是宏观中长期规划。其是指在一定区域范围内，对未来一段时期内旅游业的发展做出科学安排和总体部署，并根据旅游发展实际情况适时进行调整，寻求旅游社会效益、经济效益和环境效益最优化的过程。

旅游区总体规划也称旅游地总体规划，兼顾发展与建设，属于中观偏近中期旅游规划。它是根据国家及地方旅游政策和相关规范框架制定，侧重空间用地、旅游功能、旅游市场与产品的规划，并涉及旅游开发项目和设施建设部署等内容的规划。

旅游详细规划是侧重旅游景点、旅游地块地段的开发控制，具体包括旅游项目产品构建，空间、设施内容安排，指导后续设计、建设的规划，属于微观近短期规划。

这三种基本类型旅游规划可以从空间、时间和属性(功能作用分工)三种维度来进行比较(见表 9-2)，有助于理解其彼此关联和区别。

表 9-2　三种基本类型旅游规划的多维特征比较

特征维度	基本规划类型		
	旅游发展规划(区域旅游规划)	旅游总体规划	旅游详细规划
规划空间	国家、省级和地县级、跨地域区等	旅游地、旅游区、独立景区、自然区等	景区拟开发建设地块、较大的景点、旅游地段等
规划期限	最长至 20 年	10～20 年	近期 3～5 年
规划属性(功能作用分工)	法定规划；从宏观和全局把握旅游业发展方向，拟定发展战略，进行产业要素和空间发展综合部署引导	国家标准规定类规划；明确旅游空间布局和旅游各发展要素有效整合，目标策略与规划要求、开发建设管理相统一	国家标准规定类规划；以深化资源利用、市场需求、空间用地为核心，落实项目产品，细化用地功能与各类设施、环境景观等建设规划

9.4 旅游景点设计

旅游景点狭义上是旅游空间构成上的最小单位，是一定地域内旅游游赏要素形成的最基本组合，也是一个旅游景区对游客产生吸引力的基本单元。在空间上，景点由一定的景物构成，有着较为明确的旅游活动内容，并有相应配套的游览及服务设施，具有空间体验及美学等特征。景点的质量及其组合状态优劣会直接影响到旅游景区整体观感体验质量的高低。

旅游景点按重要性可以分为核心景点和一般景点，按类型可分为自然型、历史型、文化型和特殊型景点。

景点(规划)设计是旅游区吸引物设计的核心，是根据景点旅游资源特色、环境条件，结合其旅游功能、形象定位、内部建筑设施类型、植物种植种类、景观风貌、游览线路的安排等进行空间微观规划设计。

9.4.1 旅游景点设计的原则

(1)遵循最小扰动原则。避免“建设性破坏”和“破坏性建设”，避免较大规模地改造地形地貌，注意整体建设风貌、体量与自然环境相容，应保护周边生态环境系统整体稳定。

(2)设计主题明确，创意新颖，有立意和文化内涵，凸显旅游资源景点景物特色、美感与吸引力。

(3)遵循因地制宜，追求自然美和人工美的和谐统一。

(4)强调以人为本，一切为游客着想，注重实用性、功能性。景点设计必须和游人的活动需要相关，有亲和性、关怀性。建筑物设施和场地设计要充分考虑游客体验，从更细微处考虑游客感受，提高游客舒适度。如等候区与停车区夏季考虑遮阴降温设施，多雨地方考虑设计避雨装置等。同时，还应考虑到特殊游客人群的一些特殊需求，如无障碍通道、第三卫生间等。相关设计必须有保证游客安全的考虑，以应对紧急突发事件。实用性体现在利用现有资源，花最小投入实现目的要求，如景观、建筑、铺地等选材，绿化树种选择，不能盲目高档化、都市化。功能性既体现在物质性层面，也应有精神层面、审美与文化的需求体现。

(5)关注投入产出效益。从投资商角度来看，有产出才能实现多赢和持续发展的局面。景点要吸引人，形成人气和流量，务必要深挖目标市场需求，合理规划景点内可盈利设施，形成自然停驻和消费，使其创造最大收益。

9.4.2 旅游景点设计思路、方法与内容

景点设计应在旅游修规整体方案基础上，结合景点项目所在地块条件，因地制宜、因物制宜、因景制宜，形成具体设计方案。

景点设计的核心构成，一方面要体现规划中确定的旅游产品及旅游活动内容需要，即功能性、特色性、体验感受性；另一方面要体现景点的环境性、景观艺术性。两者共同构成景点的吸引性。

1. 景点设计思路与方法

(1)构思上:应考虑功能与活动需要,空间环境特点,景物景观资源要素条件和人文内涵,明确主题立意和风格类型。构思方法有草图法(包括原理草图、流程草图、结构草图等),模仿法(包括结构仿生、外形仿生、原理仿生等),联想迁移法(结构迁移、功能迁移、原理迁移等),求新变异法(外形结构重构、功能重置、材料置换等)。

(2)构图布局上:应考虑平面形态组织,景点整体空间结构,空间序列关系。同时,注意主从与重点,以呼应取得联系,以衬托表现差异,组织轴线,分清主次;把握景物、景观主体与背景立体造型意象。

(3)空间处理上:应有空间的对比、藏与露、疏与密、视线引导与指示、界面渗透与层次等手法的组合变化。同时注意景物、景观构成要素规则与自然变化的关系,硬质与软质景观的关系。

(4)线路设置上:忌直求曲,忌宽求窄,应蜿蜒与曲折,形成整体,要把孤立的点(景)连接成线,进而把若干线组织成完整的序列。

(5)造景的方法上:注意中国传统景观手法与现代景观手法的结合,以及其他专业领域设计手法的借用。

2. 景点设计涉及的内容

(1)园林景观建筑选择与设计:建筑类型常见的包括亭、廊、榭、舫、桥、楼、台、塔、阁等,设计追求巧、宜、精、雅。

(2)景观小品设施选择与设计:具体包括公共休闲服务类(涉及座椅、健身娱乐器材设施、报亭等);交通服务设施(涉及无障碍设施、隔离桩、指示牌、路标等);公共卫生服务设施(涉及垃圾桶、公厕等);信息服务设施(涉及布告栏、信息张贴栏、信息电子屏、户外广告牌、导引牌等);美化设施(涉及景墙、花坛、树池、装饰花盆、雕塑、水景、地面美化、装饰照明、小品等)。

(3)场地处理:涉及台阶、台地园高差过渡,挡土墙、景观墙、起伏的景观地形处理等内容。

(4)入口设计:涉及大门造型与内涵、交通流线组织、Logo形象标识、照明、环境绿化等。

(5)景观水体设计:水景观一般有四大主要类型,即自然式水景、园林式水景、泳池式水景、装饰式水景。设计内容涉及景观形式、类型选择,保证功能性、环境性要求,尺度适宜,关注驳岸堤岛营造、水体安全性等。

(6)石景设计:利用石材进行造景,类型一般包括仿真型石景、写意型石景、透漏型石景、实用性石景、盆景型石景。

(7)景观铺装:分硬质、软质材质,常见如石材铺装、砾石铺装、木材铺装等。

(8)景观植物配置:风景花木按观赏特点可分为林木、花木、果木、叶木、荫木、蔓木六类,按种植环境可分陆生、水生,应按规划地块环境条件加以选择,合理配置。配置原则应统筹考虑色彩组合,时间季节组合、观赏内容组合(花、叶、果、色、形、味)。同时应考虑植物种植的空间设计,其内容一般包括平面组合设计(手法上一般分为自然式、规则式和混合式),垂直分隔设计,种植方式设计(一般会有孤植、丛植、群植、线植、花境等技法运用)。

9.5　专题类旅游规划

专题类旅游规划是针对功能、特色或某一目标属性特征非常明确的旅游地、旅游区进行的有特定要求的旅游规划。常见专题类旅游规划包括：旅游度假区规划；风景名胜区规划；历史文化名村名镇名城旅游规划；城市及都市区旅游规划；乡村旅游规划；生态旅游规划（涉及国家公园、自然保护区、森林公园、地质公园、湿地公园等）；主题公园旅游规划；A～5A级旅游景区创建规划等。

9.5.1　旅游度假区规划

1. 旅游度假区的类型

就度假形式而言，旅游度假区可分为自主度假、组织度假、集中度假、错时度假、分时度假、境外度假、主题度假等，主题度假又分为疗养度假、休闲度假、娱乐度假、婚庆蜜月度假等。

目前世界上的旅游度假区大致可分为滨海、滨湖、高山滑雪、森林修养、温泉矿泉等主要类型。随着市场需求的改变，国内还出现了特色小镇、庄园、康养社区等新类型的度假区。

爱德华·因斯克普将旅游吸引物分为三大类：以自然环境及其特征为依托的自然吸引物、以人文活动为基础的文化吸引物、人造的特殊吸引物。从这个视角，按照度假区所依托的资源类型（吸引物）不同，旅游度假区可以分为自然景观为主的旅游度假区、以人文景观为主的旅游度假区、以游乐活动为主的旅游度假区（见表9－3）。

表9－3　旅游度假区基本类型

类型	吸引物依托资源内容	其他辅助功能	主要特点
自然资源型旅游度假区	海洋、内湖、山地、滑雪地、森林、温泉、草原等自然风景资源	度假酒店、商业、会议、餐饮等	生态环境优越、自然风光秀丽，对环境依赖性较强；消费人群以中、高收入者为主；以度假酒店为核心业态
人文资源型旅游度假区	历史城镇或历史地段；乡村田园、传统聚落、人文活动等	度假酒店、商业、餐饮、居住等	注重文化资源与历史遗迹保护，保护其实体，注入新业态，提取文化资源的符号，营造文化氛围。注重风土人情，场景活动记忆，人文特色保护
游乐活动型旅游度假区	人工自造或是外来的资源设施、主题娱乐、主题运动等	剧院、运动场地、大型游乐器械等娱乐游戏设施，并配置度假酒店、餐饮、商业、居住等	所在区域经济发达，交通网络便利；服务人群以高活力群体为主，娱乐项目的体验性要求很高。注重特色建筑和景观主题环境，打造故事脉络，体验主题性和不同的故事场景

2. 旅游度假区的发展趋势

随着度假旅游的快速发展和旅游度假区之间竞争的加剧，新产品观、平台思维、品质化、满足游客多方面个性化需求成为旅游度假区发展的新趋向。

(1)多元化、复合性和深度性。旅游吸引物功能、度假功能、休闲功能和特色功能集聚的综合型旅游度假区目前已成为旅游度假区发展的主要趋势，这种度假区集旅游休闲、居住康养、商业、会议、运动、度假地产等多种功能为一体，功能业态表现出了多元化和复合性特征，同时要求功能组合有机搭配，功能业态间相互协调，并考虑季节性差异，进而形成完整产业链和服务圈，以期发挥最大化整体功能效益，满足游客一站式旅游需求和“生活化”深度度假体验预期。

(2)特色与主题性。主题是旅游度假区发展的主要理念与核心内容，其主要目的是形成或强化度假区特色，增强竞争优势，满足核心客源市场需求。度假区主题是与其形象联系在一起的，特定主题和专门内容可以达到个性化的目的，能在同类度假产品中形成特色，具有特定主题的度假区一般会得到较快发展。

(3)凸显文化性。旅游度假行为也属于一种休闲文化现象。文化既体现在度假区特色之中，也成为度假区旅游吸引物的主要内容。如果度假区的文化品质能吸引目标市场旅游者，它也将成为驱动人们前往度假的重要动力。旅游度假区的主题化与文化内涵也有密切关系，除极个别以纯自然生态为主题的选择外，从某种角度来看，主题化基本上都是在形成一个度假区的文化特色。度假区的文化一般由地域特色文化和现代休闲度假文化两部分组成，以满足客源市场需求。

(4)保护生态性，追求健康。现代度假旅游已更加多样化，但追求健康仍是一大趋势，事实上，很多旅游度假区都已将健康元素融入度假区的开发规划建设中，为旅游者在心理、身体上创造一种健康有益的度假环境。对旅游度假区生态环境的重视，一方面源自度假区生态环境的退化，另一方面是旅游者对良好生态环境的追求。毋庸置疑，良好的生态环境本身就是一种吸引物。

(5)强化宜人景观营造。综合开发风景资源，着力营造令人赏心悦目的景观，构筑宜人的观光游览系统，使之成为具有良好人居环境和优美景观的场所，是旅游度假区又一发展趋势。观光与度假是休闲旅游发展密不可分的两个基本面，强化度假区景观性，特别是核心代表性的自然和人文景观尤为重要。

3. 旅游度假区规划任务和规划内容

旅游度假区规划的基本任务是通过保护度假旅游赖以发展的生态环境，确定发展目标和定位，优化旅游度假产品结构，拓展旅游度假内容，树立特色，形成吸引力，构建完备的旅游度假服务体系、支持体系和保障体系与功能设施，带动和促进地方社会经济发展。

旅游度假区总体规划是旅游度假区建设和发展战略的集中体现，也是整体建设发展的重要保障。其内容参照国家标准《旅游度假区等级划分》(2010)及《旅游度假区等级划分细则》(2015)、《国家级旅游度假区管理办法》(2019)等要求，结合实践案例，主要涉及区位选址与规划用地范围规模选择、发展目标与发展战略确定、主题与形象策划、空间布局与用地分区(土地利用与控制规划)、接待与服务设施规划(住宿、餐饮、购物、娱乐等设施构成与布局)、公共交通规划、基础设施配置、建筑与景观风貌设计、市场营销规划等。

作为总体规划重要内容的功能分区，直接影响到规划的总体布局和土地开发利用，也体现着度假区规划的特点，所以需要特别关注。进行旅游度假区功能分区，首先应考虑旅游吸引物的构建和保护；其次要考虑交通以及服务设施的便利性；最后要考虑滚动发展问题。针对不同规模类型的旅游度假区，其功能分区的情况应有所差异。对于资源易于破坏的旅游区，其服务设施分区应建立在离资源较远的外围地带，严禁在核心旅游资源附近建立服务设施。度假区一般常出现的功能区名称(类型)包括：综合服务区、度假别墅区、各类景观游览区(风光区、生态区等)、高尔夫球场、沙滩浴场、(漂流、攀岩、垂钓、野营烧烤等)各类运动活动区、休闲健身区、康复中心、训练基地-竞技体育比赛区、游乐娱乐俱乐部及购物区、各类主题文化区等。

9.5.2 风景名胜区规划

风景名胜区是带有中国自身文化认知特色和历史传统延续的特殊旅游区域，是我国文化与旅游形象的重要代表。风景名胜区的自然环境及其沉淀下的人文旅游资源往往是独特的、不可替代的，凝结了大自然亿万年的神奇造化，承载着华夏文明五千年的丰厚积淀，是世代不断保护与增值的宝贵财富。

按照国家标准《风景名胜区规划规范》中的术语释义，风景名胜区指风景资源集中、环境优美、具有一定规划和游览条件，可供人们游览欣赏、休憩娱乐或进行科学文化活动的地域。

设立风景名胜区的目的，主要是在严格保护风景名胜资源的基础上，合理地加以开发和利用，供社会公众游览、休息或进行文化等活动，满足人民群众日益增长的精神文化需求。

1. 风景名胜区的特点与分类

总体而言，我国风景名胜区类型多、范围广、差异大、各具特色。其基本特征可归纳为：

①风景名胜区具有比较集中的、区别于其他区域的、能够反映自身独特自然风貌或代表性文化特色的景观资源。

②风景名胜区具有自然生态、观赏游览、美学、地域或历史文化承载体现及科学研究等价值和功能，是多样价值和功能的综合体。

③对于风景名胜区的保护，是基于其价值可为人们所利用，可以用来进行旅游开发、游览观光以及科学研究等活动，是开发利用下的保护，是在保护基础前提下的开发利用。

同时，区别于一般旅游区、地质公园、森林公园、自然保护区等旅游类型，风景名胜区还具有以下特点：

①相对于一般旅游区，风景名胜区是由各级地方人民政府向上级政府申报，经审批后获得政府命名。其中，国家级风景名胜区是由省级人民政府申报，由国务院审批命名；省级风景名胜区由市(县)级人民政府申报，由省级人民政府审批命名。

②相对于地质公园、森林公园等，风景名胜区管理依据的法律地位较高，即国务院公布的《风景名胜区条例》。

③相对于自然保护区，两者虽然都有国务院颁布的条例为管理依据(自然保护区的管理依据为《自然保护区条例》)，都突出强调“保护第一”的原则，但由于设立自然保护区的目的主要是永久保护和科学研究，维护区域生态平衡，保护生态环境和生物多样性，因此两者在设立目的、性质、服务对象和管理方式方面具有较大差异性。风景名胜区更具有提供社会公众的游

览、休闲功能，旅游属性突出。

关于风景名胜区分类，有不同的划分角度和方法。

①按用地规模分类，风景名胜区可分为小型风景区（20 km^2以下）、中型风景区（21～100 km^2）、大型风景区（101～500 km^2）、特大型风景区（500 km^2以上）。

②按资源类别分类，风景名胜区可分为14类，见表9-4。

表9-4 风景名胜区分类表

类别序号	类别名称		类别特征
	中文名称	英文名称	
1	历史圣地类	sacred places	特指中华文明始祖遗存集中或重要活动，以及与中华文明形成和发展关系密切的风景名胜区，不包括一般名人或宗教遗迹
2	山岳类	mountains	以山岳地貌为主要特征的风景名胜区。此类风景名胜区具有较高生态价值和观赏价值，包括一般的人文胜迹
3	岩洞类	caves	以岩石洞穴为主要特征的风景名胜区，包括溶蚀侵蚀、塌陷等成因形成的岩石洞穴
4	江河类	rivers	以天然及人工河流为主要特征的风景名胜区，包括季节性河流、峡谷和运河
5	湖泊类	lakes	以宽阔水面为主要特征的风景名胜区，包括天然或人工形成水体
6	海滨海岛类	seashores and islands	以海滨地貌为主要特征，包括海滨基岩、岬角、沙滩、滩涂、潟湖和海岛岩礁等
7	特殊地貌类	specified landforms	以典型、特殊地貌为主要特征的风景名胜区，包括火山熔岩、热田汽泉、沙漠、蚀余景观、地质珍迹、草原、戈壁等
8	城市风景类	urban iandscape	位于城市边缘，兼有城市公园绿地日常休闲、娱乐功能的风景名胜区，其部分区域可能属于城市建设用地
9	生物景观类	bio-landscape	以特色生物景观为主要特征的风景名胜区
10	壁画石窟类	grottos and murals	以古代石窟造像、壁画、岩画为主要特征的风景名胜区
11	纪念地类	memorial places	以名人故居，军事遗址、遗迹为主要特征的风景名胜区，包括其历史特征、设施遗存和环境
12	陵寝类	emperor and notable tombs	以帝王、名人陵寝为主要内容的风景名胜区，包括陵区的地上、地下文物和文化遗存，以及陵区的环境
13	民俗风情类	folkways	以特色传统民居、民俗风情和特色物产为主要特征的风景名胜区
14	其他类	others	未包括在上述类别中的风景名胜区

2. 风景名胜区规划发展及编制要求

20世纪80年代初期，国家对风景名胜区的重视推动了风景名胜区规划工作的开展。

1979年春，当时国家建委在杭州召开风景区工作座谈会，研究了重点风景区的保护和规划工作。会后，一些重点风景区如峨眉山、庐山、泰山、黄山等开展了资源调查和总体规划的编制工作。

1982年11月，国务院审定了第一批44处国家级风景名胜区，要求“抓紧编制国家风景名胜区的规划”。1985年6月，国务院发布《风景名胜区管理暂行条例》，条例规定把风景名胜区划分为国家、省、市县三级，并要求制定规划。1999年，国家颁布了《风景名胜区规划规范(GB 50298—1999)》国家标准，使风景名胜区规划走上了标准化道路。随着风景旅游区规划编制工作的推进，其规划的规范化和标准化也给其他类型景区规划编制起到了示范作用。

风景名胜区规划也称风景区规划，是保护培育、开发利用和经营管理风景区，并发挥其多种功能作用的统筹部署和具体安排。

《风景名胜区条例》明确提出了对风景名胜区采取“科学规划、统一管理、严格保护、永续利用”的工作方针，确定了风景名胜区规划是风景名胜区保护、利用和管理的前提依据。经相应的人民政府审查批准后的风景区规划，具有法律权威，必须严格执行。

风景名胜区规划必须充分考虑生态环境、社会、经济等方面的综合效益，因地制宜地突出风景名胜区的特性。同时规划编制，要严格按照条例确定的风景名胜区总体规划和详细规划的内容以及编制程序进行，并对编制的科学性和可实施性进行论证。风景名胜区的规划管理工作包括：风景名胜区分类；规划阶段的划分；规划编制原则、要求和期限；组织编制主体、编制单位、报批主体；规划修编与修改的规定等。

风景区规划应分为总体规划、详细规划两个阶段进行。大型而又复杂的风景区，可以增编分区规划和景点规划。一些重点建设地段，也可以增编控制性详细规划或修建性详细规划。

风景名胜区总体规划应依据国家标准《风景名胜区规划规范》和管理部门有关规定进行编制及上报审查。总体规划要确定风景名胜区的性质、范围、总体布局和游览服务配套设施，划定严格保护区和控制建设地区，并提出保护利用原则和规划实施措施，作为风景名胜区内一切活动的依据，同时对风景名胜资源的保护应当作出强制性的规定，对资源的合理利用应当作出引导和控制性的规定。总体规划期限一般为20年。

风景名胜区的详细规划是对总体规划的深化，要按照总体规划确定的原则、要求和布局，对某一特定的功能区域单元(如景区或其他功能区)确定其范围、用地规模、景点分布、风景特征、资源利用方式、游览交通布局、基础设施配置等内容，并做出定位、定性和定量的控制性综合安排。同时对该区域内各主要景点或其他功能点的用地控制和建设项目安排提出平面布置方案，对近期建设项目做出规划布局、提出设计方案，为工程设计和规划管理提供切实可行的、具有控制性和指导性的依据。经批准的详细规划是做好风景名胜区保护、建设、利用和管理工作的直接依据。

3. 风景名胜区总体规划的基本内容

(1)风景资源评价。其主要包括：景源调查、景源筛选和分类、景源评分与分级结论四个部分，一般阐述资源分类和风景名胜资源价值重要性等方面的评价结论。

(2)生态资源保护措施、重大建设项目布局、开发利用强度。

①生态资源保护措施。生态资源保护措施是在资源调查与评价基础上，依据自然景观与文化景观资源的类型、重要性及其保护要求的差异，进一步结合有关规定，科学提出生态资源的保护要求与具体的保护措施。

②重大建设项目布局。根据规划期内风景名胜区发展、资源保护和合理利用等相关要求，

对需要重点安排的建设项目及其布局进行专项景观论证和生态与环境敏感性分析，科学合理地安排重大建设项目的位置，确保将项目对景观与环境的影响减至最小。

③开发利用强度。风景名胜区是一个资源与环境十分珍贵又较为脆弱的地域，因此必须对开发利用强度做出强制性规定，对不同保护要求地域内的土地利用方式、风格、体量、规模等做出明确要求，确保开发利用在资源与环境生态承载能力所允许的限度内进行，防止过度开发。

(3)功能结构与空间布局。应依据规划对象属性、特征及其存在环境进行合理的功能分区，在此基础上依据规划目标和规划对象性能、作用及其构成规律来组织整体规划结构；依据规划对象的地域分布、空间关系和内在联系进行综合部署，形成合理完善又有自身特点的整体空间布局。

功能分区应明确规定用地布局，采用分级方式规定不同分区用地可开发利用的强弱程度，体现资源保护和开发利用不同程度的要求。同时，统筹兼顾，综合划分各级景区、各类保护区、服务基地区、居民区和其他必要的功能区，划定核心景区，对风景名胜区资源保护、基础工程、服务设施等制定科学合理的总体布局。

(4)禁止开发和限制开发的范围。应依据风景名胜资源与环境的重要性、开发利用强度和合理利用要求，明确划定禁止开发和限制开发的范围，控制和管理有关建设活动。在核心景区，要严禁建设非必要游赏设施和与资源保护无关的各种工程，严格控制与资源保护和风景游览无关的建筑物建设。在一般景区，也要禁止建设破坏或有损景观、产生污染的设施。

(5)测算(旅游)游客容量。合理确定游客容量是科学制定风景名胜资源与环境的保护措施，是合理组织游览活动、安排相应旅游服务及配套设施数量规模的基础性工作。游客容量应随规划期限和景区开发建设管理的推进而有所变化。

(6)有关专项规划。

①保护培育规划。规划应依据风景名胜资源的特点和保护利用的要求，确定分类和分级保护区，分别规定相应的保护培育措施要求，合理划定核心景区，将分类和分级保护规划中确定的重点保护区(如重要的自然景观保护区、生态保护区、文化史迹保护区等)划定为核心景区，确定其范围界限，并对保护措施和管理要求做出强制性的规定，同时根据实际需要对当地历史文化、民族文化、传统习俗等非物质文化遗产的保护提出规定。

②风景游赏规划。规划应明确景区的景观特征和游赏主题，提出游赏景点以及游赏路线、游程、解说等内容的组织安排，并进一步提出游客容量调控的措施与对策。

③典型景观规划。规划应充分挖掘与合理利用自然与人文等典型景观的特征及价值，突出特点，组织适宜的游赏项目与活动，妥善处理典型景观与其他景观的关系。具体包括：典型景观的特征与作用分析、规划目标、规划内容、项目设施与组织、典型景观与风景名胜区整体的关系等内容。

④游览设施规划。服务设施应相对集中，规模合理，设置符合用地布局和功能分区的要求，将其严格限定在核心景区以及其他需严格保护区域以外的地区。游览设施规划应包括游人使用需求与游览设施现状分析、客源分析预测与游人发展规模的选择、游览设施配备与直接服务人口估算、旅游基地与相关基础工程、游览设施系统及其环境分析五个部分的内容。

⑤基础工程规划。一般包括道路交通、给水排水、供电能源、邮电通信、环境保护、环境卫生、防灾等细分专项工程规划。

⑥居民社会调控规划。规划应对风景区范围内涉及的旅游城镇、社区、居民村(点)和管理服务基地提出发展、控制和搬迁的调控要求,包括:现状、特征与趋势分析,人口发展规模与分布,用地方向与规划布局,产业和劳动力发展规划等内容。

⑦经济发展引导规划。规划应以国民经济和社会发展规划、风景名胜区与旅游发展战略为基本依据,提出适合本风景名胜区经济发展的方向和途径,对不利于风景名胜资源和生态环境保护的经济生产项目提出限制和调整要求。具体包括:经济现状调查与分析,经济发展的引导方向,经济结构及其调整,产业空间布局及其控制,促进经济合理发展的措施等内容。

⑧土地利用协调规划。规划应按照国土空间管控、用地布局、功能分区和规划布局的要求安排,按用途分类和使用性质,进行用地的综合平衡和协调配置。具体包括:土地资源分析评估,土地利用现状分析及平衡表,土地利用规划及平衡表等。

⑨近期保护与发展规划。规划应在综合考虑风景游赏、游览设施、居民社会的协调发展以及风景名胜区自身发展规律与特点的基础上,对近五年规划期内的保护和建设项目做出合理安排,并提出初步的项目投资估算。

风景名胜区总体规划经批准后,应依照国家、地方风景名胜区总体规划有关规定与要求,组织编制风景名胜区详细规划,并按规定程序履行报批手续。

4.风景名胜区详细规划的内容

风景名胜区总体规划是编制风景名胜区详细规划的基础,风景名胜区详细规划是对风景名胜区总体规划各项规定与要求的具体实施与安排,能够直接用于具体操作与项目实施。

详细规划编制工作是总体规划编制的延续。详细规划要直接利用总体规划的各种基础资料,并从中研究和提取与详细规划直接相关的资料内容;应充分研究和分析总体规划对本地域的控制规定和具体要求,要明确本地域与其他功能区的相互关系、与周边地块的关联,以使详细规划与总体规划紧密衔接、相互一致。

详细规划的核心问题是要正确地对总体规划的思路和要求加以具体地体现;要使各规划功能分区用地间形成协调和联系的有机整体,做到合理和节约利用土地,有效控制用地规模。

基础工程和旅游服务接待等设施是风景名胜区开展游览观赏活动的重要基础条件。具体来说,道路交通、给水排水、供电能源、通信、环境卫生、防灾等基础设施是先导保障,宾馆、餐饮、购物等旅游配套设施是必要保证,游客中心等各类旅游服务接待设施是风景名胜区全面开展旅行、游览活动的重要支撑。二者发挥着不同的作用,相辅相成,密不可分。

详细规划的布局规划对涉及风景名胜区基础工程设施、旅游设施等建设项目,一般都要通过各类用地的划分和布置而进行具体安排,其中包括:直接为旅游者服务的一类用地,如风景游览区、旅游接待区、商业服务区、文化娱乐区、休疗养区以及各种不同规模的游览间歇点或中转连接点等;属于旅游服务基础设施的二类用地,如各种交通设施与基础设施的用地;属于间接为旅游服务的三类用地,如管理用地、居住用地、旅游加工业与农副业用地等。

详细规划一般内容构成应包括:项目及地块基本概况、规划依据、景观与资源评价、规划指导思想、定位与策略、总体布局规划、土地使用性质与规模、景点建设和项目规划、旅游服务设施规划、游览与道路交通规划、生态保护和建设项目控制要求、绿化与景观规划,以及供水、排水、供电、通信、环保等基础工程设施规划。

详细规划的编制，除上述基本规划内容外，有时还涉及防震、防洪、人防、消防、供热、供气等工程项目，可以根据实际需要，补充增加相应的专项规划内容。在编制规划时，还涉及一类特殊用地，通常是指规划拟建一些可能引起环境污染或影响景观风貌的大中型工程设施用地，包括缆车索道、观光电梯、隧道、直升机机坪、码头、桥梁、水厂、高压线走廊、垃圾处理场及其他类似情况的工程设计等。凡规划涉及此类工程时，应遵循已经批准的总体规划有关规定，并根据需要单独编制专题可行性研究论证报告和环境影响评价，严格按规定上报程序进行报批。

风景名胜区详细规划不一定要对整个风景名胜区规划的范围进行全面覆盖，但是总体规划确定的核心景区、重要景区和功能区、重点开发建设地区以及其他需要实施严格保护或需要编制控制性、修建性详细规划的区域，必须依照国家有关规定与要求编制。

5. 规划编制的技术性依据

风景名胜区与周边城市、乡村和地方经济的发展紧密相关。因此，风景名胜区总体规划必须与当地和周边地区的区域规划、城乡规划相协调，与土地利用规划、区域交通规划等相衔接。同时按照最新的规划变革，应保证与国土空间规划的协调。

风景名胜区规划具体编制需遵照相关最新规范、标准，在内容上体现有关要求。

按照全国风景名胜区事业发展“十三五”规划工作安排，要推进完善风景名胜区和世界遗产保护管理制度与技术标准，推进行业制度化、规范化管理。一是出台了《国家级风景名胜区规划编制审批办法》(2015)、《国家级风景名胜区管理评估和监督检查办法》(2015)、《世界自然遗产、自然与文化双遗产申报和保护管理办法》、《国家级风景名胜区总体规划大纲和编制要求》(2015)，完善了风景名胜区和世界遗产的保护管理制度。二是出台了《风景名胜区游览解说系统标准》《风景名胜区监管信息系统建设技术规范》等行业标准，开展对《风景名胜区规划规范》修订和《风景名胜区详细规划规范》制定工作，启动对国家标准《风景名胜区管理技术要求》《风景名胜区资源分类与评价标准》及行业标准《风景名胜区术语标准》的制定工作等。

《风景名胜区总体规划标准》(GB/T 50298—2018)、《风景名胜区详细规划标准》(GB/T 51294—2018)、《风景名胜区管理通用标准》(GB/T 34335—2017)、《风景名胜区公共服务-自助游信息服务》(CJ/T 426—2013)等已经发布，成为指导风景名胜区规划编制新的重要依据。

6. 规划成果构成

总体规划成果应包括规划文本、说明书、图纸、基础资料汇编四个部分。

(1)规划文本是实施风景名胜区总体规划的行动指南和规范。其应以法规条文方式书写，明确简练，利于执行，直接表述风景名胜区总体规划的规划结论，对风景名胜资源的保护做出强制性规定，对资源合理利用做出引导和控制性规定，体现规划内容的指导性、强制性和可操作性。

(2)规划说明书是对规划文本的详细说明，是对规划内容的分析研究和对规划结论的论证阐述。其具体应阐述风景名胜区地理位置、自然与社会经济条件、发展概况与现状等基本情况，对风景名胜区的发展战略与规划对策进行分析与说明，并对照规划文本中的条文内容，对相应内容的现状条件、存在问题等做出分析或说明，对规划确定的原则、目标、规定、结论、措施等内容进行必要的说明。

规划说明书应在规划文本内容的基础上增加有关现状分析和说明，可以对规划编制过程中需要把握的重大问题等做前言或后记予以说明。编制的规划属于新一轮修编的，应当在说明书前言或后记中说明对上一轮规划实施情况的评述，对存在的问题进行分析和阐述，对修编规划背景、重大调整内容等做出说明。规划纲要、规划中涉及的有关主要专题研究成果、重大问题专题研究报告、专业评审意见、有关审批文件等，可作为附件汇编于规划说明书中。

(3)规划图纸应当准确表示规划内容所处的地域或空间位置，图纸所表达的内容应清晰、准确，与文本内容相符。所有规划图纸的图例应一致，同时也要与其他相关的规定图例保持一致。图纸内容和深度应符合规划规范的要求。

(4)基础资料汇编主要是整理汇编规划工作中涉及或使用的各相关基础资料、数据统计、参考资料、论证依据等内容。基础资料汇编一般涉及区域状况、历史沿革、自然与环境资源条件、资源保护与利用状况、人文活动、经济条件、人工设施与基础工程条件、土地利用以及其他资料。汇编中的文字资料、数据、附图等要准确清晰、简明扼要，统计数据要反映近期状况、准确有效，文字叙述与图、表相结合。

详细规划成果一般也由规划文本、图纸、规划说明和基础资料四个部分构成。

9.5.3 历史文化名城名镇名村旅游规划

历史文化名城名镇名村既是我国宝贵的优秀历史文化遗产，各类文物及传统风貌得以较好保存的集中之地，也是我国开展文化旅游的珍稀资源。

自 1982 年国家公布首批历史文化名城以来，截至 2019 年末，国务院已公布 134 座国家历史文化名城。住建部和国家文物局已公布了 799 个中国历史文化名镇名村，其中，历史文化名镇 312 个，历史文化名村 487 个。全国已划定历史文化街区 875 片，确定历史建筑 2.47 万处。各地还探索将工业建筑、文化景观、文化线路等各种文化遗产类型也纳入了保护体系之中。可以说，我国历史文化名城名镇名村的保护体系已基本形成，并日益完善。

1. 历史文化名城名镇名村保护规划与旅游规划

作为保护体系重要的构成之一，历史文化名城名镇名村保护规划（以下简称保护规划）是指导其保护和发展的重要依据。规划的功能与作用一方面体现在对历史文化名城名镇名村风貌及其承载的历史文化遗产、各类文物予以科学保护，另一方面在于处理好保护与发展、保护与开发利用的关系，给出传承利用的空间。

从规划属性上来说，该保护规划应是从属于总体规划下的专项规划，与旅游规划是并列的关系。但因为历史文化名城名镇名村往往旅游功能十分凸显，使得两者实际的关系密切，相辅相成，所以历史文化名城名镇名村旅游规划（以下简称旅游规划）必须在贯彻保护规划意图与规定要求的基础上展开，此类旅游规划具有一定的特殊性和敏感性。正因如此，本书将其列为旅游规划体系中的专题类旅游规划。在这两个规划中，保护规划是第一位的，历史遗存不在，旅游将无从发展。由此，该类旅游规划是建立在保护规划基础之上，是科学合理、积极有效利用性质的旅游规划。

2. 历史文化名城名镇名村旅游规划的编制要求

该类旅游规划编制的主要依据，除参照一般旅游规划的技术性规范、标准外，还必须参考历史文化名城名镇名村保护相关的法律法规、规范标准等，主要涉及：《中华人民共和国文物保护法》《文物保护法实施条例》《历史文化名城名镇名村保护条例》《全国重点文物保护单位保护规划编制审批办法》《全国重点文物保护单位保护规划编制要求》《国家级非物质文化遗产保护与管理暂行办法》《城市紫线管理办法》《历史文化名城名镇名村街区保护规划编制审批办法》《历史文化名城保护规划标准》《历史文化名城名镇名村保护条例释义》《中国历史文化名镇名村评价指标体系》《关于加强对城市优秀近现代建筑规划保护的指导意见》《历史文化街区保护管理办法》等。

该类旅游规划在编制思想上，应充分认识历史文化遗产资源的不可替代性、独特性，甚至是唯一性，不能因规划的旅游项目建设而出现建设性和人为性破坏影响，这也是此类旅游规划得以落地实施及发挥规划科学合理引导作用的前提。

该类旅游规划在编制内容上，应落实体现保护规划规定的保护原则、保护内容和保护范围；明确保护措施、开发强度和建设控制要求；落实传统格局和历史风貌保护规划要求；对保护规划划定的历史文化街区、名镇、名村的核心保护范围和建设控制地带应予以衔接，不能出现分歧和矛盾。

9.5.4 都市区旅游规划

国内城市旅游规划起始于 1985 年，当时北京市组织上百人的资源调查与规划队伍，聘请多位顾问，经过近一年调查编制完成了“北京市旅游发展战略规划”。这是第一个政府主导型的市域旅游战略规划，在全国产生了广泛的影响。

1995 年国家旅游局发出《关于开展创建和评选中国优秀旅游城市活动的通知》，正式拉开了创建中国优秀旅游城市的序幕。1999 年国家旅游局公布全国首批 54 个“中国优秀旅游城市”，规划是评优重要指标之一，因此优秀旅游城市评选也有力地刺激了城市旅游规划的编制。

1. 都市区旅游规划的任务与特征

都市区是指城市行政管辖地域内现代化程度高、功能完备且最具规模的核心城市建成区。都市区旅游规划的任务是把握都市区自身独有的空间规律和特征，定位出特色鲜明的城市旅游总体形象；合理配置、挖掘强化城市旅游吸引物，努力提高城市旅游产品质量，加强各相关部门的合作；以保持城市生态环境系统和历史文化系统完整性为前提，切实保障旅游的可持续发展。

都市区旅游规划应遵循地域对象的特殊性，使规划兼有旅游地和城市属性，并呈现出以下一些特征：

(1)都市区旅游规划属于目的地规划。将城市都市区作为旅游目的地而非客源地进行规划。其有两层基本含义：一是城市都市区作为一个旅游目的地概念，二是规划为满足游客到这座城市之后的旅游需求而进行。

(2)都市区旅游规划属于地域旅游集散与服务中心规划。城市都市区在区域旅游发展布局中具有中心和增长极的地位，应考虑其旅游交通集散辐射功能的建立，以及服务于都市区旅游及外围市域旅游对各类服务设施的布局需要。

(3)都市区旅游规划是旅游发展功能与城市发展功能协同统筹的规划。即需要兼顾解决都市区旅游发展需求问题与城市发展公共需求问题，既考虑如何服务于游客，又要考虑是否有益于市民公众。

2.都市区旅游规划编制依据与规划内容

都市区旅游规划的主要依据除了参照一般旅游规划的技术性规范、标准外，还必须参考城乡规划相关的法律法规、规范标准等。规划编制应与城市总体规划、城市旅游发展规划等相关规划衔接，并且顺应改革变化、发展要求。特别是要在认知国土空间规划体系建构的基础上，探索重构城市旅游规划体系内容，建立市域范围的城市旅游发展规划与基于城市建成区(及规划范围)的都市区旅游规划分工，加强对多规协调理论成果的思考与引入，把握都市区旅游规划与城市国土空间规划、市域城市旅游发展规划的关系。找准都市区旅游规划在未来国土空间规划体系中的应有地位，这将是都市区旅游规划编制的重要依据。

对于不同类型、不同区域、不同历史与发展背景的城市，其都市区旅游规划的综合研究和比较研究成果也是规划编制依据需要关注的一个重点，找出不同区域之间、不同发展条件下、不同城市背景下的都市区旅游规划的共性和差异性，便于对规划思路形成启发、修正和改进，也能为都市区旅游规划编制提供更多视角和参照。

关于都市区旅游规划编制内容，参考相近的研究认识，本书认为应体现以下要点，并应解决相关问题。

①落实城市旅游发展规划战略，明确都市区旅游发展战略重点、目标、步骤，都市区旅游发展方向、定位等，促进都市区旅游消费及相关产业的发展。

②进行都市区范围内一般意义的旅游资源要素以及体现都市区风貌、文化属性与发展特质吸引物要素、产业要素的调查分析(见表9-5)，进一步确定开发方向、开发重点与时序。

表9-5　城市都市区常见旅游资源要素及旅游产业基础要素构成

要素类别		都市区范围内常见要素具体构成示例
旅游资源或吸引物要素		文物古迹、自然与历史名胜、历史地段、传统街区、中心商业街区、特色及近现代优秀建筑、城市地标、中心广场、网红打卡点、旅游文创、旅游风景道、节庆活动等
旅游产业基础要素	旅游环境要素	城市风貌、夜景、绿化景观、水系、环境质量、城市安全性等
	旅游基础设施要素	城市道路系统、地铁系统、客运交通站场(火车站、汽车站、码头、航空港)、城市给排水、电信、供电、供热与燃气、防汛、环保等设施条件

③打造都市区形象及产品支撑体系。依据上位规划城市旅游发展规划进行的旅游市场构成分析和目标市场分析、目的地营销规划成果，细化都市区旅游形象构成。都市区旅游形象应包括：空间硬性形象，涉及城市整体风貌特色、旅游点线域的丰富度以及街景与建筑、交通、环境、景观、设施等品质与吸引性；人文柔性形象，涉及政治、经济、社会人文与生活、重大节庆活动、自然物候、管理服务、公众素养等的亲和力。此外，还应结合资源挖掘和市场需求，规划确定都市区旅游形象的支撑空间载体与项目产品。

④结合城市总体规划发展要求以及城市设计指引，明确都市区旅游发展空间布局与旅游用地结构，策划引领性旅游项目，围绕旅游基本要素需求提出旅游基础设施和服务设施体系建设框架，特别是重大旅游设施及相关基础设施建设、优先发展地区安排等。

⑤构建都市区不同层次、类型的旅游线路和重要节点。如城市景观风貌轴线、城市门户枢纽、城市（中心）广场、城市地标与代表性建筑、绿道与生态绿廊、传统名胜景点景区、历史（传统特色）街区、城市游憩商业区、（旅游）特色商业购物步行街、特色餐饮街区、特色与知名老字号、文创艺术街区、夜游区、代表性文博艺综设施、主题公园、公共开放绿地等。

⑥都市区旅游交通组织规划。

⑦制定规划实施的保障措施，包括旅游市场与环境建设，旅游企业管理与从业人员培训，创新改革旅游管理体制等。

都市区旅游规划内容还应充分考虑城市公共服务性和旅游服务性、大众化需求与个性化需要的关系，加强以下方面的研究和规划体现。

①随着城市居民周末度假、观光休闲需求的增加，城乡接合部和郊区旅游已经兴起，近、远郊旅游已成为城市旅游的重要补充和新的旅游经济增长点。都市区旅游应注意与之在空间布局、交通联系上的衔接。

②都市区康体休闲设施越来越成为都市区旅游的重要内容（特别是晚间娱乐活动），成为一个城市品位的关键因素和吸引游客逗留的核心竞争力。

③要注重将都市区公共产品转化为旅游产品。都市区要成为旅游产品，措施之一就是在诸多城市公共项目上进行更新和再创造，在不影响原先功能的基础上，把公共产品、公共空间升级转化为旅游产品，如城市中心（如 CBD）、特色街、城市标志性地段、城市雕塑、标志性建筑景观、桥梁、海港等的旅游功能打造。

④都市区的风貌和格局应体现文化性。城市需要灵魂，这个灵魂就是文化内涵，而文化是地域性的、个性化的，都市区风貌和格局需要城市文脉的渗透和彰显，这也是展现都市魅力的重要一环。

9.5.5 乡村旅游规划

现代乡村旅游在欧洲发达国家可追溯到 19 世纪工业革命时期，但乡村旅游的大规模开展却是在 20 世纪 80 年代以后。我国的乡村旅游起步稍晚，20 世纪 90 年代以来，在国内外市场需求牵引和相关政策影响下，我国乡村旅游才逐步发展起来。

1. 乡村旅游的概念

世界经济合作与发展组织指出：乡村旅游是发生在乡村地区的旅游活动，乡村性是乡村旅游的核心和独特卖点。

世界旅游组织对乡村旅游的定义为：“旅游者在乡村（通常是偏远地区的传统乡村）及其附近逗留、学习、体验乡村生活方式的活动。”

其他组织和学者对乡村旅游的定义有不同的侧重点，包括旅游主体（如旅游人群）、旅游客体（如旅游资源）、旅游活动形式（包括旅游目的、活动构成类型）等。如有的学者将乡村旅游定义为以乡野农村的风光和活动为吸引物，以都市居民为目标市场，以满足旅游者娱乐、求知和回归自然等方面需求为目的的一种旅游方式。也有学者认为乡村旅游是以乡村空间环境为依托，以乡村独特的生产形态、民俗风情、生活形式、乡村风光、乡村居所和乡村文化等为对象，利用城乡差异来规划设计和组合产品，集观光、游览、娱乐、休闲、度假和购物为一体的一种旅游形式。

与乡村旅游相近的概念还有农业旅游、观光农业、休闲农业等。在概念的辨析中，有人认为以上概念通常可以相互指代，并无严格区分。但也有学者指出，农业旅游、观光农业、休闲农业等概念是从资源禀赋角度、立足于不同资源特征而开展的乡村旅游活动，可以认为是乡村旅游的不同表现形式，是乡村旅游的组成部分。本书赞同后者观点，即上述概念均是乡村旅游在农业产业方面使其旅游功能得以开发和实现的不同形式，本质上都是乡村旅游的构成部分，都是发生在乡村地域，并与农业相结合的旅游活动类型，是对其的具体命名。

总之，乡村旅游概念应把握住乡村旅游的乡村性核心标志，具体来说就是指依托乡村（包括村、屯、庄、寨、堡等）地域特有的风土、风物、风俗、风景组合而成的乡村风貌风情为吸引物而开展的一类旅游活动，是乡村地域特色与旅游业融合发展形成的一种旅游类型。乡村旅游具有区别于城市和一般景区的乡村独特吸引性和特殊文化内涵。

2. 乡村旅游开发的类型与模式

关于乡村旅游开发模式与类型，我国在研究和实践层面已有了一定的积累和总结，这对于乡村旅游规划编制具有很好的指导借鉴意义。

当前乡村旅游发展模式的划分主要是从乡村旅游区位、资源特征、旅游产品特色、体验形式、投资主体和运行特征、社区和居民参与特征、乡村旅游发展路径、发展阶段等角度加以归纳提出的。

从区位角度看，乡村旅游开发类型可分为都市郊区型、景区周缘型和特色村寨型 3 种类型。

从地域空间结构角度看，乡村旅游可分为客源地需求主导型和目的地供给主导型两大类，并在此基础上形成了若干种乡村旅游空间结构模式（见图 9－6、表 9－6）。

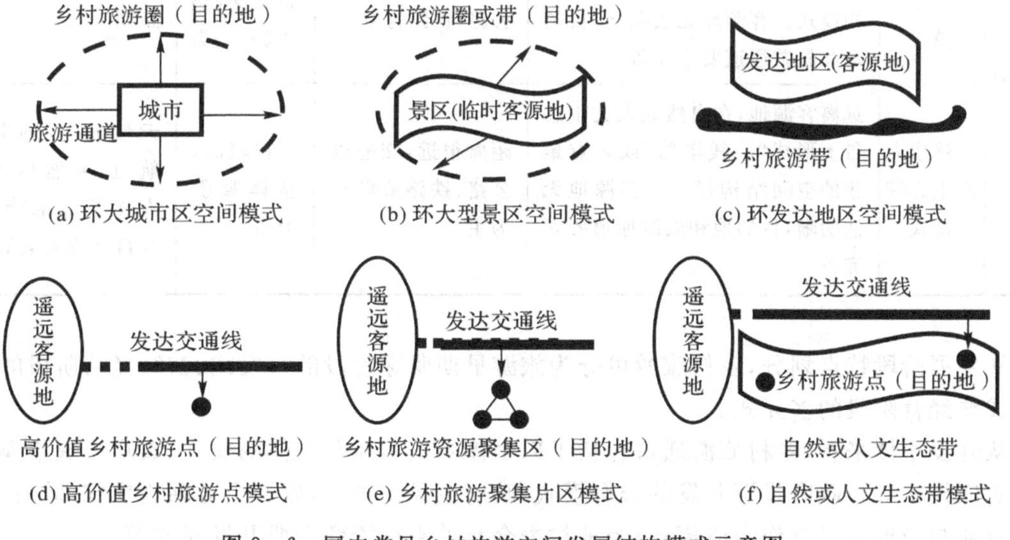

图 9－6　国内常见乡村旅游空间发展结构模式示意图

表 9-6　国内常见的旅游乡村空间结构模式简述表

类型	名称	内容	旅游通道状况	资源价值和吸引力	备注
客源地需求主导型	环大城市模式	以客源地城市为中心，乡村旅游点分布在城市近郊及周边，形成环城乡村旅游圈(带)。客源地、目的地和旅游通道三要素完备	旅游半径较小，通常在10～150千米内，交通以公路自驾游或公交为主	有高有低，整体吸引力有限	城市必须有足够的人口规模，城市越大，乡村旅游半径越大
	环大型景区模式	以乡村旅游临时客源地大型景区为中心，乡村旅游点分布在周边或景区内部，形成环大型景区乡村旅游圈(带)。临时客源地、目的地和旅游通道三要素完备	旅游通道是景区内部或景区周边的旅游公路，距离较近	有高有低，整体吸引力有限	功能上为景区旅游提供食宿配套服务或旅游业态上形成景区的补充，与景区互动发展
	环发达地区模式	以发达地区城镇为客源地，其周边乡村旅游资源丰富的地方成为带状目的地。客源地、目的地和旅游通道三要素完备	距离较近	有高有低，整体吸引力有限	在长三角、珠三角和环渤海等发达地区存在此类模式
目的地供给主导型	高价值乡村旅游点模式	远离客源地，在发达的交通线附近，形成"一点一轴"空间结构模式。客源地无法明晰，目的地和旅游通道要素完备	距离很远，交通以高速公路、铁路或航空为主	高价值，高吸引力	名人故里、历史文化村寨、深山里的民族村寨
	乡村旅游聚集片区模式	远离客源地，在发达的交通线附近，形成"多点聚集一轴"空间结构模式。客源地无法明晰，目的地和旅游通道要素完备	距离很远，交通以公路、铁路为主	普遍较高，高聚集，整体吸引力高	往往形成地域品牌
	自然或人文生态带模式	远离客源地，在自然或人文生态带上形成"一线串珠"或多点聚集的空间结构模式。客源地无法明晰，目的地和旅游通道要素完备	距离很远，交通以公路、铁路或航运为主	普遍较高，整体吸引力高	天然峡谷、河谷、航道、天然林带、人文长廊都能成为自然或人文带

从发展阶段特点划分，乡村旅游可分为旅游早期萌芽阶段的自发式、初级经营阶段的自主式和成熟经营阶段的多元式。

从开发主体来看，乡村旅游通常包括了以个体农民为经营主体的模式(农户＋农户模式和个体农庄模式等)；政府投资开发的公有模式；政府主导和协调，旅游企业独资模式；政府主导，旅游企业与当地农民合作合股模式；当地村委会与外来投资商合股开发模式等。

从开发驱动力角度看，可将乡村旅游开发划分为政府主导-助推驱动模式、农旅结合模式、旅-农-工-贸联动(三产融合)发展模式、以股份制为基础的收益分配模式(如公司＋农村旅游协会+旅行社模式)、公司+农户的经营模式和资源环境-社区参与-经济发展-管理监控持续调控模式等多种类型。

从旅游产品特色和体现体验形式角度看,新时期替代传统旅游产品的乡村旅游新模式有主题农园与农庄发展模式、传承地方性遗产之乡村主题博物馆发展模式、乡村民俗体验与主题文化村落发展模式、乡村旅游基地化之乡村俱乐部模式、现代商务度假与企业庄园模式、农业产业化与产业庄园发展模式、区域景观整体与乡村意境梦幻体验模式等7大类。

从国内已有发展实践经验来看,可将我国乡村旅游开发归纳为7大模式、27种类型,这对乡村规划编制而言,具有操作借鉴性。

(1)田园农业旅游模式。以农村田园景观、农业生产活动和优质特色农产品为休闲吸引物,开发农业游、林果游、花卉游、渔业游、牧业游等不同特色的主题休闲活动来满足游客体验农业、回归自然的心理需求。

①田园农业游。以精品特色大田农业、示范农业、大地景观为重点,开发欣赏田园风光、种植景观(如既有食用价值,又有观赏价值的作物,包括蔬菜、中草药等),观看农业生产活动场景,品尝和购置绿色食品等旅游活动,以达到了解和体验农业的目的。农业公园、田园综合体、创意农业等成为其中新兴和更高层次的开发形态。

②园林花卉观光游。以茶园果林、花海花田为重点,开发采摘、观景、赏花、踏青、购置果品等旅游活动,让游客欣赏美景,亲近自然。

③现代农业科技游。以现代农业科技园区为重点,开发观看园区高新农业技术和品种、温室大棚内设施农业和生态农业,使游客增长现代农业知识。

④务农体验游。通过开心农场、体验田等参加农业生产活动,与农民同吃、同住、同劳动,让游客接触实际的农事农活、农业生产、农耕文化和特殊的乡土气息。

(2)民俗风情旅游模式。以农村风土人情、民俗文化为旅游吸引物,充分突出农耕文化、乡土文化和民俗文化特色,开发农耕展示、民间技艺、时令民俗、节庆活动、民间歌舞等旅游活动,增加乡村旅游的文化内涵。

①农耕文化游。利用农耕技艺、农耕用具、农耕节气、农产品加工活动等,开展农业文化旅游。

②民俗文化游。利用居住民俗、服饰民俗、饮食民俗、礼仪民俗、节令民俗、游艺民俗等,开展民俗文化游。

③乡土文化游。利用民俗歌舞、民间技艺、民间戏剧、民间表演等,开展乡土文化游。

④民族文化游。利用民族风俗、民族习惯、民族村落、民族歌舞、民族节日、民族宗教等,开展民族文化游。

(3)农家乐旅游模式。它是指农民利用自家庭院、自己生产的农产品及民居周围的田园风光、自然景点,以低廉实惠的价格吸引游客前来开展吃住玩乐购等个体主导性旅游活动。

①农业观光农家乐。利用田园农业生产及农家生活等,吸引游客前来观光休闲和体验。

②民俗文化农家乐。利用当地民俗文化,吸引游客前来观赏、娱乐、休闲。

③民居型农家乐。利用当地古村落和民居住宅,吸引游客前来观光旅游。

④休闲娱乐农家乐。以优美的环境、齐全的设施、舒适的服务,为游客提供吃、住、玩等旅游放松活动。

⑤食宿接待农家乐。以舒适、卫生、安全的居住环境和可口的特色食品，吸引游客前来旅游停驻休闲。

⑥农事参与农家乐。以农业生产活动和农业工艺技术，吸引游客前来休闲旅游。

(4)村落乡镇景区旅游模式。以古村镇宅院建筑特色、街巷格局、村落景观或新农村风貌为主，辅以特色乡村饮食、传统店铺作坊等为旅游吸引物，打造村庄乡镇景区，开发观光旅游。

①古民居和古宅院游。目前大多数是利用明清两代保留的老建筑、名人故居等来发展旅游参观、展览陈列等活动。

②民族村寨游。利用村寨特有的民族特色风貌发展观光体验旅游。

③老街古建游。利用古镇房屋建筑群落、街道、传统作坊店铺、古寺庙、古典园林来发展探古寻幽、传统生活场景游赏体验旅游。

④新村风貌游。利用现代农村建筑群、民居庭院、街道格局、村庄绿化或特色村办工农企业来发展观光旅游。

(5)休闲度假与康体养生旅游模式。依托自然优美的乡野风景、舒适怡人的清新气候、独特的地热温泉、环保生态的绿色空间，结合周围的田园景观和民俗文化，兴建特色化的休闲、娱乐设施，为游客提供较完备的休憩、度假、娱乐、餐饮、康体健身等服务。

①休闲度假村。以山水、森林、温泉、鱼塘等为依托，齐全、现代的设施和优质的服务，为游客提供休闲、度假、会务旅游等。

②休闲农庄。以优越的自然环境、独特的田园景观、丰富的农业产品、优惠的餐饮和住宿，为游客提供休闲聚会、观光旅游。

③乡村酒店与民宿。以特色、网红、地域餐饮、精致住宿为主，配合周围自然景观和人文景观，为游客提供个性休闲旅游。

④乡村第二居所、共享院落、乡村养老宅院等，提供乡村长期专享居住空间与配套环境，开展自助旅游度假、养生养老服务等。

(6)科普教育与文化艺术基地旅游模式。利用农业观光园、农业科技生态园、农业产品展览馆、农业博览园或博物馆，为游客提供了解农业历史、学习农业技术、增长农业知识的旅游活动。

①农业科技教育基地。在农业科研基地的基础上，利用科研设施作景点，以高新农业技术为教材，向农业工作者和大中小学生进行农业技术培训、科普，形成集农业生产、科技示范、科研教育为一体的新型科教农业园。

②观光休闲教育农业园。利用当地农业园区的资源环境，以及现代农业设施、农业生产过程、优质农产品等，开展农业观光、参与体验、DIY 教育活动。

③少儿教育农业基地。利用当地农业种植、畜牧、饲养、农耕文化、农业技术等，让中、小学生参与简单的休闲农业活动，接受基础农业技术知识的教育。

④农业博览园。利用当地农业技术、农业生产过程、农业产品、农业文化进行展示，让游客参观，扩展见识和对农业发展变化的认识。

⑤文化艺术、工艺创作、文创基地。以乡村良好的田园和生态环境、优美风景、安静恬淡的生活氛围、传统工艺、乡土文化等为素材和创作条件，提升村庄文化艺术气息，发展和打造乡土(摄影、绘画写生、诗歌曲艺等)文化艺术，进行(布艺、刺绣、陶艺、剪纸、雕刻、编织、酿造等)工艺技艺创作，设立文创和乡村创客基地，衍生乡土文化旅游商品，进而带动旅游和产业发展。

(7)回归自然旅游模式。利用农村优美的自然景观、奇异的山水、绿色森林、静荡的湖水等,因地制宜,以原生态开发模式,推行"无景点旅游",尽量减少人为建设,发展观山、登山、赏景、森林浴、滑草、滑雪、滑水、徒步等绿色旅游活动,让游客自主、自愿、自助、自由地感悟大自然、亲近大自然、回归大自然。

3. 乡村旅游规划的基本任务

乡村旅游规划的基本任务是选择适宜发展乡村旅游或具备乡村旅游潜力条件的乡村,实现乡村旅游资源科学有序的开发,挖掘兑现乡村生态、社会和经济的旅游价值,充分展现地域乡村的特色内涵,利用旅游业带动、促进其他产业,或利用其他产业促进旅游业,达到协调和谐发展,推动乡村可持续发展的目的。

那如何选择适宜发展乡村旅游或具备乡村旅游潜力条件的乡村呢?需考虑如下一些因素。

①资源含金量。农业、村庄资源的价值条件是开发的基础。因此,选择乡村旅游开发地时一定要注意,乡村旅游资源的质量和价值认可度越高,其旅游吸引功能就越强,其未来效益就越有保障。

②自然条件。乡村旅游资源因受自然条件影响而具有强烈的地域性和季节性,所以所选乡村的综合自然条件在一定程度上决定了资源开发的类型和方向。自然条件对乡村旅游,特别是对观光农业、休闲农业资源开发的影响,主要表现在其所在区域的地貌、气候、日照、水文、土壤、环境质量状况等方面。

③经济能力。所选乡村所在地域社会经济发展程度和总体水平的高低,直接关系到发展乡村旅游的基础经济条件,决定了该地乡村旅游前期发展中人、财、物等要素潜在投入的水平。但应看到旅游资源较好的乡村往往经济发展滞后,所以此项因素更多只是附带因素。

④客源市场。地域已有客源市场条件一定程度上决定着乡村旅游各种旅游资源的开发价值、规模和开发方式等。

⑤区位条件。乡村旅游开发的方向、规模和效益在很大程度上取决于区位条件。区位条件包括开发地的地理位置、交通通达性、依托城市和临近旅游区之间的相互联系程度、在地域经济产业中的地位等。依据乡村旅游区位,应优先选择在城乡接触带上、主要交通干道沿线附近等处的乡村。

⑥农业条件。乡村旅游开发地的农业基础对其旅游开发也有极大影响。农产品的种植环境、品类、质量、产量规模、种植方式、农产品的特色、品牌影响力等与乡村旅游的开发都有密切关系。

⑦地方与百姓发展意愿和支持度。乡村旅游开发能否成功,和地方、村委和村民的发展意愿是否强烈,是否给予真正的支持和配合密切相关。发展意愿强说明地方和百姓愿意改变,对改变抱有信心,易于形成共识,易于接受外部力量的介入。支持度决定了对于旅游发展是否愿意暂时牺牲一些个人利益、眼前利益,是否能客观理性地看待自己的利益和他人的利益、集体的利益及其他各方利益的分配,能否共同努力促成发展的落实,形成共赢。

提到共赢,需要注意的是,乡村旅游规划首先应考虑如何催生旅游经济效益,能够有效提高村集体和村民收入,增加地方财政收入;其次规划应把社会效益融入规划范围,如完善村庄公共及基础设施功能,凝聚团结村庄,实现共同发展,发挥旅游扶贫功能,为当地人口提供有效的就业岗位和培训。

4. 乡村旅游规划模式、规划分类与规划内容

1）乡村旅游规划模式

在乡村旅游规划的背后隐含着主客关系的深刻转化，围绕这一转化，产生了两种截然不同的，具有双极性的规划发展态度：一种是突出游客的需求，不断追求乡村生活的旅游资源价值，按照旅游文化的内在逻辑，纯化和重构乡村生活，在旅游经济结构中保护和发展乡村生活。另一种则强调村民的价值，优先考虑乡村生活与其原生环境的关系，倾向于消弭旅游经济的渗透，维护固有的乡村生活。不同的态度决定了以下不同的乡村规划理念模式。

一是风格派的乡村旅游规划理念模式。其核心目标是要发掘和纯化乡村生活的风格。为此，不仅要去掉与风格不符的部分，还应重建和新建按照风格的完美性所应该具有的东西。其指导思想可归纳为新旧融合，延续原有风格，形成观感的统一。

二是趣味派的乡村旅游规划理念模式。其主张保持乡村生活的原状，尽量维护乡村生活的原生环境。原生态的乡村生活并不具备整一性，它是破碎的，保留了各个时代的痕迹。不同时代的痕迹叠加在当下的乡村生活之上，形成乡村生活趣味盎然的表现形式，依此提出了“不建设就是最好的建设”的口号。其指导思想可归纳为完全保留原生态，不做增减；新建放在外围，形成新的历史发展纵深和变化。

三是综合派的乡村旅游规划理念模式。与风格派追求纯化、趣味派推崇历史的极性思维不同，其强调综合的规划模式，超越极性思维，讲求多元互动。综合派着眼于协调乡村生活的传统内涵、现实处境和普世价值，因而具有思辨性的主观色彩。规划时，既要尊重乡村生活的历史传承，又要通过旅游规划重建乡村生活的现代意义。村民的日常生活和旅游者的旅游活动是可以并行而不相悖，规划者应该将生活资源和旅游资源的价值整合在同一件规划物上，并由此实现乡村经济与旅游经济的整合。

2）乡村旅游规划分类与规划内容

乡村旅游规划类型从实际需求来说，可分为区域性乡村旅游规划（诸如某一行政地域内乡村整体的旅游规划，某一乡村旅游聚集区、连片区乡村旅游规划等），乡村旅游总体规划（乡村个体的旅游规划），乡村旅游详细规划。本书因篇幅有限，只就最为普遍的、最有代表性的乡村旅游总体规划内容进行说明。其规划内容遵循的指导思想应包括：

（1）“绿水青山就是金山银山”的开发指导思想，实现乡村绿色可持续发展，给未来发展预留足够空间。

（2）保护与传承的指导思想，保护村庄聚落人文肌理的连续性，保护和利用好人文历史资源、乡土文化、非遗文化等乡村的精神内核，传承优秀文化，维系乡村景观格局的完整性与真实性，记住乡愁。

（3）村民主体参与旅游发展收益共享的指导思想。尊重农村生活方式和生产方式，将村民与村集体置于规划主体地位，确保其能积极参与规划编制并充分考虑其在旅游发展中的权益保障。

人的旅游活动是乡村旅游的核心内容，旅游产业和经济是乡村旅游的支撑要素，而各种社会文化现象则是乡村旅游的灵魂。乡村资源增值，实现“以旅助农”与乡村可持续发展是乡村旅游规划的最终目标。

目前乡村旅游规划尚没有公认的编制内容体系，通过对现有许多乡村规划项目文本内容框架的梳理，基于多规融合思想，乡村旅游规划框架要点一般包括：规划总则；村庄现状与旅游发展条件分析；旅游资源调查与分析；发展目标与规划定位；旅游空间布局（功能分区）与规划

结构；市场分析与旅游产品体系规划；重点旅游项目规划；旅游形象设计与营销；道路系统与游线组织；旅游基础设施规划；乡村旅游服务要素及附属设施规划；村容村貌整治引导与环卫规划；乡村景观与绿地生态系统规划；土地利用规划及相关技术指标；项目投资估算与建设时序；乡村旅游开发建议与措施等。

以上应是乡村旅游规划的一些基本规划内容，不意味着规划实践形式的统一化、模式化，更不意味着内容的单一化，而是要因地而异，以解决乡村旅游发展实际问题，形成自身发展特色为最终目的。

5. 乡村旅游规划编制中应注意避免的问题

我国乡村旅游虽然发展很快，但也存在一些较为普遍和突出的问题，在规划编制时应予以深入分析思考，有效应对解决。这些问题主要表现为：当前乡村旅游景观规划类型单一、缺乏乡土性、重复开发建设明显、缺乏品牌与特色形象、内容同质化、参与性不足、设施配套不完善、景点管理落后、服务质量不规范、游客消费水平低、景点效益不高等。其中，乡村旅游模式单一化、同质化、商业化是规划与发展中的突出问题，如何才能特色化、多元化、乡村旅游体验生活化，成为乡村旅游规划需面对的关键。所以，乡村旅游规划应“落实”特色定位策略，因地制宜发展主题乡村旅游。

在乡村旅游交通方面，局部仍存在解决“最后一公里”的问题，旅游道路建设和乡村旅游公共交通问题需要地方政府提供扶持，多方参与，并注意乡村旅游道路交通建设能够与乡村生产生活性道路实现共享共用。

在乡村建筑和风貌方面，乡村旅游应避免走两个极端的问题。一种极端是建筑盲目的城市化、现代化，景观盲目追求“洋”化、时尚化；另一种极端则是风貌景区化，简单复古，建造所谓的明清风格建筑，或照搬其他地域风格建筑，如北方地区，却模仿建造徽派建筑等。这些都丧失了乡村旅游空间实体该有的乡土性和地方性，而凸显差异特色则恰恰是乡村旅游地长期生存发展的基石和灵魂。我们应追求乡村旅游的“原乡规划”，梳理和挖掘原生建筑和地域传统建筑流传下来的智慧、元素、式样、工艺材质等有益之处，保持其本真风貌的精髓，让本地人能够感受到亲切自然、认同自豪，让游客体验到乡村该有的感觉，以及不同地域乡村不同的自我特质传承。例如，浙江省富阳区的文村及东梓关村已成为现代乡村建筑风貌规划设计探索的代表性案例，值得学习借鉴。

乡村旅游在景观营造方面，应避免直接运用城市或景区景观规划设计手法，或简单照搬模仿的问题，应注重乡村美学，融入百姓的审美情趣，注意挖掘远山、田畴、沟渠、溪流、水塘、树林草地、古树老井、石磨水车、牛羊、农舍篱笆、戏台、祠庙、古塔等典型景观要素，以更接地气，更富生命力，更具乡村感的景观手法、材料、工艺、形式和主题营造乡村之美、乡村意境。

乡村旅游服务设施方面，存在规划建设滞后，服务设施与水平跟不上，环境卫生条件不达标、服务不规范等问题。规划应引入和建立规范的乡村旅游行业认证与评价制度，注重服务的质量化与品牌化，以提供优质稳定的服务为目标。同时，要真正注重“人”的需求，从关心居民和游客的双重角度，进行相关规划设计。

乡村旅游产品方面，存在乡村旅游产品开发设计层次较低，缺乏明确定位，整体风格认识不到位，盲目跟风模仿的问题。规划应注意创新乡村旅游产品，发展乡村体验新形态，利用多元文化创意进行资源整合，在活动设计中融入不同元素；通过相关的主题活动和场景丰富游客旅游体验；同时，还应延伸卖点与丰富产品业态，创造更多盈利点。

乡村旅游开发与管理方面，存在行政主导性过强，管理过于粗放，市场化操作及各方参与不足，特别是村民作为参与主体的地位未得到切实重视的问题。乡村旅游发展、开发管理模式的选择不仅要符合发展实际，也要成为政府、社会、参与企业、村集体、村民等各方共享收益，实现共赢的有效途径。

9.5.6 生态旅游规划

1. 生态旅游在中国

20世纪80年代，生态旅游思想随着全球生态旅游热潮的兴起而进入中国，逐渐受到国内各方的关注和重视。1995年，中国旅游协会生态旅游专业委员会在第一届“中国生态旅游研讨会”中，首次倡导在中国开展生态旅游活动(此次研讨会给生态旅游也进行了定义:生态旅游是在生态学的观点、理论指导下，享受、认识、保护自然和文化遗产，带有生态科教和科普色彩的一种专项旅游活动)。我国政府管理部门也十分重视生态旅游的发展，不仅将2009年定为“全国生态旅游年”，还组织编制了《自然保护区生态旅游规划技术规程》《国家生态旅游示范区管理规程》《全国生态旅游发展规划(2016—2025年)》，全面推进生态旅游的发展。

新时期下，随着美丽中国建设的不断深入。“绿水青山就是金山银山”理念的深入推行，以及生态文明建设作为国家五位一体发展战略的持续贯彻，我国生态旅游已进入到了更高的发展阶段。

2. 我国开展生态旅游的主要载体，从自然保护地到国家公园

生态旅游倡导的原生态、自然性，活动的保护性导向，强化生态伦理道德意识的教育性目的，使得适宜开展生态旅游的区域更多指向了受干扰较小的各类自然(保护)地域，并使之成了生态旅游开展的重要载体和生态旅游规划的主要空间对象。

自1956年广东肇庆鼎湖山自然保护区作为国内第一个保护区建立以来，我国自然保护区事业得到了迅猛的发展，形成了类型多样的自然保护区，可将其归纳为三大系列:自然生态系统、野生生物区、自然遗迹，九种形态:森林、草原与草甸、荒漠、内陆湿地和水域、海洋和海岸、野生动物、野生植物、地质遗迹、古生物遗迹。

而从实际保护地域类型命名看，中国早期的保护地体系则共计有8种类型:自然保护区、风景名胜区、森林公园、湿地公园、地质公园、水利风景区、海洋特别保护区、沙漠公园，2020年9月国家林业和草原局公布了首批国家草原自然公园试点名单，使之又增添了新的类型，这些各级各类保护区作为生态旅游区的重要载体，提供了优质的生态旅游资源，为开展生态旅游活动提供了基础条件。

我国自然保护区(保护地)的规划建设一直以来主要是依靠资源行政主管部门力量，涉及林业、农业、海洋、地矿、环保等众多部门。由于早期管理体制上条块分割，从而导致了保护地体系结构不合理、生态碎片化、管理交叉重叠、资源权属不清、资金投入不足和公益性缺失等问题的出现。为了解决这些问题，国务院机构改革方案在2018年适时出台，组建了新的自然资源部。在加大生态系统保护力度的前提下，采取措施统筹森林、草原、湿地监督管理，并进一步推动建立了以国家公园为主体的自然保护地体系，从而整合了自然保护区、风景名胜区、森林公园、湿地公园、地质公园等各类保护地的管理职责。在理顺自然保护地管理体制的基础上，依托每一类保护地的资源特征，将生态旅游的理念贯穿于相应保护地的规划当中，并以维持其生态功能为宗旨，根据不同区域的资源环境容量，组合开发了不同类型的生态旅游产品。

2017年，中共中央办公厅、国务院办公厅印发了《建立国家公园体制总体方案》，要求坚持生态保护第一、国家代表性、全民公益性的国家公园理念，坚持山水林田湖草(沙)是一个生命共同体，对相关自然保护地进行功能重组，理顺管理体制，创新运营机制，健全法治保障，强化监督管理等。十九大报告更是提出“构建国土空间开发保护制度，完善主体功能区配套政策，建立以国家公园为主体的自然保护地体系”。由此来看，国家公园体制建设已成为生态文明制度建设的重要内容，以国家公园为载体来保护自然资源、发展可持续生态旅游也已成为新的研究发展趋势。

关于国家公园，世界自然保护联盟（IUCN）是这样定义的，即“保护大尺度生态过程及其典型物种、生态系统的大型自然或近自然区域，同时在环境和文化方面具有精神、科学、教育、游憩和游客体验兼容性的区域”。

在《建立国家公园体制总体方案》中，我国国家公园表述为：是指由国家批准设立并主导管理，边界清晰，以保护具有国家代表性的大面积自然生态系统为主要目的，实现自然资源科学保护和合理利用的特定陆地或海洋区域。同时对国家公园内涵科学界定进行了专门说明，内容包括：

①树立正确国家公园理念，坚持生态保护第一。建立国家公园的目的是保护自然生态系统的原真性、完整性，应始终突出自然生态系统的严格保护、整体保护、系统保护，把最应该保护的地方保护起来。坚持世代传承，给子孙后代留下珍贵的自然遗产。坚持国家代表性。国家公园既具有极其重要的自然生态系统，又拥有独特的自然景观和丰富的科学内涵，国民认同度高。国家公园以国家利益为主导，坚持国家所有，具有国家象征，代表国家形象，彰显中华文明。坚持全民公益性，坚持全民共享，着眼于提升生态系统服务功能，开展自然环境教育，为公众提供亲近自然、体验自然、了解自然以及作为国民福利的游憩机会。鼓励公众参与，调动全民积极性，激发自然保护意识，增强民族自豪感。

②明确国家公园定位。国家公园是我国自然保护地最重要类型之一，属于全国主体功能区规划中的禁止开发区域，纳入全国生态保护红线区域管控范围，实行最严格的保护。国家公园的首要功能是重要自然生态系统的原真性、完整性保护，同时兼具科研、教育、游憩等综合功能。

③确定国家公园空间布局。制定国家公园设立标准，根据自然生态系统代表性、面积适宜性和管理可行性，明确国家公园准入条件，确保自然生态系统和自然遗产具有国家代表性、典型性，确保面积可以维持生态系统结构、过程、功能的完整性，确保全民所有的自然资源资产占主体地位，管理上具有可行性。研究提出国家公园空间布局，明确建设数量、规模。统筹考虑自然生态系统的完整性和周边经济社会发展的需要，合理划定单个国家公园范围。国家公园建立后，在相关区域内一律不再保留或设立其他自然保护地类型。

④优化完善自然保护地体系。改革分头设置自然保护区、风景名胜区、文化自然遗产、地质公园、森林公园等的体制，对我国现行自然保护地保护管理效能进行评估，逐步改革按照资源类型分类设置自然保护地体系，研究科学的分类标准，理清各类自然保护地关系，构建以国家公园为代表的自然保护地体系。进一步研究自然保护区、风景名胜区等自然保护地功能定位。

从中可以看出，国家公园是众多自然保护地类型中的精华。建立的首要目标是保护生物多样性及其所依赖的生态系统结构和生态过程福祉。同时，国家公园不用于大规模的旅游开发和其他自然资源的商业性开发。国家公园将成为中国自然保护地的全新类型，也是最重要类型之一，实行最严格的保护。同时，建立国家公园也不是完全取代或替代原有的自然保护地类型、自然保护地管理分类体系。

3. 生态旅游规划的关注点

生态旅游规划除了要遵守旅游规划中资源依托、市场导向、宏观与微观结合、依法规划和科学管理、体现特色性的原则之外，还要充分考虑到生态旅游的特点，切实遵循以下几大原则：

保护先行和适度开发原则;保持生态和文化的原真性原则;环境教育的原则;旅游设施生态化原则;各方参与和利益共享的原则;法制监督原则;可持续发展原则。

生态旅游本身就是在人类面临环境不断恶化及旅游给生态带来的负面效应不断显现的背景下,人们对以牺牲生态环境为代价发展方式的反思基础上发展起来的。因此,制定生态旅游规划时,应把保护置于优先地位。

生态旅游应重视环境教育功能,这是生态旅游的重要功能之一,以期实现生态旅游过程中对游客进行生态科学知识的普及和环境保护教育,激发游客保护生态环境的自觉意识。因而在规划时,应充分考虑将环境教育的原则和内容融入生态旅游项目、产品、设施中去。

生态旅游者环境意识教育一般包括环境价值观念和人们参与保护生态环境行为自觉程度两个方面的内容。

生态旅游应倡导旅游设施生态化,具体可体现在:设立与生态环境相配套的服务设施;开发生态能源,即直接利用风能、太阳能、生物质能(沼气)等最本初能源,尽可能提高能源转化效率;采用生态材料,使用性能优异又与环境相协调的材料;采用按照资源和环境两个要求共同改造重组创新所形成的生态技术;建造与自然环境高度融合的生态建筑;设计与环境和谐共生的生态景观。

另外,生态旅游规划还应倡导法制监督原则,制定并完善法规,包括推进生态旅游法制管理和强化生态旅游区规划。立法上,应综合考虑经济效益、资源整体价值、可持续利用等因素,明确资源所有权、管理权与开发利用权,建立有偿使用、综合利用制度,并提出有效、有力度的监管措施。

4. 生态旅游规划编制工作

作为生态旅游目的地,需经历开发规划、建设、试用、管理、维护等一系列过程,其发展离不开生态旅游规划的前端统筹。

早期曾经有权威调查显示,国内有 22%的自然保护区环境因开展“生态旅游”而受到破坏,11%的生态旅游资源出现退化,41%的存在垃圾公害,12%的出现水污染,11%的有噪声污染,3%的有空气污染。这些问题的出现很大程度上与对生态旅游缺乏深入认识、缺乏统一规划、盲目开发、游客严重超载、人造景观和设施泛滥等因素有关。

由此可看出,明确生态旅游内涵,明确生态旅游规划如何科学编制,指导生态旅游有序开展是一项非常必要和紧迫的工作,也是学习生态旅游和编制生态旅游规划的意义所在。

1)规划编制类型

生态旅游规划因研究问题的角度不同,划分的方法也不同。生态旅游规划按研究范围和研究层次划分,可分为区域生态旅游规划、生态旅游区规划、生态旅游景点规划;按规划内容的性质来划分,可分为生态旅游发展战略规划和生态旅游规划设计;按规划的对象来分,可分为自然保护区生态旅游规划、森林生态旅游规划、乡村生态旅游规划、海滨生态旅游规划等。

2)规划编制步骤

生态旅游规划是一项复杂的系统工程,不仅涉及旅游者的旅游活动规划,更要考虑到旅游活动与生态环境之间的相互关系,是以保护生态环境为首则的规划。

生态旅游规划大致可分为:资源评价、形象定位—生态环境保护规划—旅游环境容量测算—生态旅游产品开发规划—旅游基础配套设施规划—生态旅游经营者人员培训规划 6 个工作步骤。

3)规划编制内容与成果

生态旅游规划作为旅游规划的一种类型,在规划框架上同一般的旅游规划有一定的相似性,但也应体现出自身的特点。生态旅游规划的内容目前还没有统一的界定,而且规划层次不同,其内容也不一样。

对于区域性的生态旅游规划而言,更多地强调战略性与宏观性。其规划文本内容应包括生态旅游发展目标(可细分为环境指标、经济指标、社会发展指标)与战略、旅游市场定位和预测、生态旅游资源评价、生态旅游地域产品体系设计、生态旅游市场规划、旅游生态环境影响评价、旅游环境保护规划、基础和服务设施(生态化)规划、生态旅游发展保障策略与措施等内容。规划图件应包括现状图、总体规划图、项目图、环境规划图、旅游线路图、生态旅游示范工程图、旅游市场联系图、生态旅游资源分布图和类型图、生态旅游区划图、土地利用结构图及重点区域规划图等。

对于生态旅游区型的生态旅游规划而言,一般涉及生态环境旅游容量、自然景观吸引力、可达性、旅游基础设施生态化设计、制度措施、社会文化景观吸引力和游客对生态旅游资源的影响、生态环境意识教育等众多基本要素。规划内容主要包括:生态旅游资源调查及开展生态旅游条件分析;开发调查、开发潜力及性质类型、定位、目标的确定;生态环境安全影响评价;生态旅游环境容量估算;形象塑造;保护分区与空间用地布局划分(活动范围及面积的圈定);生态旅游市场细分-生态旅游者的分类和市场分布;生态旅游项目与产品设计(包括生态环境教育及解说系统、生态绿色设计等);生态化服务设施配置;生态景观线路设计;社区参与、规划的实施保障与落实反馈等。

规划图件包含现状图、规划图、项目图、生态环境规划图、线路图、生态旅游工程图、市场联系图、生态旅游资源分布和类型图、功能分区图、空间管控、土地利用结构图及重点项目(或重要节点)规划图等。

4)生态旅游规划中涉及的生态旅游者分类、生态旅游市场细分等问题的讲解

关于生态旅游者分类与生态旅游市场细分问题,国际上较为流行的分类方法是"软生态旅游者(soft ecotourists)"和"硬生态旅游者(hard ecotourists)",依据二者特征和偏好(见图9-7),可以划分为不同生态旅游细分市场。

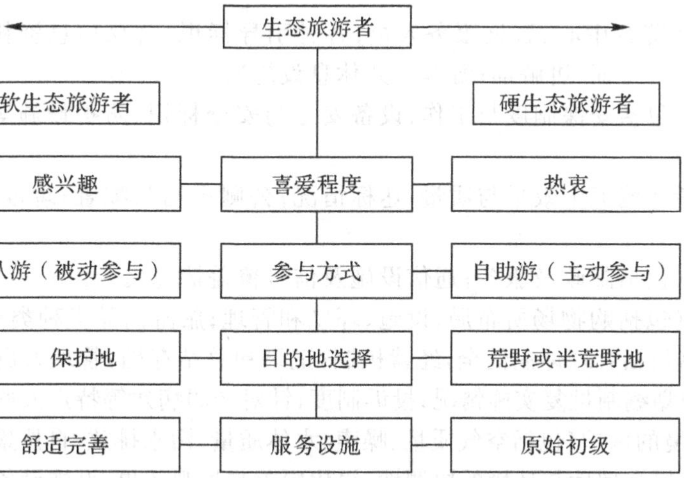

图9-7 软生态旅游者和硬生态旅游者的特征比较

在此基础上，后续又增加了“结构生态旅游者（structured ecotourists）”，这类旅游者仅在目的地及活动选择方面偏向硬生态旅游者，其他旅游偏好和行为都与软生态旅游者相近，如舒适住宿、丰富餐饮等方面，大部分旅游者都属于结构生态旅游者和软生态旅游者。

生态旅游者的特点包括：多集中于中青年人；受教育和收入水平较高；出游时间无明显的季节偏好；日常生活中也会关注环保问题；相对于传统酒店，更偏爱有特色的住宿设施等。

关于生态旅游项目的生态环境影响评价问题，评价应该符合以下几个标准：①把商业性的旅游活动与旅游地资源保护结合起来，即在获得经济效益的同时使旅游活动对环境的破坏降到最低程度。②在旅游地的生态环境保护方面作出实质性贡献，维系自然环境的和谐统一。③保持并支持发展有地方特色的旅游文化活动、设施。④协助恢复被破坏的自然生态环境。⑤支持旅游地当地的经济发展。

关于生态旅游产品认识问题，应明确生态旅游产品是指供生态旅游者消费、享受的物质与精神产品，包括了生态旅游吸引物、生态旅游线路、生态旅游基础设施、生态旅游服务、生态旅游的可进入性等。生态旅游产品具有可开发性，其开发的特点是：资源为国家所有、高投入与持续回报、开发风险大、区位的重要性、行业自身特殊性、复杂的系统工程。

9.5.7 A～5A 级旅游景区创建规划

《旅游景区质量等级的划分与评定》所指旅游景区是以旅游及其相关活动为主要功能或主要功能之一的空间或地域，是指具有参观游览、休闲度假、康乐健身等功能，具备相应旅游服务设施并提供相应旅游服务的独立管理区。管理区应有统一的经营管理机构和明确的地域范围。旅游景区包括风景区、文博院馆、寺庙观堂、旅游度假区、自然保护区、主题公园、森林公园、地质公园、游乐园、动物园、植物园及工业、农业、经贸、科教、军事、体育、文化艺术等各类旅游景区。

《旅游景区质量等级的划分与评定》规定，我国旅游景区质量等级划分为五级，从高到低依次为 AAAAA、AAAA、AAA、AA、A 级旅游景区。

旅游景区质量等级划分条件，主要涉及以下指标和内容项目。

①旅游交通（包括可进入性、专用停车场或船舶码头、游览（参观）路线或航道、交通工具构成和环保性）。

②游览（包括游客中心、咨询服务人员；各种引导标识；公众信息资料与公共信息符号设置；导游员（讲解员）持证、讲解词；游客公共休息设施）。

③旅游安全（包括安保制度与工作；设备安全与安全标识、防护设施等；紧急救援机制、突发事件处理预案）。

④卫生（包括环境卫生效果与质量；达标情况；公厕布局与配置；垃圾箱及垃圾处理；食品卫生等）。

⑤邮电服务（包括邮政及服务；通信设施及信号覆盖情况）。

⑥旅游购物（包括购物场所布局、设施、环境和管理；旅游商品类种类等）。

⑦经营管理（包括管理体制健全，经营机制；记录和总结存档；管理人员素质、景区形象品牌标志；旅游总体规划编制批复实施情况；投诉制度；针对老弱病残等特定人群的特殊服务情况）。

⑧资源和环境的保护（包括空气质量、噪声、水体质量、污水排放、自然景观和文物古迹保护、游客容量、建筑布局合理性与环境的协调性、绿化覆盖与景观效果、设施设备环境污染控制）。

⑨旅游资源吸引力（包括观赏游憩价值；历史价值、文化价值、科学价值；珍稀度；类型体量；完整度等）。

⑩市场吸引力(包括知名度、美誉度、市场辐射力、主题特色和独创性等;海内外旅游者年接待人次规模;游客抽样调查满意率)。

9.5.8 其他专题类旅游规划

伴随旅游的快速发展,旅游主题及类型越来越多样,各种专题类景区不断涌现和创新,涉及的规划内容越来越广泛。

除前述介绍的专题类旅游类型外,近年来,国内工业旅游景区、冰雪旅游景区、红色旅游景区、扶贫旅游景区、温泉与康养旅游景区、主题公园旅游景区、文创与研学基地、拓展营地、自驾营地区旅游、旅游特色小镇等诸多旅游类型得到了蓬勃发展,这对旅游规划编制提出了更高的要求,之前参照城市规划内容架构,简单标准化、普适性、单一性的旅游规划内容编制体系已不能完全适应,越来越显示出其时代认知和预测旅游发展的局限性。

专题性、针对性、依据市场需求不断细分的专题类旅游规划将成为发展趋势之一,也必将受到旅游规划界各方面的关注和重视,推动有关研究和配套规范标准的出台。

9.6 旅游概念规划

1. 提出背景

在旅游规划编制工作不断推进的过程中,结合旅游发展核心领域的特定需要,旅游规划界相继引入了概念规划理念、策划理念,催生了旅游概念规划与旅游策划类型。两者对以往旅游规划编制体系中某些薄弱不足之处形成了较好的弥补和完善,跳出了固有的圈层约束,其侧重与倾向突出,着眼旅游发展实际、市场需求变化动态与战略前瞻性,立足于新视角研究解决旅游关键问题,更加注重成果构成的弹性、灵活性、创新性与适应性。

国外关于概念规划的研究始于20世纪60年代,萌生于城市规划领域,其目的是对城市进行长远的宏观规划。概念性旅游规划属于国外概念性规划成果的一种,主要是以概念性旅游规划实例的形式出现,用研究报告的形式展示其成果,总的内容设置只是提纲挈领,并未面面俱到,而且不成体系。

国内对旅游概念规划的研究起步比较晚,基本诞生于20世纪90年代末,是因城市与区域规划领域兴起的(战略性)概念规划而逐渐引入到了旅游规划领域。国内第一次把"概念性规划"引入旅游规划的,是2000年杨开忠教授主持编写的《洛阳市旅游发展规划》,而"旅游概念规划"一词则是2001年由刘德谦教授最早提出。

2. 定义解释

"概念规划"也可称为"概念性规划","概念性"这一词语源自英文"conceptual",它也有理想化、理论化的意思,可通过对以 concept 为词根的相关词汇的推敲来进一步理解 conceptual 的修饰性含义。conceptual 着重于概念、思想的形成,也有孕育、生殖、构思的含义,是指概念上有构思力的意思。因此,从文字上的理解,概念性规划(conceptual planning)应指注重于构思、研讨或理论化、理想化的规划设计。

也有认为"概念规划"中的"概念"主要指用于指导整个规划方案构建与实施的具有战略意义的认识和理念。概念规划的对象可以是城市、旅游区或具体开发建设的地块,它可以涵盖区域规划设计中许多层面的对象。

刘德谦认为："旅游概念规划是以一种未来学的高度，根据对被开发资源、环境和经济、社会条件的优劣机危的分析，而提出的对规划地旅游开发和发展的前瞻性策划。"

结合已有众多认识和概念规划的编制实践，本书对旅游概念规划做如下定义：在少约束，较理想状态下，跳出传统旅游规划的规范圈层，以研讨性、包容性、创新性的发展理念和概要性构思，寻找规划地域对象旅游发展核心关键问题的本质和内在规律，探寻可能的、可供选择的趋优发展思路和理想目标，形成宏观战略思想性的指导和前瞻性整体谋划、时空安排。

旅游概念规划视野关注的广度和研判思考的深度应远大于传统空间物质性规划，从而给予后者的空间规划以基础铺垫、有益启示和价值引导。

3. 与传统常规旅游规划、旅游策划的关系

旅游概念规划对传统旅游规划的编制具有启发与指导意义，旅游概念规划不是"减肥"的传统旅游规划；现阶段旅游概念规划不能取代传统旅游规划。物质性规划自身也在探寻不断完善的途径，概念规划所提出的一些理念和方法已经在新的物质规划中得到重视和体现。可以说，概念规划是传统规划的有益补充，其作用和侧重是有所不同的，不是也不应存在替代或取代的关系。

关于旅游概念规划与旅游策划的关联，从两者的目的和内容构成上会发现，概念规划与策划之间有着较多相似的地方，但策划的核心指向是如何挖掘和创意市场吸引力和盈利点、发展要素的整合优化，以及旅游发展定位、模式、基本布局和项目产品等要点的形成；而概念规划则偏向于对规划地域对象旅游发展的宏观和总体性战略研究把握，空间结构布局和定位，关键性规划项目内容的指导性构想。旅游概念规划与旅游策划之间存在着相互影响、相互作用的关系，二者对传统旅游规划均具有战略指导作用。

旅游概念规划与相关规划之间的关系可参看图 9－8。

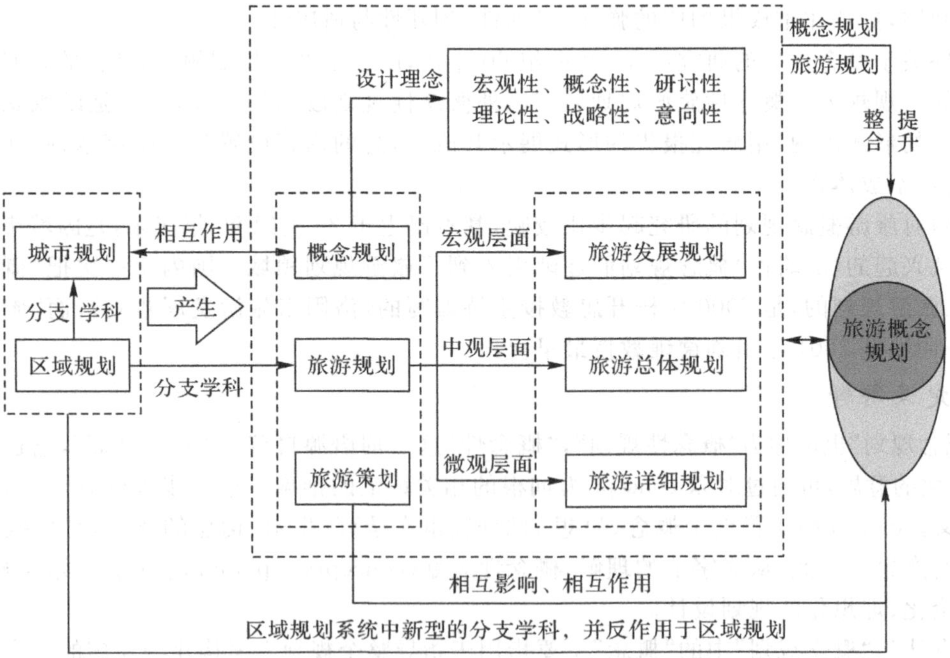

图 9－8　旅游概念规划与相关规划之间的关系分析图

4. 性质与特征

关于旅游概念规划的性质，有如下描述：它是旅游规划初级阶段的产物，与其说是一种新的规划类别，倒不如说是一种新的规划理念或方式。旅游概念规划的本质不是“规划”，而是“规划研究”，它的直接目的是为制定旅游地发展战略提供思路。规划形式上是一份研究报告，没有一定的规范模式。作为一种高层次的规划形式，旅游概念规划实质上是适应当前旅游形势和未来发展的一种“筹划”和“导向”。

可以看出，将旅游概念规划定性为一种旅游规划“研究”方式或方法的居多。但在实践操作中，从旅游概念规划实际成果构成来看，是“规划”中有“研究”，“研究”中又有“规划”，这成了旅游概念规划“最大的特色”所在。从规划效力和地位性质来说，旅游概念规划还未列入法定规划体系之内，无相应规范标准的限定要求。

关于旅游概念规划的特征，体现为：规划理念和总体构思更具充分的前瞻性；理论基础和规划手段更重科学的探索性；运行机制和结构组成更具有机的关联性；资源配置和因素聚集更具整合的一致性；中心概念对当前现实，允许留有相当的距离间隔；布局安排对土地环境允许留有一定的可变适应度；规划本身对实施细节的非约束性；规划本身对时段限制的可模糊性。此外，旅游概念规划更具想象空间和创造性思维，因而更具前瞻性和生命力；讲究结构上、整体上的谋划，抓主要矛盾；运用模糊论证，允许存在偏差；便于规划科学分工和组织协调，从而有快速灵活，低成本，高效率的特点。

5. 适用范围

综合各方认识来看，旅游概念规划对新开发的旅游目的地、旅游开发尚未取得共识的旅游地、对基础资料不足的旅游开发地、对影响和制约因素中变量较多或相互配合关系尚不十分明确的旅游开发地以及对于需要除旧布新的原旅游目的地等，以及对于需获得初步规划方案的旅游地、需要获得明确战略决策的旅游地、需要获得多方案比较的旅游开发地、需要快速低成本形成规划思路的旅游地、对原规划进行概念性修编的旅游地、处于转型时期的旅游地等情形，都有着特殊的作用和实践指导意义。

旅游概念规划作为带有研讨性特点且具有灵活弹性的一种规划手段，是在较理想状态下，较少约束条件下对旅游开发地旅游业发展未来的前瞻性和创造性的构想，在内容结构上以整体概要性谋划为主。概念就意味着对发展问题的明确，对其本质和特点的把握，进而给出较为科学合理的思考分析，制定具有前瞻性和创新性的战略与策略构想，以及空间谋划思路。所以，旅游概念规划内容上往往只包含旅游规划所应有的主要结构和关键性规划内容，仅要求从整体上把握核心项目的创意策划以及这些项目设施的时空布局与景观环境的统一和整合过程，只需概要说明，理清发展和开发思路，不需要太细节。

6. 编制内容

旅游概念规划的核心内容，简单说，可概括为以下三个方面：旅游地应该发展到何种状况，能够发展到何种状况，怎样发展到这种状况。

旅游概念规划研究层面涉及区域背景、资源与环境、开发定位、旅游布局、发展战略的分析研究。规划研究的主要技术路线包含：旅游地发展条件、发展阶段的分析与趋势判断；旅游地发展动力机制分析；旅游地综合发展目标定位；旅游地发展战略和策略的统一设计。

旅游概念规划内容上主要包括：SWOT-PEST 分析；问题诊断与目标确定；主题概念确

定;发展战略思路;空间布局;核心旅游产品开发战略;旅游品牌发展战略;关键性策略等。

也有学者提出旅游概念规划应由背景环境解析、理念融合创新、旅游开发定位、发展战略确定、关键策略选择五大板块构成,指出旅游概念规划编制的内容结构体系主要包括发展背景认知、区域特征分析、特殊理念识别、特有思想梳理、关键概念提取、规划目标界定、产品开发定位、发展战略选择、主题形象提升、空间构架部署、概念分区支撑、意象设计解码、发展模式生成、旅游策略选择等 14 个方面。

总之,旅游概念规划应通过全面分析规划区的背景与发展条件,最终对规划区的关键问题、特殊思想、特有理念、核心主题、阶段目标与主体战略等内容在宏观把握、中观引导、微观操作的三个层面上,对规划区未来旅游业发展在结构上、整体上形成战略构思谋划(见图9-9)。

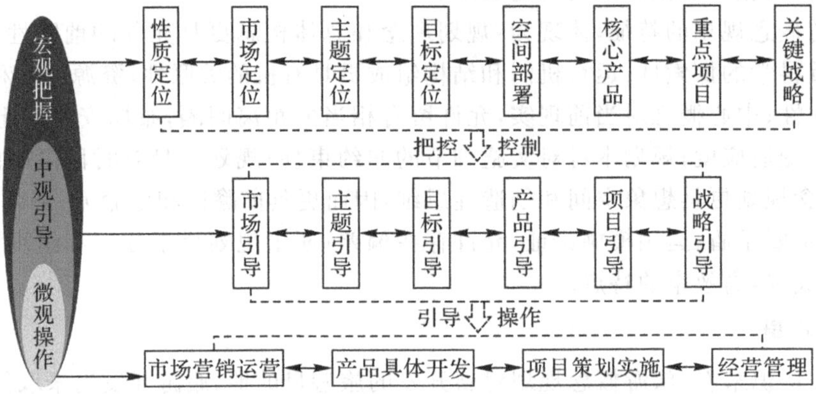

图 9-9 旅游概念规划各个层面功能展现解析图

旅游概念规划应以研究报告的形式展示其规划成果,总的内容设置要提纲挈领,不必面面俱到。具体而言,旅游概念规划成果应主要包括基础研究、战略研究和专题研究 3 个组成部分。

基础研究主要的落脚点应是“区域”,研究规划目标区域的自然地理基础、历史文化特征、经济发展历程、经济结构特点以及重大的区域性问题,且在与周边区域、同类型区域、不同尺度区域的对比中,把握自身在地域分工体系中的地位,从而为后续的战略研究和专题研究提供一个宏观的基础。

战略研究的主要落脚点应是“旅游产业”,也就是以基础研究中区域研究的结论为背景,研究旅游业在目标区域的功能定位。旅游业发展需要多种条件的兼备以及各种优势的良好配合,并不以旅游资源的丰歉优劣为根本指向,也不以当地政府的重视和支持程度为充要条件。

专题研究的主要落脚点应是“视角的选择”和“探究的主次”,可以深入到旅游业发展的各个部分和层面,既可以包括对基础研究和战略研究中某些重点、难点问题的延伸,也可以包括旅游发展中的一些专项性规划问题。专题研究与综合性研究以及旅游专项规划的区别,主要体现在深度的挖掘和视角的多元两个方面。

旅游概念规划作为一种较新的旅游规划形式,一方面,随着旅游概念规划自身概念体系、理论体系、编制体系、内容体系、技术方法体系以及评价体系的逐渐完善和实践中的不断应用,其在旅游规划业发展中的地位将逐渐显现。另一方面,旅游概念规划最终是独立于传统旅游物质规划而形成一种新的规划类型(并形成自身的规划编制内容体系),还是融入传统旅游物质规划之中，从而使得传统旅游物质规划突破束缚，产生实质性的、革命性的变化？这些问题还需时间、实践来不断地检验。

本章小结

旅游规划的最终实践价值体现在旅游规划的成果上，通过规划成果实现指引地域旅游发展的作用效力。因而，了解当前我国旅游规划体系构成、发展变化，熟悉和掌握当前我国各类旅游规划编制内容的依据、基本构成、步骤做法、成果要求，同时结合有关问题的思考，深入理解旅游规划编制如何适应旅游发展实际，如何面对各种类型特征旅游地域的不同规划需求，是我们学习好旅游规划编制的最终落脚点。

思考题

1.搜集市域、县域旅游发展规划编制成果，了解实践中方案成果中规划文本和图件的内容构成，比较其异同之处。

2.搜集旅游总体规划方案实例，总结规划文本和图件成果具体内容、框架体系，比较与《旅游规划通则》中相关规定的异同，思考其原因。

3.搜集资料，谈谈国土空间规划的推出，对旅游总体规划而言将带来哪些变化，原因是什么？从规划方案编制上该如何积极回应？

4.搜集旅游景点设计方案实例，梳理设计主要内容及特点。

5.搜集旅游度假区规划方案实例，归纳其规划的主要内容框架及图纸构成、表达方式。

6.搜集风景名胜区总体规划或详细规划方案实例，归纳其文本框架及图纸目录，简述主要内容构成及特点。

7.搜集历史文化名城名镇名村旅游规划或发展实践案例，归纳成功经验做法或暴露的问题、争议，进行相应分析。

8.搜集现代城市旅游的成功案例，城市旅游出现的新亮点、新现象，进行分享交流，探讨背后的原因。

（注：以上题目均建议以小组为单位开展完成）

第10章 全域旅游和智慧旅游

内容提要

本章主要介绍了我国旅游快速发展创新中出现的新理念实践热点——全域旅游和代表旅游未来新发展方向的智慧旅游，对其产生背景、发展过程、概念内涵、研究认识和规划实践等做了概要性归纳。本章学习的重点在于了解全域旅游和智慧旅游是什么，思考对于旅游规划而言会产生怎样的影响。

随着旅游业的快速发展，旅游创新思考和探索的不断深入，新技术的不断涌现和应用，使得旅游与旅游规划构成内容的涵盖越来越丰富，其中全域旅游和智慧旅游成为突出代表和研究热点，也成了我国旅游逐渐步入高质量发展阶段的现实反映。

10.1 全域旅游的提出与实践

全域旅游是具有中国特色旅游实践探索形成的概念名词和认知成果，其经历了从下到上，从地方到国家到行业到学界，从探索到总结到推广的发展演变过程。

10.1.1 全域旅游发展历程

全域旅游发展总体经历了概念提出阶段、地方试点探索阶段和国家示范推进阶段。地方层面，2008年，浙江省绍兴市正式提出“全城旅游”发展战略，启动了全城旅游区总体规划项目编制。2009年，在江苏省《昆山市旅游发展总体规划修编》中首次出现了“全域旅游，全景昆山”。全国层面，2015年在全国旅游工作会议上首次提出发展全域旅游。2016年全国旅游工作会议上正式提出：中国旅游要从“景点旅游”到“全域旅游”转变。“全域旅游”这一概念开始引发广泛关注。2016年，全国有262个市县成为国家首批全域旅游示范区创建单位。2017年，作为全域旅游示范区创建工作的行动指南——《全域旅游示范区创建工作导则》发布。2018年，以国务院《关于促进全域旅游发展的指导意见》为标志，全域旅游正式上升为国家旅游战略。

10.1.2 全域旅游概念及内涵

2013年之前，“全域旅游”一词更多只出现在地方报道性的文章中，学界研究性文章很少，在对“全域旅游”概念的理解上也较为模糊。从已发表的论文中看，2013年，厉新建首次明确了“全域旅游”概念。吕俊芳认为，“全域旅游”即区内一体化发展旅游，并提出其理论基础和现实条件，完善了“全域旅游”的基本内涵。2016年，国家旅游局正式确定了“全域旅游”概念，引起各界学者开始对其内涵展开广泛探讨。

“全域旅游”是在一定的行政区域内，以旅游业为优势主导产业，区域资源实现有机整合，产业深度融合发展，社会共同参与，通过旅游业带动经济社会全面发展的一种新的区域旅游发展理念和模式。具体来说，就是将一个区域作为旅游目的地来建设和运作，实现资源整合、社会共建共享，以旅游业带动和促进经济社会协调发展，突破行业、部门、区域局限，把旅游业放到推进新型工业化、城镇化、信息化和农业现代化的大格局中来谋划，促进旅游业与生态、文化、体育等产业深度融合，形成多点支撑的大旅游发展格局。

相应地，全域旅游目的地就是一个旅游相关要素配置完备、能够全面满足游客体验需求的综合性、开放式的旅游目的地，是一个能够全面动员（资源）、立足全面创新（产品）、可以全面满足（需求）的旅游目的地。

全域旅游是一种理念，是区域发展的先行指引，决定了区域战略目标的前瞻性和开放性，体现了发展观的价值取向。全域旅游也是一种追求，是游人对于更好旅游体验的追求，是广大公众对于旅游质量的追求，是各级政府推动地方发展的追求，是旅游企业自我提升发展的追求。全域旅游还代表了一种生活期盼，代表了新发展需求下的生活理念与生活品位，融合了新的生活文化与生活方式。

综合来看，对全域旅游的理解可概括为，以扩展旅游空间范围为核心，一定的空间地域（如市、区、县）或构成完整的旅游目的地为载体，将旅游业作为核心主导产业或优势产业，带动其他产业融合发展，构建规划一个整体布局、结构完整、功能完善、统筹综合管理、推广营销一体化、全域共融、全域共建、全域共享的旅游空间和产业经济复合系统。它是对以原有景区旅游、旅游目的地为主体构成的旅游空间体系认识的进一步丰富和发展。

全域旅游将有力促进旅游业从单一景点景区向综合目的地服务管理转变，推动旅游发展格局由“小旅游”向“大旅游”转变。旅游由于具有空间消费的特点，是一种在空间转换过程中形成的经济，所以旅游经济问题既是一个产业问题，也是一个空间问题。旅游要从“小旅游”向“大旅游”发展，没有空间支持，难以做大。

对于全域旅游理念的落实，从“全”的角度，可从四大创新和“八全”结构来理解认识，如图10－1所示。

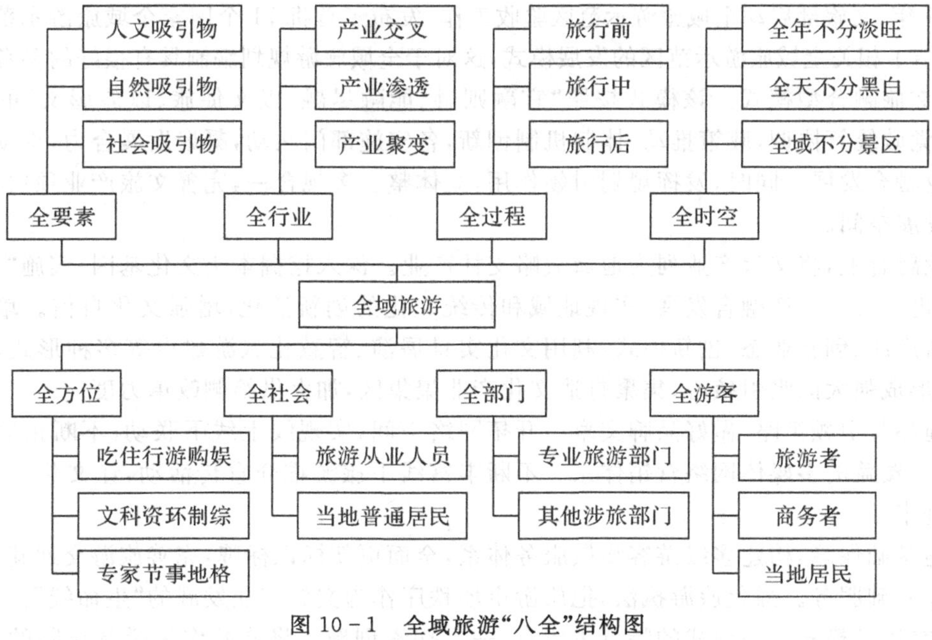

图10－1 全域旅游“八全”结构图

四大创新的具体内容包括：全新的资源观，旅游吸引物的类型需要从自然类型、人文类型进一步扩展到地域社会的旅游吸引物，还需要将吸引物自身与吸引物所处环境结合在一起。

全新的产品观，不仅包括吸引物及其所在环境，同时也体现在当地住民的语言交流、生活行为、习俗方式、文化价值取向上，居民参与是全新产品观的重要体现。

全新的产业观，全域旅游发展不是旅游和旅游业的单一发展，而是各产业彼此融合的协同发展，一、二、三产业之间形成交叉，相互渗透，借助产业间的创造连接形成全新的产业形态。

全新的市场观，游客与居民并不是非此即彼的关系，其市场主体也不局限于外来的基于旅游目的的游客，也包括当地基于休闲需求的居民。

八全是指全要素、全行业、全过程、全方位、全时空、全社会、全部门、全游客八个层面。同时我们也应看到，旅游形态和空间形态之间是密切相关的，当旅游形态呈现发生了变化，客观层面就会引发和推动空间形态变化，与之相适应。

全域旅游的提出，目的不是简单地让旅游产业做大做强，而是要通过全域旅游实践进一步提升旅游的发展质量，提高旅游业的联动效应、乘数效应，增加相关产业的附加值；不仅仅是寻求和拉动地方旅游业收入的增长提速，还要以推行全域旅游，有力助推地方和区域社会经济的协同发展。可以说，全域旅游不仅是我国旅游化进程的重要表现形式，也是当前我国推动社会经济发展的重要发展方式之一。

10.1.3 全域旅游的规划实践

全域旅游作为旅游发展新时期出现的创新理念和创新模式，有其积极实践意义，如何去实际推动此项工作，旅游规划是自上而下推动工作的一个抓手。也正因如此，编制全域旅游规划应运而生，成为指导各地区旅游发展的一项全新基础性先导工作。

1. 全国层面的实践经验模式

2019 年，文旅部启动全域旅游示范区验收工作，发布了首批 71 个国家全域旅游示范区公示名单，总结了相关全域旅游示范区的发展模式，这对于全域旅游规划编制具有很好的参考作用。

(1)文旅融合型模式。该模式按照“宜融则融、能融尽融、以文促旅、以旅彰文”的工作思路，坚持党政统筹协调，政策推动，体制机制创新，各实施部门联动，凝聚发展合力，推动文化与旅游产业融合发展。同时，发挥规划引领作用，立体整合多规合一，完善文旅产业顶层设计，高位规划发展空间。

产业融合上，将文旅产业列为地域战略支柱产业。深入挖掘本土文化基因，实施“文旅＋”策略，推进一、二、三产融合发展，实现地域和传统文化的创新活化，增强文化自信。培育文化旅游创新产品、创新业态、创新模式，利用文化实景展演、智慧化旅游建设等多种形式，优化游客体验，形成强大的吸引核心，集聚打造文化产业聚集区，加大供给侧改革力度。

实施品牌引领策略，做好品牌文章。开拓网络空间，实现线上线下联动，不断拓展推广渠道，构建全覆盖的多媒体网络营销体系。不断丰富线下旅游推介宣传活动，让文化走出去，把游客引进来。

实施基础保障，构建多级游客集散服务体系，全面更新标识标牌，完善旅游交通建设，做实文旅产业基础服务。强化旅游执法，把旅游市场秩序作为文旅产业发展的“生命线”。

(2)富民型模式。该模式的特点主要有：一是探索创新。将旅游作为脱贫攻坚的主抓手，以党政主导、能人带动，加大基础设施建设，加强资源保护，形成生产生活生态“三生”良性循环，一、二、三产业“三产”深度融合的旅游富民新路径。发挥乡村旅游示范点带动作用，以土地三权分置、流转承包、入股分红、直接参与旅游就业等多种方式探索实施旅游扶贫富民新模式。

二是推进产业富民。坚定规划引领作用，树立规模经济驱动新理念，明确并做强地域特色产业、主导核心产业的建设。打造并形成自己的区域性品牌，提升其市场的知名度与竞争能力。通过完善农村小额信贷制度、设置旅游扶贫工程专项资金、以土地流转经营权为资源进行质押、吸引社会投资等手段不断扩大农村特色产业开发的资金来源。强化发挥旅游特色产业联动功能，推进乡村旅游发展及当地景区开发、旅游项目建设等多种方式带动周边人民群众有效就业，鼓励村集体和农户发展乡村旅游，有效发挥“一业兴、百业旺”的旅游带动作用，借助全域旅游发展带动全域范围内致富。

三是扩大就业。旅游企业应积极承担社会责任，发挥旅游产业“造血”功能，带动当地百姓积极参与旅游。依托地方丰富的特色资源、民间手工技艺等条件，通过积极研制、开发诸如乡村土特产伴手礼、文创作品、手工艺品等地方特色旅游商品，创造就业岗位和机会，吸纳百姓就业，鼓励乡村能人创业，激发村庄和群众自我的内生发展动力。

(3)城乡统筹型模式。该模式的要点是要发挥旅游业有效带动农业、城市辐射反哺农村的作用，立足提升地区城乡发展格局，践行乡村振兴战略，统一规划，整合资源，大力发展乡村旅游，加快文、旅、农产业融合，高质量推进城乡文旅产业发展。

要强化政策支撑，把建设社会主义新农村、乡村振兴与稳步推进城镇化结合起来，加快建立健全以旅促农、以城带乡的政策体系和体制机制，将全域旅游作为推动城乡经济发展的重要抓手。

要加强顶层设计，高标准编写全域旅游规划，形成核心引领、多点共振的全域旅游开发模式。依托景区带活乡村经济，扩大农村就业、引导农村富余劳动力有序转移，推动“城乡互动”良性循环。

要坚持旅游供给侧结构性改革，规范治理旅游市场。补齐旅游短板，丰富全域旅游供给体系，规划精品线路，整合旅游资源，大力发展自驾游、休闲度假游、生态康养游，布局乡村旅游带、观光点、共享农庄、精品民宿等多样化旅游业态。加强基础服务建设，设立游客集散中心；完善城乡交通体系，提高交通服务等级；建设智慧旅游大数据中心，开设智慧服务平台，全面加速城乡旅游服务一体化建设。

(4)生态依托型模式。绿水青山就是金山银山，冰天雪地也是金山银山，依托良好的生态环境和丰富的旅游资源，深入推进旅游业供给侧结构性改革，积极探索造就了“生态产业化、产业生态化”的生态依托型旅游发展模式。

①生态产业化：良好的生态保护形成产业发展的基础，坚持保护与开发并行，以生态振兴引领全域旅游发展。保护方面，形成生态保护政策保障，调动全民参与生态保护，实施生态优先绿色发展行动，保护生物多样性，促进人与自然和谐发展。管理方面，建立市场化运作机制，提升产业吸引力和影响力，使社会资本参与生态保护，夯实区域生态环境和经济质量的综合竞争力。开发模式方面，研发四季旅游产品，合理有效利用各类生态空间和生态资源，打造多元化的生态体验特色活动，开发生态绿色、康养健身等旅游线路，实现生态资源的价值最大化，将保护好的“绿水青山”真正转化为群众看得见的“金山银山”。

②产业生态化：地域产业发展必须顺应转型升级、高质量绿色发展的需求，要着力推动产业和经济的可持续发展。应立足基础资源发展地方特色产业，避免陷入同质化低端竞争的发展局面。应鼓励环境友好型和资源节约型工业、新能源产业、环保产业发展，淘汰高能耗产业

和落后产能，还可结合自身条件，推动发展工业旅游，共同推进环境效益、经济效益与社会效益的联动提升。良好的生态环境是旅游得以发展的首要基础条件，必须严守生态保护红线，强化旅游项目立项、规划设计和竣工验收等环节的有效监管，避免涉旅项目与生态环境保护发生冲突，并通过生态环境修复工程、生态补偿措施、城乡节能减排、农村人居环境整治等建设，助推地域全域旅游形成良好的生态底色。

(5)休闲度假型模式。休闲度假型全域旅游示范区的发展模式，顺应了我国旅游向休闲度假转变，向旅游服务高品质发展升级的趋势。

该模式在政府引导、规划引领和市场推动的基础上，更注重旅游品质化、主题化、体验化建设。注重将自然环境、历史文化、地域文化、民族民俗文化与工业文化、现代消费时尚等元素进行融合，形成了与吃、住、行、游、购、娱、商、养、学、闲、情、奇旅游新需求相呼应的多样化休闲度假新模式。

该模式注意结合资源优势，优化定位布局，构建全域旅游发展框架，逐步实现了由观光旅游向休闲度假旅游的转型以及由休闲度假旅游向“消费-体验中心”的新一轮转型升级。同时，也注重品牌化战略的实施，引进国际品牌来强化和丰富度假产品，使产品既有本土特色，也有国际化视野。

(6)景城共建型模式。该模式主要是按照建设国家级旅游品牌的要求，形成政策保障、规划引领、基础建设、供给质量四个聚焦，高标准实行“景城乡一体化”建设。

景城一体化，就是围绕城市景区化打造理念，走出一条景城共建共享的特色新路。城乡一体化，就是因地制宜将城乡建设植入旅游思维，结合城市旅游市场需求，发展环城市田野观光、农耕体验、特色民宿、田园采摘等多样态的乡村旅游带、旅游点。公共服务一体化，就是应构建有效衔接的城乡旅游咨询服务体系、旅游交通服务体系、智慧旅游服务体系等。

同时，应坚持市场需求导向，不断升级旅游供给体系。以“旅游发展产业化、旅游供给品质化、行业治理规范化、绿色发展生态化、公共服务全民化”的发展理念，创新互融模式。

通过景城一体化建设，把全域旅游作为地区发展新的平台、城乡建设的重要引擎、乡村振兴的核心支撑，全面形成景城共建共享、全域生态、全域景观、全域旅游、景城融合、村景融合、产业融合的发展新格局。

(7)资源转型模式。工业化快速发展的累积性引发许多地区出现了生态环境污染加重、资源日益枯竭、原有资源主导产业衰退等一系列问题，全域旅游作为推动地方发展和产业转型新的抓手，为地方原有产业结构更新升级提供了新的思路。

该模式要求坚持系统化思维，完善体制机制，出台政策保障。在树立生态化发展理念，坚持可持续发展，严守生态保护红线，全面修复生态环境“造血”功能的基础上，深化供给侧改革，以旅游化思维整合各资源要素，推动产业转型升级，探索“以工业反哺旅游，以旅游造福民生”的新方式。

(8)边境开发开放型模式。独特的区位优势，是发展边境旅游的基础要素。应提升边境旅游产品供给质量，完善监管机制，全面优化市场环境，形成自身发展特色。例如，突出军垦文化，新疆建设兵团 185 团通过提升边境旅游产品供给质量，建设边境旅游生态名城、打造边境乡村旅游精品工程、增加边境旅游互动体验资源；突出枢纽功能，满洲里积极培育中国满洲里市—俄罗斯—蒙古国的中俄蒙 3 国旅游环线；突出产业升级，漠河市积极推进“旅游＋”战略，发挥旅游业“一业兴、百业兴”的带动效应，保障边疆维稳致富需求。

创建国家全域旅游示范区，党政统筹是基础，核心吸引是重点，安全生产是底线，生态保护是红线。必须坚持规划引领，高标准高站位编制全域旅游规划，促进多点共振，景城乡全域开发，共建共享，促进一、二、三产融合发展。首批全域旅游示范区的示范带头作用和实践探索经验，为全域旅游发展建立了有益的创新参考标准。

2. 规划设计行业对全域旅游及规划编制内容的认识

从旅游规划设计从业机构角度来看，全域旅游是旅游产业的全景化、全覆盖，是资源优化、空间有序、产品丰富、产业发达的系统旅游，是我国旅游产业发展的重大战略导向，将对未来旅游的资源保护、规划设计、投资建设、运营管理、旅游空间构成等方面产生积极而深远的影响，可概括为四个改变和三个要点。

1）全域旅游的四个改变

（1）全域旅游是从传统景点延伸到旅游吸引物、空间整体吸引的改变。这实际是对旅游资源认识的进一步扩展。之前发展旅游的基础是旅游资源，最终是打造好景区景点。而全域旅游下，能对异地游客产生吸引力的吸引物，沿途有特色的地域空间、环境，以及地域整体都成了旅游资源和“天然”的旅游对象。

（2）全域旅游是由点到线，再到面整体覆盖的改变。在以往点到点的景区景点旅游状态，游客到访的仅仅是各孤立的景区景点。尤其是旅行社组织的跟团游，旅游的过程基本上是从客运集散中心，按照计划直接到不同的景点，中间环节几乎以交通填充。在全域旅游下，广大游客进入的是一个整体打造的旅游空间区域，区域内的城市乡村风景、自然风貌、道路环境、地域文化风情等各种要素都得到了较好的展现，形成各停驻体验点、各类旅游交通联络风景线交织和代表整体旅游印象全域面共同构建的旅游体系，实现了旅游目的地建设在全域空间的真正落实，使得游客的身心五感体验随时随地都能感受其美的变化，与之产生互动。

（3）全域旅游是实现从单纯旅游设施建设到整合社会公共设施的改变。“Travel like a local”（像本地人一样旅游）这样一句话是现代旅游生活体验化需求的一个形象表达。全域旅游空间的打造，正是为游客像本地人一样旅行的体验需求提供了切实的条件，而地域公共设施环境成为其重要的构成介质要素。全域旅游中，游客接触最多的可能不是旅游设施，而是用到的所游地的日常社会公共设施，这些设施环境也许更能让游客感受到当地人的生活。所以，整合地方公共设施建设，融入全域旅游主客共享理念，保障游客获得更好的体验将成为必然。

（4）全域旅游是实现从旅游服务到整合公共服务的改变。旅游的本质是经历和体验，游客旅游的满意度的核心很大程度上就是对旅游过程中服务的满意度。全域旅游关注的服务，不仅仅是旅游接待服务的质量，也关注全域整体相关各类公共服务质量的提升，目的是营造高质量的全域服务体系。其具体应包括完善基础设施服务、优化交通便捷服务体系、提升旅游公共信息服务、加强旅游惠民便民服务、优化旅游公共行政服务、推动旅游公共服务走出去等要求。

2）全域旅游规划的三个要点

（1）应明确全域旅游发展战略和产业布局。构建和发展全域旅游，必须全面研究规划区域外部发展环境和内部发展条件，应从全域旅游和旅游目的地两个维度对发展要素进行评测诊断。一方面，需结合区域的现状，对照全产业参与、全要素投入、全空间整合、全季候活动、全旅游体验、全社会受惠展开定性的评价；另一方面，应结合可行的国际国内旅游目的地评判标准进行体系评估，以量化打分形式确定区域全域旅游和旅游目的地建设之间有何差距，进而明确全域旅游规划的重点任务。

同时，需借助运用SWOT分析、竞合分析等工具方法进行战略选择，推导出全域旅游发展总体战略，在明确区域产业战略发展导向基础上，形成区域旅游产业的总体定位，进而确定发展目标。同时，可从形象塑造、域面聚集、功能重构、产业重组、产品优化等五个方面制定出具体发展策略，构建形成区域品牌形象、多元产品体系、产业体系和三产融合发展模式。另外，还应结合全域旅游资源特色、分布特征、镇村体系结构、产业格局等情况，划分出全域旅游各功能区块、旅游产业集聚区，并明确各区块之间的空间关系、产业要素配比关系、功能协作互补关系，以及各区块内部的空间构成、产品体系等。

(2)塑造核心旅游吸引物并明确功能空间划分。按照全域旅游战略定位，结合产业功能布局，进行分区布局规划，分别对每个功能片区的核心吸引物集聚区域(如世界自然文化遗产、国家级风景名胜区等高价值的旅游资源富集地)、限制开发区(如农用地、水源地、滩涂、草地、林地等生态脆弱区或生态保护区)、优化发展区(如城镇、村庄、度假区以及具备建设条件的荒山、荒坡、荒涂等区域)等空间进行划分(应严格遵照国土空间规划的三区三线控制要求)，重点划定区域边界，界定土地性质和条件，分析片区空间结构，确定片区的重点开发空间，并进行片区旅游生产要素配置。各功能片区的内容重点在于如何构建片区核心旅游吸引物、如何配套公共服务设施等。

(3)创新旅游发展规划，改革评价体系。发展全域旅游不可因循传统的思路，需要创新已有规划。要将旅游规划理念融入经济社会发展全局，将旅游资源和其他资源有效合理配置。必须树立科学的旅游观念，按照五大发展理念要求创新相关的旅游统计监测和评价体系。创新优化各类旅游数据信息的征集、分析体系，按照旅游发展的新特点、新业态和新趋势设置评价体系。

针对当前国内旅游消费市场长期表现出的结构性矛盾，应不断丰富和扩展旅游创新业态，推进旅游特色小镇、旅游风景道、旅游绿道、养老康养旅游基地等新兴产品建设。虽然山水无偿，但服务有偿，应逐步摆脱对旅游门票经济模式的依赖。

此外，全域旅游规划的编制应从全域旅游发展基本理念与模式的角度来思考规划的重点和构成内容。

第一，应全面分析区域内全域旅游发展的各种条件。根据区域内整体的社会经济构成、自然生态环境和社会环境，结合旅游需求的规模与经济体量，分析通过旅游这种消费方式，对区域内社会经济带动能力以及旅游的经济影响能力。旅游总体规划更多是旅游内生系统的规划，全域旅游规划一定程度则是外生社会经济系统的规划。

第二，应深入思考如何有效构建旅游便利化体系。全域旅游应具备的特征是要有效提升广大旅游者在地旅游的品质，而旅游便利化则是重要标志与实现形式。所以，作为规划一定要合理分析全域范围内现有的可用资源、设施分布和服务构成情况，以旅游便利最大化为目标，制定出一个贴近旅游实际需求，配置合理完整的旅游服务系统，打造出真正意义上便捷高效的旅游品质空间和以人为本的旅游便利化体系。

第三，分析研究旅游空间形态的不同构建形式。全域旅游规划要勇于打破原有的旅游空间形态，通过规划探索建立以适应旅游需求为目标的新空间形态，逐渐构建起景区景点、地域代表景观、开放自然空间、休闲度假区、特色街区、旅游综合体、旅游小镇、自驾营地与露营地、主题旅游线路、旅游风景道、城市与乡村绿道等点、线、面相结合的旅游空间系统。

第四，思考如何构建高效的旅游供应链体系。以往总体规划中更多侧重将旅游资源如何转化为旅游产品，全域旅游规划重点是如何围绕产品形成旅游供应链。旅游产业链或供应链是依据旅游需求形态形成的，有什么样的旅游需求形态就会有与其相应的旅游产业链或供应链。

第五，思考如何提高旅游发展为相关产业带来的附加值。全域旅游发展作为旅游经济发展的一种新模式或是升级形态，一个重要的关注核心是能够以全域旅游的发展引领，对整个地区范围内的社会经济发展进步形成带动和贡献，具体表现为旅游与全域社会经济发展的关联度、产出贡献率以及与旅游相关一、二、三产业的附加值增长率。

第六，思考构建与全域旅游相适应的旅游社会治理体系。应立足全社会治理的角度，不局限于以旅游管理部门为主体所制定的旅游管理制度。

综上可以看出，全域旅游的推进，实现对我国旅游发展的提升，解决全域旅游规划如何发挥自身作用，相关规划如何编制问题，还需集政、学、商、企等各界之智，才能形成广泛共识，从而更为有效科学地指导规划编制与实践。

10.2 未来旅游发展的一个方向——智慧旅游

2008 年国际商用机器公司(IBM)首先提出了“智慧地球”的概念，指出智慧地球的核心是以一种更智慧的方法通过利用新一代信息技术来改变政府、公司和人们之间相互交互的方式，以便提高交互的明确性、效率、灵活性和响应速度。当今科技发展势头迅猛，“智慧地球”正逐渐取代“数字地球”，成为信息网络技术的发展趋势。

智慧是智能的高级阶段，但在范畴上超出了智能，智慧在智能之上更考虑人的充分参与和作用发挥。

智慧化是人类社会发展在工业化、电气化、信息化之后形成的又一次突破，将对社会经济各领域产生深远和巨大的影响。

“智慧城市”可以看作“智慧地球”从理念层面到实际落地于城市的举措。21 世纪的“智慧城市”将会充分运用信息和通信技术手段感测、分析、整合城市运行核心系统的各项关键信息，从而对于包括民生、环保、公共安全、城市服务、工商业活动在内的各种需求做出智能的响应，为人类创造更美好的城市生活。该定义的实质是利用不断涌现的先进的、新兴的信息网络数据技术和创新理念，集成城市的组成系统和服务，以提升资源运用的效率，实现城市智慧式管理和运行优化，进而为城市中的人创造更美好的生活体验，促进城市和谐、可持续成长。

2009 年在国务院《关于加快发展旅游业的意见》政策文件指引下，国内旅游业也开始寻求以信息技术为纽带，积极探索实现旅游产业体系与服务管理模式重构的全新方式，以实现旅游业建设迈向现代服务业过程中质的跨越。受智慧城市理念及其在我国建设与发展的启发，“智慧旅游”应运而生。

可以说，智慧旅游是从智慧城市中衍生出来的，同时它往往也成为智慧城市的组成部分之一，因为几乎所有的城市都具备旅游的功能。但需注意的是，“智慧旅游”与智慧城市体系下的“旅游”是不同的两个概念，因为旅游并不仅发生在城市，前者要比后者具有更广泛的旅游内涵。

镇江于 2010 年率先引入“智慧旅游”理念，开展了相关项目建设，2011 年建立了挂靠国家旅游局的“国家智慧旅游服务中心”，试水智慧旅游设备、软件、应用模式的研制、开发、试点与推广活动，为全国的智慧旅游建设发展提供了示范。2011 年 7 月，国家旅游局明确了相关发展战略目标，即在 10 年内拓宽相关软件、平台和工具应用的范围，加强旅游管理、服务和营销过程中的信息化和智能化，完善旅游信息库、旅游资源库，搭建信息共享平台，培育一批发展较为领先的示范企业。2012 年，北京、武汉、成都、福州、厦门、黄山等 18 个城市被确定为“首批国家智慧旅游试点城市”。

10.2.1　智慧旅游的概念内涵

有学者认为“智慧旅游是基于新一代的信息通信技术，为满足游客个性化需求，提供高品质、高满意度服务，实现旅游资源及社会资源的共享与有效利用，进行的系统化、集约化管理变革”。也有人认为，“智慧旅游是基于新一代的通信技术，将云计算、物联网、互联网和个人移动终端、人工智能等技术集成的综合”。还有些人认为，“智慧旅游是一种通过物联网、智能数据挖掘等技术在旅游体验、产业发展、行政管理等方面的应用，使旅游物理资源和信息资源得到高度系统化整合和深度开发激活，是面向未来的全新的旅游形态”。此外，更综合的观点认为，“智慧旅游是基于新一代信息技术并结合原有技术，以构建感知层、网络层、应用层为目标，充分利用公共平台，向政府、企业、游客、居民提供应用，建成高度信息化的现代旅游业”。

从以上描述可以看出，各种定义描述围绕着一些共同的关注点，包括：支撑技术要素，涉及各种新兴通信信息与智能技术；目标对象，是服务于旅游系统与旅游产业、旅游管理，服务于旅游者、旅游企业、目的地及政府管理部门；目的方向，是为了推动旅游高质量发展，实现旅游业变革和转型升级。智慧旅游呈现的显著特征是实现游客与旅游消费市场全过程的主动性、自主性、智能性和交互性，旅游企业运营服务和旅游管理部门公共服务的智能化、智慧化。

从概念内涵来看，智慧旅游的本质可归纳为：以整合利用信息通信、海量数据搜集处理、人工智能分析等在内的各种新兴先进技术要素，形成支撑条件和旅游管理利用载体。实现对特定地域空间范围内的旅游系统运行智能管理；对旅游产业链相关数据信息进行实时动态感知，统计分析，发现问题；对旅游各资源要素构成配置、空间布局、各经营主体运行服务状况、游客评价反馈、市场供需、监管治理情况等做出客观评判；通过建立沟通反馈指引机制，协同调整，优化创新，打通发展障碍瓶颈；最终实现不断提升旅游发展运行效率效益、感知体验、运营服务和决策管理质量水平，推动旅游业的转型升级和深刻变革。

“智慧旅游”的表现形式不仅包括智慧旅游景区、智慧旅游城市、智慧旅游乡村建设，还包括智慧旅游服务、智慧旅游商务、智慧旅游管理和智慧旅游政务，以及智慧旅游交通、智慧旅游酒店、智慧旅游餐饮、智慧旅游导览导游等诸多具体方面。

对于智慧旅游与旅游信息化两个概念而言，两者有所区别，也有联系。

信息化是指充分利用信息技术，开发利用信息资源，促进信息交流和知识共享，提高经济增长质量，推动经济社会发展转型的进程。旅游信息化狭义上讲是旅游信息的数字化，即把旅游信息通过信息技术进行采集、处理、转换，形成能够用文字、数字、图形、声音、动画等来存储、传输、应用的内容；广义上讲是指充分利用信息技术，对旅游产业链进行深层次重构，即对旅游产业链的组成要素进行重新分配、组合、加工、传播、销售，以促进传统旅游业向现代旅游业的转化，加快旅游业的发展速度。因此，信息化与旅游信息化既是过程也是结果，过程的理解侧重于实现信息化的过程，而结果则侧重于“信息化了”的结果。由于信息技术的不断发展，信息化在实践中更侧重于是一个随着信息技术的发展而不断进行的过程。

智慧旅游则可理解为旅游信息化的高级阶段，其并不是旅游电子政务、旅游电子商务、数字化景区等用“智慧化”概念的重新包装，而是要能够解决旅游发展中出现的新问题，满足旅游发展中的新需求，实现旅游发展中的新思路以及新理念。智慧旅游的基础是旅游信息化，但其核心和关键是“智慧”的运行和发挥作用的应用。

10.2.2　智慧旅游建设的支撑要素及其框架体系

目前，智慧旅游作为一个发展概念，尚无技术标准和建设发展模式，还处于探索阶段。

(1)智慧旅游的技术支持要素构成。智慧旅游系统(intelligent travel system，ITS)是智慧旅游的技术支撑体，它以在线服务为基础，通过云计算中心海量信息存储和智能运算服务，满足服务端和使用端便捷地处理掌控旅游综合信息的需求。建构 ITS 的前期技术支撑主要包括云计算、物联网、高速无线通信技术、地理信息系统、虚拟现实技术等。

云计算是指在分布式计算、并行计算、网格计算的基础上提出的一种新型计算模型，它提供可靠安全的数据存储、强大的计算能力和方便快捷的互联网服务。云计算按照属性和服务对象可以分为私有云计算、公共云计算和混合云计算，分别向不同的客户提供服务。

物联网是指通过射频识别(RFID)、红外感应器、全球定位系统、激光扫描器等信息传感设备，把任何物体与互联网相连接，进行信息交换和通信，以实现对物体的智能化识别、定位、跟踪、监控和管理的一种网络形态。物联网技术可以运用到景区的安全管理、客流即时测定、游客消费行为研究等方面。

高速无线通信技术从距离上可以分为近距、中距和远距无线通信技术，4G、5G 等电信通信技术属于远距无线传输技术，蓝牙、近场通信(NFC)、Wi-Fi 等属于近距无线通信技术。NFC 等近距无线通信技术，是一种非接触式识别和互联技术，可以在移动设备、消费类电子产品、PC 和智能控件工具间进行近距离无线通信，消费者可以使用支持该技术的手机在公交、地铁、超市等公共场所进行刷卡消费，近距离免费通信等。

地理信息系统(GIS)是一种采集、存储、管理、分析、显示与应用地理信息的计算机系统，是分析和处理海量地理数据的通用技术。人们将 GIS 应用于旅游地理管理，开发出旅游地理信息管理(TGIS)，将 GIS 与网络技术结合，利用 Web 发布空间数据，使用户可以通过网络方面获取旅游信息，实现空间数据浏览、查询、分析相结合的 WebGIS，它集成了旅游电子商务系统的优势，成为旅游信息提供的新模式。还有新型的 3DGIS 技术，使二维表达转化为三维表达，让游客更加直观地感受旅游地的诸多信息。

虚拟现实(VR)技术分为基于图像的虚拟现实技术和基于矢量建模的虚拟现实技术，是一种通过计算机生成虚拟环境进行自然交互的人机界面，借助多维输入输出设备，旅游者可以在旅游虚拟现实中漫游，通过感受旅游地虚拟化场景，提升旅游地的吸引力。

(2)智慧旅游系统平台框架的构建。智慧旅游是一个综合性的系统工程，涉及旅游行业的方方面面。明确智慧旅游的发展框架，对全面推进智慧旅游项目的实施有着重要的意义。

智慧旅游系统可以简要地概括为“一心、两端、三网”。“一心”主要指建立旅游超大数据库或者云计算中心，可为“两端”和“三网”提供数据存储、计算和交流服务。旅游云计算中心存储海量的旅游信息，拥有超强计算功能，可自动完成处理、查询、计算等问题。

“两端”是指服务端和使用端。服务端通过智慧旅游系统向旅游者提供旅游资源、旅游交通、旅游住宿、旅游餐饮、旅游服务机构、旅游管理机构、娱乐休闲、自然社会、图形等信息及相关服务，帮助旅游者制订旅游计划、顺利进行旅游消费、提高旅游者的体验质量以及保障权益等。使用端主要指拥有上网的终端设备或使用公共服务终端设备获取旅游服务信息的政府机构、旅游企业和旅游者。

服务端无须自己再购买服务器和维护信息，只要将自己的信息存放在数据中心即可；使用端根据自己的要求，从数据中心提取信息，需要服务时可以与服务端进行交换，如旅游者可以通过网上银行、手机钱包、支付宝等进行电子数据付费，获取景区门票、酒店房间、交通、娱乐、购物等方面的付费消费服务，也可以获取某一旅游目的地的旅游体验质量报告与评价，以及社会经济、治安交通、地理空间布局等方面的综合免费服务信息等。

"三网"是指物联网、互联网和移动通信网。物联网以互联网为基础使其用户端延伸和扩展到了任何物体与物体之间，达到"物物相连"并进行信息交换和通信的目的。互联网、移动通信网，如 5G、蓝牙、NFC、Wi-Fi 等技术，是将电脑、智能手机、电子显示屏及其他终端电子产品融合在一起，为旅游者获取对等空间信息提供在线网络支撑与信息交换服务。

实践中景区智慧旅游体系建设框架示例见图 10－2，可参考学习。

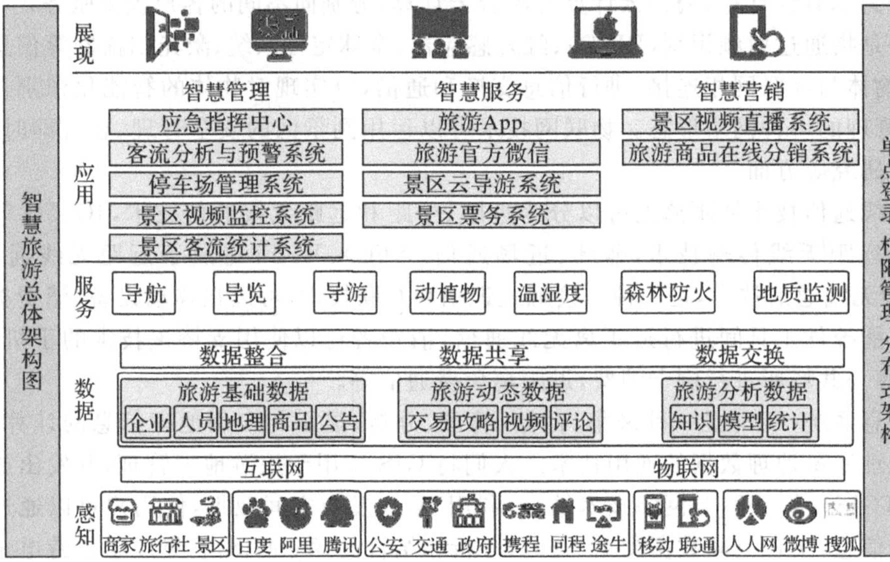

图 10－2 智慧旅游体系建设框架示意图

智慧旅游的建设任务是要形成"基础设施是支撑，信息资源交换与共享是主线，应用是关键，服务是核心，制度、标准、管理、绩效是保障"的智慧旅游建设格局，构建上下贯通、左右衔接的智慧旅游发展环境。从地域智慧旅游的大发展框架而言，应包括服务体系、应用体系、应用支撑体系、信息资源体系、基础设施体系、制度体系、法规与标准规范体系、信息安全与运维保障体系，既相互独立，又彼此关联，共同构成一个统一的整体。

智慧旅游建设还有一个关键问题需要重视，就是如何明确开发主体、应用主体以及运营主体。这一问题不解决，智慧旅游体系的建设与发展将失去实际动力，无法进入良性循环。

(3)智慧旅游体系发展的目标指向。智慧旅游作为利用现代信息技术自动获取整合旅游资源、旅游商户、旅游者各方面数据和信息，充分破除数据壁垒，建设联通各方、有效交互的旅游信息系统，实现旅游资源的高效管理，为旅游者提供适销对路的个性化旅游服务、构建信息充分的旅游商品和服务市场，最终实现旅游业各要素有效配置的新形态，其发展体系应实现以下重要的基本目标：

①满足信息和数据的智能收集获取需求。智慧旅游的“智慧”来源于对海量信息和数据的整理、分析和挖掘。而在此之前，数据和信息的收集和获取也应该是智能的和充分的。对于传统业态来说，海量信息的收集需要耗费大量时间和人力，即使能够实现，成本和收益也不匹配。

进行智慧旅游多元参与，集约化建设，其基本思路是“政府主导、多方参与、市场化运作”，为广大旅游企业，特别是中小旅游企业节省信息化建设投资与运营成本，是较好的建设方式。既为游客提供智能服务，同时支撑企业营销及政府进行智能管理。

②实现游客一站式获取信息和旅游服务。网络给游客提供了查找收集信息的便利，但也存在信息太过繁杂，真实性、权威性和时效性无法保证，营销推广信息混杂于普通信息之中等情况，导致游客难以有效获取旅游地信息和服务，或者需要花费较多时间和精力来查找收集。

智慧旅游要求旅游管理部门、旅游企业将旅游信息的提供发布纳入旅游服务之中，通过整合链接一些便捷的平台，如公众号、网站、旅游电子商务平台等，一站式提供游客需要的各种信息，并做到翔实可信、及时更新。

③推动旅游相关部门信息联通共享和有效联动。智慧旅游的发展建设不仅依赖于景区或旅游管理部门，也不仅限于狭义旅游资源的配置与管理，智慧旅游需要旅游、交通、公共安全、市场监管等多部门协同高效运行，有效快速联动，从而全方位保障旅游的安全和品质，实现旅游公共服务与公共管理的无缝整合。智慧旅游的完全实现依赖于所在地区各部门的高效运行和高管理水平。

④提供个性化的旅游服务和商品。提供个性化的旅游服务和商品是智慧旅游的“智慧”体现，也是其重要目标。游客对于旅游服务和旅游商品既有着对美的欣赏，对快捷便利的追求等共性需求，也有着细微的、多样化的个性需求，对游客个性化需求的满足，将最大限度地提高游客旅游体验效果，实现旅游资源对游客效用的最大化。

具体来说，智慧旅游就是旅游地应该通过对游客特征和行为大数据的采集整理分析挖掘，通过线上线下多种方式，向游客提供适销对路的旅游产品和服务，让旅游产品和服务借助智慧旅游变得“智慧”贴心起来。

⑤建立信息充分传导的有效市场。发挥市场在资源配置中的决定性作用，实现旅游资源的合理配置，依赖于信息的充分传导。当前旅游市场低效率的一个主要原因是信息不充分、不对称、不及时。但随着科技进步和智慧旅游发展，这一问题的解决将成为可能。

⑥实现智慧管理，智慧服务，智慧营销，建立特色鲜明的旅游目的地。

10.2.3　智慧旅游的应用

智慧旅游是一种融合最新科技成果，以增强旅游体验为核心，以全方位、一体化的旅游行业信息管理服务活动为基础，服务于旅游者、旅游企业、目的地政府的全新旅游发展理念与运营方式。

智慧旅游目前处于实践推动理论的发展阶段，应用发展仍存在一些不足和突出问题，主要包括：对智慧旅游认识不够清晰，把旅游信息化与智慧旅游混淆；地方政府部门、景区、相关企业协同分工配合机制不够健全；对智慧旅游的规划设计不足，缺乏整体性和系统性；当下的智慧旅游建设数据挖掘分析不足，智慧化程度不够高；智慧旅游各系统联通性不足，数据应用程度不高，对市场信息的补充作用有限等。

因此,我们应密切关注智慧旅游的实践发展进程,注意归纳总结发展规律、经验教训和问题解决途径,为不断改进提高提供思路与启发。

以下是智慧旅游一般应用示例(见图 10-3)及景区智慧旅游信息集成(管理应用)系统框架构成示意图(见图 10-4),可供学习了解。

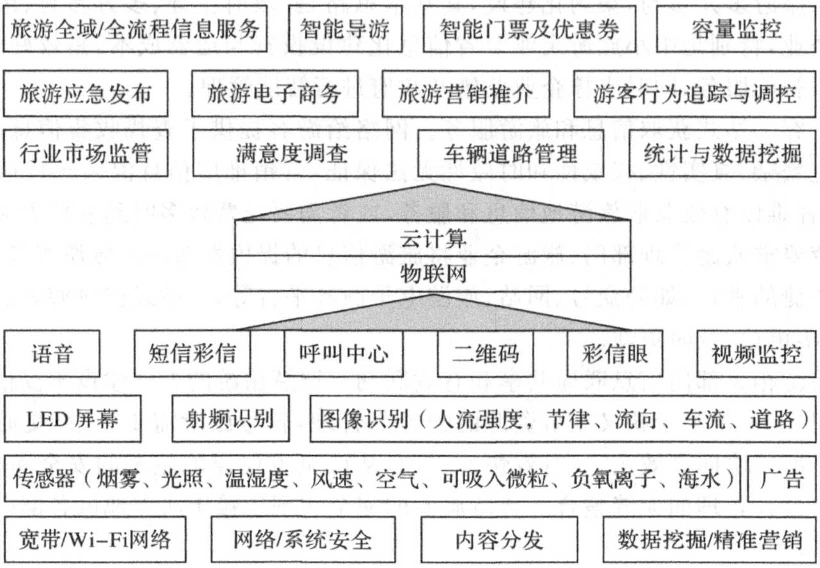

图 10-3　智慧旅游系统一般应用示例

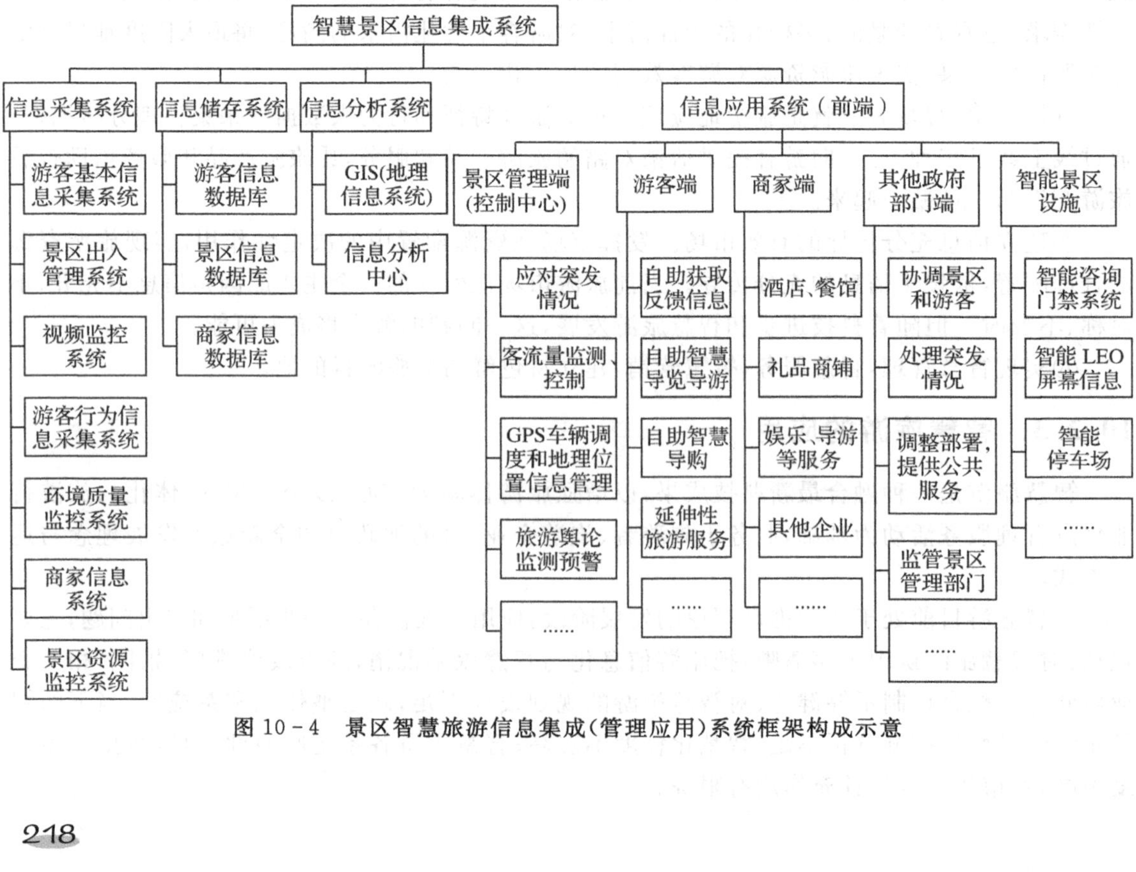

图 10-4　景区智慧旅游信息集成(管理应用)系统框架构成示意

在应用中，特别要强调以旅游者为中心，紧贴需求变化。智慧旅游作为一种新兴的旅游发展理念，本质就是满足旅游者多元化的信息需求和体验需求，同时智慧旅游建设的成败也必须由旅游者的亲身体验和评价判断为根本标准，并不断进行改进创新。

例如，智慧旅游公共服务系统的被服务者由多种客体组成，需要针对不同的客体进行供需分析。对于旅游者而言，旅游服务需求可分为游前、游中和游后，智慧旅游服务体系对应的也应有游前、游中和游后公共服务，服务的供给者有媒体、旅游企业、旅游部门等。旅游本身的公益性和产业性双重属性必然带来多利益主体，进而出现多元供给模式并存。

由于信息技术等相关科技更新换代周期的不断缩短，智慧旅游的应用内容与形式也将不断发展与提升。智慧旅游是旅游未来的重要发展方向，作为开放系统将不断扩充融合、不断完善创新，其对旅游规划的影响也将会越来越大。

本章小结

随着旅游创新的发展和我国旅游高质量发展阶段的到来，原有旅游规划内容将不断被完善，甚至有些内容会被重塑。新观念、新认识、新实践、新政策、新技术成为我国旅游规划变革的强大动力，全域旅游和智慧旅游的学习带领我们从一个侧面感受到了这些变化。

思考题

1. 以小组为单位，搜集全域（县域）旅游规划编制成果，了解实践中规划文本和图件的内容构成，比较其与传统（县域）旅游发展规划的异同之处。

2. 以小组为单位，搜集设有智慧旅游相关专项规划内容的旅游规划方案，总结其在规划成果中是如何表达和体现的，思考其对规划方案的影响。或者找寻一处已开展智慧旅游系统建设的旅游景区，调查和分析其设施、功能服务设置和使用效果反馈等情况。

第11章 旅游规划图件绘制

内容提要

本章主要介绍了旅游规划图件的重要性、旅游规划制图常见问题、旅游规划图件构成和编绘要求等内容。本章学习的重点是熟悉常规旅游规划图件内容构成要素，了解图件的基本绘制步骤；难点是如何把握图件的规范性和深度要求。

作为各类旅游规划最终成果的重要组成部分，旅游规划图件对于直观精确表达规划意图、空间发展安排构想、指导后续设计与建设都有着极其重要的意义。因此，了解旅游规划图件及其绘制的基础知识，加强制图学习，提升图件绘制质量的鉴别力，对于提高旅游规划制图综合能力，适应规划实践要求是十分必要的。

1. 旅游规划图件的作用

旅游规划图件在规划中作用显著，是旅游规划不可缺少的组成部分，为指导景区旅游开发提供科学、直观、形象的依据。

旅游规划图件作为旅游规划成果的直观反映，充分利用地图的“获取、模拟、传输、负载、感受信息”功能，能形象直观地反映旅游诸要素的空间分布特征和规律，更加形象地体现规划思路。完备、规范、美观的图件可起到画龙点睛的作用，传递给规划委托方和执行者更为清晰的蓝图。

2. 现实问题

国内旅游规划制图领域基本呈现以下特点：在广度方面，主要关注旅游规划制图的阶段划分、步骤流程、原则、方法、内容，并介绍了制图软件的界面、特点和计算机制图的阶段划分等。在深度方面，涉及了旅游规划制图要素(包括了底图、数学基础设计、符号与注记设计、色彩设计、图面设计等)的设计原理及具体方法，分类阐述了不同旅游规划的制图内容，介绍了常用旅游规划制图软件的使用方法。总体来说，旅游规划制图在理论层面还有待加强，在制图环节方面有待完善，在制图方法方面有待深化。

《旅游规划通则》对所涉及旅游规划类型的成果图件组成和名称提出了相关要求，但这只是一个着眼于宏观指导的框架性规定，对于各图幅所应表达的内容、深度等未有明确的指引。而现实中图件形式各异，图纸数量也尚无统一的规定，存在因认识和理解不同而异的情况。

旅游系统所涉及的部门行业、空间要素非常广泛，因而介入旅游规划编制的专业领域也十分宽泛。由于编制单位专业背景不同，加之旅游规划图件绘制人员大多来自城乡规划学、地理学、建筑学、风景园林学、测绘与地图学等专业，受专业限制，各方对旅游规划编制各有侧重，对于图件的理解也不完全一致，在制图过程中对同一问题的处理方式也不同。

此外，当前常见的制图问题，还突出表现在以下方面。

①形式上，旅游规划制图绘图的专业规范性、标准性、编制体系系列化方面建设不足，仍缺乏行业的统一引导。如没有统一的图式图例要求，符号设计不规范，缺乏专业性、艺术性、系统性。制图中，还应注意旅游规划图件与旅游(地)图的区别。

②内容上，对图件深度、完整度、精确性、客观要求的符合度、意图的表达效果和各专业融合等方面的理解差异较大，应处理好专业性和可读性、易读性的关系。

③为增强规划的可操作性，不同层次的规划图纸数量与内容不同，同一类规划都缺少相应一套图纸构成及其深度的界定。

3. 旅游规划图件的构成

旅游规划层次的划分体现了规划编制工作从宏观到微观、从抽象到具体、由面到点的递进关系。不同层次的旅游规划，对规划图件成果的要求有所不同，既有全部需要绘制的图件，也有针对相应规划层次和类型的图件。其形式一般都包括纸质图件和电子图件。

根据《旅游规划通则》相关规定，主要旅游规划类型层次应绘制的图件名称和构成情况可做如下说明，见图 11－1 所示。

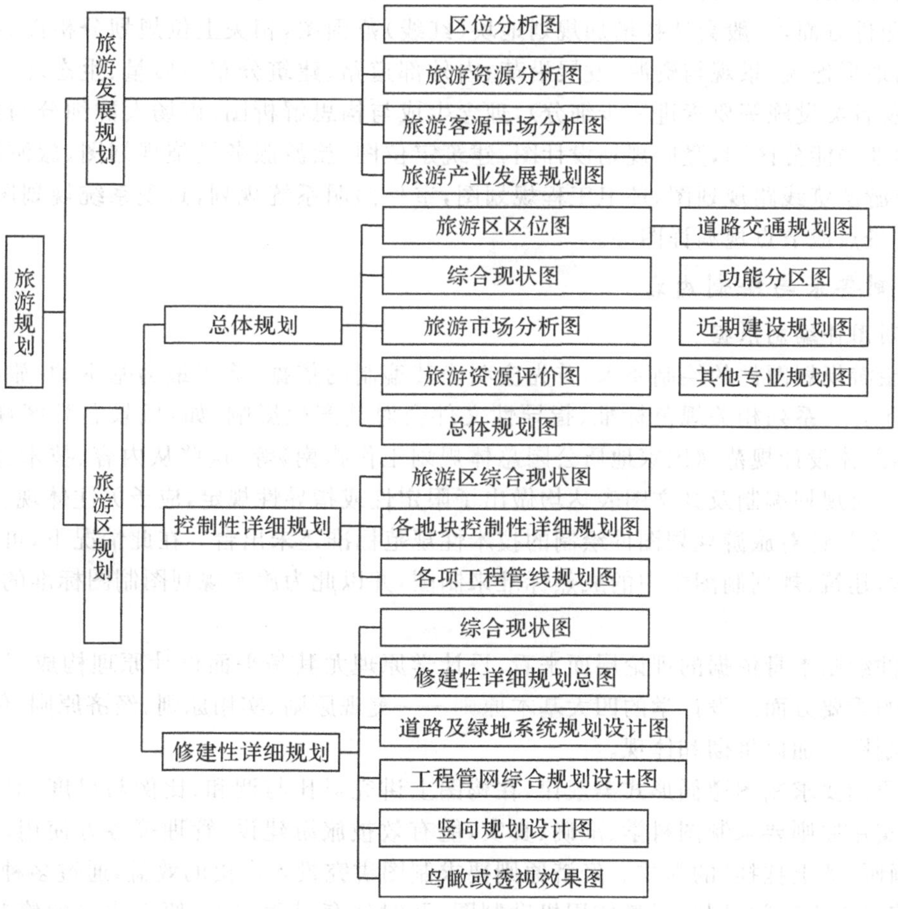

图 11－1　常规旅游规划图件的层次与基本构成

《旅游规划通则》中规定的图件必须制作，但规划项目实践中结合规划对象、任务要求及方案表达等需要，还会有针对性地增加一些必要图件，或对某些图件进行进一步的细分深化，以便更加全面准确地表达规划意图和更有利于其在空间的落实，如区位（分析）图根据实际需要可细分为地理区位图、交通区位（分析）图、旅游区位（分析）图、经济区位（分析）图、文化区位（分析）图等。

(1)旅游发展规划图件中一般会增加旅游空间结构布局图、重大旅游发展项目布局图、区域旅游线路规划图等。

(2)旅游总体规划图件中一般会增加规划范围图，地域旅游竞合分析图，旅游（策划）项目产品分布图，综合现状图（进一步细分为现状土地利用图、建筑现状图、设施现状图等），分区规划图，旅游形象规划设计图，用地规划图，游线分布图，以及其他专业规划图。

(3)关于旅游控规、修规规划图件的构成要求，《旅游规划通则》目前更多是参考了城市规划中相关原则性要求，不够细化，对于实际操作的指导性不强，与旅游发展实际需求结合得还不够紧密。实践中，应结合行业已有经验、通行做法及借鉴相关优秀案例予以明确和深化。

控规图件方面主要是围绕落实总规意图及地块属性划分、空间定位、设施配建、拟定规划控制条件和规划图则等具体内容展开。

修规图件方面，一般会选择增加规划地块（红线）范围图，相关上位规划分析图，综合现状图（需根据地形地貌、景观与资源、发展沿革、内外部道路、建筑分布与质量、生态环境与植被、工程管线及各类设施等要素进一步细分），理念生成与构思解析图，市场人群细分与旅游产品体系图，用地功能分区图，竖向规划设计图，建筑定位图，旅游服务设施规划图，旅游标识系统规划图，旅游游览线路规划图，环卫工程规划图，室外照明系统规划，景观系统规划图，植物配置图，主要景点或节点规划详图等。

4. 编制要求与绘制内容

1)规划图件编制依据

关于旅游规划图件的绘制要求，首先应明确其编制的依据，除了最为基本的《旅游规划通则》之外，还有一系列相关规范标准、指导性文件会对其产生影响，如《风景名胜区规划规范》《森林公园总体设计规范》《国家地质公园总体规划工作指南》等，这些从内容、技术、定性定量指标等方面对规划编制及其文图表达均做出了限定性或指导性规定，应予关注体现。

目前，专门针对旅游规划图件绘制的技术性规范标准还未出台。在此情况下，可借用地理学，地图学，建筑、规划制图学中的成熟标准来制图，并以此为旅游规划图制图标准的制定积累经验。

从图件绘制本身依据的理论层面来看，设计学原理尤其是平面设计原理构成了规划图件基础理论的重要方面。设计学的四大基本原则——美观原则、实用原则、经济原则、创新原则，应在规划制图中加以贯彻和体现。

美观原则要求制图遵循形式美规律，在构图上讲究对比与调和、比例与尺度、对称与均衡等原则。实用原则要求制图科学、准确、真实，能有效被旅游建设、管理等各方使用，而不是流于“纸上画画，墙上挂挂”的形式。经济原则要求制图讲究投入产出的效益，通过多种方法的组合使用，缩短工作时间，同时尽量使用机助制图，及时储存过程文件，便于成果的修改，提高成果修改的效率。创新原则要求制图引入新方法、新技术，改进工作成果，如可引入建筑设计、城市规划制图和园林规划制图的相关技术，以及 GIS、旅游大数据等技术方法的最新成果。

2)编制流程

关于旅游规划图件的编制工作如何开展,遵循怎样的流程或工作步骤,目前学术界并未明确和统一。旅游规划图件的编制在实践操作中因人而异,因规划类型不同,因规划编制单位要求不同,而有所变化和差异。

旅游规划图编制工作可简单划分为设计(准备)阶段、编制阶段和打印装订三个阶段,也可分为资料收集、分析、评选阶段,数字化阶段,编辑阶段,输出阶段四个阶段。主要专题规划图件的绘制内容,将计算机辅助制作规划图件的流程分解为拟定规划图件、地图处理与制作、图件要素编辑、修饰和装饰、图件输出等步骤。利用地理信息系统(GIS)软件制作旅游规划图的流程包括规划设计阶段、制图阶段、成果修改与验收阶段。

综合来看,旅游规划图件的编制流程可划分为图件绘前准备、绘中编绘实施和绘后整理出图三个阶段,具体如下:

(1)图件绘前准备阶段。主要工作是拟定形成较为详细的编图大纲,内容应涉及确定规划成果图集的目录、规范构成图件的图名、图纸图幅大小、比例采用等技术要求,以及绘图制图所需的相关资料(如规划对象所在地域行政区划图、地形图、卫星影像图等;相关制图规范标准等)、各图件表达内容信息要点、图式及表达方式方法等。

(2)绘中编绘实施阶段。主要工作是具体绘制规划图件,涉及现状基础分析类、方案规划设计说明类、效果展示类等不同图件类型,以及筛选底图、底图处理与制作,图件电子文档输出文件格式,字体、色彩选配标准、图文排版与图件版式设计、图例(符号)制作等。

(3)绘后整理出图阶段。主要工作包括打印样图、校图修改、打印成图、图文装订、审图定稿等。需要注意,图纸的最终质量呈现与打印装订效果也是非常密切的,出图设备的选择、操作人员的专业水平与经验、纸张的选择(如纸张类型、重量规格、高光亚光等要求)、封皮封底的设计与装帧装订要求(如覆膜或素面、无线胶装、硬壳精装、圈装、打孔装等)、出图精度要求(如图件出图分辨率、像素大小、色差等)都会成为影响图件质量的重要因素。

3)图件的绘制内容

从旅游规划图件图面内容的基本构成来看,大体可以分为基础数学要素、底图要素、专题要素、辅助要素、图外要素等五个部分。

(1)数学要素部分,即绘制图件时需要涉及的(地形底图)坐标系统及高程系统、投影方式、地图(图示及数字)比例尺、地图定向用的指北针等。

(2)底图要素部分,属于图纸的基础层,需要显示和表现出规划范围及其所在地域的基本地理要素,并借助其坐标系统可进行空间定向、定位。底图要素内容一般包括反映地貌的等高线、植被、水系(包括线状要素和面状要素)、境界、交通线(铁路、公路等)、居民点、地物及注记信息等。底图要素一般通过选择一定比例尺电子地形图的相应图层进行提取,并作为规划设计统一的空间定位参照。

(3)专题要素部分,属于图纸内容的核心层,是按照旅游规划方案相应成果内容要求必须在图纸上加以直观表达和定位的信息内容要素。其包含内容丰富,如既有现状分析,也有空间总体布局、功能分区、道路交通结构,还有旅游资源、旅游客源市场、旅游项目、旅游线路、旅游服务、供水、排水、电力、邮电通信、环卫等基础设施。图面表现方法多用点状、线状符号法,以及范围法、象形符号、几何符号、色块法、(专业)图形法、示意法、注记法等。因绘制的专题要素众多,一般需要创建不同的图层与之对应,最终输出不同的图件,分开加以表示,由此也就形成了不同表达主题或专题的规划图。绘图效果方面，要“醒目、简洁、准确，要使各张图纸保持大体风格统一，又要让每张图有鲜明的特色”。

(4)辅助要素部分，包括了图纸绘制和使用中需要涉及的一些辅助信息，如风叶玫瑰、图例说明、技术指标图表等。

(5)图外要素部分，包括了图件版式的信息要素。其一般有图名、图界、图框及版式、图纸编号、图签栏(包括规划设计单位、制图审图人员、规划编制时间等信息)等必要内容，以保证图件具备统一规范的表达形式和整饰效果，并便于查阅、存档管理。

图件各要素之间，应注意避免出现要素压盖、要素顺序不准确、要素层次不分明等现象。

总之，图件内容应突出其最本质的特征，形象、简洁、醒目、美观和准确，绘图符号含义应能反映其内在的逻辑关系，有种类、等级、主次等差异，具有系统性。同时，应形成较为完整和合理的图件内容组织体系。此外，应实现规划图件能够直观、有效和可识别地将规划最终意图通过图纸落实到具体空间上的根本目的。

4)一幅图件绘制形成的基本步骤

旅游规划制图主要有人工手绘和计算机借助各类绘图软件两种制图方法。手绘制图目前主要是在方案(草图)构思表现及推导，意见沟通探讨时使用；计算机制图因其具有定位精度高、易编辑修改、便于存储输出和管理使用等诸多优点，成为制图的主要方法。

具体到一幅图件的绘制，二维平面规划图和三维立体规划效果图由于空间要求和专题要素不同，因此制图的流程也不一样，以下分别予以简单介绍。

(1)二维平面规划图绘图基本步骤。

步骤1　现场测绘或向相关部门索取电子版地形图。

步骤2　输出纸质版地形图底图，在底图上按照规划文本勾绘规划草图。

步骤3　将获取的电子版地形图文件导入 AutoCAD 软件。若无电子版地形图，可通过扫描仪将纸质地形图扫描成像，然后以光栅图像的方式插入图形编辑软件。

步骤4　删除地形图上不需要的信息，将图上信息分别归入相应图层。

步骤5　绘制地理要素，如山体、河流等(若已有则跳过这一步)，以及绘制现状要素。

步骤6　按照勾绘的草图，分图层绘制相应规划(专题)要素内容，如区内规划道路系统和地块分界线，并创建各类用地，按用地性质填充色块；绘制各项旅游服务设施及其符号，绘制其他基础设施，绘制乔木、灌木与草地；绘制景观小品等配景设施；制作图例图表、标注信息、图框等。

步骤7　添加光栅打印机，按要素分层打印输出(也可用其他软件，如利用 AI(Adobe Illustrator)软件可实现一次性全部导出图层信息)。

步骤8　将各层输出图导入 Photoshop 软件。

步骤9　按制图规范及用地性质等要求调整渲染相关颜色。

步骤10　添加图层效果，增强画面真实感。

步骤11　完善标注，包括文字标注和数字标注。

步骤12　美化图框，设计版式模板，添加图名、图框、图鉴等信息。

步骤13　打印输出(平面)图件。

(2)三维平面规划图绘图基本步骤。

步骤1～步骤6　与二维平面规划图绘图的步骤1～步骤6相同。

步骤 7 将文件保存为 DWG 格式。

步骤 8 将 DWG 格式文件导入到 Sketch Up 软件中。

步骤 9 根据 DWG 文件进行三维模型构建，包括：地形建模、道路等设施建模、建筑建模、绿地及景观等要素建模。

步骤 10 对构建出的模型赋予材质，材质可从软件自带材质库中选取，也可外部导入。

步骤 11 绘制模型配景环境，包括天空、背景、绿地植被、建筑、人、车等。

步骤 12 选择合适的角度设置相机，获取最佳视觉感受，设置灯光、阴影等特效，以获得接近真实的效果。

步骤 13 输出效果图，同时保存源文件。

步骤 14 将图导入 Photoshop 美化。

总之，旅游规划图件的具体绘制是一项系统的工程，对其过程加以提炼，一般概括为以下 8 个主要步骤：获取底图→底图处理→底图导入→底图要素添加→旅游要素组合→排版设计→图件导出→图件美化。

实际绘图中，底图根据绘制图件类型内容的不同，除地形图外，还可选择卫星影像图或者行政区划图。

本章小结

旅游规划图件是旅游规划成果的重要组成部分，在精确化、定量化、空间和内容直观化表达规划方案意图方面有着无法替代的作用，如何绘制规范化、标准化和高质量的规划图件是旅游规划编制必须掌握的一项技能，也是必须认真思考的一个问题，是需要统一认识的一项工作。

借鉴规划学等相关学科的制图方法、经验做法和相关工具软件，对于提升旅游规划制图水平将是十分有益的。

思考题

1. 以小组为单位，搜集优秀规划院编制的县域旅游发展规划、景区旅游总体规划、景区旅游修规的方案成果图件，了解实践中旅游图件目录构成，各图纸的命名及内容表达要素构成、表达深度、表达效果要求，并对其中要点进行归纳总结，进行交流。

2. 结合自己绘图的实践体会，总结常见的问题和好的解决思路方法。

参考文献

[1]彭顺生.世界旅游发展史[M].2版.北京:中国旅游出版社,2017.

[2]郑焱.中国旅游发展史[M].长沙:湖南教育出版社,2000.

[3]刘德谦.中国旅游70年:行为、决策与学科发展[J].经济管理,2019,41(12):177-202.

[4]吴必虎,俞曦.旅游规划原理[M].北京:中国旅游出版社,2010.

[5]李庆雷.旅游策划理论与实践[M].哈尔滨:哈尔滨工程大学出版社,2013.

[6]中国旅游研究院.中国旅游大辞典[M].上海:上海辞书出版社,2012.

[7]唐代剑,等.旅游规划理论与方法应用[M].北京:中国旅游出版社,2016.

[8]吴国清.旅游规划原理[M].北京:旅游教育出版社,2010.

[9]陆林.旅游规划原理[M].北京:高等教育出版社,2005.

[10]梁明珠.旅游资源开发与规划原理、案例[M].广州:暨南大学出版社,2014.

[11]龙江智,朱鹤.国土空间规划新时代旅游规划的定位与转型[J].自然资源学报,2020,35(7):1541-1555.

[12]肖鸿元.可持续理念下的旅游规划发展研究[J].旅游纵览(下半月),2017(14):45-46.

[13]谢彦君.基础旅游学[M].北京:商务印书馆,2015.

[14]徐新林.中国旅游文化[M].北京:清华大学出版社,2016.

[15]张楠.我国旅游人才市场需求与供给现状分析[J].旅游纵览(下半月),2017(12):223-224.

[16]董志文,唐晓伟.对国内旅游规划设计机构的发展分析[J].旅游世界·旅游发展研究,2015(1):6-13.

[17]周作明,卢玉平.旅游规划学[M].北京:旅游教育出版社,2008.

[18]黄羊山.旅游规划原理[M].南京:东南大学出版社,2004.

[19]张玉钧,薛冰洁.国家公园开展生态旅游和游憩活动的适宜性探讨[J].旅游学刊,2018,33(8):14-16.

[20]盛见.乡村旅游空间结构模式研究:以河南省为例[J].河南商业高等专科学校学报,2014,27(6):64-71.

[21]赵黎明,黄安民.旅游规划教程[M].北京:科学出版社,2005.

[22]沈祖祥,张帆.现代旅游策划学[M].北京:化学工业出版社,2013.

[23]马勇.旅游规划与开发[M].武汉:华中科技大学出版社,2019.

[24]祁洪玲,刘继生,梅林.国内外旅游地生命周期理论研究进展[J].地理科学,2018,38(2):264-271.

[25]贾铁飞,刘蓉.访沪国内游客旅游行为空间特征研究[J].人文地理,2015,30(5):140-146.

[26]郑伯铭,明庆忠,刘宏芳.中国旅游策划研究:回顾与展望(1993—2019)[J].四川旅游学院学报,2020(2):70-76.

[27]马耀峰，黄毅．旅游规划创新模式研究[J]．陕西师范大学学报(自然科学版)，2014，42(3)：78－84．
[28]杨雅丽．城市规划管理与法规[M]．北京：中国计划出版社，2021．
[29]徐菊凤，任心慧．旅游资源与旅游吸引物：含义、关系及适用性分析[J]．旅游学刊，2014，29(7)：115－125．
[30]曾瑜皙，钟林生．中国旅游资源评价研究回顾与展望[J]．湖南师范大学自然科学学报，2017，40(2)：1－10．
[31]徐伟林．新时期旅游市场细分的主要策略[J]．经济师，2015(2)：171－172．
[32]张超广．旅游学概论[M]．北京：冶金工业出版社，2008．
[33]李志刚，邢丽涛．积极实施“三步走”战略 奋力迈向我国旅游发展新目标[N]．中国旅游报，2017－01－13(002)．
[34]王进．国内外旅游形象研究综述：基于“形象遮蔽”与“形象叠加”角度[J]．兰州学刊，2013(2)：216－218．
[35]祁超萍．旅游形象系统设计研究[J]．江苏商论，2011(4)：135－136．
[36]朱仁洲．中外城市旅游形象标识设计比较及启示[J]．包装工程，2012，33(24)：134－138．
[37]李宏，石金莲．基于游憩机会谱(ROS)的中国国家公园经营模式研究[J]．环境保护，2017，45(14)：45－50．
[38]肖星，严江平．旅游资源与开发[M]．北京：中国旅游出版社，2000．
[39]高峻．旅游资源规划与开发[M]．北京：清华大学出版社，2007．
[40]李庆雷，付磊．论旅游资源开发的创新本质[J]．湖南人文科技学院学报，2013(3)：70－74．
[41]马耀峰，甘枝茂．旅游资源开发与管理[M]．3版．天津：南开大学出版社，2013．
[42]林祖锐，杨冬冬，仝凤先，等．我国旅游容量研究现状与展望[J]．资源开发与市场，2017，33(3)：379－384．
[43]梁明珠．旅游资源开发与规划[M]．北京：经济科学出版社，2007．
[44]刘琴．旅游项目规划的理论与方法研究进展[J]．安徽农业科学，2011，39(8)：4836－4841．
[45]李庆雷，高大帅，杨坤武．当今旅游策划需要关注的五大基本原理[J]．西华大学学报(哲学社会科学版)，2013，32(2)：98－103．
[46]徐金海，夏杰长．以供给侧改革思维推进中国旅游产品体系建设[J]．河北学刊，2016，36(3)：129－133
[47]吴晋峰．旅游吸引物、旅游资源、旅游产品和旅游体验概念辨析[J]．经济管理，2014，36(8)：126－136．
[48]吴必虎．区域旅游规划原理[M]．北京：中国旅游出版社，2001．
[49]卢凯翔，保继刚．旅游商品的概念辨析与研究框架[J]．旅游学刊，2017，32(5)：116－126．
[50]李晓东，袁国宏．论旅游购物的本质与体验化设计[J]．旅游纵览(下半月)，2017(18)：25－27．
[51]王文瑜．旅游文化产品创新设计方法研究[J]．包装工程，2015，36(14)：124－127．
[52]金云峰，梁骏，彭灼．旅游发展规划编制技术：旅游业发展与旅游目标的规划研究[J]．中国城市林业，2016，14(4)：41－45．

[53]黄翔，代鹤锋，袁净. 旅游区与城市控制性详细规划比较研究[J]. 人文地理，2011，26(1)：150－153.

[54]段德罡，刘恋. 旅游区控制性详细规划编制体系及内容探讨：以丽江宝山石头城旅游区为例[J]. 规划师，2011，27(6)：48－53.

[55]住房和城乡建设部，国家文物局. 关于历史文化名城名镇名村保护工作评估检查情况的通报[J]. 城市规划通信，2019(12)：2－4.

[56]阮仪三，严国泰. 历史名城资源的合理利用与旅游发展[J]. 城市规划，2003(4)：48－51.

[57]吴志强，吴承照. 城市旅游规划原理[M]. 北京：中国建筑工业出版社，2005.

[58]苏海洋，陈朝隆. 中国城市旅游规划研究进展与启示[J]. 广州城市职业学院学报，2019，13(3)：28－33.

[59]王琪琪，苏勤.《旅游学刊》近十年国内乡村旅游研究综述[J]. 重庆交通大学学报(社会科学版)，2018，18(3)：99－109.

[60]康小青. 近年来国内关于乡村旅游规划的研究综述[J]. 旅游纵览(下半月)，2015(24)：78－79.

[61]盛见. 乡村旅游空间结构模式研究：以河南省为例[J]. 河南商业高等专科学校学报，2014，27(6)：64－71.

[62]张书颖，刘家明，朱鹤，等. 国外生态旅游研究进展及启示[J]. 地理科学进展，2018，37(9)：1201－1215.

[63]向莉，胡进耀. 国内外生态旅游研究述评及展望[J]. 绵阳师范学院学报，2019，38(2)：72－82.

[64]张玉钧，薛冰洁. 国家公园开展生态旅游和游憩活动的适宜性探讨[J]. 旅游学刊，2018，33(8)：14－16.

[65]唐果林. 近十年来国内生态旅游规划研究综述[J]. 现代商贸工业，2017(30)：20－21.

[66]朱春全. 国家公园体制建设的目标与任务[J]. 生物多样性，2017，25(10)：1047－1049.

[67]郝魏飞，谢青青. 生态旅游规划研究综述[J]. 广西广播电视大学学报，2018，29(1)：77－82.

[68]向莉，胡进耀. 国内外生态旅游研究述评及展望[J]. 绵阳师范学院学报，2019，38(2)：72－82.

[69]陈琴，张述林，李俊. 国内旅游概念规划编制内容的创新研究[J]. 人文地理，2013，28(2)：136－141.

[70]瞿华，张丽. 国内全域旅游研究进展[J]. 度假旅游，2018(7)：27－29.

[71]石培华. 新时代旅游理论创新的路径模式：兼论全域旅游的科学原理与理论体系[J]. 南开管理评论，2018，21(2)：222－224.

[72]张辉，岳燕祥. 全域旅游的理性思考[J]. 旅游学刊，2016，31(9)：15－17.

[73]刘治彦，季俊宇，商波，等. 智慧旅游发展现状和趋势[J]. 企业经济，2019，38(10)：68－73.

[74]姚国章. “智慧旅游”的建设框架探析[J]. 南京邮电大学学报(社会科学版)，2012，14(2)：13－16.

[75]黎忠文，张学梅，唐建兵，等. 智慧旅游公共服务体系内涵及构建思考[J]. 商业时代，2014(30)：118－120.

[76]张伟伟.旅游规划制图课程教学内容及方法探析[J].当代教育理论与实践,2014,6(9):36-39.

[77]安丽超,蒋雪,张海鹏.城乡规划图件制图表达提升初探[J].地理空间信息,2018,16(8):78-79.

[78]杨金华,章锦河,陆佩,等.GIS在旅游研究中的应用进展[J].资源开发与市场,2018,34(10):1450-1455.

[79]宋双华.城乡规划类专业制图软件比较分析[J].实验科学与技术,2011,9(4):50-52.

[80]马晓龙.构建适应国家战略需求的旅游规划体系、标准与规范[J].旅游学刊,2014,29(5):3-5.